요즘 바이브 코딩

입력이 다르면?
결과물도 다르다!

커서 ★ AI
30가지 프로그램 만들기

박현규 지음

🎲 바이브 코딩 시대, 여러분에게

여러분 이제 바이브 코딩의 시대입니다. 바이브 코딩^{Vibe Coding}의 뜻은 의역하자면 '느낌이 좋은 코딩' 정도로 생각해볼 수 있습니다. 요즘의 바이브 코딩의 의미는 각자 생각하는 방식에 따라 다르지만 대부분의 동의하는 바이브 코딩의 의미는 **코드를 한 줄 한 줄 입력하고, 완성한 코드를 실행하고, 문제가 생기면 버그를 수정하는 등 귀찮고 번거로운 작업은 인공지능에게 맡기는 것입니다**. 즉, 인공지능이 작성한 프로그램을 실행하고 검토하는 등의 작업만 하는 것을 말합니다.

이처럼 바이브 코딩은 기존의 전통적인 개발 방식에서 벗어나 즐거운 일은 내가 하고 귀찮고 복잡한 일은 LLM에게 시킨다는 개념을 가지고 많은 사람에게 확산되고 있습니다. '바이브 코딩'이라는 용어는 오픈AI의 창업 멤버인 안드레이 카르파티^{Andrej Karpathy}가 트위터에 남긴 글에서 비롯되어 화제를 모았습니다.

"바이브 코딩"이라고 부르는 새로운 코딩 방식이 있어요. 그냥 완전히 느낌에 맡기고, 지수적 성장을 받아들이고, 코드가 존재한다는 것조차 잊어버리는 거죠. LLM들이 너무 좋아져서 할 수 있는 일이에요.
…생략…
항상 "모두 승인"하고, 이제 차이점도 안 읽어요. 에러 메시지가 나오면 그냥 아무 말 없이 복붙하는데, 보통 LLM이 알아서 고쳐요. 그러면 코드의 양은 엄청나게 불어나는데, 이해하려면 한참 읽어봐야 할 거예요. 가끔 LLM이 버그를 못 고치면 그냥 우회하거나 아무 변경이나 요청해서 없어질 때까지 해봐요.
…생략…
프로젝트나 웹 애플리케이션을 만들고 있지만, 실제로는 코딩이 아니에요. 그냥 뭔가 보고, 뭔가 말하고, 뭔가 실행하고, 뭔가 복붙하면 대부분 작동해요.

기존의 개발자도 아닌, 레전드 개발자가 이런 이야기를 했다는 것은 어떻게 보면 충격이었습니다. 그래서일까요? 지금도 많은 전문가와 실무자 등 바이브 코딩에 관심을 가지는 사람들이 다양한 관점에서 의견을 주고받으며 여러 커뮤니티에서 논쟁을 벌이고 있습니다. 그러나 변화의 흐름 속에서도 바이브 코딩이 가져올 긍정적인 가능성은 분명 존재합니다. 이러한 가능성에 주목하고 그것을 더 많은 사람들과 공유하고자 이 책을 기획하였습니다.

🔷 먼저 읽은 독자의 인사이트를 확인하세요

바이브 코딩, 정말 누구나 공부할 수 있을까요? 다양한 분야에서 바이브 코딩을 공부한 독자들의 이야기를 들어보시죠!

비전문가도 커서를 활용한 바이브 코딩을 차근차근 배울 수 있어 좋았습니다. 이 책을 통해 실무에 필요한 프로그램을 만들며 AI 시대 역량을 키울 수 있습니다.

정선영, 수일고등학교 교사

책에서 바이브 코딩의 한계와 극복 방법을 현실적으로 짚어주어 흥미와 자신감을 얻었습니다. QR 코드 만들기 등 상상력 있는 코딩에 도전해보고 싶습니다.

최준혁, 한의사

커서에 자연어로 입력한 요구사항이 기능으로 구현되는 과정을 직접 경험해보세요. 코드를 몰라도 책에서 안내하는 방법으로 나만의 프로그램을 만들 수 있습니다.

정현준, 개발자 출신 매니저

바이브 코딩 개념부터 필수 기술, 최신 트렌드까지 폭넓게 담긴 실습 중심 책입니다. 이 책의 구성이 일반인도 AI 도구를 활용하여 직접 만들고 흥미를 붙이기에 안성맞춤입니다.

이재성, 광주광역시 서구청 행정 공무원

설치부터 기능 구현까지 친절히 안내해주어 실제 프로그램을 만들 수 있었습니다. 이를 토대로 바이브 코딩으로 반복 업무나 자동화까지 시도해보고 싶습니다.

김성엽, 마케터

커서 사용법을 넘어 개발에 필요한 HTML, CSS, JS부터 MCP 등 최신 기술까지 폭넓게 다룹니다. 실습 중심 구성이라 입문자에게 추천합니다.

김형근, 개발자

이 책을 미리 읽은 전문가가 말합니다

개발자 없이도 누구나 프로그램을 만드는 바이브 코딩 시대가 왔다

개발자는 오랫동안 컴퓨터와 일반인 사이의 중개자 역할을 해왔습니다. 그러나 바이브 코딩 시대가 열리면서 이제는 개발자를 거치지 않고도 직접 프로그램을 제작할 수 있게 되었죠. 이 책은 아무것도 모르는 초보자도 바이브 코딩의 핵심 소프트웨어인 커서 AI를 기초부터 차근차근 배울 수 있도록 안내합니다. 수년 동안 밤을 새워가며 프로그래밍을 했지만, '직접 만들어보는 것'만큼 확실한 실력 향상 방법은 없습니다. 뿐만 아니라 수십 개의 실전 프로젝트를 통해 따라 하기만 해도 자연스럽게 실력이 쌓이도록 돕습니다. 바이브 코딩에 진심이라면 반드시 추천하고 싶은 책입니다.

최지호(코드팩토리), 《요즘 바이브 코딩 클로드 코드 완벽 가이드》 저자

프로그래밍 몰라도 AI로 30개 프로그램 뚝딱, 바이브 코딩의 모든 것

《요즘 바이브 코딩 커서 AI 30가지 프로그램 만들기》는 AI와 LLM을 활용한 커서 활용법부터, 일반인도 쉽게 접근할 수 있는 실용적인 프로그램 제작까지 체계적으로 안내해줍니다. 프로그래밍이 어렵다는 편견을 깨고, 누구나 일상에 AI 기술을 접목할 수 있도록 하는 새로운 길을 제시하는 책입니다. 앞으로의 시대에 필요한 디지털 리터러시와 실무 역량을 갖추고 싶은 모든 분께 일독을 권합니다.

유튜버 '런빌드', AI 교육 콘텐츠 크리에이터

이제 AI에게 '무엇을 만들고 싶은가'만 말하면 된다

AI로 인해 개발의 진입장벽이 낮아진 지금, 중요한 것은 '어떻게 짜느냐'보다 '무엇을 만들고 싶은가'입니다. 이 책은 커서를 중심으로 대화로 설계하고 빠르게 만들며 결과를 근거로 다시 고치는 '실전 루프'를 익히게 합니다. 업무 자동화, 문서 요약, 데이터 시각화, 배포와 보안 설정까지 실무에 꼭 필요한 기능을 현실적으로 다루어 실제로 써먹을 수 있는 수준으로 안내합니다. 30개의 실전 프로젝트를 통해 자기소개 페이지부터 점차 복잡한 프로그램으로 확장하며, AI와 대화로 문제를 해결하는 방법을 체득할 수 있습니다. 비개발자에겐 첫걸음을, 초보자에겐 새로운 작업 흐름을, 경험자에겐 생산성의 힌트를 주는 책입니다. AI와 함께 만드는 시대의 출발점으로, 저는 이 책을 기꺼이 권합니다.

혼코딩, IT 콘텐츠 크리에이터

바이브 코딩, 말로만 듣던 그 흐름을 이제 직접 체감하라

요즘 '바이브 코딩'이라는 말이 자주 들리지만, 실제로 그게 어떤 흐름이고 어떻게 활용되는지는 막연하게 느끼는 분들이 많습니다. 《요즘 바이브 코딩 커서 AI 30개 프로그램 만들기》는 그 흐름을 실전 과정을 통해 체감하게 해줍니다. 단순한 따라 하기에서 끝나지 않고, 커서를 활용한 작업 구조를 익히면서 자연스럽게 응용의 기반까지 닿게 해줍니다. 바이브 코딩을 처음 접하는 분들, 혹은 AI 기반의 작업 환경에 관심 있는 분들에게 이 책은 좋은 출발점이 되어줄 것입니다.

천은영, 유튜브 자동화 크리에이터

코딩의 패러다임이 바뀐다, 커서 AI로 바이브 코딩 시대를 선점하라

커서를 처음 접한 건, 8살 꼬마가 10분 만에 해리포터와 대화하는 웹사이트를 만드는 영상이었습니다. 코드 없이 자연어만으로 결과물이 나오자, '코딩의 패러다임이 바뀔 수도 있겠다'라는 흥분이 밀려왔죠. 1년 만에 6400% 성장하며 '바이브 코딩'의 중심이 된 것도 그 때문일 겁니다. 이 책은 커서의 잠재력을 120% 끌어내어 '내 것'으로 만드는 가장 빠른 길을 알려줍니다. 실무 경험이 녹아든 30개 예제를 따라가다 보면 현실 업무에 바로 적용할 수 있는 해법을 얻게 됩니다. 특히 웹사이트 제작, 사내 업무용 앱 개발, 웹 스크레이핑 등 풍부한 사례가 소개되어 누구든 손쉽게 자신의 일에 활용할 수 있습니다. 바이브 코딩을 통해 새로운 기회를 잡고 싶은 분들에게 최고의 출발점이 되어줄 책입니다.

 챗대리(박진주), 《챗대리의 따라하면 바로 되는 AI 마케팅 자동화》 저자

초보자도 쉽게, 30가지 실용 프로그램을 커서와 바이브 코딩이면 이제 끝!

이 책을 읽으며 가장 놀라웠던 점은, 단순히 커서 사용법만 알려주는 것이 아니라 IT 전반의 기초 개념까지 체계적으로 익힐 수 있다는 점이었습니다. 덕분에 따라 하기에서 끝나는 것이 아니라, 스스로 응용할 수 있는 힘을 기를 수 있었습니다. 특히 코딩에 대한 개념이 전혀 없는 초보자도 쉽게 이해할 수 있도록 기본 지식을 친절하게 안내하고, 업무에 바로 활용 가능한 실용적인 예제들이 가득해 매우 유용했습니다. 바이브 코딩을 통해 30가지 프로그램을 직접 만들어보는 경험은 자신감과 실무 역량을 동시에 높여주는 값진 기회였습니다.

고성현, 대모산개발단

🔷 바이브 코딩이 궁금해요! 4가지 Q&A

Q1 이 책에서는 어떻게 바이브 코딩하나요?

이 책에서 사용한 바이브 코딩 방법은 다음 그림과 같습니다. AI가 코드를 생성해주면, 먼저 실행해서 오류가 발생하는지 확인합니다. 오류가 발생했다면 오류 메시지를 `Ctrl`+`C`, `Ctrl`+`V`로 복사해서 AI에게 붙여넣기만 하면 됩니다. 이것만으로도 충분히 문제를 해결할 수 있습니다. 반대로 오류 없이 잘 동작한다면, 실행 결과가 원하던 대로 나왔는지 확인해보세요. 마음에 들지 않으면 AI에게 수정을 요청하고, 만족스럽다면 그것으로 완성이겠죠.

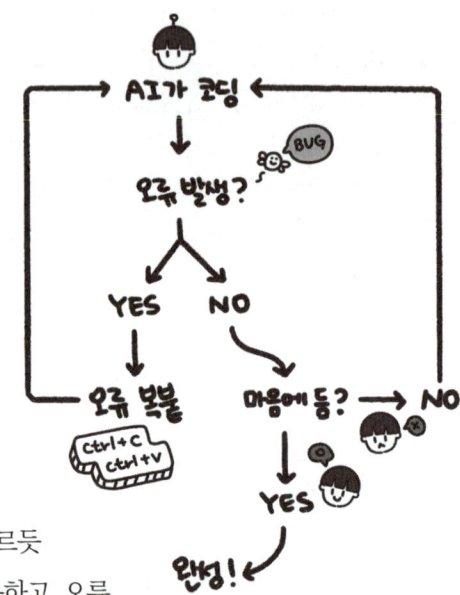

바이브 코딩의 핵심은 사람이 직접 코드를 작성하는 것이 아니라 모든 작업을 AI에게 맡기는 것입니다. 물 흐르듯 자연스럽게 진행하세요. 코드가 잘 실행되면 그대로 사용하고, 오류가 생겨도 AI에게 자연스럽게 도움을 요청하면 됩니다. 복잡하게 생각할 필요 없습니다. 이 간단한 과정을 반복하며 자연스럽게 코딩하는 것, 그것이 바이브 코딩의 전부입니다.

Q2 오류가 무서워요. 오류가 한 번에 해결되지 않으면 어떻게 하죠?

코딩을 하면서 가장 두려운 순간은 오류를 만났을 때일 것입니다. 앞서 설명했듯, 바이브 코딩은 오류 해결 과정마저 인공지능에게 맡기는 방식이지만, 처음 오류를 마주하면 누구나 당황할 수 있습니다. 그러나 바이브 코딩에서는 **오류를 인공지능에게 전달하고 수정해나가는 과정 자체가 중요한 부분 중 하나**입니다. 그것도 단 한 번이 아닌, 아주 여러 번 반복하는 과정이지만 말이죠. 하지만 이 과정을 통해 점점 더 나은 결과를 얻고, 오류를 덜 발생시키는 방향으로 프롬프팅을 하는 것에 대한 감각이 생기며 분명 발전이 있을 겁니다.

예를 들어 자전거를 배우는 과정을 생각해보세요. 자전거는 책으로만 배워서는 탈 수 없습니다. 직접 타고 넘어지는 경험을 하면서 몸에 조금씩 익히는 것이죠. 바이브 코딩도 마찬가지입니다. 매일 조금씩 오류를 발견하고 이를 수정해나가면서 점점 더 정확하고 효율적인 프롬프트를 입력하게 될 겁니다. 그러면 더 만족스러운 프로그램을 만들 수 있게 되겠죠. 그러니 오류를 만나는 걸 두려워마세요. 오류가 한 번에 해결되지 않는다고 해서, 예전처럼 시간이 오래 걸리고 막막했던 시절은 지났습니다. 이제는 인공지능과 티키타카를 주고받으며 함께 해결해나간다고 생각하면 됩니다.

03 바이브 코딩으로 무엇을 할 수 있나요?

이전에는 IT 기술을 하나 배우려면 정말 오래 걸렸습니다. 예를 들어 간단한 웹페이지 하나를 만들어보려고 해도 아주 긴 시간이 걸렸죠. 최소 2주? 아니 4주는 공부해야 그럴싸한 웹페이지를 겨우 하나 만들어 볼 수 있었습니다.

몇몇 재능 있는 사람들을 제외하고 며칠 고생해서 만든 웹페이지는 너무 보잘 것 없었습니다. 그래서 많은 사람이 프로그래밍에 흥미를 잃고, 포기하는 경우도 종종 있었죠. 실제로 제가 웹 개발을 배우고 처음 만든 웹사이트를 살펴보면 다음과 같은 수준의 아주 형편 없는 것이었습니다.

하지만 바이브 코딩의 등장으로 배운 내용과 함께 원하는 것을 지시하면 멋진 웹페이지는 쉽게 만들 수 있게 되었습니다. 그뿐이 아닙니다. 응용 프로그램도 쉽게 만들 수 있습니다. 8쪽의 그림은 이 책에서 만들 30가지 프로그램 중 일부일 뿐입니다.

혹시 여러분 중에 프로그래밍은 좀 배워보고 싶은데, 도대체 배운 내용을 어떻게 써먹어야 할지 모르겠다는 생각을 하고 있었다면 이참에 커서와 함께 바이브 코딩으로 개념을 공부하면서 바로바로 확인해 보면 어떨까요?

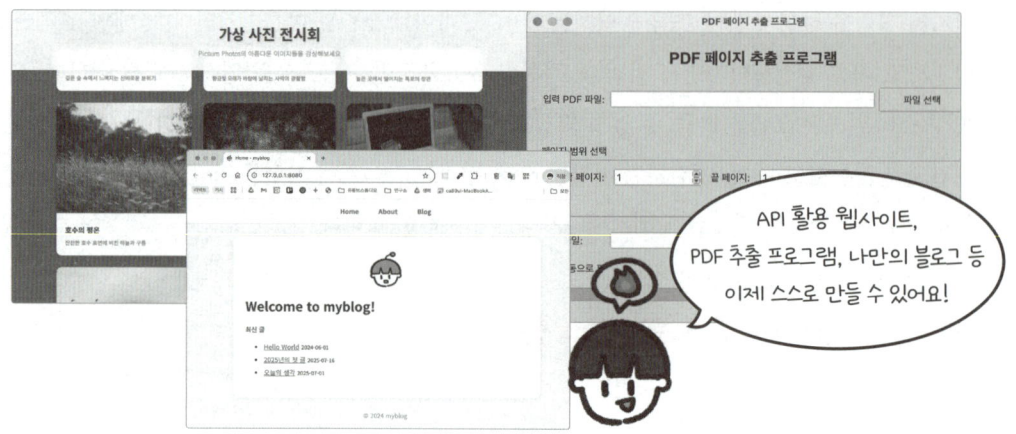

Q4 바이브 코딩은 만능인가요?

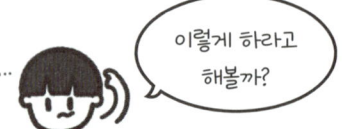

아무리 LLM이 여러분의 요청으로 멋지게 프로그램을 만들어준다고 해도 바이브 코딩에는 결국 한계가 있습니다. 대표적으로 LLM의 컨텍스트 윈도우 제한입니다. 컨텍스트 윈도우란 쉽게 말해 LLM이 한 번에 받아들일 수 있는 정보의 양입니다. 만약 여러분의 코드가 길어지다 못해 컨텍스트 윈도우의 범위를 넘어서면 결국 LLM도 전체 내용을 이해할 수 없거든요. 우리가 대화를 할 때 아주 오래 전의 이야기는 완벽하게 기억이 나지 않고, 잘못 기억하기도 하는 것처럼 LLM도 그렇습니다. 분명 아까 전에 보여준 코드인데도 컨텍스트 윈도우 바깥으로 벗어난 내용을 기억하지 못할 수 있는 거죠. 그래서 바이브 코딩은 만능이 아닙니다.

결국 바이브 코딩을 하더라도 사람의 개입이 필요합니다. 이 책은 여러분이 **파트 01 처음 만나는 커서와 CS 지식**에서 기본적인 CS 지식을 공부하도록 본문을 구성했습니다. 바이브 코딩으로 CS 지식을 공부하면서 점점 더 나아지는 여러분의 바이브 코딩 아이디어를 스스로 확인할 수 있으면 좋겠습니다.

바이브 코딩은 여러분의 학습 의욕을 고취시킬 수 있고, 나에게 지금 필요한 나만의 프로그램을 만들어 귀찮았던 업무를 쉽게 해결해주는 등의 해결사 역할을 해줄 수 있습니다. 저는 긍정적인 방향만 보고 여러분과 커서를 이용해서 다양한 프로그램을 만들어가면서 컴퓨터 공학의 어떤 개념을 알아야 하는지 느껴보고, 점점 더 복잡한 프로그램을 만들어가는 과정까지 안내해보려고 합니다.

🔷 바이브 코딩을 시작하기 전에 준비하기

여기서는 바이브 코딩에 필요한 필수 개발 도구를 설치합니다. 이 책은 파이썬, Node.js, 깃을 기본으로 설치한 상태에서 실습을 진행해야 합니다. 따라서 다음 가이드를 참고하여 파이썬, Node.js, 깃을 설치하고 실습을 시작하기 바랍니다. **설치하면서 문득 '이게 내가 배울 내용이 맞나?'라는 의구심이 들 수도 있습니다.** 하지만 바이브 코딩은 그런 의구심을 가진 상태에서 커서와 티키타카를 하며 진행하는 것이 정상입니다. 뭔가 '개발자가 알아야 할 내용을 공부하는 느낌'이 들 수 있겠지만 일단 설치하고 차근차근 진행해보세요.

🪟 윈도우에서 바이브 코딩 준비하기

바이브 코딩을 시작하려면 몇 가지 필수 프로그램이 필요합니다. 여기서는 윈도우 환경에서 파이썬, Node.js, 깃을 차례대로 설치하는 방법을 쉽고 간단하게 안내합니다. 이 순서대로 따라 하면, 바이브 코딩에 필요한 필수 개발 도구를 어렵지 않게 준비할 수 있으며, 참고용 유튜브 영상도 함께 제공합니다.

- **유튜브 영상 링크** : bit.ly/454XyQz

파이썬 설치하기

파이썬은 이미 널리 퍼진 프로그래밍 언어입니다. 아마 프로그래밍에 관심이 조금이라도 있다면 컴퓨터에 파이썬이 설치되어 있을 것입니다. 우선은 파이썬이 여러분 컴퓨터에 설치되어 있는지 확인해야 합니다.

01 윈도우는 검색에 '명령 프롬프트'를 macOS는 '터미널'을 찾아 실행합니다. 검정색의 화면이 나타나면 여기에 **python --version**을 입력하고 Enter 를 누릅니다.

파이썬 버전이 보이면 이미 설치된 상태입니다

만약 Python 3.13.5와 같은 내용이 보이면 이미 파이썬이 설치된 상태입니다. 숫자는 파이썬의 버전인데 3.10 이상이면 실습에는 큰 문제가 없을 것입니다.

02 만약 숫자가 보이지 않는다면 python.org/downloads에 접속해서 [Download Python ...]을 눌러 파이썬 설치 파일을 다운로드하여 설치하세요.

- **파이썬 다운로드** : www.python.org/downloads/

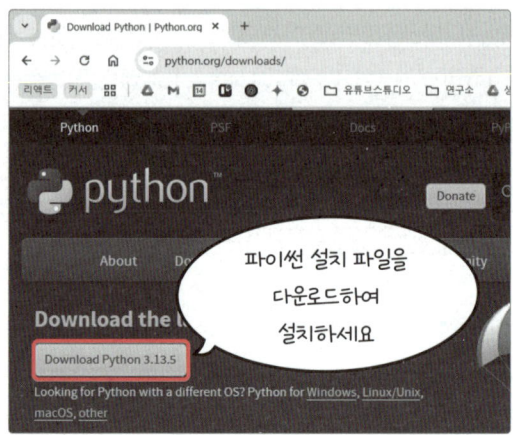

03 이때 윈도우를 사용하고 있다면 반드시 'Add python.exe to PATH'를 체크하기 바랍니다. 체크하지 않으면 아주 불편해집니다.

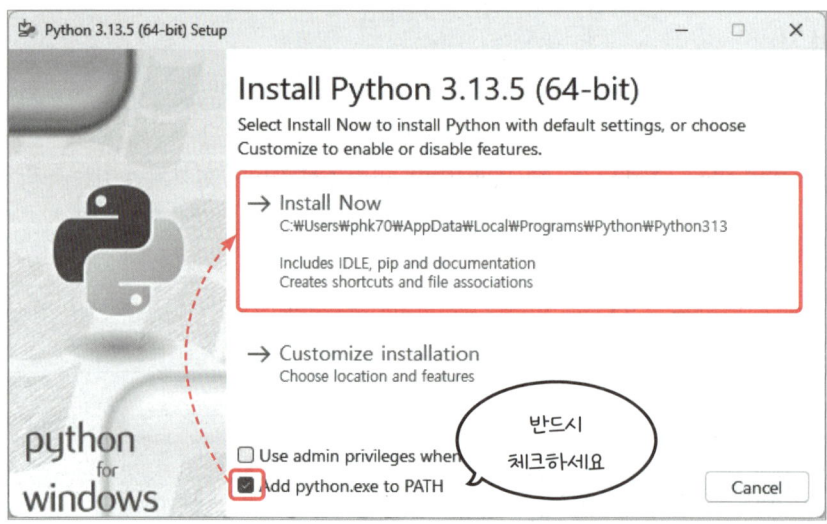

설치를 마친 후에 과정 01을 진행해서 파이썬 설치를 확인해보기 바랍니다. 이때 명령 프롬프트를 켜둔 상태에서 파이썬 설치를 마쳤다면 반드시 명령 프롬프트를 종료했다가 다시 켜서 실행하기 바랍니다.

Node.js 설치하기

윈도우에서 Node.js를 설치하는 방법은 파이썬과 비슷합니다. 아마 Node.js도 설치한 상태일 수도 있습니다. 미리 점검하는 방법은 파이썬과 동일합니다.

01 명령 프롬프트를 열고 **node --version**을 입력한 뒤 Enter 를 눌렀을 때 버전이 나오면 이미 Node.js가 설치된 상태입니다. 버전은 저와 비슷한 수준이면 됩니다.

02 만약 버전이 표시되지 않으면, Node.js 홈페이지에 접속해 [Windows 설치 프로그램]을 눌러 설치 파일을 다운로드하고 실행하여 설치하면 됩니다. Node.js는 파이썬과 달리 별도의 설정값을 조정할 필요가 없습니다.

- **Node.js 다운로드** : nodejs.org/ko/download

설치 후 과정 01을 수행하여 버전이 나타나는지 확인하세요. 물론 명령 프롬프트가 켜진 상태에서 설치했다면 명령 프롬프트를 종료했다가 다시 진행해야 합니다.

깃 설치하기

윈도우에 깃을 설치하면 이제 바이브 코딩을 위한 기초 준비는 끝입니다. 계속 설치만 하고 아무것도 안하니 두려울 수 있겠지만 앞으로 나아가고 있는 겁니다. 설치 마무리까지 쭉 진행해봅시다.

01 깃 공식 홈페이지에 접속하면 오른쪽 아래에 [Download for windows] 버튼이 보입니다. 설치 파일을 다운로드하여 설치하면 됩니다. 기본값으로 설치하면 되므로 어려운 것은 없습니다.

- **깃 홈페이지** : git-scm.com

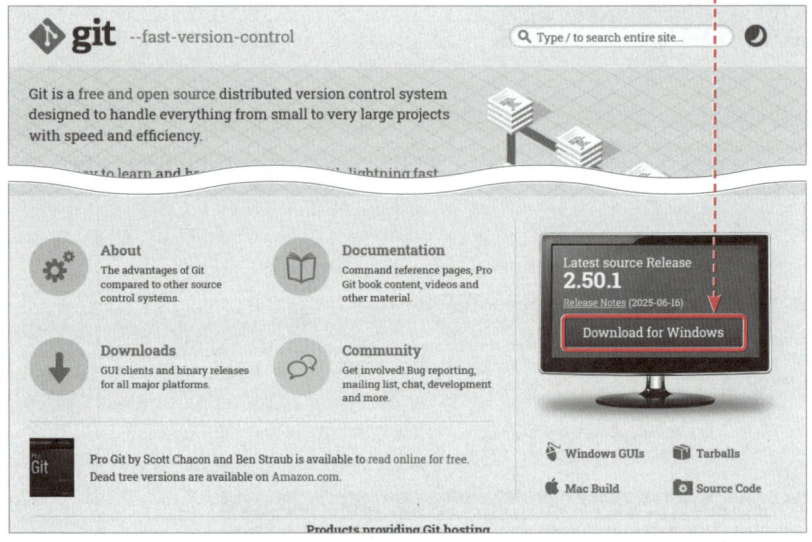

02 설치 확인은 마찬가지로 명령 프롬프트에서 **git -v**를 입력하고 Enter 를 누르면 됩니다. 깃 버전이 보이면 제대로 설치된 것입니다.

macOS에서 바이브 코딩 준비하기

환경에 따라 설치 방법이 조금씩 다르므로, macOS에서 바이브 코딩을 위한 개발 환경 준비 방법을 안내합니다. 이 가이드와 유튜브 영상을 함께 참고하면 macOS 사용자도 어렵지 않게 따라 할 수 있습니다.

- **유튜브 영상 링크** : bit.ly/454XyQz

파이썬&Node.js 설치하기

macOS 사용자는 파이썬과 Node.js 설치가 좀 수월한 편입니다. 설치 과정은 기본적으로 윈도우와 같습니다. 파이썬 다운로드 홈페이지에 접속해서 설치 파일을 다운로드하여 실행하면 됩니다. 물론 브루brew와 같은 패키지 관리자를 이용해서 설치해도 됩니다. macOS 사용자를 위한 파이썬과 Node.js 설치 설명은 여기서 간단히 마치겠습니다.

- **파이썬 다운로드** : python.org/downloads
- **Node.js 다운로드** : nodejs.org/ko/download

깃 설치하기

macOS는 깃이 미리 설치되어 있습니다. 따라서 macOS 사용자는 깃 설치는 따로 하지 않아도 됩니다. 터미널을 열어 git -v로 설치 상태만 확인하세요.

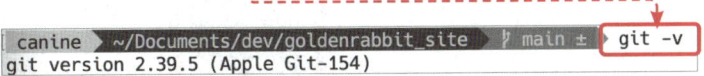

이제 바이브 코딩이라는 여정을 떠나기 위한 준비물을 모두 준비했습니다! 앞으로 여러분이 만들 프로그램은 정말 다양하고 유용한 것들이 많을 겁니다. 그 과정에서 바이브 코딩으로 내가 필요한 프로그램을 만드는 방식과 아이디어를 많이 느껴보기 바랍니다.

🔷 학습 효율을 200% 극대화하는 학습 가이드

💬 코딩 지식 없이도 AI로 만드는 바이브 코딩의 모든 것!
오픈카톡방에서 확인하세요!

함께 모여서 바이브 코딩을 학습하고, 실무 사례를 공유하며, 새로운 지식 공유를 통해 AI 도구를 활용한 프로그램 개발 기술을 마스터해보세요. 코딩 지식 없이도 AI 도구 활용을 통해 실제 실습을 진행하고 업무에 적용하면서 책을 완독해가며 더 탄탄하게 성장할 수 있습니다. 저자와 함께 바이브 코딩으로 실용적인 프로그램 만들기를 공부하고 연구해보아요.

- **오픈카톡방** : open.kakao.com/o/ggK7EAJh

📁 실습 예제 데이터까지 완벽 준비!
바로 따라 하는 실습 자료 여기서 확인하세요!

책의 예제를 따라 실습할 때 필요한 이미지와 링크를 내려받을 수 있습니다. 제공하는 이미지와 데이터로 프로그램을 만든 다음, 실제 원하는 프로그램 구현까지 해보세요.

- **독자 제공 실습 파일** : bit.ly/45DXQxW

▶ 저자 직강 유튜브 강의 제공!

커서 설치부터 실습까지 책 연계 유튜브 강의로 바이브 코딩 마스터하세요!

저자가 직접 책에서 안내하는 커서 설치부터 프로그램 실습까지 영상을 통해 차근차근 가이드합니다. 다양한 예제 프로그램 실습을 단계별로 따라 할 수 있도록 유튜브 영상 강의를 완벽하게 연동 제공하니, 바이브 코딩이 더 이상 어렵지 않습니다!

- 유튜브 채널 : www.youtube.com/@editorp89

🔶 바이브 코딩의 흐름, 한눈에 보기

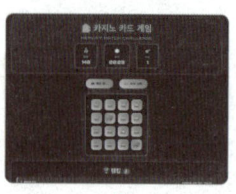

바이브 코딩 01	바이브 코딩 02	바이브 코딩 03	바이브 코딩 04	바이브 코딩 05
기업 소개 웹사이트 만들기	사과 게임 만들어보기	바탕화면 정리시켜 보기	자기소개 페이지 만들기	자기소개 페이지를 다른 사람에게 공유하고 싶다면?

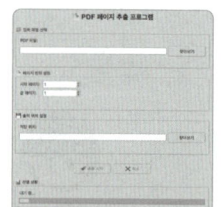

바이브 코딩 20	바이브 코딩 19	바이브 코딩 18	바이브 코딩 17	바이브 코딩 16
식당 추천 사이트 만들기	한국거래소 주식 데이터 API로 나만의 대시보드 만들기	랜덤 이미지를 주는 API로 미술관 사이트 만들기	PDF 편집기 완성하기 : 페이지 이어 붙이기 기능	PDF 편집기 만들기 : 페이지 추출 기능

바이브 코딩 21	바이브 코딩 22	바이브 코딩 23	바이브 코딩 24	바이브 코딩 25
메일 발송 자동화 프로그램 만들기	챗GPT API로 PDF 요약 프로그램 만들기	블로그 최적화 글 생성 프로그램 만들기	고객 리뷰 분석하여 보고서 생성하는 프로그램 만들기	유튜브 자막 추출 후 맞춤법 검사하는 프로그램 만들기

바이브 코딩 06
인스타그램과 비슷한 사이트 만들어보기

바이브 코딩 07
메모 앱 만들어보기

바이브 코딩 08
메모 앱 디자인 변경해보기

바이브 코딩 09
v0 서비스로 더 쉽게 웹사이트 만들기

바이브 코딩 10
버셀 서비스에 내가 만든 쇼핑몰 사이트 배포해보기

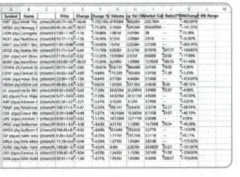

바이브 코딩 15
나만의 QR 코드 생성기 쉽게 만들기

바이브 코딩 14
해외 주식 크롤링 프로그램 만들기

바이브 코딩 13
데이터도 꿰어야 보배, 통계 처리하고 시각화하기

바이브 코딩 12
1년 치 금 시세 크롤링하기

바이브 코딩 11
메모 앱에 회원가입, 로그인, 로그아웃, 메모 저장 기능 더하기

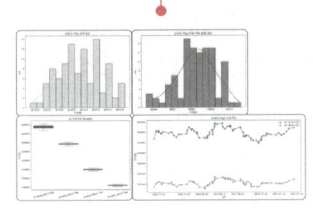

바이브 코딩 26
가계부 대시보드 만들기

바이브 코딩 27
리더보드가 있는 카드 뒤집기 게임 만들기

바이브 코딩 28
카드 뒤집기 게임에 보안 챙기기

바이브 코딩 29
나만의 블로그 만들기

바이브 코딩 30
나만의 커뮤니티 게시판 만들기

목차

파트 01 처음 만나는 커서와 CS 지식

챕터 01 커서 설치하고 개발 환경 준비하기 : 코드 편집기, IDE ·············· 24
- 커서 회원가입 후 구독 관리하기 25
- 커서 설치 후 기본 화면 살펴보기 29
- **바이브 코딩 01** 기업 소개 웹사이트 만들기 31
- **바이브 코딩 02** 사과 게임 만들어보기 38

챕터 02 커서로 파일, 폴더 조작해보기 : 터미널 ·············· 44
- **바이브 코딩 03** 바탕화면 정리시켜 보기 46

챕터 03 웹사이트를 만들려면 꼭 알아야 하는 3가지 :
HTML, CSS, 자바스크립트 ·············· 50
- 웹사이트의 뼈대를 담당하는 HTML 51
- 웹사이트를 아름답게 해주는 CSS 51
- 웹사이트에 기능을 추가해주는 자바스크립트 52
- **바이브 코딩 04** 자기소개 페이지 만들기 53
- **바이브 코딩 05** 자기소개 페이지를 다른 사람에게 공유하고 싶다면? 58

챕터 04 눈으로 보고, 상호작용할 수 있는 영역 : 프런트엔드 ·············· 63
- 리액트요? 전 개발자가 아닌데요? 64
- **바이브 코딩 06** 인스타그램과 비슷한 사이트 만들어보기 66
- **바이브 코딩 07** 메모 앱 만들어보기 72

챕터 05 디자인에도 기술이 있다고요? : 라이브러리, 프레임워크 ·············· 79
- 라이브러리? 프레임워크? 80
- **바이브 코딩 08** 메모 앱 디자인 변경해보기 82
- **바이브 코딩 09** v0 서비스로 더 쉽게 웹사이트 만들기 87

[챕터 06] **내가 만든 사이트를 서비스하는 방법 : 서버, 배포** ·············· 94

　　　24시간 사용자 요청을 기다리는 컴퓨터, 서버　95

　　　localhost가 무엇이길래　96

　　　포트 번호가 무엇이길래　97

　　　내 컴퓨터에 구동한 웹 서버가 여러 개라면?　97

　　　내가 만든 웹 서비스를 친구도 보려면?　98

　　　[바이브 코딩 10] 버셀 서비스에 내가 만든 쇼핑몰 사이트 배포해보기　100

[챕터 07] **회원가입, 게시판을 구현하고 싶어 : 데이터베이스** ·············· 107

　　　데이터베이스란?　108

　　　[바이브 코딩 11] 메모 앱에 회원가입, 로그인, 로그아웃, 메모 저장 기능
　　　　　　　　더하기　109

[챕터 08] **크롤링을 하고 싶어 : 파이썬** ·············· 117

　　　파이썬으로 할 수 있는 일들　118

　　　크롤링, 막 해도 되는 것일까?　118

　　　크롤링 핵심, 태그와 속성　120

　　　[바이브 코딩 12] 1년 치 금 시세 크롤링하기　121

　　　[바이브 코딩 13] 데이터도 꿰어야 보배, 통계 처리하고 시각화하기　125

　　　[바이브 코딩 14] 해외 주식 크롤링 프로그램 만들기　128

[챕터 09] **나만의 프로그램을 만들고 싶어 : 디버그, 바이브 코딩** ·············· 132

　　　스스로 수십 번의 디버그를 하는 커서　133

　　　코딩, 수정은 AI에게 맡기고 나는 방향만 이끄는 바이브 코딩　134

　　　[바이브 코딩 15] 나만의 QR 코드 생성기 쉽게 만들기　134

　　　[바이브 코딩 16] PDF 편집기 만들기 : 페이지 추출 기능　139

　　　[바이브 코딩 17] PDF 편집기 완성하기 : 페이지 이어 붙이기 기능　145

[챕터 10] 데이터를 이용하고 싶어 : API ·· 147

　API가 뭐예요?　148
　바이브 코딩 18　랜덤 이미지를 주는 API로 미술관 사이트 만들기　150
　바이브 코딩 19　한국거래소 주식 데이터 API로 나만의 대시보드 만들기　153
　바이브 코딩 20　식당 추천 사이트 만들기　160

파트 02 커서로 유용한 프로그램 만들어보기

[챕터 11] 업무에 유용한 6가지 프로그램 만들기 ································ 170

　바이브 코딩 21　메일 발송 자동화 프로그램 만들기　170
　바이브 코딩 22　챗GPT API로 PDF 요약 프로그램 만들기　176
　바이브 코딩 23　블로그 최적화 글 생성 프로그램 만들기　186
　바이브 코딩 24　고객 리뷰 분석하여 보고서 생성하는 프로그램 만들기　194
　바이브 코딩 25　유튜브 자막 추출 후 맞춤법 검사하는 프로그램 만들기　201
　바이브 코딩 26　가계부 대시보드 만들기　209

[챕터 12] MCP로 더 수준 높은 프로그램 만들기 ································ 221

　그래서 MCP가 뭐죠?　221
　단계별로 계획을 세우고 이행하는 Sequential Thinking MCP　224
　MCP 설치를 위한 스미더리 회원가입하기　226
　자주 사용할 MCP들 미리 설치하기　232
　바이브 코딩 27　리더보드가 있는 카드 뒤집기 게임 만들기　239
　바이브 코딩 28　카드 뒤집기 게임에 보안 챙기기　248
　바이브 코딩 29　나만의 블로그 만들기　255
　바이브 코딩 30　나만의 커뮤니티 게시판 만들기　271

커서 + MCP 활용 꿀팁 5가지

[꿀팁 01] Firecrawl MCP로 데이터 수집하고 웹페이지 만들기 ············· 282

[꿀팁 02] 피그마 MCP로 손쉽게 유튜브 섬네일 만들기 ················· 288

[꿀팁 03] 네이버 서치 MCP로 인기 블로그 분석해 블로그하기 ············· 297

[꿀팁 04] Sequential Thinking MCP로 테트리스 게임 만들기 ············· 308

[꿀팁 05] 카카오맵 MCP로 점심 메뉴 추천 앱 만들기 ················· 312

요즘 바이브 코딩

파트
01

처음 만나는 커서와 CS 지식

알아두면 좋은 IT 용어

코드 편집기
코드를 작성하고 수정할 수 있는 기본 프로그램

IDE
코드 작성부터 실행, 디버깅까지 가능한 통합 개발 환경

라이브러리
특정 기능을 쉽게 구현할 수 있도록 모아놓은 코드 묶음

프레임워크
일관된 구조 안에서 빠르게 개발할 수 있도록 도와주는 틀

데이터베이스
데이터를 저장하고 관리하는 시스템

서버
클라이언트의 요청을 받고 처리해주는 컴퓨터 또는 프로그램

배포
만든 프로그램을 실제 서비스 환경에 올려 사용자와 연결하는 과정

크롤링
웹사이트에서 원하는 데이터를 자동으로 수집하는 작업

디버그
프로그램의 오류를 찾아 수정하는 과정

API
프로그램끼리 기능이나 데이터를 주고받는 통신 방법

[챕터 01] 커서 설치하고 개발 환경 준비하기 : 코드 편집기, IDE

[챕터 02] 커서로 파일, 폴더 조작해보기 : 터미널

[챕터 03] 웹사이트를 만들려면 꼭 알아야 하는 3가지 : HTML, CSS, 자바스크립트

[챕터 04] 눈으로 보고, 상호작용할 수 있는 영역 : 프런트엔드

[챕터 05] 디자인에도 기술이 있다고요? : 라이브러리, 프레임워크

[챕터 06] 내가 만든 사이트를 서비스하는 방법 : 서버, 배포

[챕터 07] 회원가입, 게시판을 구현하고 싶어 : 데이터베이스

[챕터 08] 크롤링을 하고 싶어 : 파이썬

[챕터 09] 나만의 프로그램을 만들고 싶어 : 디버그, 바이브 코딩

[챕터 10] 데이터를 이용하고 싶어 : API

[챕터 01]

커서 설치하고 개발 환경 준비하기 : 코드 편집기, IDE

유튜브
bit.ly/454XyQz

유튜브 영상으로 더 쉽게 공부하세요!

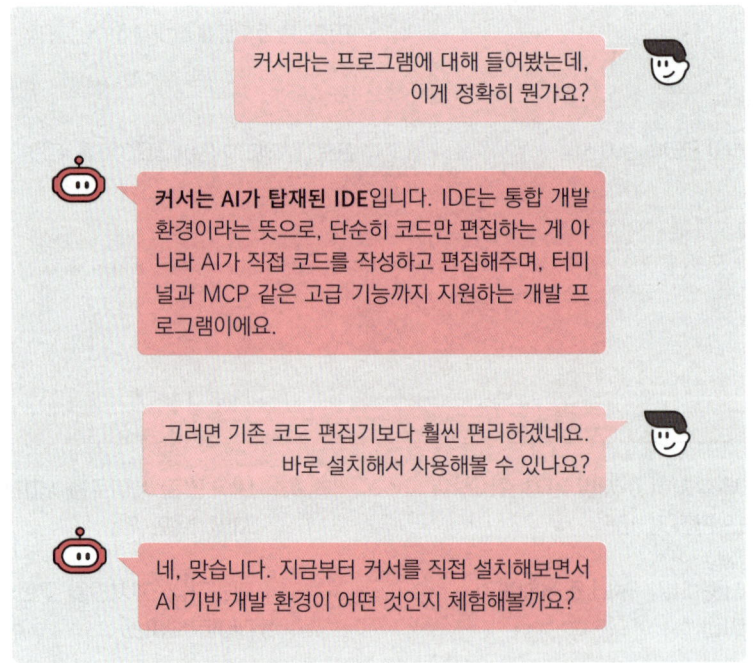

> 커서라는 프로그램에 대해 들어봤는데, 이게 정확히 뭔가요?

> 커서는 **AI가 탑재된 IDE**입니다. IDE는 통합 개발 환경이라는 뜻으로, 단순히 코드만 편집하는 게 아니라 AI가 직접 코드를 작성하고 편집해주며, 터미널과 MCP 같은 고급 기능까지 지원하는 개발 프로그램이에요.

> 그러면 기존 코드 편집기보다 훨씬 편리하겠네요. 바로 설치해서 사용해볼 수 있나요?

> 네, 맞습니다. 지금부터 커서를 직접 설치해보면서 AI 기반 개발 환경이 어떤 것인지 체험해볼까요?

커서는 AI를 통해 코드를 편집할 수 있는 프로그램입니다. 보통 이러한 도구를 코드 편집기라고 부르며, 커서도 코드 편집기의 한 형태라고 볼 수 있습니다.

다만 커서는 단순히 코드를 편집하는 기능만 제공하는 도구가 아닙니다. 공식 사이트에서 소개하듯 커서는 인공지능 모델을 탑재하고 있으며, 운영체제에 명령을 내릴 수 있는 터미널을 비롯해 다양한 개발 편의 기능을 갖추고 있습니다. 또한 이 책에서 다루는 내용 중 하나인 MCP도 사용할 수 있습니다.

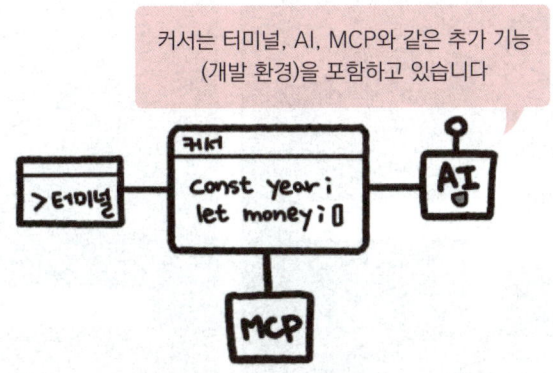

이처럼 다양한 기능이 통합된 개발 환경을 IDE라고 부릅니다. IDE는 Integrated Development Environment의 앞 글자만 딴 표현으로, 한글로는 통합 개발 환경을 뜻합니다. 말 그대로 개발에 필요한 여러 도구와 기능이 하나로 통합된 환경을 말하는데요, 이제 인공지능을 장착한 IDE, 커서를 설치하고 어떤 도구인지 살펴볼까요?

커서 회원가입 후 구독 관리하기

커서는 회원가입만 하면 2주 동안 프로 플랜을 무료로 체험할 수 있습니다. 다만 제한된 에이전트와 탭을 제공하므로, 이 책에 나오는 실습을 제대로 해보려면 유료 구독이 필요합니다. 처음 가입했을 때는 구독 화면을 찾기 어렵고, 특히 [구독 취소] 버튼이 눈에 잘 띄지 않아 당황할 수 있습니다. **이 책에서 실습을 할 때 추천하는 방법은 구독 결제 후 취소해서 유료로 1개월만 사용하는 것입니다. 커서는 구독 후 바로 취소를 해도 결제일을 기준으로 1개월을 쓸 수 있습니다.** 여기서는 회원가입과 구독 관리 방법을 매뉴얼과 함께 자세하고 쉽게 따라 할 수 있도록 소개하겠습니다.

01 커서를 사용하려면 먼저 회원가입을 해야 합니다. 커서 홈페이지에 접속하여 [Sign in → Sign up] 버튼을 순서대로 누른 다음 [Continue with Google]을 눌러 구글로 회원가입을 진행하세요.

- **커서 홈페이지** : cursor.com

> **NOTE** 이 책에서는 구글 계정을 사용해 회원가입을 진행합니다. 다른 방법으로 가입해도 무방하니, 편한 방식으로 회원가입을 완료하세요.

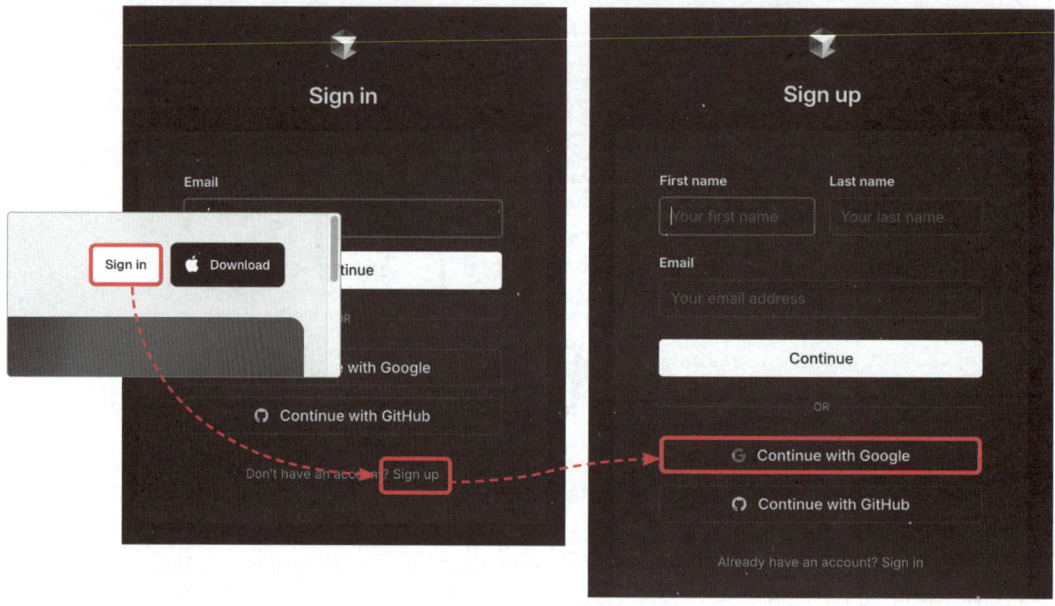

02 회원가입 후 로그인을 하면 커서의 대시보드 화면을 볼 수 있습니다. 대시보드 화면에서는 계정 사용 현황을 확인하고 유료 구독도 할 수 있습니다.

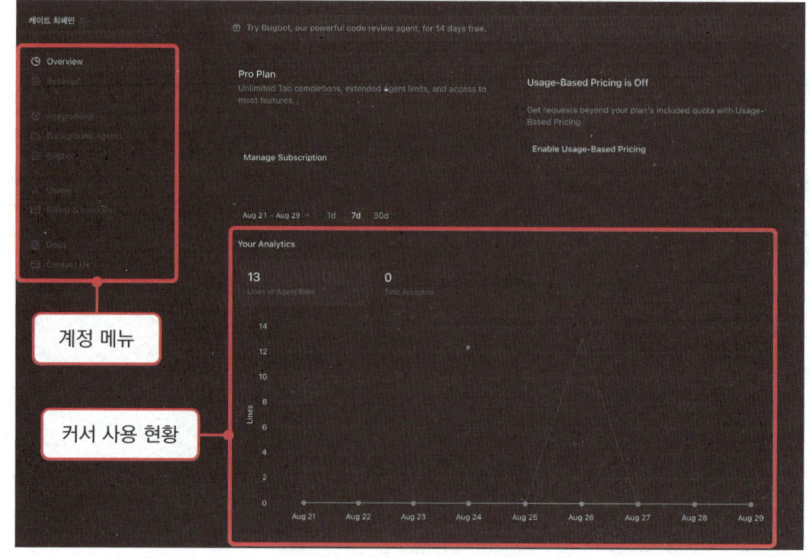

03 이때 위쪽에 있는 **Usage-Based Pricing is Off**의 [Enable Usage-Based Pricing]을 누르면 [Set Spending Limit]이 보입니다. 이 옵션은 사용량이 일정 기준을 초과했을 때 자동으로 과금하는 옵션을 켜거나 끄도록 설정하는 기능입니다. **커서에 처음 가입하면 이 옵션은 꺼져 있는 상태이므로 누르지 말고 그대로 두면 됩니다.**

04 왼쪽 계정 아래에 보이는 메뉴에서 [Billing & Invoices]를 누릅니다. 그러면 정기 구독 내역으로 결제 내역과 청구서를 볼 수 있습니다.

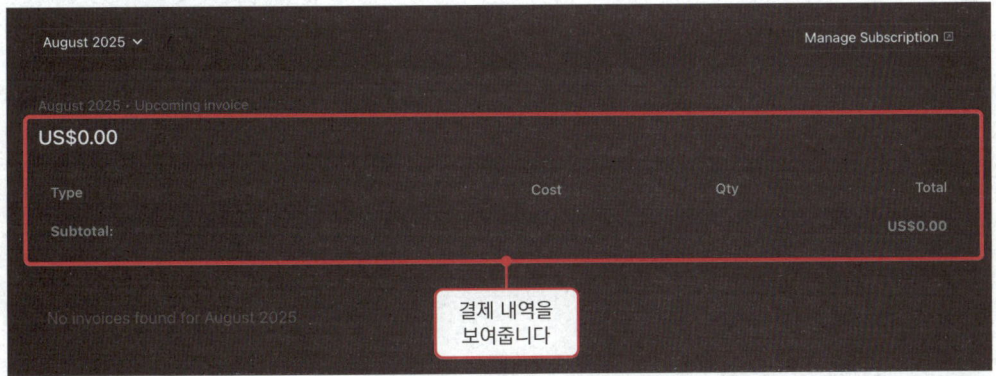

05 이제 결제 수단을 등록하기 위해 [Manage Subscription]을 눌러 결제 상세 페이지로 이동합니다.

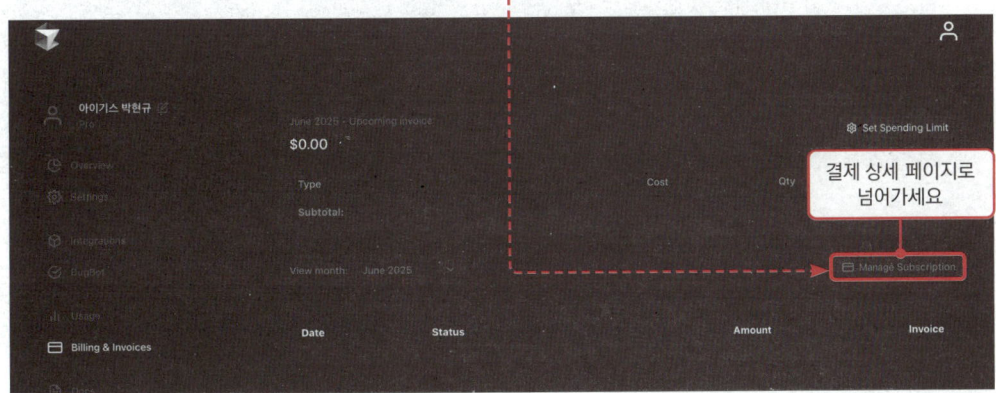

06 아마 여러분은 구독을 시작하지 않은 상태일 것이므로 처음에 보이는 화면은 다음과 같을 것입니다. 여기서 [+ 결제 방식 추가]를 눌러 카드를 등록하세요.

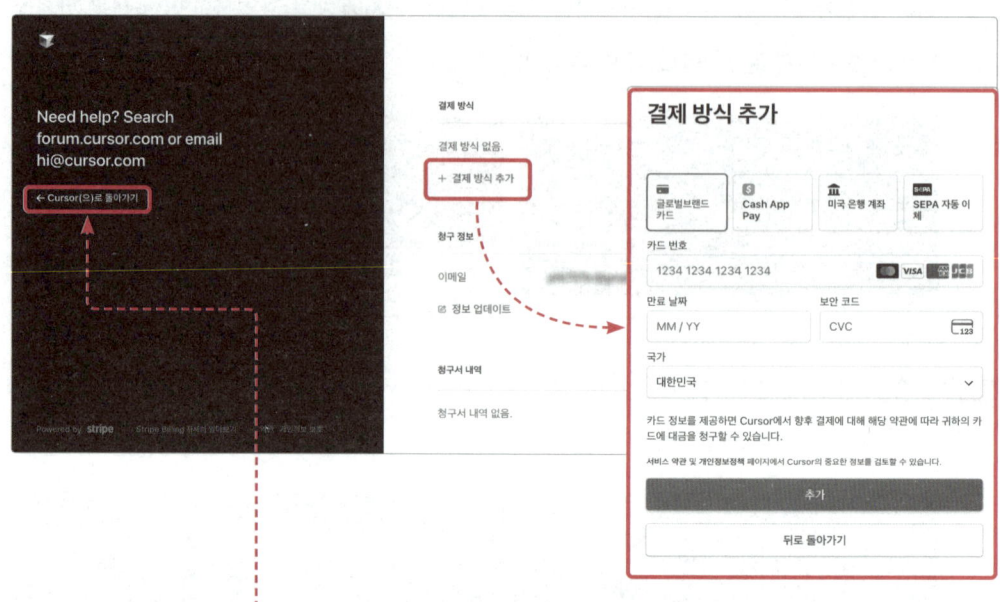

07 카드 등록 후 [Cursor(으)로 돌아가기]를 눌러 커서의 대시보드 화면으로 이동하세요. 여기서 [Upgrade to Pro]를 누르면 등록한 카드로 Pro 유료 구독을 할 수 있습니다.

- **커서 대시보드** : www.cursor.com/dashboard

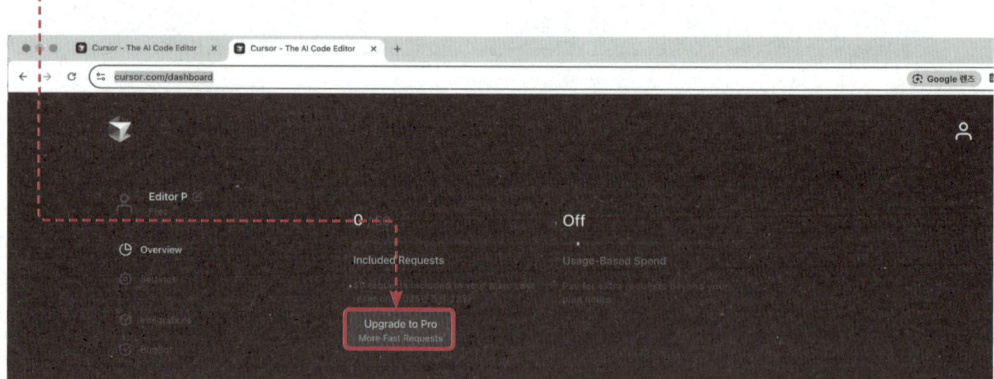

08 구독을 마쳤으면 다시 과정 **05**를 참고하여 구독 취소 방법을 알아보겠습니다. [Billing & Invoices]의 [Manage Subscription]을 눌러 결제 상세 페이지로 이동하세요. 여기서 [구독 취소 → 구독 취소]를 눌러 구독을 취소하세요. 이렇게 하면 한 달 간 Pro 구독을 이용할 수 있으며, 이후에는 자동으로 결제가 되지 않습니다.

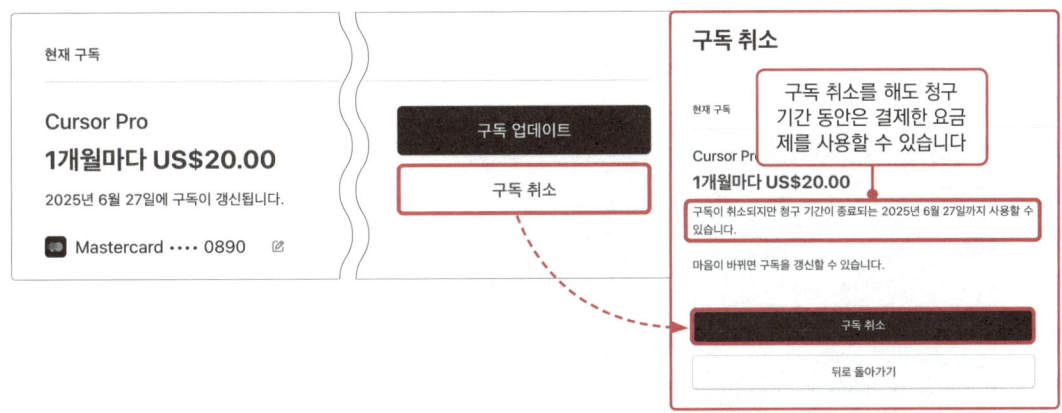

커서 회원가입부터 Pro 구독까지 진행했습니다. 이 상태에서 다음 실습을 진행하면 문제없이 원활하게 실습을 진행할 수 있을 것입니다.

> **NOTE** 화면 UI는 지속적으로 업데이트되고 있어, 실습에서 안내한 화면과 다를 수 있습니다. 하지만 크게 어렵지 않으니 차근차근 따라 하면 됩니다.

커서 설치 후 기본 화면 살펴보기

01 회원가입을 완료했다면 이제 커서를 설치하겠습니다. 커서 홈페이지에 접속하면 설치 파일을 받을 수 있는 [Downaload] 버튼이 있습니다. 사용 중인 운영체제에 맞게 버튼을 눌러 파일을 내려받은 뒤 커서를 설치하세요. 설치 과정은 간단하므로 생략하겠습니다.

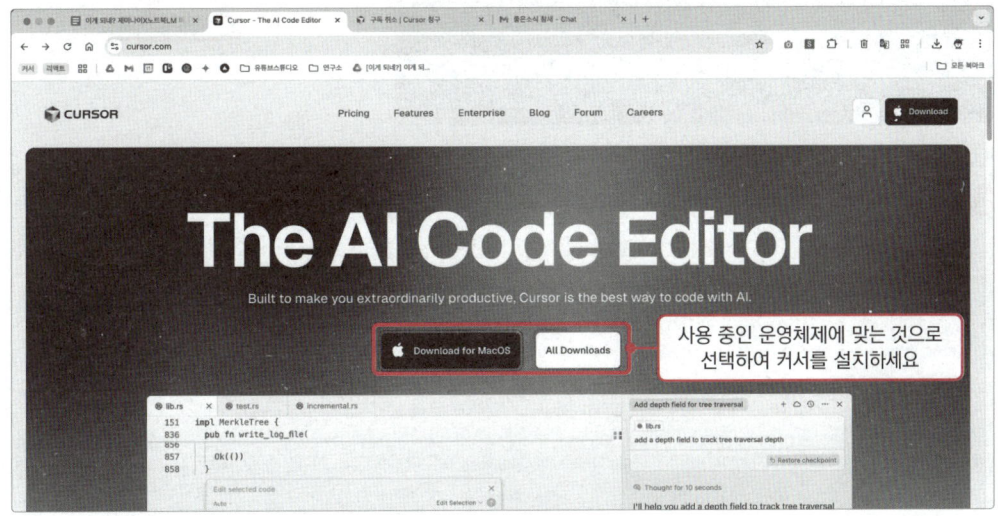

02 커서를 설치했다면 다음과 같이 기본 화면이 나타납니다. 처음 실행할 때 로그인을 하라는 안내가 표시되니, [Log In]을 눌러 로그인을 진행하세요.

03 로그인을 마치면 테마를 설정하고, Quick Start에서 커서의 동작 모드를 설정할 수 있습니다. 기본값은 [Agent] 모드이며, 이 모드가 대부분의 상황에서 적합하므로 그대로 사용하겠습니다. 설정을 완료했다면 [Continue]를 누르고, 이후 표시되는 설정값도 기본으로 한 다음 [Continue]를 눌러 Review Settings 설정 화면까지 진행하세요.

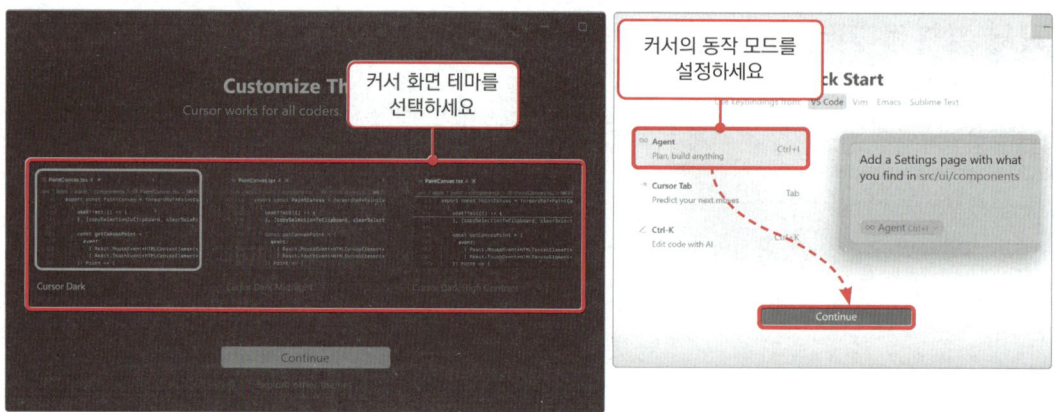

04 Review Settings에서는 'Language for AI'를 [Korean]으로 설정하고 'Open from Terminal'은 기본값으로 둔 다음 [Continue]를 눌러 진행하세요. 모든 설정을 완료하면 커서의 기본 화면이 나타납니다.

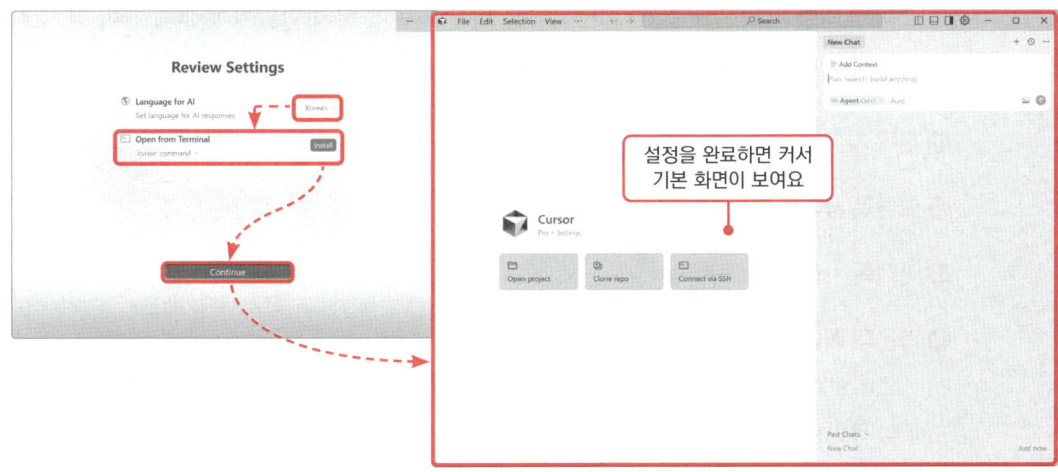

바이브 코딩 01 ▶ 기업 소개 웹사이트 만들기

 난이도 하!

이제 커서를 설치했으니 간단한 기업 소개 웹사이트를 만들면서 커서 사용 방법을 알아보겠습니다.

01 오른쪽 위를 보면 사이드바 버튼 3개가 보입니다. 각 사이드바 버튼을 모두 눌러 활성화하세요.

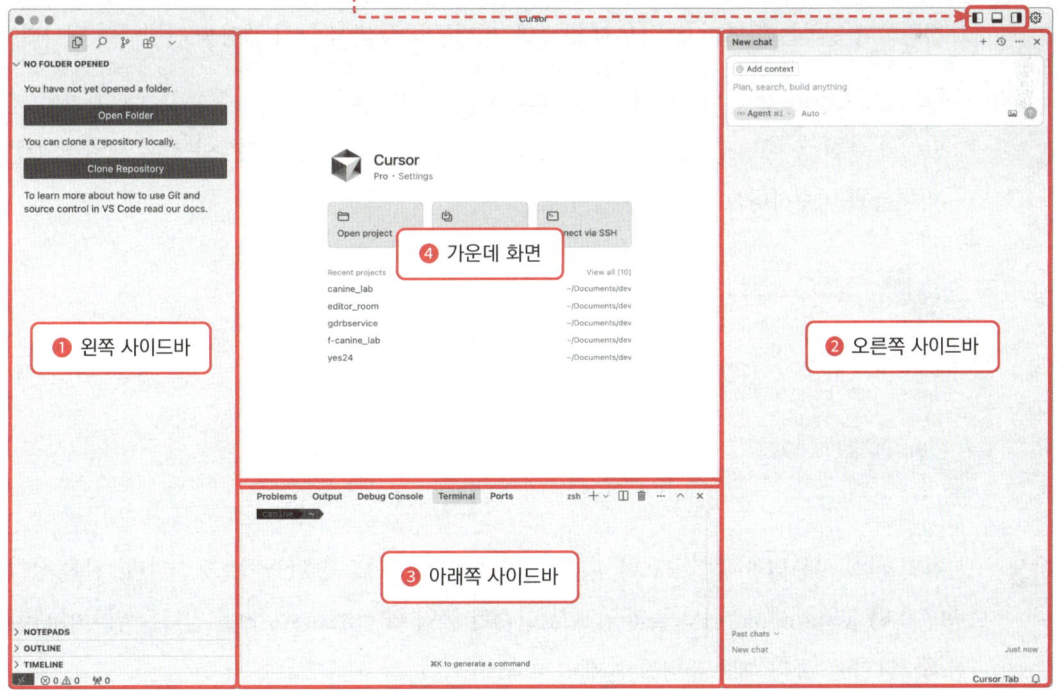

챕터 01 커서 설치하고 개발 환경 준비하기 : 코드 편집기, IDE   31

각 사이드바의 역할은 다음과 같습니다. 지금은 아무 작업도 하지 않았기 때문에 감이 잘 오지 않겠지만 우선 어떤 기능이 있는지 눈으로 읽어 익혀두면 도움이 될 겁니다.

- ❶ **왼쪽 사이드바** : 파일 탐색기 / 코드 관리 / 확장 도구 관리 창
- ❷ **오른쪽 사이드바** : 커서 LLM 채팅창
- ❸ **아래쪽 사이드바** : 터미널
- ❹ **가운데 화면** : 코드를 입력하는 코드 편집 화면

사이드바로 둘러싸인 가운데 화면은 여러분이 코드를 입력하는 코드 편집 화면입니다. 물론 여러분이 직접 코드를 입력할 일은 거의 없습니다. 대부분의 코드 작업은 오른쪽 사이드바의 LLM 채팅창을 통해 이뤄집니다. 이것이 커서의 기본적인 구조입니다. 구체적인 기능은 앞으로 실습을 진행하며 차근차근 알아보겠습니다.

02 간단한 커서의 기능을 알아보기 위해 채팅창을 사용해보겠습니다. 오른쪽 사이드바에 위치한 채팅창에는 여러 버튼이 있는데 이 중 자주 쓰게 될 버튼은 [+], [@ Add Context]입니다. 나머지 버튼은 거의 사용하지 않으며, 필요할 때 그때그때 설명하겠습니다.

- **[+] 버튼** : 챗GPT와 같은 서비스에서 볼 수 있는 '새 채팅창 열기' 기능입니다. 만약 대화를 진행하다 원하는 답변이 잘 나오지 않으면 이 버튼을 눌러서 다시 채팅을 진행하면 됩니다.
- **[@ Add Context]** : 파일이나 폴더, 웹 문서를 여기에 포함시키는 기능입니다. 추가한 파일이나 폴더 등 해당 콘텍스트를 바탕으로 커서가 답변합니다. 챗GPT와 같은 서비스의 첨부 기능과 비슷하다고 생각하면 됩니다.

03 기본적인 커서 사용법을 알아봤으니, 이제 기업 소개 웹사이트를 만들어보겠습니다. 왼쪽 사이드바에서 ❶ [Open Folder]를 눌러 앞으로 실습할 폴더 ❷ **cursorstudy**를 원하는 위치에 만든 다음 ❸ [열기]를 눌러 해당 폴더를 여세요.

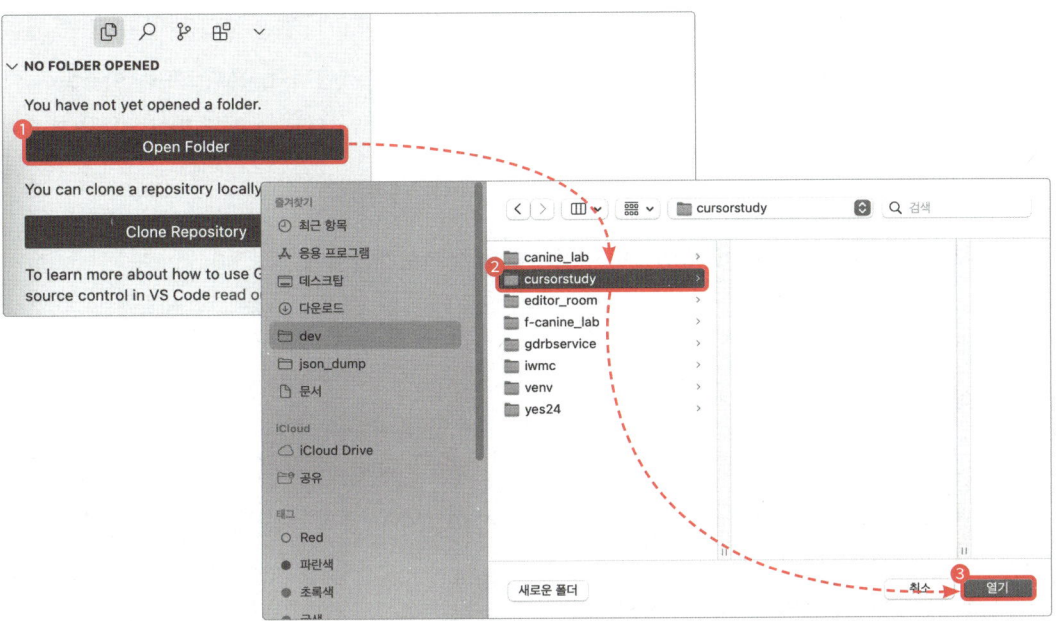

04 그런 다음 왼쪽 사이드바의 **cursorstudy** 폴더에서 마우스 오른쪽 클릭을 한 다음 [New File]을 눌러 **test.html**이라는 파일을 하나 만드세요.

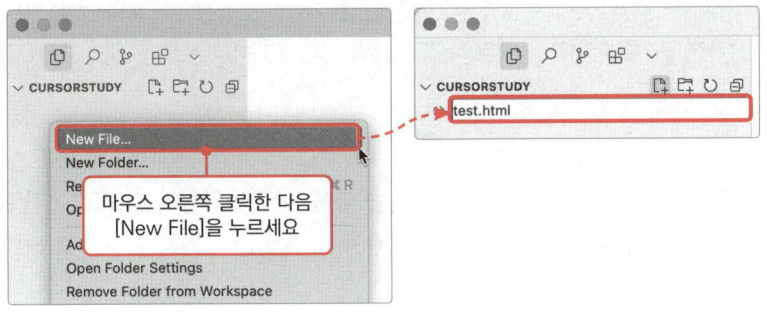

파일이 생성되며, 중앙에 **test.html** 파일을 수정할 준비가 됩니다. 오른쪽 채팅창을 보면 [@ Add Context]에 @ test.html 파일이 포함된 것을 확인할 수 있습니다.

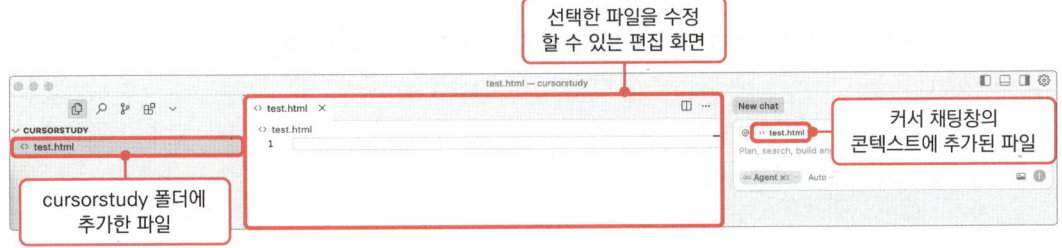

[챕터 01] 커서 설치하고 개발 환경 준비하기 : 코드 편집기, IDE

이 상태가 되면 채팅창에서 **test.html**의 파일 상태를 파악하고 다양한 작업을 할 수 있게 됩니다. 앞으로 [@ Add Context]는 간단히 '콘텍스트'라고 부르겠습니다. 콘텍스트는 한글로 맥락이라는 뜻이죠? 커서가 우리의 대화를 이해하기 위해 참고하는 모든 것을 통틀어 콘텍스트라고 하겠습니다.

05 이제 콘텍스트에 **test.html**이 있으니 이것에 대해 물어보겠습니다.

이 파일은 무엇을 할 때 쓰는 파일이야?

현재 test.html 파일은 비어 있는 상태입니다. HTML 파일은 웹페이지를 만들 때 사용하는 기본적인 파일 형식입니다.

HTML 파일의 주요 용도는 다음과 같습니다:

1. 웹페이지의 구조와 내용을 정의
2. 텍스트, 이미지, 링크 등의 웹 콘텐츠를 표시
3. CSS와 JavaScript를 연결하여 웹페이지의 스타일과 동작을 제어

이 파일이 비어 있는 것을 보니 아직 사용되지 않았거나 새로 생성된 파일인 것 같습니다. 웹페이지를 만들고 싶으시다면, 기본적인 HTML 구조를 추가하는 것부터 시작할 수 있습니다. 필요하시다면 기본적인 HTML 템플릿을 만들어드릴 수 있습니다.

놀랍게도 커서는 현재 파일이 비어 있다는 것을 확인한 다음 파일의 확장자를 보고 어떤 용도인지도 설명해줍니다. 앞서 언급한 콘텍스트를 통해 커서가 이 파일의 구성을 파악하고 있는 것입니다.

06 커서의 콘텍스트를 이용해서 채팅창을 통해 간단한 작업을 시켜보겠습니다.

간단한 기업 소개 웹사이트를 원 페이지로 구성해줄래? 흔한 디자인이어도 상관없어.

요청한 작업을 토대로 커서가 파일을 추가하고 코드를 작성하기 시작합니다. 작성한 코드에 대해서도 자세히 설명해줍니다.

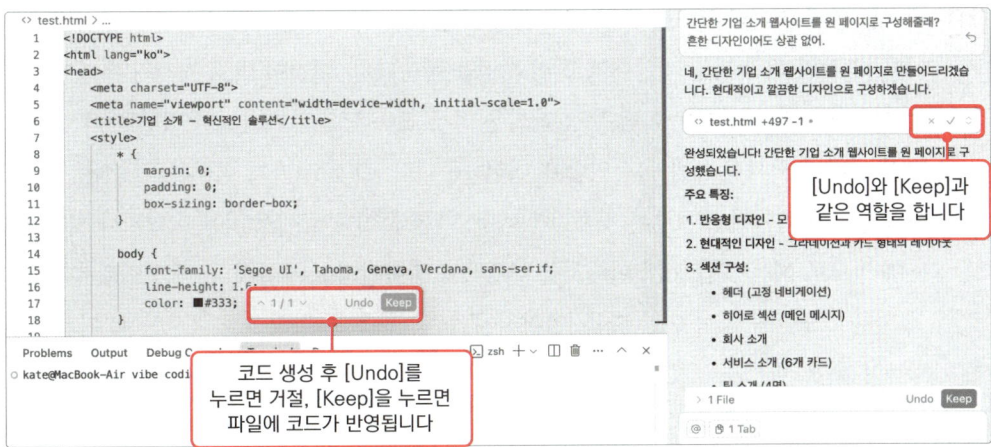

가운데 화면을 보면 임시로 코드가 입력되어 있고, 작은 창이 표시됩니다. 여기서 [Undo]를 누르면 현재 작성한 코드를 거절하는 것으로 파일에 반영되지 않으며, [Keep]을 누르면 현재 작성한 코드가 파일에 그대로 반영됩니다. [Keep]을 눌러서 허락해줍니다. 이때 오른쪽 사이드바의 채팅창도 보면 [X], [V] 표시가 있습니다. 이 버튼들도 [Undo]와 [Keep]과 같은 역할을 하므로 원하는 버튼을 누르면 됩니다.

> **NOTE** 커서로 작업을 하다 보면 짧은 시간에 여러 파일이 수정될 때가 있습니다. 그럴 때는 [Undo all] 또는 [Keep all]이라는 버튼이 수정된 파일 위에 보이며, 버튼 왼쪽에는 수정된 파일 개수가 표시됩니다. 각 버튼을 누르면 한 번에 '실행 취소' 또는 '반영'을 해줍니다

07 이제 파일을 웹 브라우저에서 열어보세요. 어떤 화면이 나올까요?

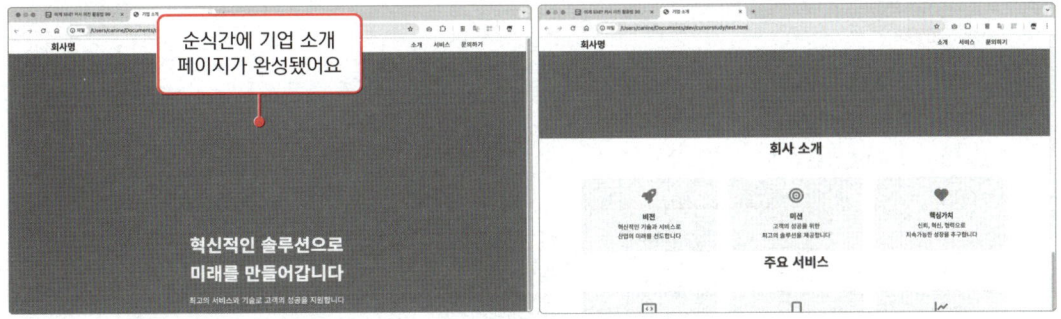

놀랍게도 흔히 보는 기업 소개 페이지가 완성되었습니다. 하지만 조금 아쉬운 점이 있습니다. 배경에 기업 소개와 어울리는 적절한 이미지를 넣으면 좋을 것 같은데 단조로운 디자인으로 마무리되었네요. 이런 경우 어떻게 수정할 수 있을까요? 직접 코드를 수정해야 할까요? 아닙니다.

챕터 01 커서 설치하고 개발 환경 준비하기 : 코드 편집기, IDE   35

08 커서는 현재 화면의 코드를 모두 알고 있기 때문에 여러분이 원하는 수정을 요청하기만 하면 됩니다. 그러면 해당 파일의 상태에 맞춰 수정을 해줍니다. 이것이 바로 커서가 우리에게 의미 있는 이유입니다. 예전에는 이런 수정 작업을 전문 교육을 받은 개발자가 직접 해야 했습니다. 하지만 이제는 커서가 개발자의 역할을 대신해줍니다. 그것도 마치 여러분의 상태를 가장 잘 아는 개발자가 옆에서 고쳐주는 것처럼 말이죠. 예를 들어 구글에서 아무 이미지나 찾아 투명도를 50% 정도로 해서 기업 소개 이미지를 배경으로 깔아달라고 해봅시다. 배경으로 추가할 이미지에 마우스 오른쪽 클릭을 한 다음 [이미지 주소 복사]를 눌러 링크를 복사한 뒤 다음과 같이 부탁해보겠습니다.

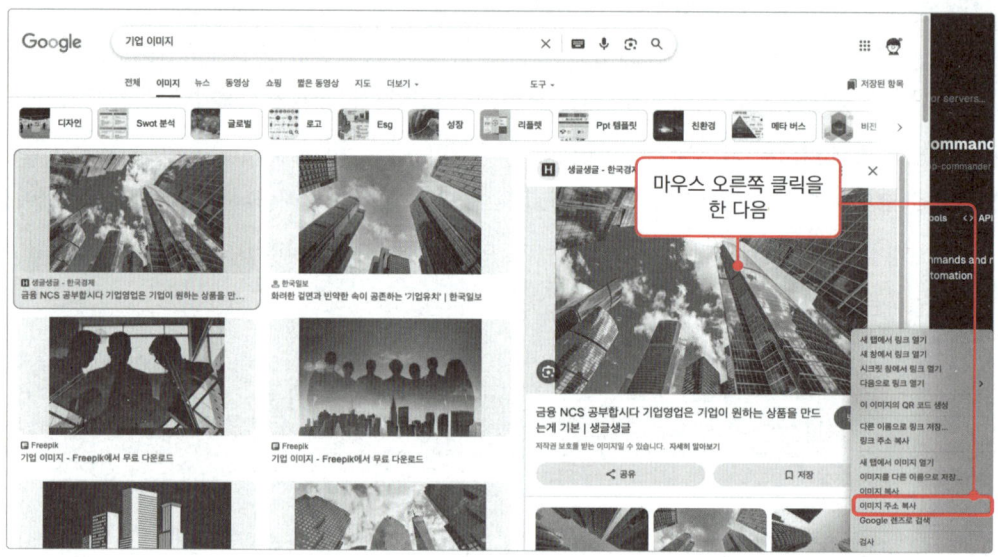

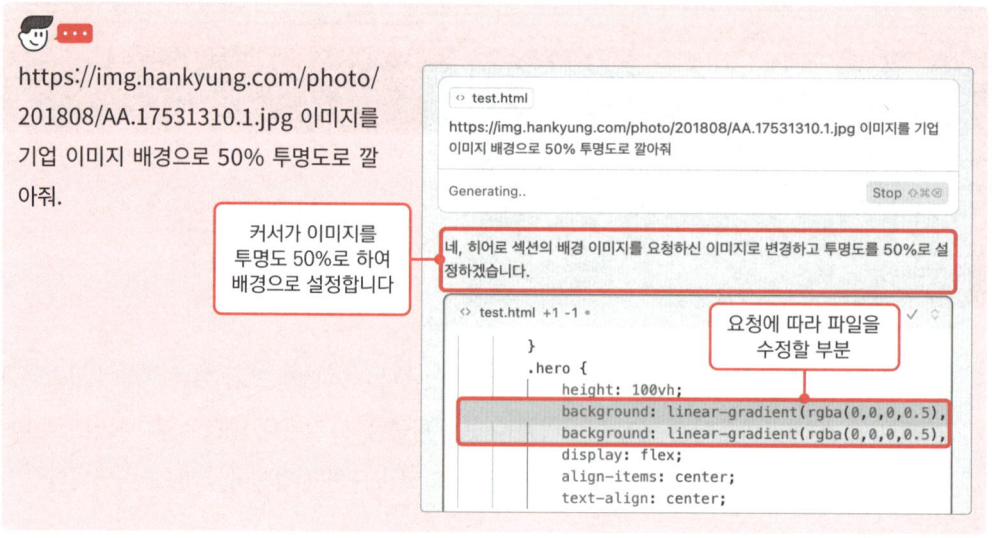

그러면 커서가 배경으로 해당 이미지로 변경하고 투명도를 50%로 설정했다고 하네요.

09 [V]를 눌러 적용하고 다시 **test.html**을 웹 브라우저에서 열어봅시다.

배경에 이미지가 깔렸고 화면의 텍스트가 보이도록 투명도가 50%로 잘 반영되어 정확하게 수정되었네요. 이렇게 커서를 활용하면 이런 웹사이트도 손쉽게 만들 수 있습니다.

 **커서와 함께 오류를 해결하며 완성하기**

커서를 실행하는 과정에서 책에 안내된 화면이나 버튼 구성과 약간 다를 수 있습니다. 이는 커서 프로그램이 업데이트되면서 생긴 차이일 수 있습니다. 하지만 프로그램을 실행이나 실습 과정에서 커서를 사용하는 방법이 크게 달라지지 않으니, 걱정하지 않아도 됩니다.

바이브 코딩 02 — 사과 게임 만들어보기

난이도 하!

그렇다면 커서는 얼마나 복잡한 작업까지 처리할 수 있을까요? 구체적으로 지시할 수만 있다면 거의 모든 작업을 해낼 수 있습니다. 과연 정말 그러한지 이번에는 사과 게임을 한 번 만들어보겠습니다.

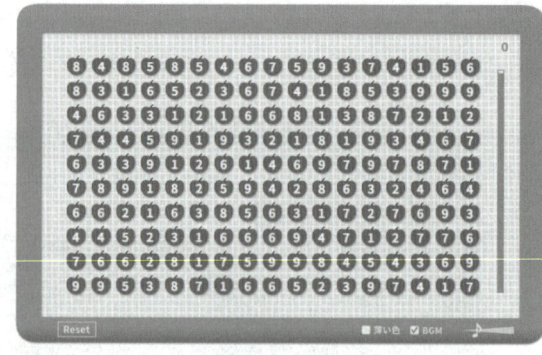

사과 게임은 아주 간단한 규칙을 가지고 있는 게임입니다. 게임 화면에는 1부터 9까지 숫자가 적힌 사과가 직사각형 배열로 배치되어 있고, 게임을 플레이하는 플레이어는 마우스로 드래그하여 범위를 정해 사과를 선택할 수 있습니다. 이때 선택한 사과의 숫자 합이 10이 되면 화면에서 해당 사과들이 사라집니다. 가능한 많은 사과를 없애는 것이 목표인 게임입니다. **이제 커서로 사과 게임을 만들어보고 '구체적인 지시'가 왜 중요한지 자연스럽게 알아보겠습니다.**

01 먼저 '사과 게임을 만들어봐'라고 요청하겠습니다.

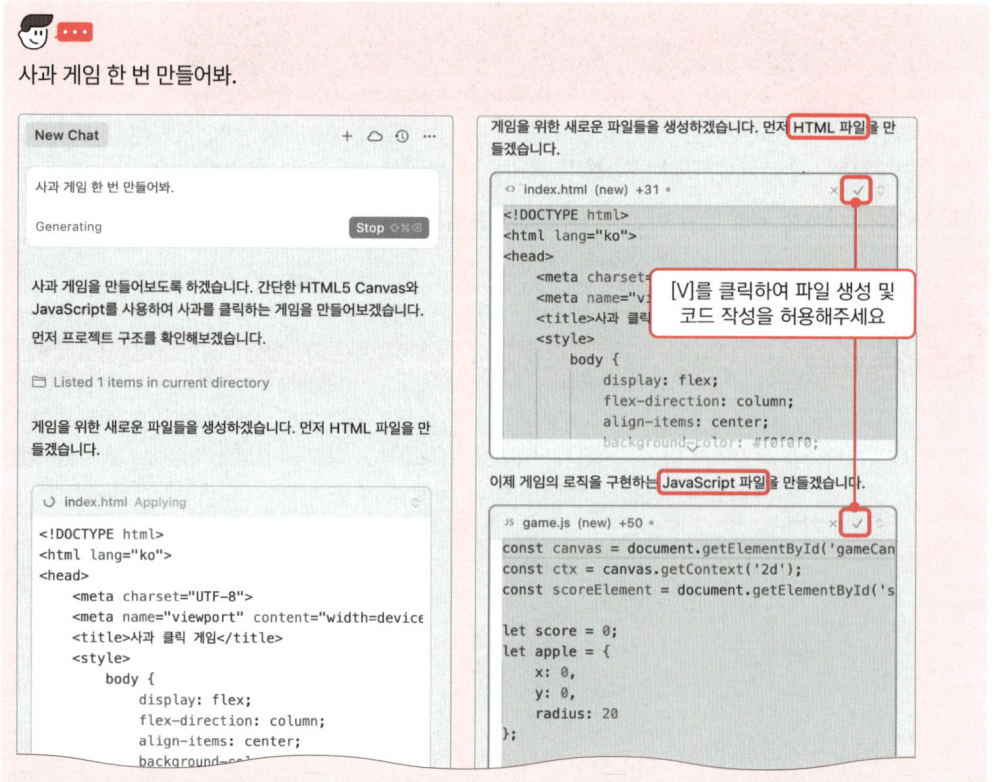

그러면 아마도 높은 확률로 HTML, 자바스크립트라는 기술을 언급하면서 사과 게임을 만들 것입니다. 커서가 설명과 함께 코드를 제시하면 화면에 표시되는 [V]를 클릭하여 파일 생성과 코드 입력을 모두 허용해주세요. 여기서 하나 주목할 만한 점이 있다면 바이브 코딩 01 기업 소개 웹사이트 만들기에서 직접 빈 파일을 생성하여 코드를 작성하라고 했지만, 이번에는 커서가 **index.html, game.js** 같은 파일을 자동으로 생성해주었다는 점입니다.

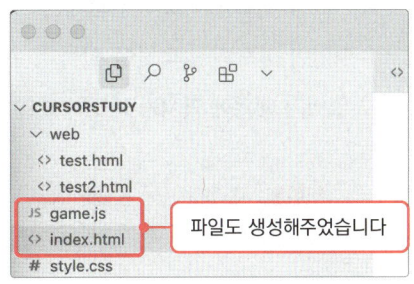

파일도 생성해주었습니다

02 코드 작성을 마쳤다면 커서는 만든 게임에 대해 설명해주면서 어떻게 게임을 실행하는지 알려줍니다. 여기서는 커서가 **index.html** 파일을 열면 게임이 시작된다고 했으므로 그대로 실행하겠습니다.

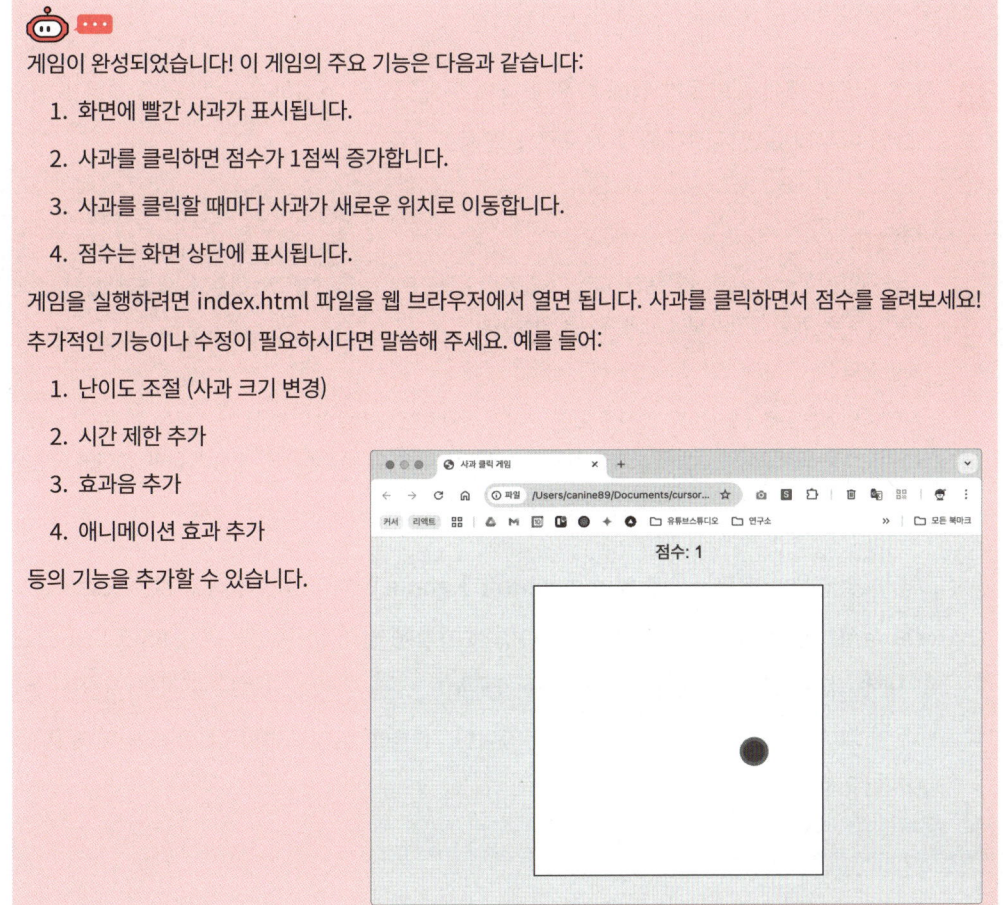

게임이 완성되었습니다! 이 게임의 주요 기능은 다음과 같습니다:

1. 화면에 빨간 사과가 표시됩니다.
2. 사과를 클릭하면 점수가 1점씩 증가합니다.
3. 사과를 클릭할 때마다 사과가 새로운 위치로 이동합니다.
4. 점수는 화면 상단에 표시됩니다.

게임을 실행하려면 index.html 파일을 웹 브라우저에서 열면 됩니다. 사과를 클릭하면서 점수를 올려보세요! 추가적인 기능이나 수정이 필요하시다면 말씀해 주세요. 예를 들어:

1. 난이도 조절 (사과 크기 변경)
2. 시간 제한 추가
3. 효과음 추가
4. 애니메이션 효과 추가

등의 기능을 추가할 수 있습니다.

게임 화면이 뭔가 이상합니다. 앞서 설명했듯이 이 게임은 사과를 클릭해서 합을 맞추는 게임이지, 사과를 드래그해서 없애는 게임이 아닙니다. 물론 이 상태로도 충분히 즐길 수 있는 게임이며, 이 정도의 결과물을 만들기 위해서는 꽤 진지하게 공부해야 합니다. 하지만 **구체적인 지시가 없었기 때문에 커서가 의도하지 않은 게임을 만들어주었습니다.**

> **NOTE** '사과 게임을 만들어줘'라고 하면 모호한 지시로 커서가 높은 확률로 엉뚱한 게임을 만들어줄 수 있습니다. 그 이유는 커서가 사과 게임에 대한 사전 학습을 하지 못했기 때문입니다.

여기까지의 실습을 통해 하나 알게 된 것이 있습니다. 바로 커서는 만능이 아니라는 점입니다. **커서를 잘 활용하려면 반드시 명확한 지시가 필요합니다.** 애매한 지시나 모호한 요청은 가급적 하지 않는 것이 좋습니다. **물론 커서에 장착된 LLM 모델은 점점 발전하고 있으므로 '애매한 지시'의 기준도 계속 달라질 수 있습니다.** 앞으로 여러분이 커서를 자주 활용하면서 애매한 지시란 무엇인지 감을 익히는 경험은 다른 복잡한 작업을 할 때 많은 도움이 될 것입니다. 그만큼 커서를 자주 사용하면서 사용법에 익숙해지기 바랍니다.

03 사과 게임을 제대로 만들기 위해 다음과 같이 구체적으로 지시하겠습니다. 새 채팅을 열고 콘텍스트에 아무것도 없는 상태에서 지시를 입력해보세요.

> 사과 게임을 만들어. 사과 게임은 HTML, CSS, 자바스크립트라는 웹 기술로만 만들고, 사과 게임은 다음과 같은 게임을 말해. 게임 설명을 보고 사과 게임을 만들어봐.
>
> **게임 설명 :**
>
> 게임 화면에는 1에서 9 사이의 숫자를 가진 사과가 직사각형 배열로 늘어져 있고, 게임을 플레이하는 플레이어는 마우스로 드래그하여 범위로 사과를 선택할 수 있습니다. 이때 사과에 적힌 숫자의 합이 10이면 화면에서 사과가 사라지며, 많은 사과를 없애는 것이 목표인 게임입니다.

그러면 설명을 바탕으로 기존의 **index.html**과 **game.js** 파일을 수정하고 **style.css**라는 파일도 새로 생성해줄 것입니다. 상황에 따라 파일의 이름은 달라질 수 있으며, CSS 코드를 HTML 파일 내에 작성했을 수도 있습니다. 어쨌든 HTML, CSS, 자바스크립트 순서로 기술을 언급했기 때문에 그 순서대로 코드를 작성해줄 것입니다. 설명을 읽어보면서 각 항목에 대해 [V]를 눌러 모두 적용하세요.

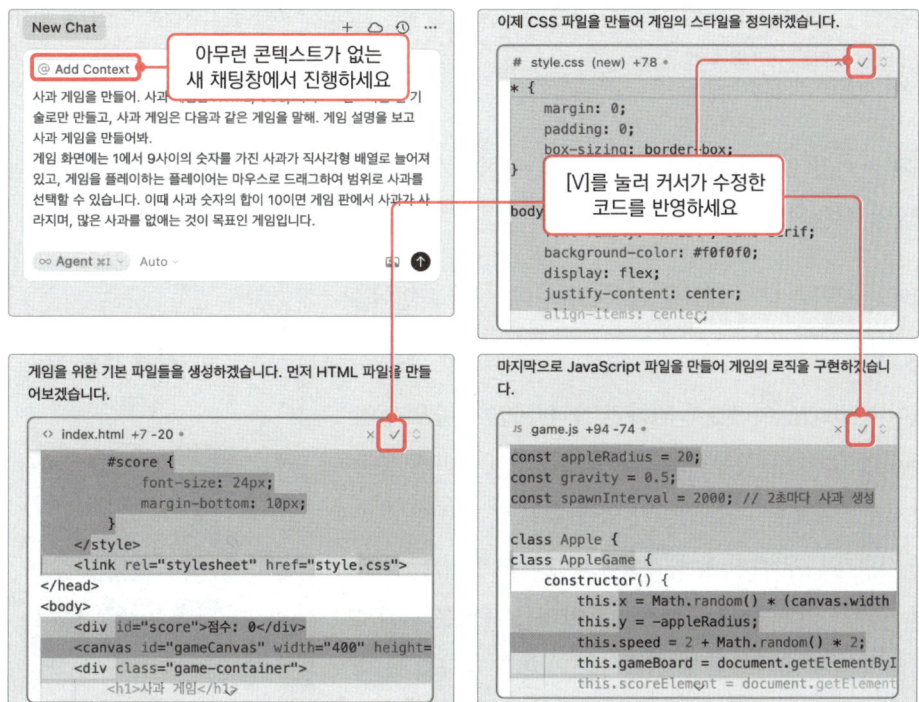

게임이 완성되었습니다! 이제 게임의 주요 기능을 설명해드리겠습니다:

1. 게임 화면 구성:

    a. 3x3 그리드로 9개의 사과가 배치됩니다.

    b. 각 사과는 1부터 9까지의 랜덤한 숫자를 가지고 있습니다.

    c. 상단에 점수가 표시됩니다.

    d. "새 게임" 버튼으로 게임을 재시작할 수 있습니다.

2. 게임 플레이:

    a. 마우스로 사과를 드래그하여 선택할 수 있습니다.

    b. 선택된 사과들의 숫자 합이 10이 되면 해당 사과들이 사라집니다.

    c. 사라진 사과의 개수만큼 점수가 증가합니다.

    d. 사라진 사과는 새로운 랜덤 숫자를 가진 사과로 대체됩니다.

3. 시각적 효과:

    a. 선택된 사과는 색상이 변하고 약간 커지는 효과가 있습니다.

    b. 사과는 둥근 모양으로 디자인되어 있습니다.

    c. 전체적으로 깔끔하고 현대적인 디자인을 적용했습니다.

> 게임을 실행하려면 웹 브라우저에서 index.html 파일을 열면 됩니다. 마우스로 사과들을 드래그하여 합이 10이 되는 조합을 찾아보세요!

이제 커서가 설명해준 게임 방법대로 기대하던 사과 게임이 완성된 것처럼 보입니다. 남은 일은 게임을 실행해보는 것입니다.

04 커서가 시키는 대로 게임을 실행해봅시다. 어떤 화면이 보이나요?

아마 이번에도 여러분이 원하던 사과 게임이 나오지 않았을 것입니다. 겉보기에는 사과 게임과 비슷하게 동작하지만 실제로는 다소 차이가 있습니다. 예를 들어 사과의 개수가 너무 적거나, 사과를 드래그해서 합이 10이 되면 사과가 없어지기는 하지만 그 자리를 새로운 사과로 채워 넣는 방식이 다를 수 있습니다. 또한 드래그를 할 때 선택한 영역을 미리 확인하는 표시가 없어 불편할 수도 있습니다.

05 이처럼 기대한 부분과 커서가 만들어준 결과가 다를 때 드래그한 영역 미리보기, 사과를 채워 넣는 방식까지 구체적으로 지시해야 합니다. 커서는 여러분의 의도를 모두 파악할 수 없기 때문이죠. 커서가 사과 게임을 잘 모르기 때문에 그렇습니다. 그럴 때는 수정할 부분에 대해 명확한 지시를 내리면 됩니다. 다음과 같이 수정 지시를 내려보겠습니다.

> 마우스로 드래그할 때 드래그한 영역을 미리볼 수 있게 해주고, 사과의 개수는 가로 20개, 세로 10개로 더 많이 늘려줘. 그리고 드래그하여 선택한 사과의 숫자 합이 10이 되어서 사과가 없어질 때, 사과를 새로 채우지마.

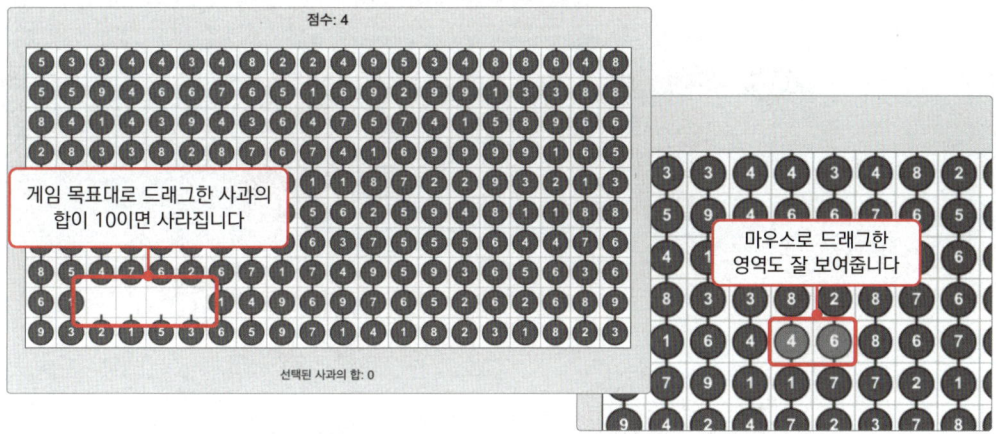

그러면 커서가 코드를 개선하기 시작합니다. 커서의 이러한 특징이 코드를 잘 모르는 우리에게 매우 유용한 점입니다. 비록 코드에 대해 잘 몰라도 실행 결과를 보고 원하는 대로 수행되지 않았다면 다시 지시할 수 있기 때문이죠. 수정된 코드를 다시 실행하면 처음에 예상했던 사과 게임과 비슷한 게임이 나타납니다.

이처럼 구체적인 지시를 하면 꽤 복잡한 게임도 어렵지 않게 만들 수 있습니다. 이번 실습을 통해 원하는 결과를 얻기 위해서는 얼마나 구체적으로 지시를 하는지가 중요하다는 것을 확인했길 바랍니다.

챕터 02

커서로 파일, 폴더 조작해보기 : 터미널

유튜브 영상으로 더 쉽게 공부하세요!

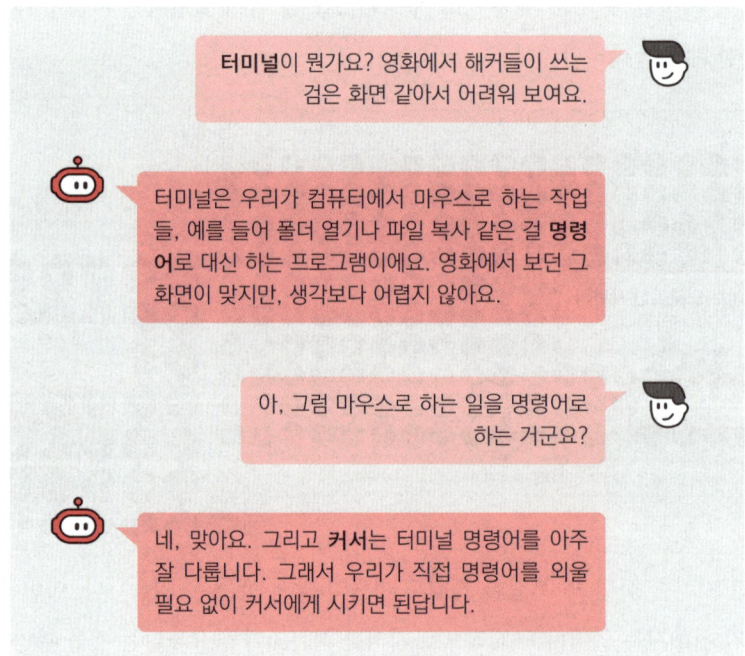

커서가 편리한 이유 중 하나는 터미널을 다룰 수 있다는 점입니다. 그렇다면 터미널이란 무엇일까요? 다음과 같은 프로그램이 모두 터미널입니다.

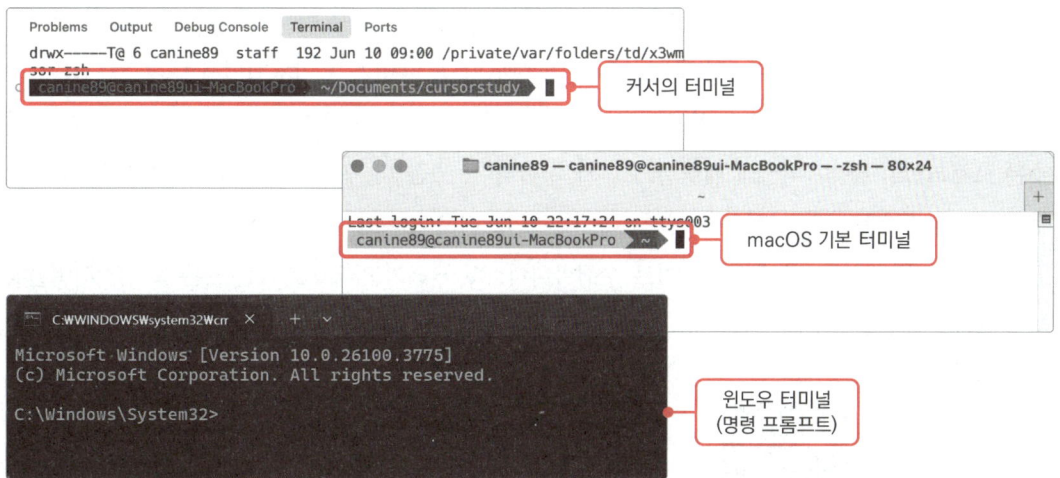

흔히 영화에서 해커 역할을 맡은 인물이 검정색 화면에 명령어를 입력하는 장면을 본 적 있을 텐데요, 이 장면들이 대부분 터미널에서 벌어지는 일들입니다. 터미널은 검정색 화면인 경우가 대부분이기 때문에 '검정색 화면에 무언가 입력하는 것'으로 떠올리기 쉽습니다.

> **NOTE** 다음 이미지는 『매트릭스』라는 영화에서 주인공이 해킹을 시도하는 장면입니다. 이때 보이는 검정색 화면이 바로 터미널입니다.

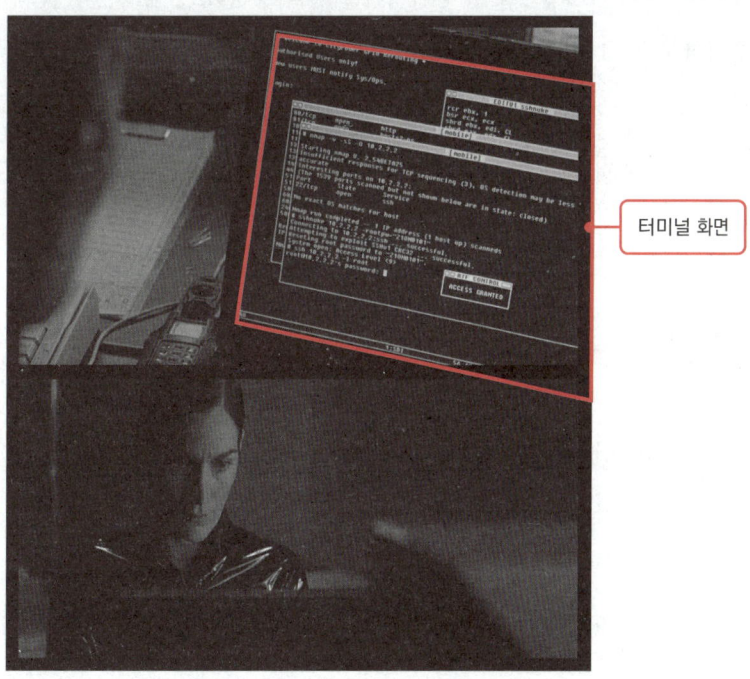

챕터 02 커서로 파일, 폴더 조작해보기 : 터미널 45

이런 이미지로 인해 터미널을 떠올리면 '굉장히 어렵고 복잡한 도구'라는 인식이 생기기도 했습니다. 하지만 실제로 터미널은 그렇게 어려운 것이 아닙니다. 우리가 운영체제에서 마우스로 하는 작업들, 예를 들어 더블클릭, 폴더 열기, 파일 복사 및 삭제 등의 작업을 명령어로 대신 할 수 있게 해주는 프로그램일 뿐 그 이상의 대단한 도구가 아닙니다. 조금 더 구체적으로 설명하자면 폴더를 더블클릭하여 해당 폴더로 이동하는 행위는 이제 자연스러운 것이죠. 하지만 터미널에서는 이 행동을 'cd(change directory)'라는 명령어로 수행합니다. **즉, 우리가 마우스로 하는 모든 동작은 터미널에서 명령어로 대체할 수 있는 것입니다.**

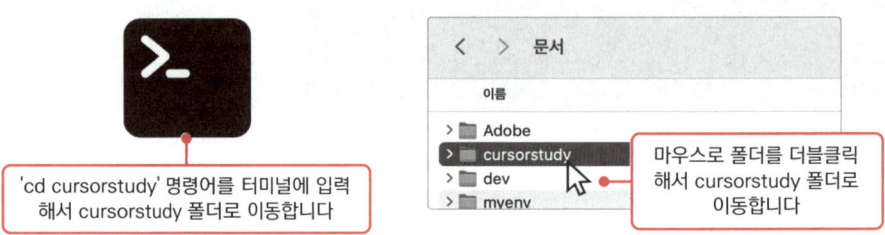

정리하면 터미널은 윈도우나 macOS에서 여러분이 더블클릭하여 폴더를 열고, 파일 옮기고, 삭제하는 등 키보드나 마우스 커서로 조작할 수 있는 모든 일을 명령어로 처리할 수 있는 곳입니다. 또한 커서는 텍스트 기반 환경에서 강력한 도구이기 때문에 터미널 명령어를 다루는 데 특히 더 잘합니다. 결론적으로 이제 우리는 직접 폴더를 만들거나 파일을 생성하고, 옮기는 등의 작업을 할 필요가 없습니다. 그냥 커서에게 '이 파일을 여기에 옮겨줘'라고 시키면 됩니다.

> **NOTE** 마우스 커서와 아이콘 같이 컴퓨터의 다양한 기능을 알기 쉽게 그래픽으로 표현한 부분을 GUI(Graphical User Interface)라고 합니다.

바이브 코딩 03 ▸ 바탕화면 정리시켜 보기

이제 터미널이 무엇인지 그리고 커서가 터미널 조작에 능숙하다는 것을 알게 되었으니, 이번에는 커서에게 바탕화면을 정리하라고 요청하겠습니다. 먼저 실습을 위해 바탕화면을 일부러 어지럽게 만들어 놓은 뒤 정리 요청을 해보기 바랍니다.

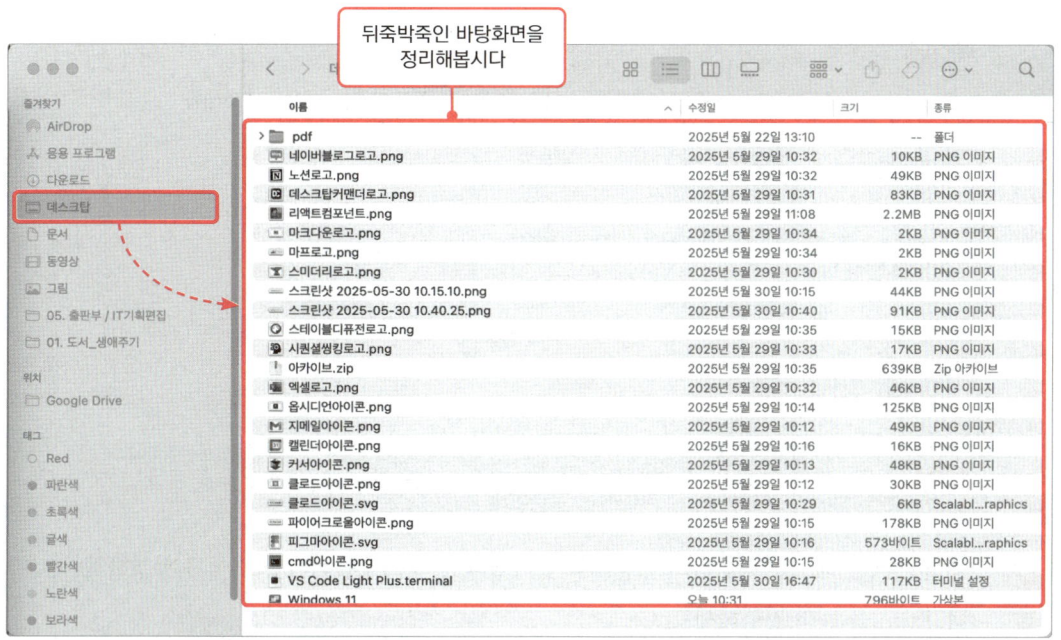

01 앞에서 배운 것처럼 커서에게 명확한 지시를 하기 위해 바탕화면의 위치를 정확하게 알려주면서 정리를 부탁하겠습니다. macOS 운영체제는 바탕화면에 있는 파일에서 오른쪽 클릭한 다음 [정보 가져오기]를 누른 다음 '위치' 항목의 경로를 드래그하여 [경로 이름으로 복사]를 누르면 바탕화면의 경로를 복사할 수 있습니다.

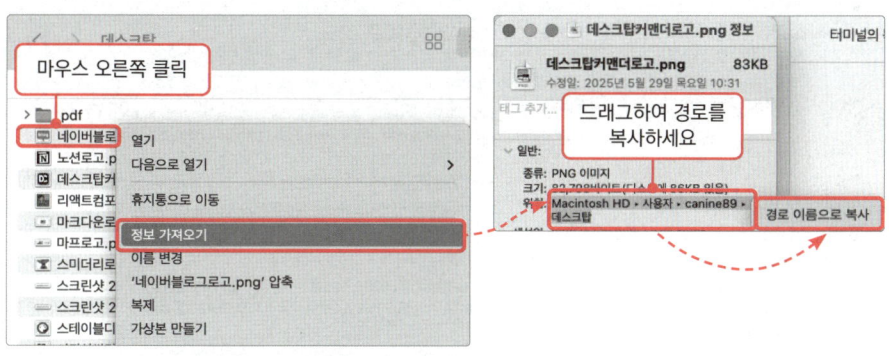

> **NOTE** 윈도우는 파일 탐색기에서 바탕화면 위치의 주소를 그대로 복사하여 사용하면 됩니다.

커서가 이전에 사용했던 콘텍스트를 잘못 참고하지 않도록 새 채팅을 시작한 다음 기존 콘텍스트를 모두 지우고 정리를 요청하세요.

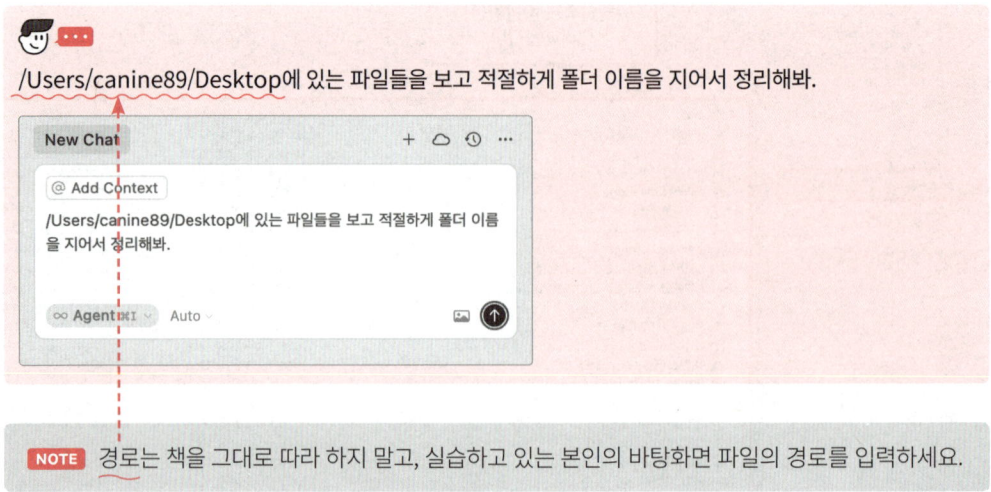

NOTE 경로는 책을 그대로 따라 하지 말고, 실습하고 있는 본인의 바탕화면 파일의 경로를 입력하세요.

02 그러면 커서는 해당 디렉터리의 내용을 확인하겠다고 하면서 곧바로 명령어를 실행하겠다고 합니다. [Run]을 눌러 진행하세요.

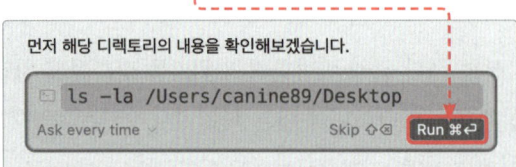

NOTE 모든 과정이 책과 동일하게 진행되지 않을 수 있습니다. 예를 들어 커서가 디렉터리 내용 확인 과정 없이 바로 진행할 수도 있죠. 이 점 참고하세요.

03 커서가 이내 파일 목록을 확인하고 분석을 마친 뒤, 현재 상태를 알려줍니다. 그런 다음 정리 명령어를 실행하겠다고 합니다. [Run]을 눌러 실행하세요.

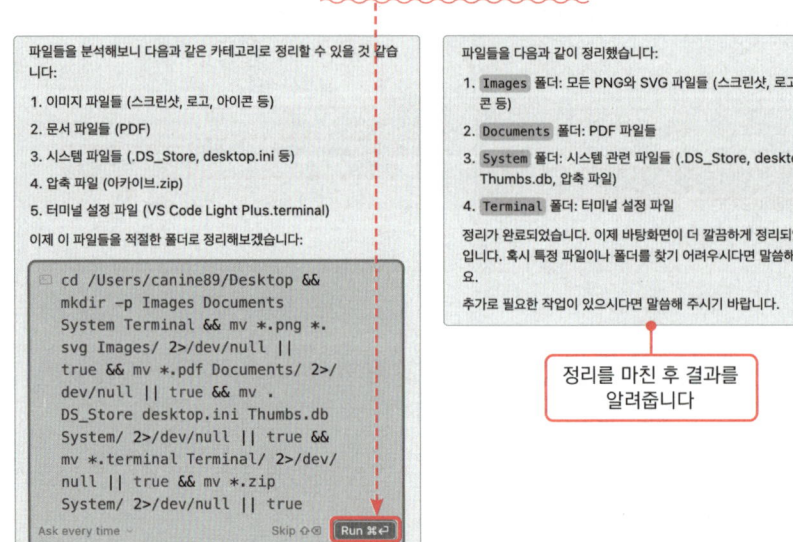

정리를 마친 후 결과를 알려줍니다

48 요즘 바이브 코딩 파트 01 처음 만나는 커서와 CS 지식

정리를 마친 다음 결과를 알려줍니다. 실제로 바탕화면이 그렇게 정리가 되었을까요?

04 바탕화면으로 이동해 확인해보면 정말 깔끔하게 정리가 되어 있는 것을 확인할 수 있습니다.

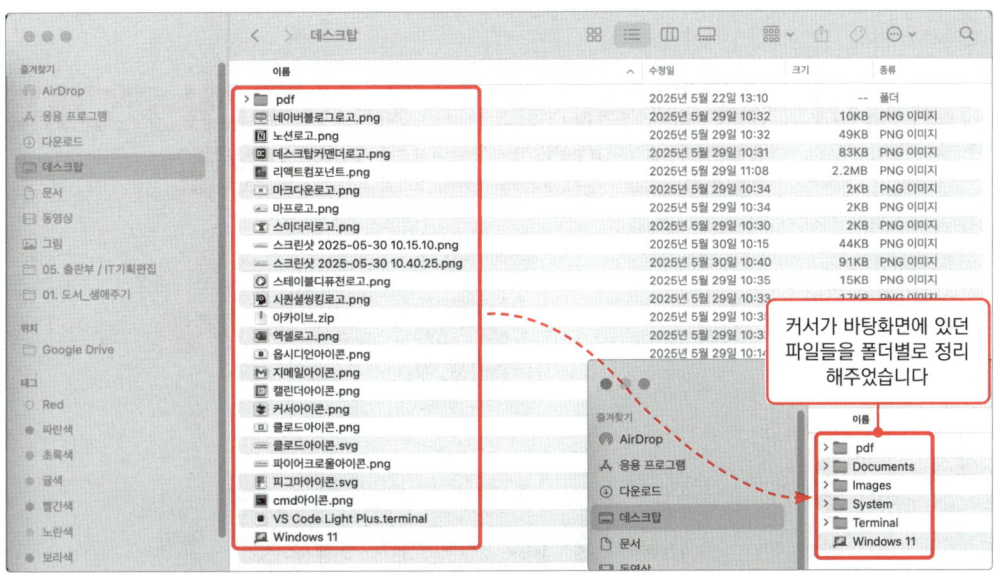

이처럼 커서는 터미널을 굉장히 잘 다룹니다. 커서의 이런 기본적인 특성을 잘 이해하면 앞으로 더 복잡한 작업도 쉽게 처리할 수 있습니다. 이제 파일과 폴더를 생성하거나 이름을 바꾸는 등의 기본 조작을 알아보았으니 다음 단계로 나아가보겠습니다.

[챕터 03]

웹사이트를 만들려면 꼭 알아야 하는 3가지 : HTML, CSS, 자바스크립트

유튜브 영상으로 더 쉽게 공부하세요!

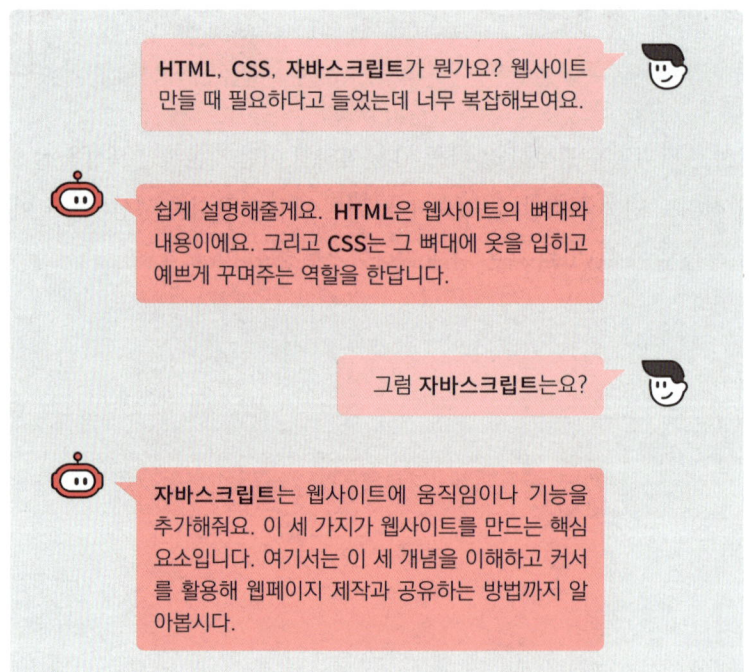

여러분이 웹 브라우저로 접속해서 보는 모든 화면은 HTML, CSS, 자바스크립트로 구성되어 있습니다. 요즘은 다양한 웹 개발 도구를 활용해 웹사이트를 만들지만, 그 어떤 도구를 쓰더라도 결국 바탕에는 이 세 가지 기술이 자리하고 있습니다. 그래서 여러분이 웹사이트를 만들고 싶다면 이 세 가지 기술에 대한 기본적인 이해가 필요합니다. AI가 코드를 대신 짜주더라도, 어떤 부분을 수정하거나 추가해야 할지 알려주려면 이 세 가지가 웹사이트에서 각각 어떤 역할을 하는지 알고 있어야 하죠. 여기서는 HTML, CSS, 자바스크립트를 우리 몸에 비유해 쉽게 설명해보겠습니다.

웹사이트의 뼈대를 담당하는 HTML

웹사이트에 포함되어 있는 텍스트, 이미지, 영상 등과 같은 정보성 데이터는 모두 HTML이 담당합니다. HTML은 요소라는 것을 이용해서 텍스트나 이미지에 의미를 부여하여 표현하는데요. 이렇게 정보에 의미를 추가로 부여하는 이유는 정보 검색에 편의를 더하기 위함입니다. 예를 들어 h1이라는 요소로 감싼 텍스트는 '이 문서의 가장 중요한 제목이다'라는 의미를 가집니다. h2는 그다음 수준의 제목이 되겠죠.

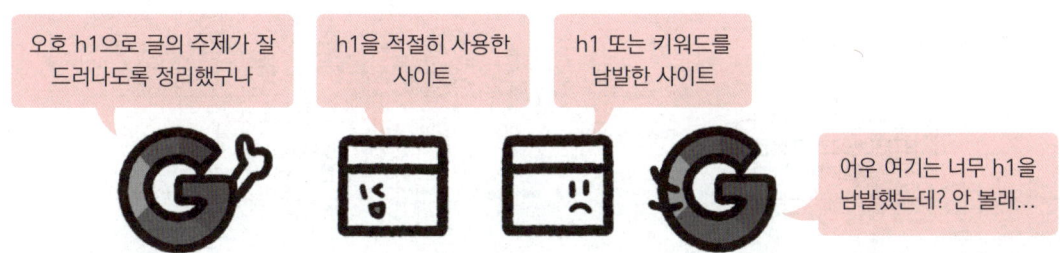

이처럼 정보에 의미를 부여하면 구글이나 네이버와 같은 검색 엔진이 문서 내에서 중요한 데이터를 우선적으로 탐색할 수 있게 됩니다. 이를 통해 검색 엔진 결과에 더 빠르고 정확하게 노출되는 생태계가 구성될 수 있으므로, 이러한 HTML 요소의 의미를 파악하는 것은 꽤나 중요합니다. 그리고 이렇게 검색 엔진이 중요한 정보를 우선 인식하여 검색 결과에 먼저 노출되도록 하는 과정을 검색 엔진 최적화 SEO, Search Engine Optimization 라고 합니다. 이렇게 HTML은 웹 문서의 뼈대와 살을 담당하고 있으므로 굉장히 중요한 기술이라고 할 수 있겠네요.

웹사이트를 아름답게 해주는 CSS

이제 CSS라는 기술에 대해 이야기하겠습니다. HTML이 사이트의 뼈대를 담당한다면 CSS는 웹사이트를 아름답게 해주는 역할을 합니다. 예를 들어 다음과 같이 HTML만으로 구성한 사이트는 텍스트와 이미지가 단순히 나열된 형태로, 필요한 정보는 모두 담고 있지만 눈으로 보기에 좋지 않습니다.

왼쪽이 HTML만으로 구성한 사이트이고 오른쪽이 CSS를 더한 사이트입니다. 같은 데이터를 이야기하고 있지만 다르게 보이죠.

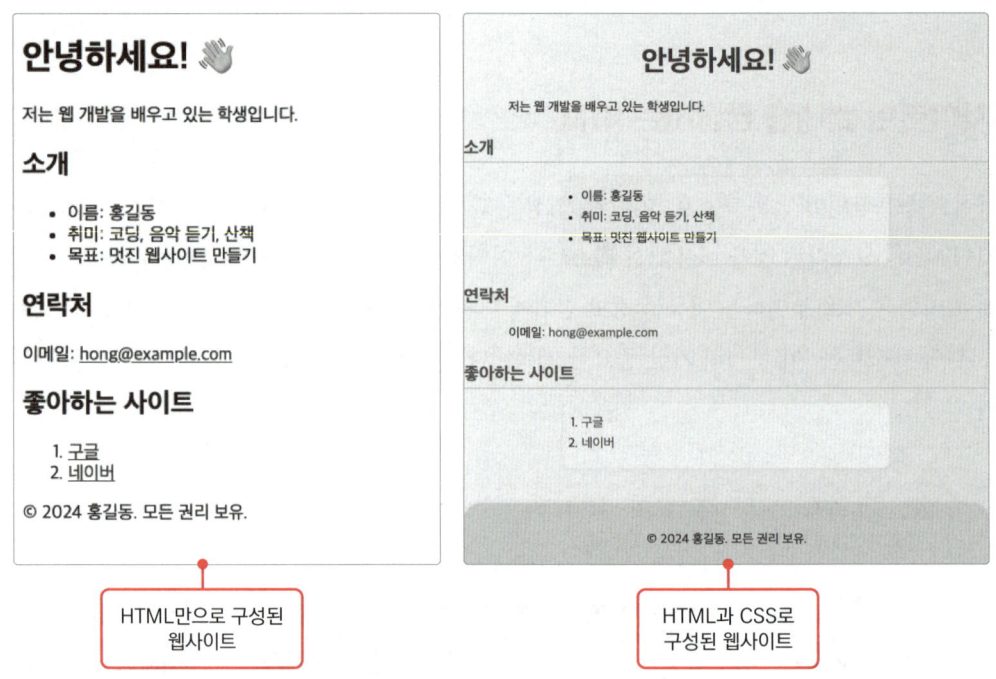

HTML만으로 구성된 웹사이트

HTML과 CSS로 구성된 웹사이트

이렇게 같은 구조의 사이트라고 하더라도 CSS를 끼얹으면 사이트는 완전히 다르게 보입니다. 그 이유는 웹사이트를 사용하는 주체가 사람이며, CSS는 바로 그런 사용자의 경험을 고려해 시각적으로 꾸미기 위해 만들어진 기술이기 때문입니다.

웹사이트에 기능을 추가해주는 자바스크립트

자바스크립트는 그럼 무엇일까요? 자바스크립트는 평범한 웹사이트에 기능을 추가하는 역할을 합니다. 요즘은 그 이상도 할 수 있죠. 예를 들어 [다크 모드/라이트 모드] 버튼을 누르면 다르게 보이게 하는 것은 어떨까요? 또는 좋아하는 사이트에 마우스를 오버하면 해당 주소가 보이게 하는 기능은요? 다음은 앞에서 본 사이트에 [다크 모드/라이트 모드] 버튼을 추가해서 실제로 동작하게 만든 것입니다.

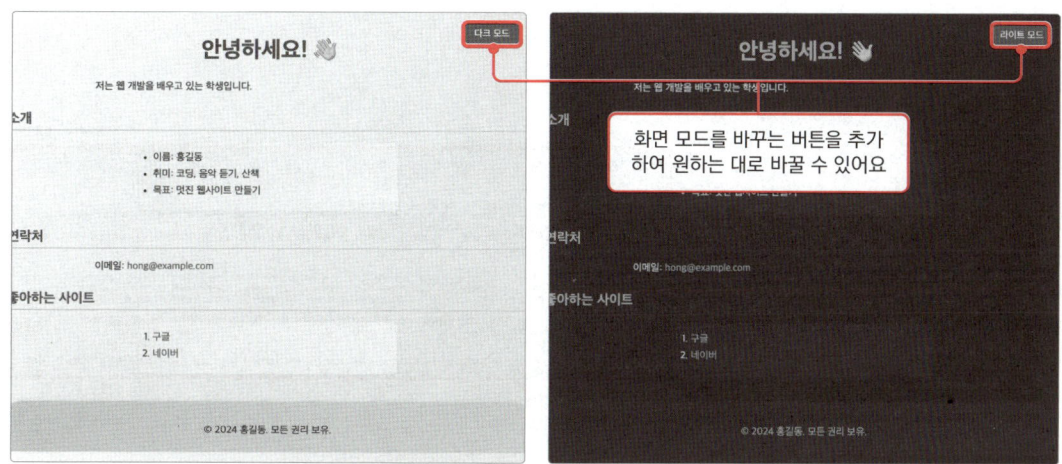

이처럼 사용자와의 상호작용으로 사이트가 어떤 기능을 하게 하려면 자바스크립트가 필요합니다. 지금 여러분이 접속하는 대부분의 사이트는 이렇게 HTML, CSS, 자바스크립트의 조합으로 만든 것들이 상당히 많습니다. 웹 개발에 관심이 있다면 들어봤을 리액트라는 기술도 자바스크립트를 기반으로 만든 기술이죠. 이렇게 웹을 지탱하는 핵심인 세 가지 기술을 느낄 수 있도록 커서와 함께 코딩을 해봅시다.

바이브 코딩 04 ▸ 자기소개 페이지 만들기

가장 먼저 자기소개 페이지를 만들어보겠습니다. 여러분의 커리어를 사이트에 잘 정리해두었다가 자기소개서를 제출해야 할 상황이 생겼다면, 이 자기소개 페이지가 굉장히 유용할 것입니다. 단순히 자기소개서만 제출하는 것이 아니라 여러분이 직접 관리한 사이트라는 점으로 서류를 검토하는 사람에게 신선한 인상을 줄 수 있으니까요.

01 그럼 자기소개 페이지를 좀 더 쉽게 만들기 위해 커서의 `@콘텍스트`를 이용하여 텍스트 형식으로 정리되어 있는 자기소개서를 커서에게 주어 작업시키도록 하겠습니다. 먼저 실습용 자기소개서 텍스트 파일을 다운로드하거나 직접 파일을 준비하세요. 파일은 커서가 읽기 좋도록 텍스트 파일로 준비하는 것이 가장 좋습니다. 줄바꿈이나 형식이 엉망이어도 상관없으니 `Ctrl` + `A` → `Ctrl` + `C` 로 복사하고 붙여넣기 하여 만드세요. 자기소개서 사진은 추후 작업하여 넣겠습니다. 일단 텍스트 위주로 작업하면 됩니다.

- **자기소개서 텍스트 파일** : bit.ly/3Hj4Dnz

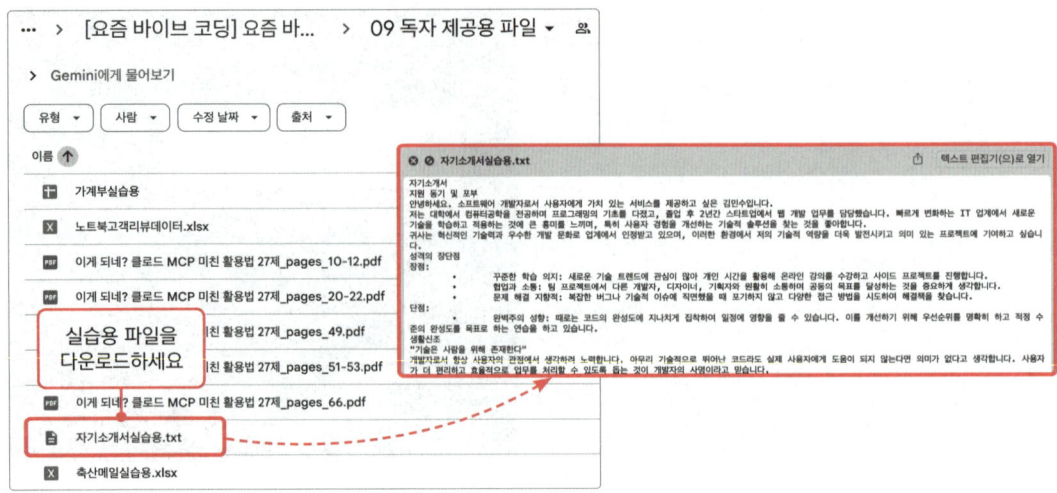

02 커서로 빈 폴더를 열고 폴더에 자기소개서 파일을 두세요.

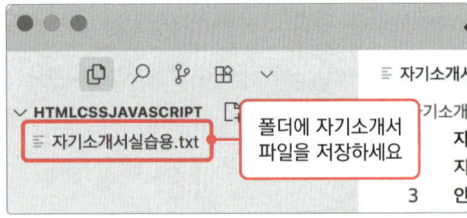

03 그런 다음 커서 채팅창을 열고 @콘텍스트를 이용해서 이렇게 이야기해봅니다.

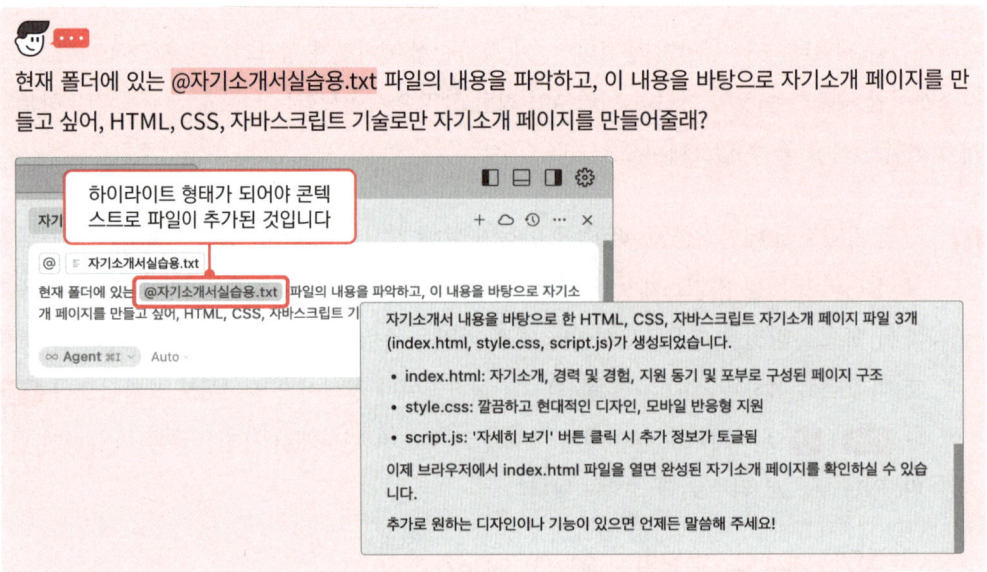

04 커서의 설명을 보면 **index.html** 파일을 열면 자기소개 페이지가 나타날 거라고 하네요. 파일을 웹 브라우저로 열어서 확인해봅니다.

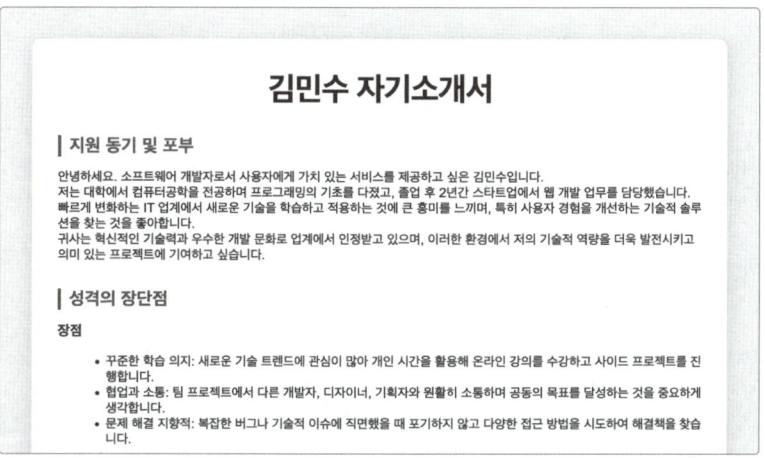

결과를 보면 썩 마음에 들지는 않지만 잘 정리해준 것 같습니다. 하지만 커서의 능력치는 이 정도가 아닙니다. 이 상태에서 조금 더 부탁해서 형태를 다듬어보겠습니다.

05 다른 웹사이트에서 찾은 페이지 중 하나를 참고하여 자기소개 페이지 형식으로 꾸며달라고 하겠습니다. 이 역시도 @콘텍스트를 이용해서 링크를 참조하여 요청합니다.

- **자기소개 참고 홈페이지** : brittanychiang.com

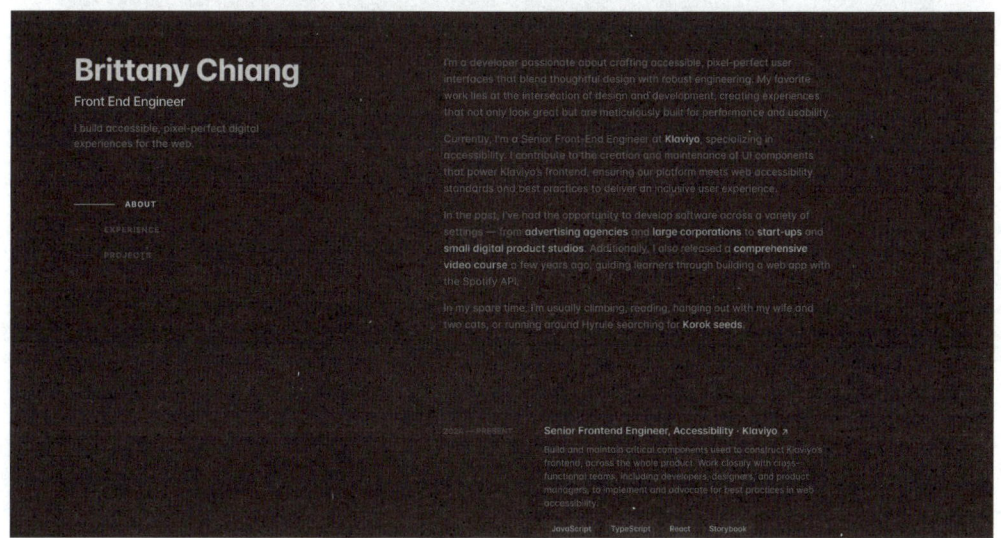

[챕터 03] 웹사이트를 만들려면 꼭 알아야 하는 3가지 : HTML, CSS, 자바스크립트

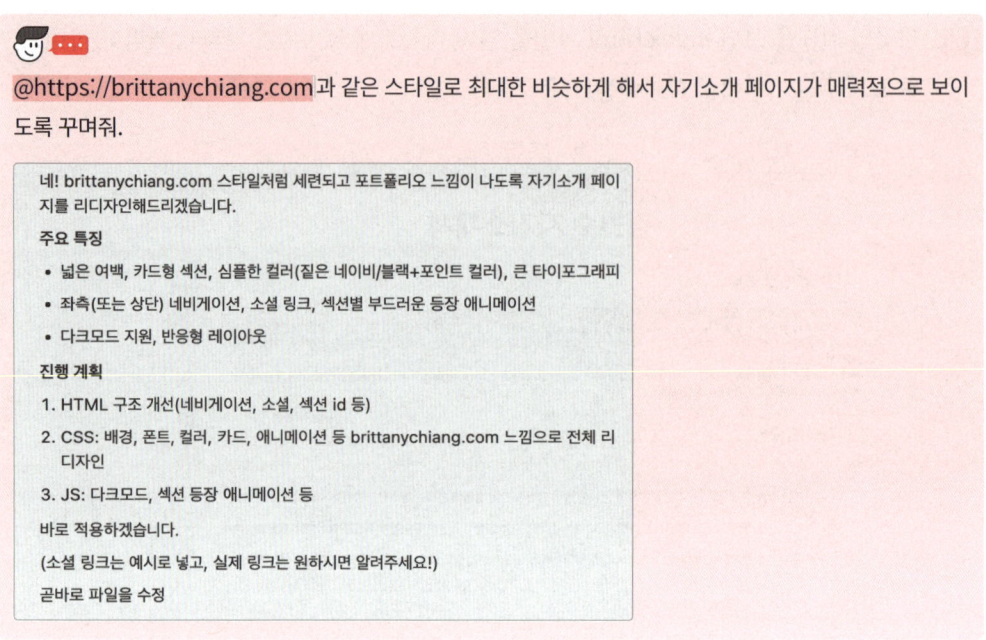

그러면 커서는 사이트의 내용을 파악하고 디자인을 개선하기 시작합니다. 이렇게 여러분이 하기 어려운 일들은 @콘텍스트를 이용해서 참조 자료를 추가하는 방식으로 개선할 수 있습니다.

06 파일을 다시 열어보면 비슷한 스타일로 자기소개 페이지가 만들어졌네요.

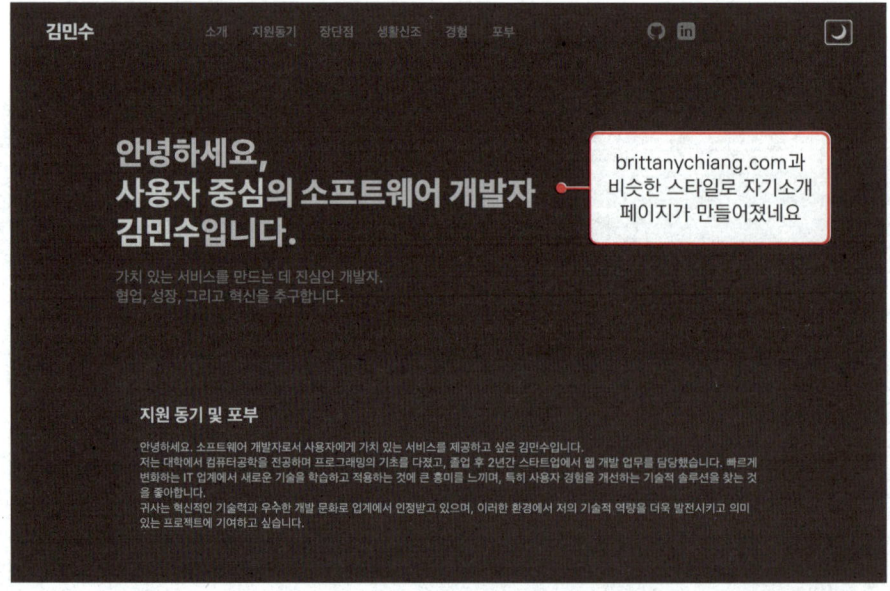

앞에서 본 자기소개 페이지와 내용은 같지만 느낌이 완전히 달라졌습니다. 이렇게 페이지를 만들어 제공하면 서류 검토를 하는 사람에게 깊은 인상을 주기 좋을 것입니다.

07 마지막으로 프로필 사진을 적절한 위치에 넣어달라고 하겠습니다. 파일을 하나 준비해서 커서로 연 폴더에 넣은 다음 @콘텍스트로 파일을 가리키며 적당한 위치에 잘 보이도록 넣어달라고 요청하겠습니다.

- **실습용 프로필 이미지** : bit.ly/3JeWrFr

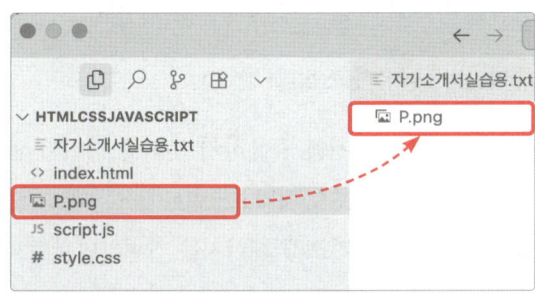

@P.png 파일은 자기소개 페이지에 넣을 내 프로필 사진이야. 적당한 위치에 이 사진을 배치시켜줘. 어우러지게 디자인도 다듬어주고.

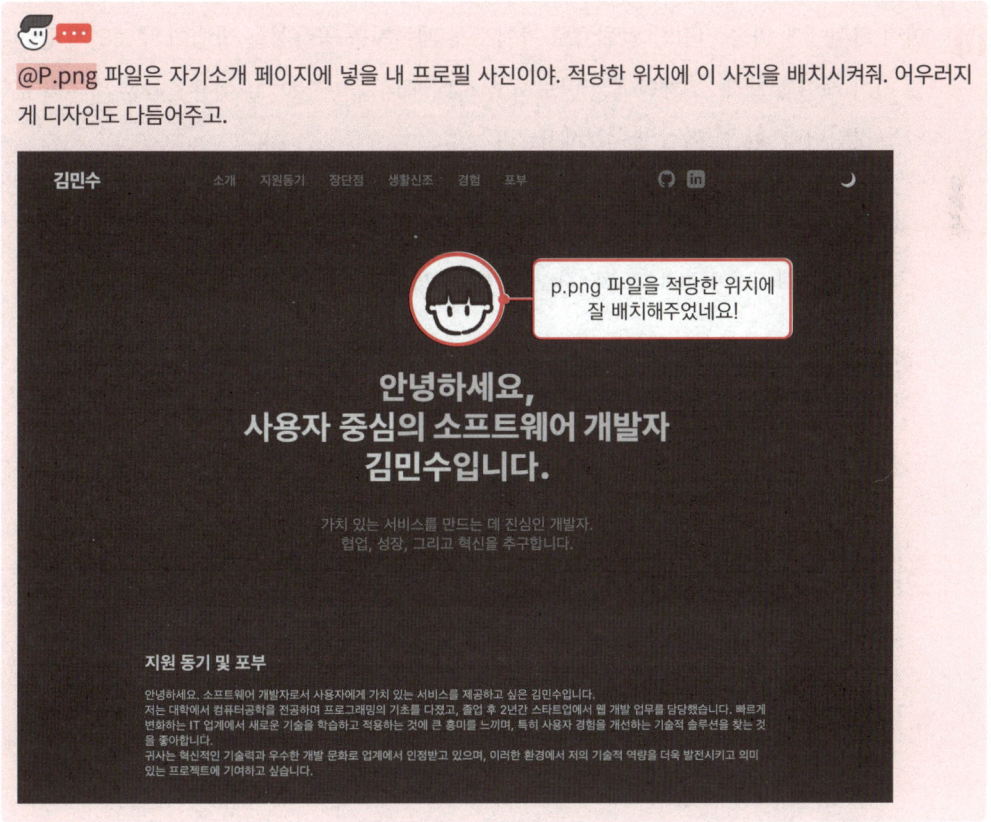

결과를 보면 프로필 이미지도 잘 추가가 되었네요. 제대로 자기소개 페이지가 만들어졌음을 알 수 있습니다. 이 실습을 통해 기술의 개념을 이해하고, 추가 자료만 잘 제공하면 커서로 얼마든지 그럴싸한 웹페이지를 만들 수 있다는 것을 알게 되길 바랍니다.

바이브 코딩 05 ▸ 자기소개 페이지를 다른 사람에게 공유하고 싶다면?

아마 바이브 코딩 04 ▸ 자기소개 페이지 만들기 실습을 마치고 나면 이런 생각이 들 겁니다.

'공유하지 못하는 자기소개 페이지가 무슨 소용이지…? 공유하고 싶다!'

맞습니다. 구슬도 꿰어야 가치가 있는 것처럼 자기소개 페이지를 공유하지 못하면 의미가 없겠죠. [챕터 03] 웹사이트를 만들려면 꼭 알아야 하는 3가지 : HTML, CSS, 자바스크립트에서는 웹 기술을 알려주는 것에 목적이 있지만, 아쉬운 마음을 달래기 위하여 자기소개 페이지를 간편하면서도 무료로 공유하는 방법을 알려드리겠습니다.

01 아마 커서에게 가장 간단한 방법으로 자기소개 페이지를 공유하는 방법이 무엇인지 물어본다면 몇 가지 제안할 텐데 그 제안에는 반드시 깃허브 페이지^{github pages}를 이용하라는 내용이 포함되어 있을 것입니다. 한 번 직접 물어보세요.

가장 간단한 방법으로 이 자기소개 페이지를 공유하는 방법이 뭐야?

가장 간단하게 자기소개 페이지를 공유하는 방법은 다음과 같습니다:

1. index.html, style.css, script.js, P.png 파일을 한 폴더에 모두 넣기
    a. 이 폴더를 압축(zip)해서 이메일, 카카오톡, 구글 드라이브, 네이버 MYBOX 등으로 전달
    b. 받는 사람이 압축을 풀고 index.html을 더블클릭하면 바로 볼 수 있습니다.

또는,

2. 깃허브(GitHub) 무료 계정을 만들어
    a. 이 파일들을 새 저장소(repository)에 업로드
    b. GitHub Pages 기능을 사용하면 별도의 서버 없이도 웹 주소로 바로 공유 가능
    c. 예시: https://yourid.github.io/저장소이름/

> 가장 쉽고 빠른 방법은 1번(압축해서 파일로 전달)이고, 웹 주소로 누구나 접속하게 하려면 2번(GitHub Pages)이 좋습니다. 추가로 궁금한 점이나, GitHub Pages 사용법이 필요하면 말씀해 주세요!

02 커서가 이야기한 방법 중 깃허브 페이지에 공유하는 방법이 무엇인지 자세히 물어봅니다.

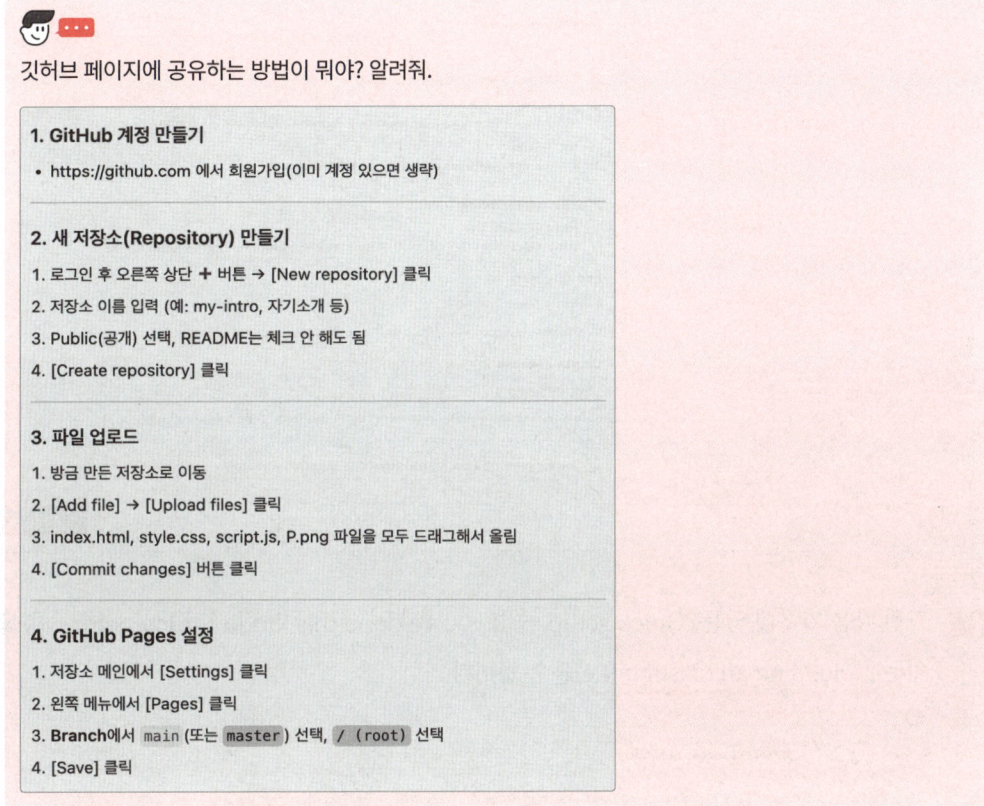

03 커서가 방법을 알려주었습니다. 이대로 한 번 해봅시다. 가장 먼저 깃허브 홈페이지에 접속하여 깃허브 계정을 만들어야 합니다. 계정 만들기는 쉬우므로 생략하겠습니다. 계정을 만든 후에는 화면에서 오른쪽 위에 있는 ❶ [+ ▼]에서 [+ New repository]를 눌러 깃허브에 저장소를 만듭니다. 어렵게 생각할 것 없이 구글 드라이브에 폴더 만드는 것과 비슷하다고 생각하면 됩니다. 이때 주의할 내용은 ❷ canine89.github.io처럼 자신의 아이디에 github.io를 붙여서 주소 형태로 만들어야 한다는 것입니다. 주소를 자세히 확인하고 ❸ [Create repository]를 눌러 저장소 생성을 마칩니다.

- **깃허브 홈페이지** : github.com

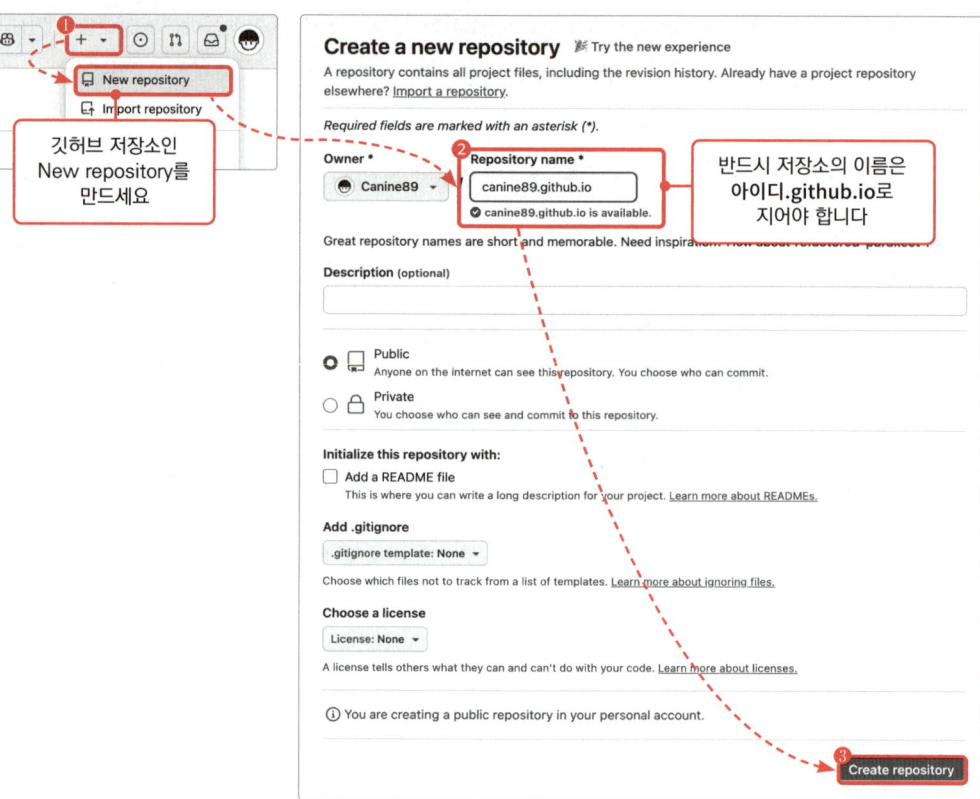

04 그런 다음 가운데 있는 'Quick setup — if you've done this kind of thing before' 항목에 보이는 [uploading an existing file]을 누릅니다.

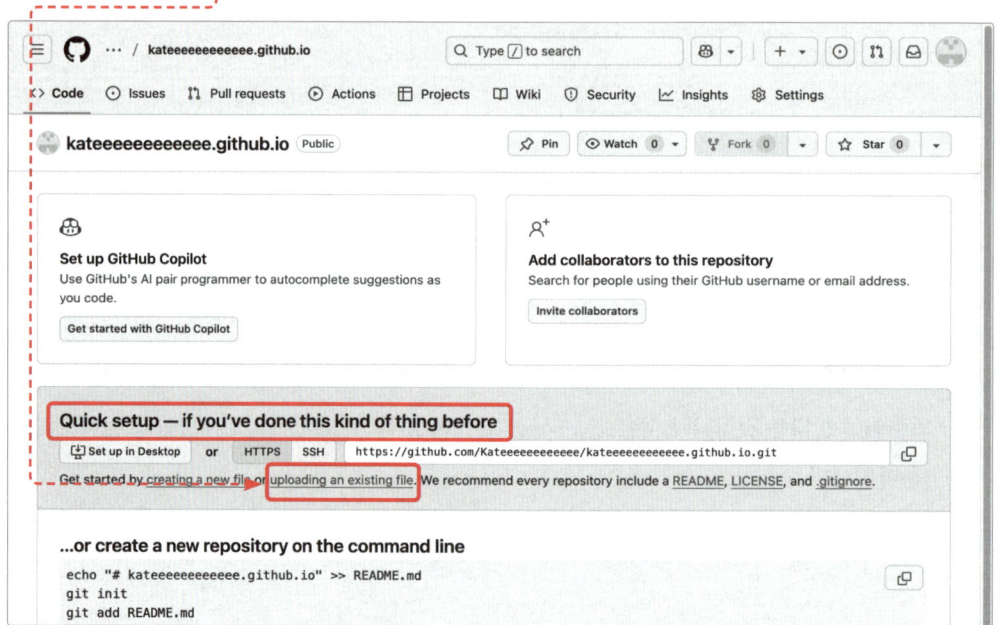

05 그런 다음 'Drag files…'로 보이는 영역에 자기소개 페이지 파일들을 몽땅 드래그하여 넣어줍니다.

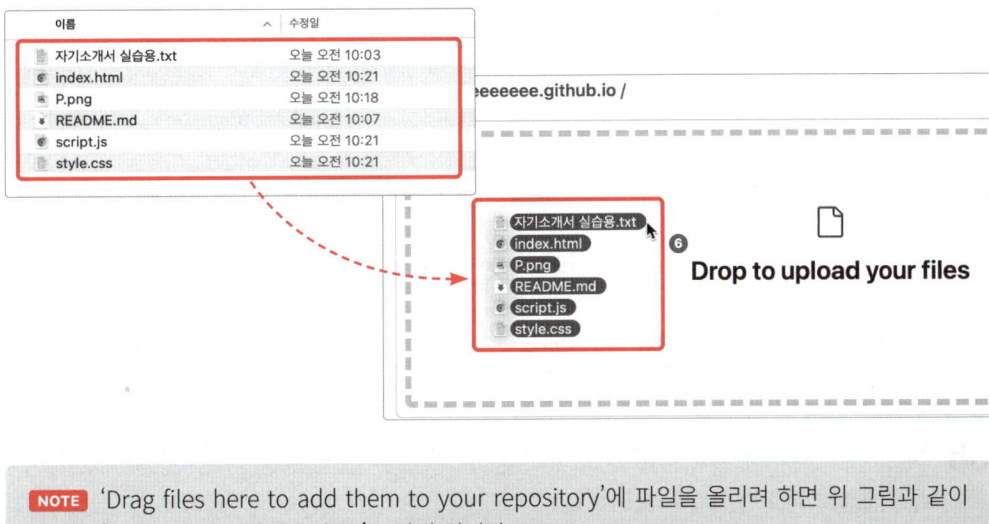

> **NOTE** 'Drag files here to add them to your repository'에 파일을 올리려 하면 위 그림과 같이 'Drop to upload your files'로 바뀔 겁니다.

06 업로드를 확인하고 스크롤바를 내려 [Commit changes]를 누르면 다 된 거나 다름없습니다.

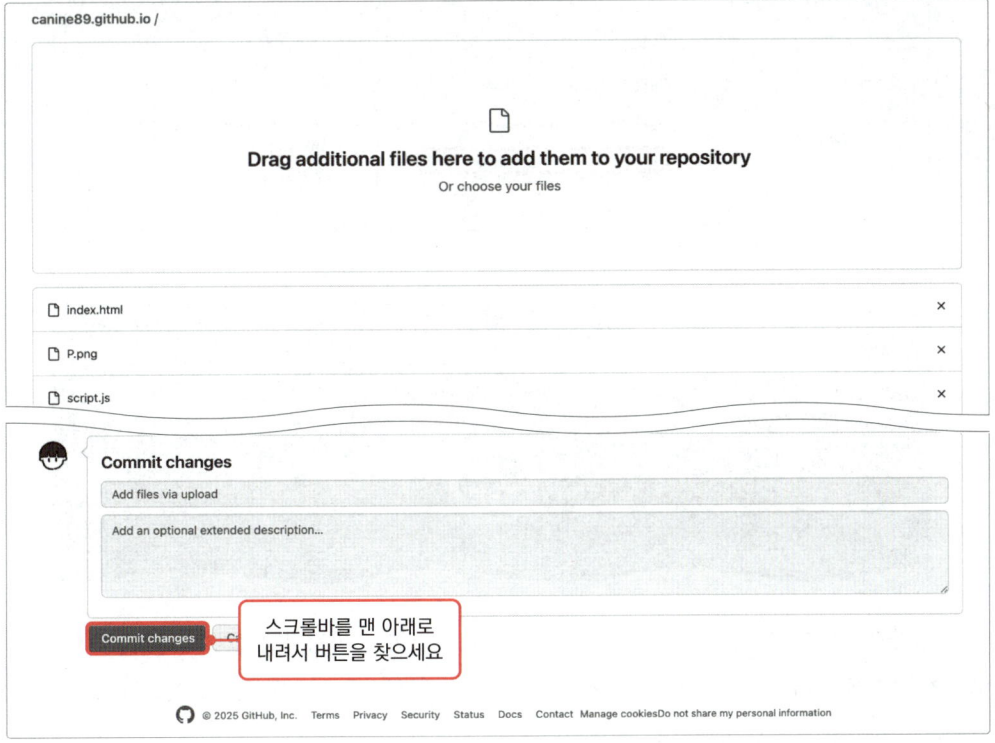

[챕터 03] 웹사이트를 만들려면 꼭 알아야 하는 3가지 : HTML, CSS, 자바스크립트

07 돌아온 화면에서 [Settings → Pages]를 누릅니다.

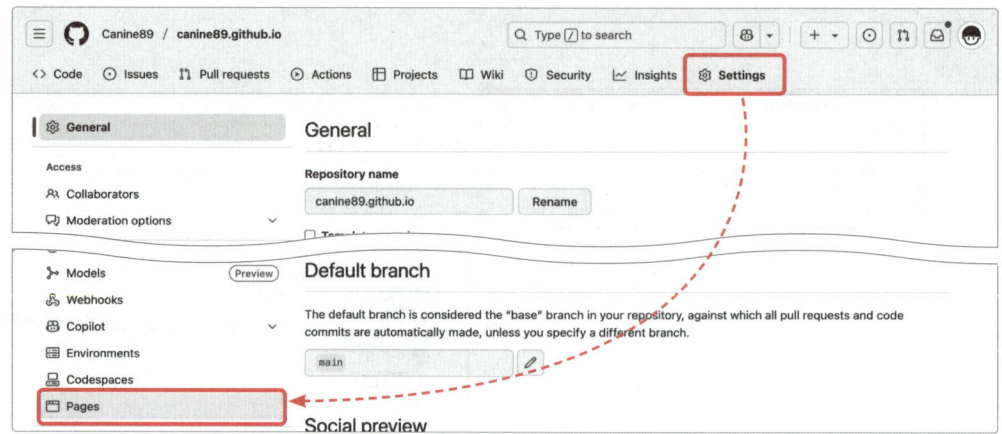

08 맨 위에 보이는 항목에 'Your site is live at…'이라고 주소를 표시해주고 있다면 성공입니다! 주소에 접속해보기 바랍니다.

> **NOTE** 항목이 활성화될 때까지 잠시 기다리세요.

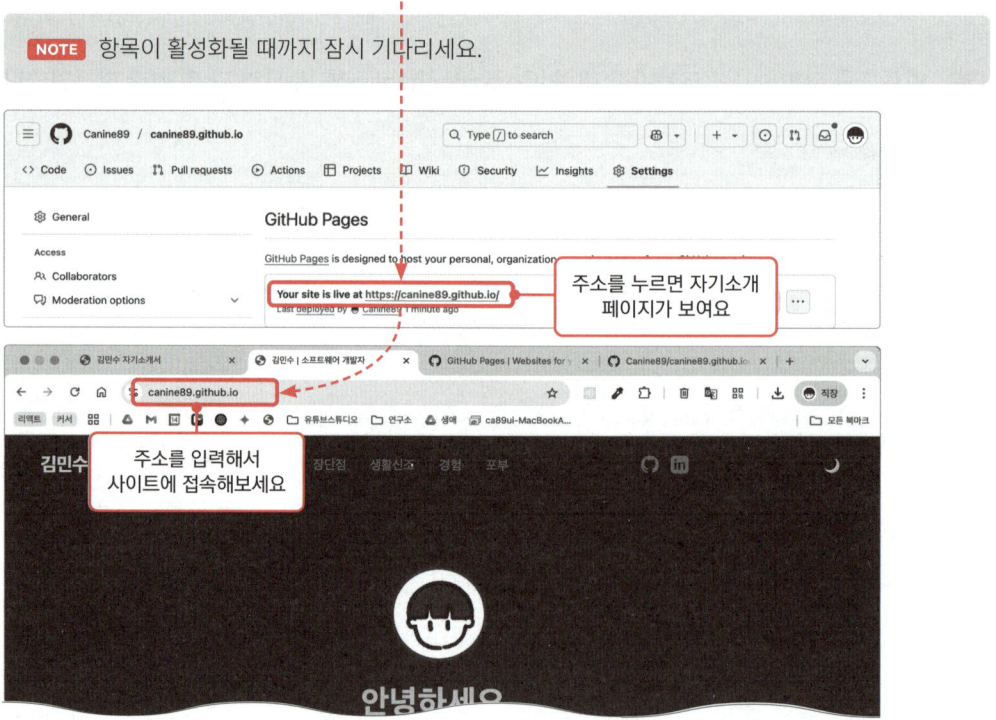

이렇게 자기소개 페이지를 만들고 깃허브 페이지로 배포하는 과정까지 진행해보았습니다. 웹 기술과 배포가 그렇게 어려운 일이 아닌 시대입니다. 너무 어렵다고 생각하지 말고 직접 해보세요. 그럼 별거 아니라는 생각이 들면서 자신감이 생길 겁니다!

[챕터 04]

눈으로 보고, 상호작용할 수 있는 영역 : 프런트엔드

유튜브 영상으로 더 쉽게 공부하세요!

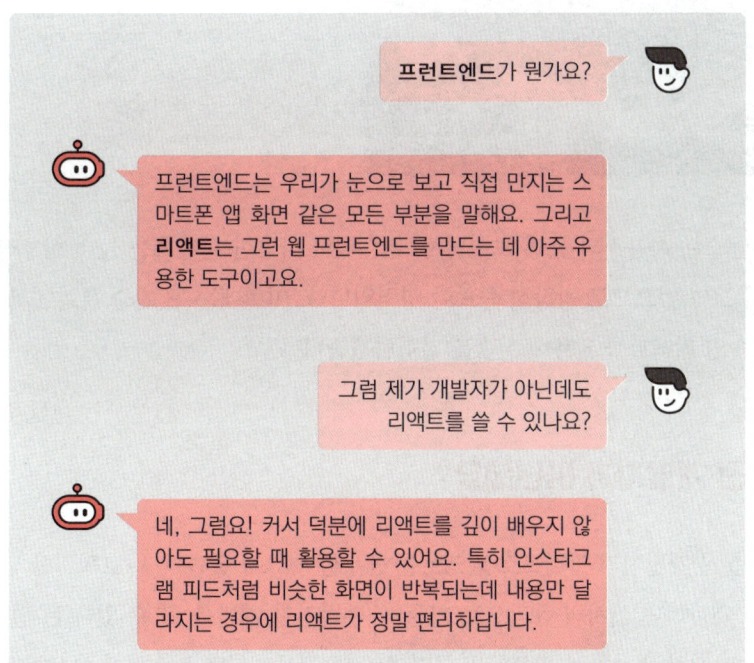

혹시 프런트엔드라는 용어를 들어본 적이 있나요? 프런트엔드는 사용자가 직접 눈으로 보고 상호작용할 수 있는 모든 화면과 요소를 말합니다. 여러분이 사용하는 스마트폰의 애플리케이션 화면, PC 프로그램의 인터페이스, 게임 화면, TV의 메뉴 UI 화면 등이 모두 프런트엔드에 해당하죠.

이처럼 프런트엔드는 사용자의 눈에 보이면서, 버튼이나 다양한 콘텐츠를 눌러 상호작용을 할 수 있는 모든 것들이 모여 있으므로 굉장히 중요한 영역입니다. 이번에는 웹 기술 분야에서 널리 사용되는 프런트엔드 기술인 리액트를 활용해 실습을 진행하겠습니다.

리액트요? 전 개발자가 아닌데요?

맞습니다. 여러분은 개발자가 아니므로 리액트를 공부할 필요가 없습니다. 그렇지만 리액트를 사용할 수는 있습니다. 왜냐하면 커서의 등장으로 기존의 '개발자만 개발을 할 수 있다'는 인식이 바뀌고 있기 때문입니다. 우리가 일상에서 필요한 도구가 있으면 전문가처럼 능숙하게 사용하지는 못하더라도 충분히 쓸 수 있는 것처럼 리액트도 그렇게 활용할 수 있는 도구입니다. 예를 들어 여러분이 전문 셰프처럼 요리 도구를 쓰진 못해도 필요하다면 구매해서 사용해보는 것과 같습니다. 커서도 마찬가지로 필요에 따라 리액트 등의 도구를 가져와서 필요한 상황에 활용하면 되는 것이죠.

셰프의 요리 도구는 좀 더 특수 목적으로 만들어진 것이라 범용으로 쓰기는 어렵죠. 하지만 셰프의 요리 도구가 필요한 상황이 있다면 적절하게 쓸 수도 있습니다. 그래서 리액트도 꼭 필요할 때 쓰면 좋습니다.

그럼 리액트는 언제 쓰나요?

리액트는 웹 개발에서 눈에 보이는 화면을 개발할 때 사용하는 아주 유용한 도구입니다. 특히 화면의 구성 요소가 반복되지만 그 안의 텍스트나 이미지 등 데이터가 매번 달라지는 경우 진가를 발휘하죠. 인스타그램이나 페이스북 같은 애플리케이션을 한 번 떠올려보세요. 사용자 피드, 게시글 목록, 댓글 영역 등 두 애플리케이션은 모두 비슷한 구조가 반복되지만 그 안에 담긴 사진, 텍스트, 정보 등의 값은 매번 다릅니다. 이런 복잡한 화면을 더 빠르고 효율적으로 개발할 수 있게 도와주는 것이 바로 리액트입니다.

[챕터 04] 눈으로 보고, 상호작용할 수 있는 영역 : 프런트엔드

이처럼 화면 구조는 반복되지만 안에 담긴 내용이 매번 다른 웹 애플리케이션은 리액트로 개발하면 매우 편리합니다. 물론 여러분이 리액트 자체를 깊게 공부할 필요는 없습니다. 다만 이런 특성이 있다는 사실만 이해하고 나머지는 커서에게 맡기면 됩니다. 커서는 이러한 반복 구조의 화면을 리액트를 활용해 구현하는 데 장점을 가지고 있으니까요.

바이브 코딩 06 ▶ 인스타그램과 비슷한 사이트 만들어보기

이제 여러분은 인스타그램과 비슷한 사이트를 직접 만들어볼 수 있습니다. 바로 커서를 이용해서요. 다만 이번 실습에서는 프런트엔드 영역만 다루기 때문에 회원가입, 게시글 작성과 같이 데이터를 추가하거나 저장하는 데이터 처리 기능은 포함하지 않습니다. 따라서 화면에 표시할 사진, 프로필 이미지 등을 미리 구해두고 이것을 활용해 인스타그램처럼 보이는 웹페이지를 만들어보겠습니다.

01 먼저 인스타그램의 기본 화면 구성이 어떻게 되어 있는지 살펴보고 필요한 이미지를 준비해봅시다. 인스타그램의 화면을 보면 프로필 이미지를 동그랗게 표시하고, 게시물(피드)과 같은 주요 이미지는 큰 직사각형 형태로 구성되어 있는 것을 알 수 있습니다. 프로필 이미지와 게시물 이미지로 활용할 10개의 이미지를 미리 준비해두세요.

- **인스타그램 실습 이미지 데이터** : bit.ly/3IGPcWJ

02 이미지 파일을 준비했다면 이제 이 파일들을 커서의 파일 탐색기 영역으로 드래그 앤드 드롭하여 옮기세요. 물론 이번에 학습한 바이브 코딩 03 바탕화면 정리시켜 보기 에서처럼 커서에게 직접 '이 파일들을 폴더로 옮겨줘'라고 지시해도 됩니다.

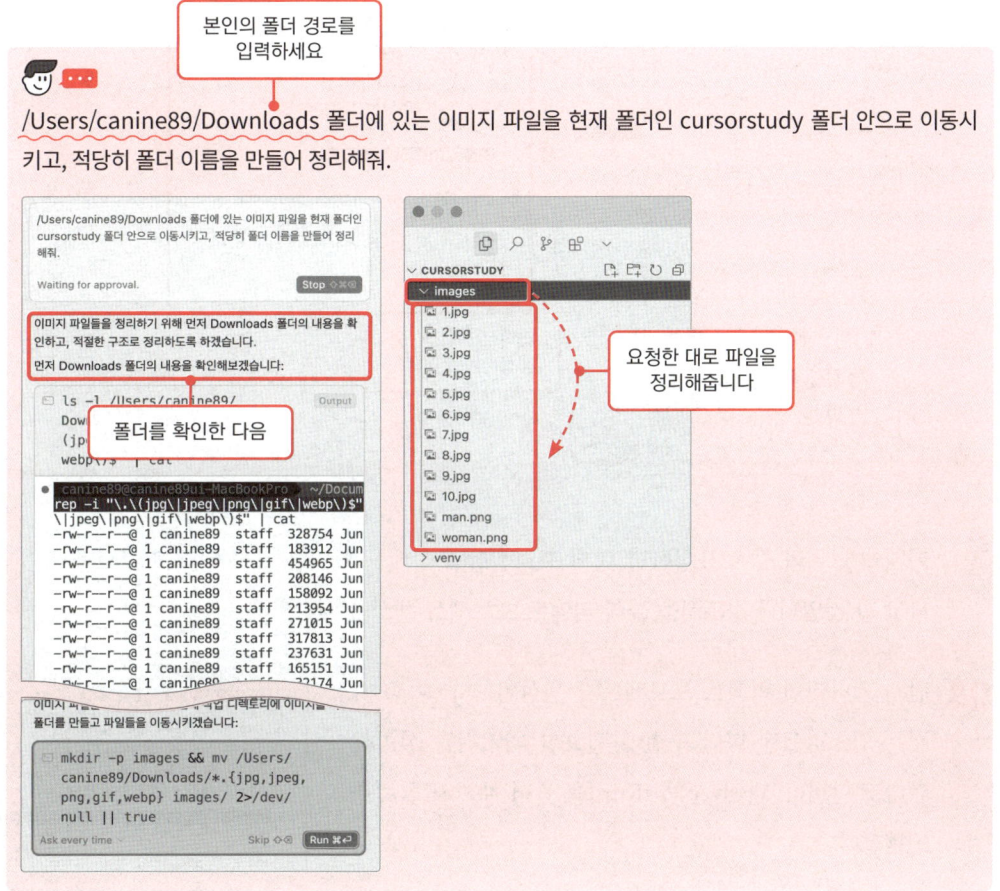

그러면 커서가 알아서 명령어를 실행하여 현재 폴더에 **images** 폴더를 만들고 그 안에 이미지 파일을 정리해줍니다. 물론 드래그 앤드 드롭으로 옮겨도 되지만, 공부했던 내용을 바탕으로 커서를 활용해봅시다.

03 이제 커서로 리액트를 이용해서 인스타그램과 유사한 화면을 만들 차례입니다. 앞서 이야기했던 것처럼 회원가입이나 글쓰기와 같은 데이터 처리 기능은 제외하고, 단순히 인스타그램처럼 보이는 화면을 만드는 것을 목표로 하겠습니다. 화면에 표시할 이미지는 **images** 폴더에 있는 img 01~10을 사용하고 프로필에 사용할 이미지는 파일명이 man, woman인 것을 각각 적절히 사용하라고 하겠습니다.

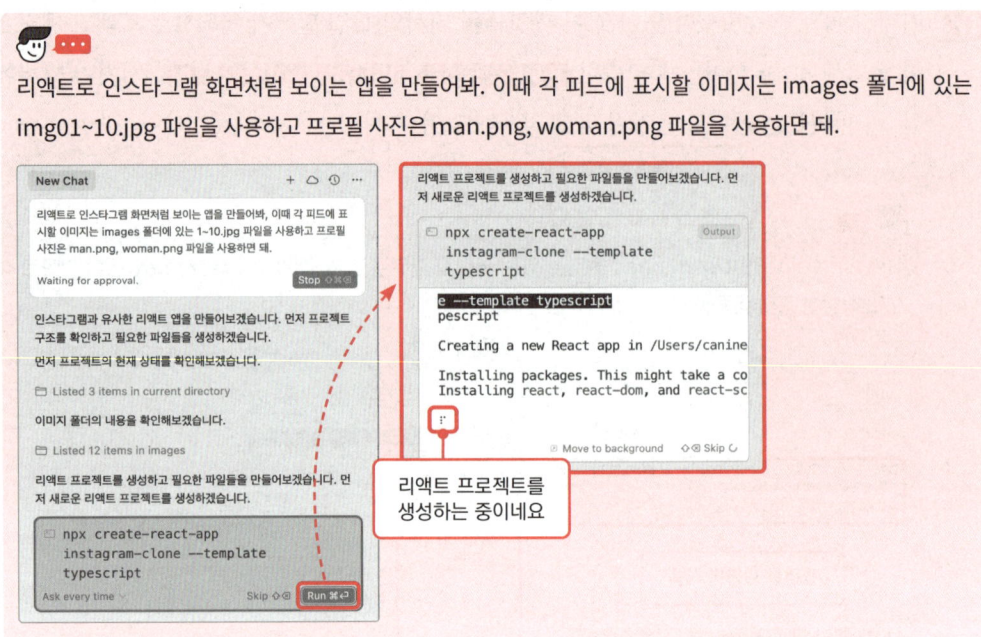

커서에게 위와 같이 요청하면 현재 프로젝트의 상태를 확인한 다음 리액트 프로젝트를 만들겠다고 할 것입니다. [Run]을 눌러 리액트 프로젝트 생성을 시작하세요.

04 잠시 기다리면 리액트 프로젝트가 생성됩니다. 이후 커서는 인스타그램 화면 구현에 필요한 패키지를 설치하겠다고 합니다. 다시 한 번 [Run]을 눌러 패키지 설치를 진행합니다.

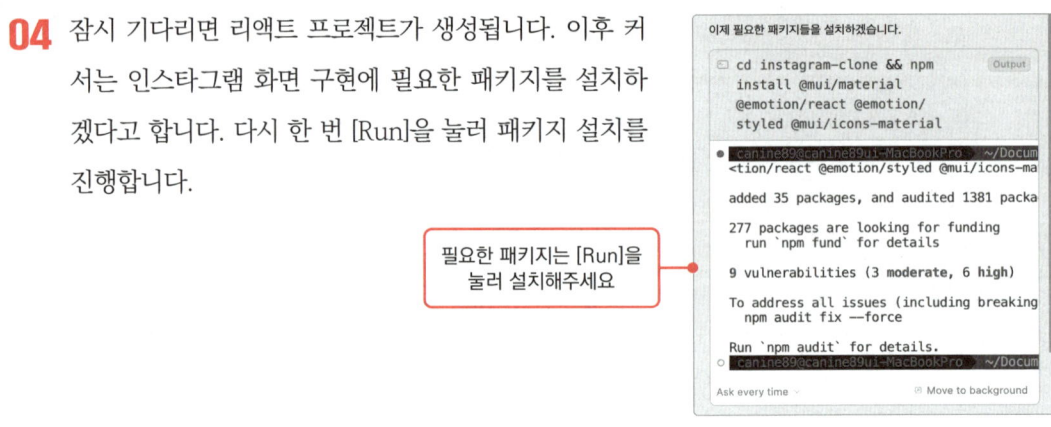

05 필요한 패키지를 모두 설치했다면, 이제 코드 생성을 시작할 차례입니다. 커서는 순식간에 많은 코드를 생성할 것입니다. 이때 [Accept file] 또는 [V]를 눌러 코드 생성을 허용하세요. 코드의 양이 많다고 놀라거나 당황할 필요는 없습니다. 커서가 모든 과정을 자동으로 처리하므로 걱정하지 않아도 됩니다.

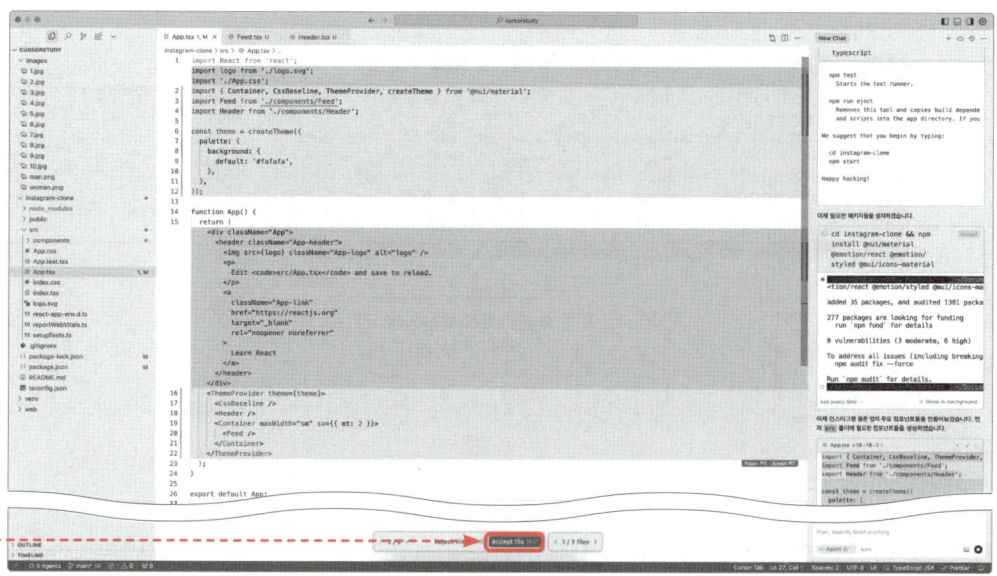

> **중요** 📢 **업데이트로 화면 구성이 달라져도 실행 방식에는 문제없어요!**
>
> 커서를 실행하는 과정에서 버튼이나 화면 구성이 책에 안내된 커서 화면과 약간 다를 수 있습니다. 이는 커서 프로그램이 업데이트되면서 생긴 차이일 수 있습니다. 하지만 프로그램을 실행하거나 실습을 따라 하는 데에는 큰 지장이 없으며, 핵심적인 실행 방식은 동일하니 걱정하지 않아도 됩니다.

06 코드 생성을 허용하는 과정 마지막 단계에 가면 '앱을 실행하겠다'고 하면서 명령어를 입력한 상태로 대기합니다. 리액트 앱은 화면을 만든 후에 반드시 '리액트 서버'를 실행해야 실제로 웹에서 화면을 볼 수 있으며, 그것을 '앱을 실행한다'라고 하기도 합니다. 이때 [Run]을 눌러 리액트 서버를 구동해주세요. 이렇게 리액트는 **npm start**라는 명령어를 터미널에서 실행하여 서버를 구동하고, 그 서버에서 웹사이트 화면을 띄워주는 방식으로 동작합니다.

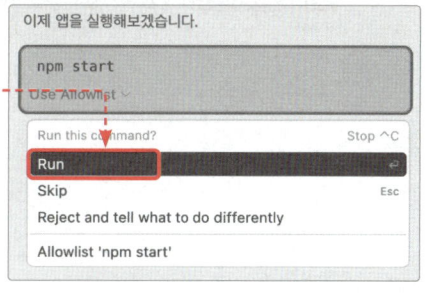

07 만약 다음과 같이 실행 중 오류가 발생하면 오류 메시지를 몽땅 복사한 후 [Add to Chat]을 눌러 커서에 전달할 수 있습니다. 콘텍스트에 오류 메시지를 포함시키고 '오류를 해결해줘'라고 요청하면 됩니다. 지금은 **npm start**를 실행한 위치가 현재 실행 중인 리액트 폴더 **instagram-clone**의 위치가 아니라서 발생한 오류입니다.

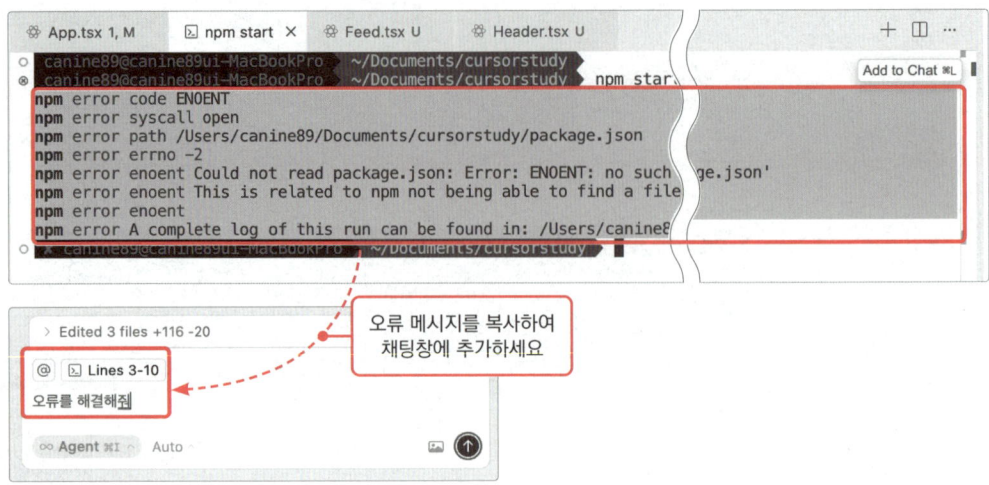

08 그러면 커서가 현재 상황에 맞는 오류 원인을 분석하여 알려주고, 해결 방법을 제시하거나 직접 수정해줍니다. 폴더 위치가 정확하지 않았으므로 **cd instagram-clone** 명령어로 **instagram-clone** 폴더로 이동하고 **npm start**를 실행하여 리액트 서버를 구동하네요. 처음에는 다소 신기하면서도 어색하게 느껴질 수 있겠지만 이것이 커서를 사용하는 방법입니다. [Run]을 다시 눌러 서버를 열면 웹 브라우저에 인스타그램과 비슷하게 구성된 화면이 보일 것입니다.

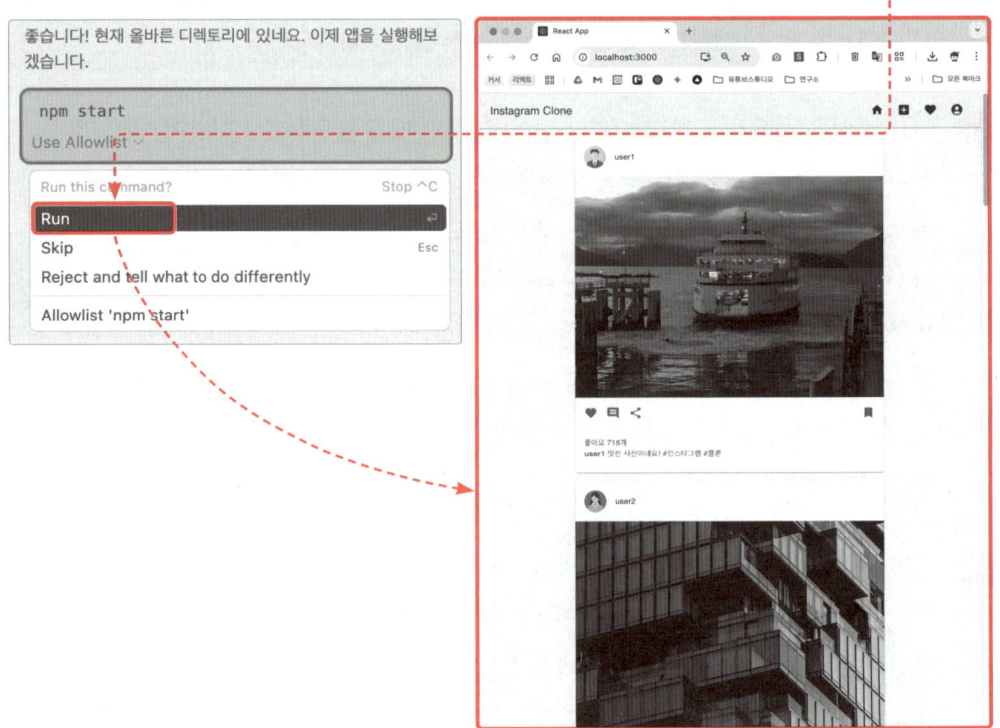

09 정말 놀랍지 않나요? 여기서 끝이 아닙니다. 커서로 인스타그램 화면을 구성해놓았으니, 디자인을 수정하거나 개선하는 것도 매우 쉬워질 겁니다. 디자인이 인스타그램과 비슷해보이기는 하지만 좀 더 비슷하게 보이도록 추가 수정을 하고 싶을 수도 있습니다. 그럴 때 이렇게 요청해보세요.

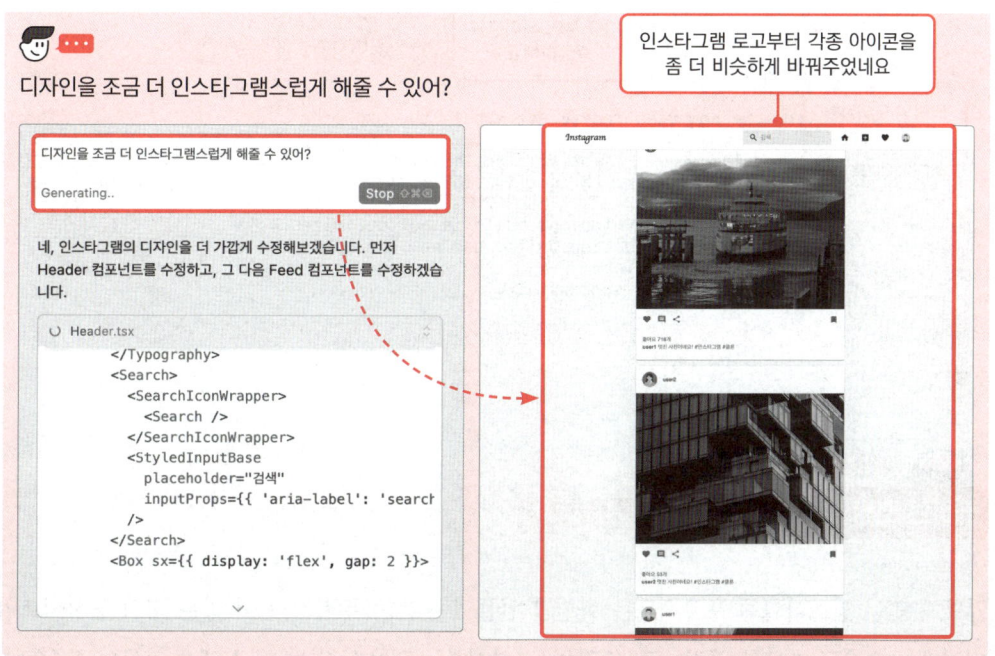

그러면 커서가 알아서 코드를 수정하고 디자인을 조정합니다. 간단한 문장 하나로 디자인이 더 좋아졌습니다. 이것이 바로 커서의 매력이라고 볼 수 있죠. 만약 더 변경하고 싶다면 커서에게 세부적인 부분이나 구체적인 수정 요청을 통해 디자인 수정을 받아보세요.

바이브 UP! 3초 꿀팁 : 커서가 서버를 중복 실행하려 한다면 [X]를 눌러 꺼주세요

가끔 커서가 오류를 수정한 뒤 '다시 서버를 실행하겠습니다'라고 하면서 기존 서버가 종료되지 않은 상태에서 중복 실행을 시도할 때가 있습니다. 그럴 때는 코드 쪽 탭에 열려 있는 터미널 창의 [x]를 눌러 해당 서버를 종료해주세요.

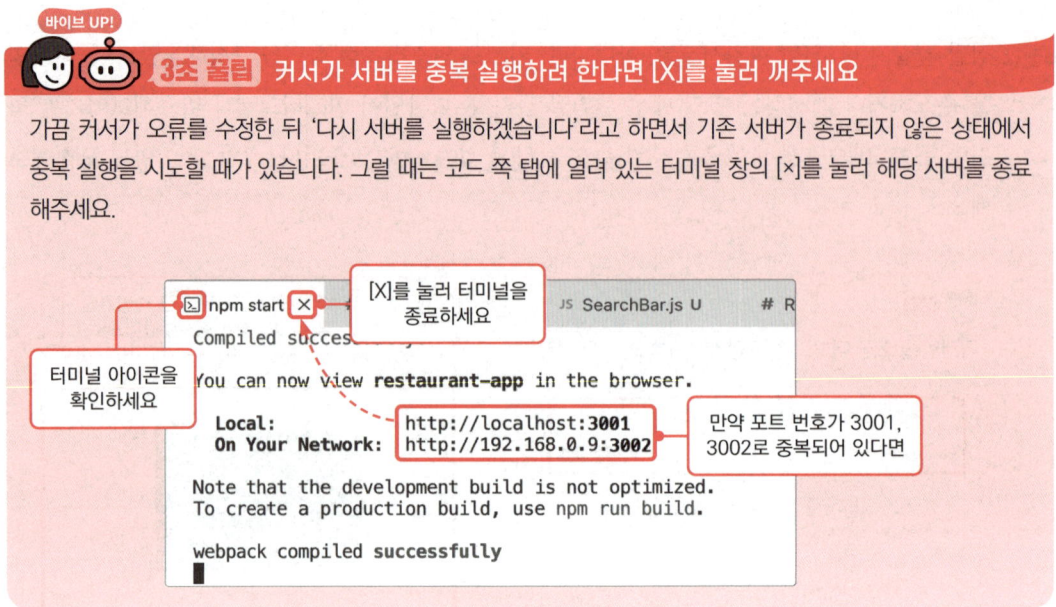

난이도 하! 바이브 코딩 07 ▶ 메모 앱 만들어보기

앞에서 만든 인스타그램 프로젝트는 화면만 만들었을 뿐 아무런 기능이 없는 정적 웹사이트입니다. 이번에는 실제로 메모를 입력하고, 저장하고, 삭제하는 기능이 있는 메모 앱을 만들어보겠습니다. 다만 이 메모 앱은 여러분의 PC에서만 사용할 수 있는 형태로, 여러 사람과 함께 쓰는 앱은 아닙니다. 만약 다른 사람과 함께 쓰는 메모 앱을 만들려면 데이터베이스라는 개념이 필요하며 아직은 프런트엔드를 중심으로 배우고 있는 단계이기 때문에 우선은 나 혼자 쓰는 메모 앱을 만들어보는 것을 목표로 하여 실습을 진행하겠습니다.

01 메모 앱 화면을 생각하면 메모지가 반복되고, 각 메모지에 들어가는 텍스트는 다른 내용일 것입니다. 이처럼 구조는 같지만 내용이 다른 형태는 리액트로 개발했을 때 유리합니다. 실습을 준비하면서 다양한 방식으로 메모 앱을 만들어보았지만 커서가 만들어주는 메모 앱은 매번 똑같지 않았습니다. 핵심 기능인 메모 입력, 저장, 삭제의 구성은 같아도 메모 앱의 형태나 디자인이 달랐습니다. 따라서 구현 방식은 달라도 기본적인 동작 구조는 일관되게 유지되는 것을 확인할 수 있습니다.

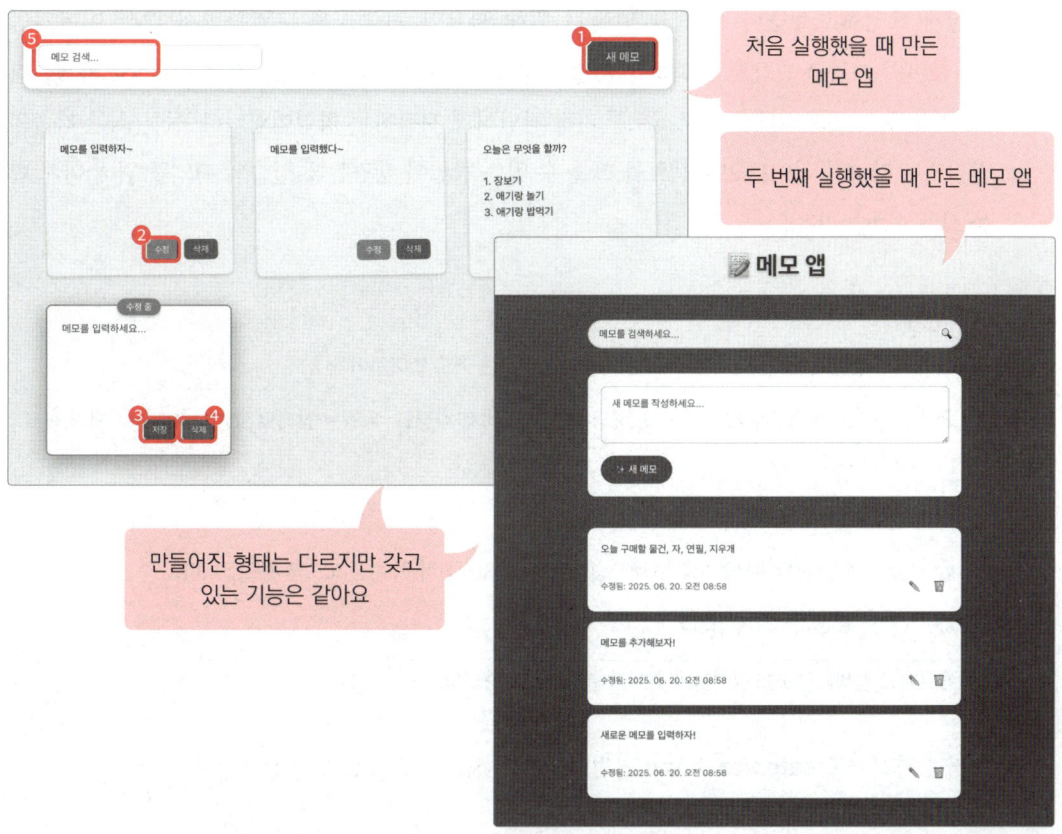

여기서는 다음과 같은 구성의 메모 앱을 만들어보겠습니다.

❶ **[새 메모]** : 메모지를 새로 만들고, 해당 메모지를 바로 수정할 수 있는 상태로 표시하여 사용자의 입력을 유도합니다.

❷ **[수정]** : 메모지를 수정 모드로 전환합니다.

❸ **[저장]** : 수정 모드에서만 보이는 버튼입니다. 메모를 저장하고, 수정 모드를 종료합니다.

❹ **[삭제]** : 메모지를 삭제합니다.

❺ **[메모 검색]** : 메모를 검색하여 검색한 결과만 보여줍니다.

각 기능을 어떻게 코딩해서 만들 수 있을까요? 걱정할 필요 없습니다. 상상한 대로 커서에게 요청만 하면 됩니다.

02 이렇게 요청해보겠습니다. 앱을 만들기 위해 필요한 기술들을 나열하면서 앞서 이야기한 ❶~❺번의 기능을 그대로 입력하는 것입니다. 이때 커서에게 'CRA로' 만들어달라고 하겠습니다. 여기서 CRA는 리액트 프로젝트를 가장 간단하게 시작하는 명령어입니다. 물론 최근 기술의 발전으로 다양한 리액트 프로젝트를 만들 수 있는 방법이 생겼는데 실습의 편의를 위해 이 방법을 사용하겠습니다.

> CRA로 메모 앱을 만들어줄 수 있어? 다음 기능이 동작하는 메모 앱이어야 해.
>
> ❶ [새 메모] : 메모지를 새로 만들고, 해당 메모지를 바로 수정할 수 있는 상태로 표시하여 사용자의 입력을 유도합니다.
>
> ❷ [수정] : 메모지를 수정 모드로 전환합니다.
>
> ❸ [저장] : 수정 모드에서만 보이는 버튼입니다. 메모를 저장하고, 수정 모드를 종료합니다.
>
> ❹ [삭제] : 메모지를 삭제합니다.
>
> ❺ [메모 검색] : 메모를 검색하여 검색한 결과만 보여줍니다.

03 그러면 커서가 **Create React App** 명령어를 사용해서 프로젝트를 생성합니다.

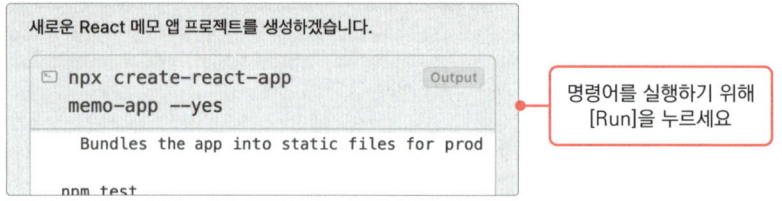

명령어를 실행하기 위해 [Run]을 누르세요

04 프로젝트가 생성되면 커서가 알아서 코드를 작성하기 시작합니다. 코드 생성이 완료되면 [Keep] 또는 [Run]을 눌러 작성된 코드를 파일에 반영합니다. 만약 진행 중 오류가 발생하면 커서가 자체적으로 감지하여 오류를 해결해줄 겁니다. 프로젝트를 진행하는 모든 과정은 [Run] 또는 [Keep]을 눌러 진행하세요.

 **버튼이 달라도 활용법은 그대로예요!**

커서에서 명령을 실행한 뒤 코드를 반영하는 [V], [Keep], [Keep All] 버튼이나 거절하는 [Undo], 터미널에 명령어를 입력하여 실행하게 하는 [Run] 버튼은 버전에 따라 조금씩 달라질 수 있습니다. 이는 커서가 업데이트되면서 생긴 변화일 뿐, 실행 방법 자체는 동일하니 걱정하지 않아도 됩니다.

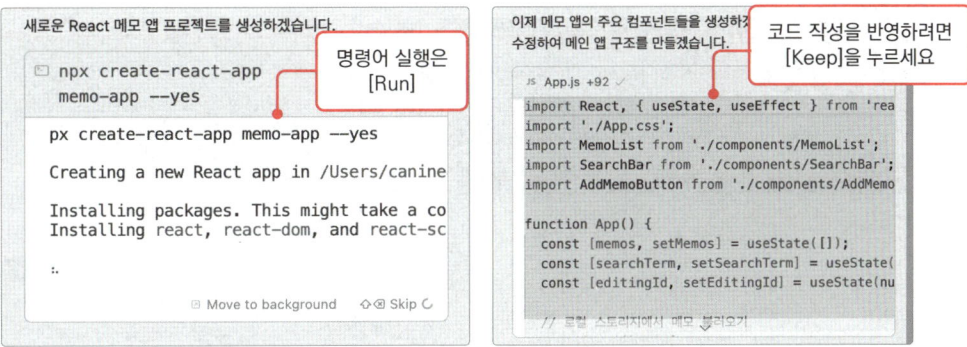

05 메모 앱이 최종적으로 완성되면 다음과 같이 커서가 '메모 앱이 완성되었고, 실행해볼 것인지'를 물어봅니다. [Run]을 눌러 앱을 실행해보세요. 실행 중에 다음과 같은 오류가 발생할 수도 있습니다.

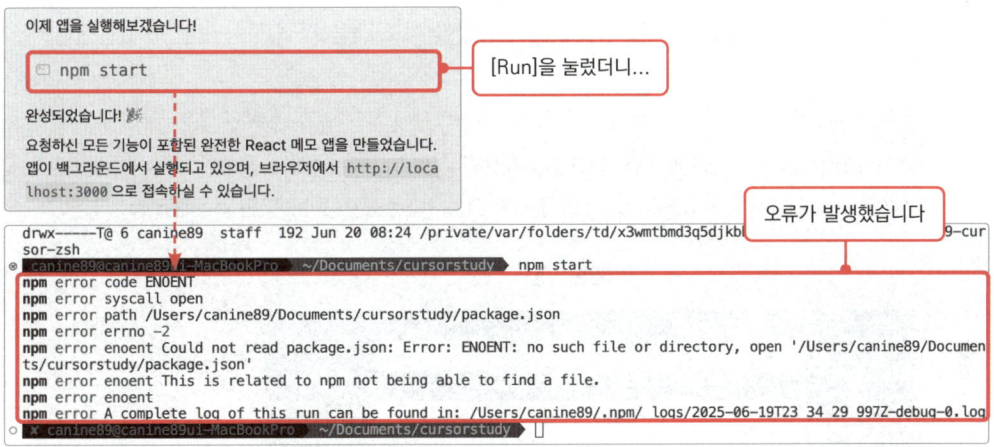

이 오류는 **npm start** 명령어를 잘못된 디렉터리에서 실행했을 때 발생합니다. **npm start**는 여러분이 만든 리액트 애플리케이션을 실행하는 명령어인데, 이 명령어를 실행한 위치가 지정된 프로젝트 폴더가 아닌 다른 위치에서 실행되어 오류가 발생한 것이죠. 커서가 대부분의 상황을 잘 파악하긴 하지만 간혹 이런 실수로 오류가 발생할 수도 있습니다.

06 이럴 때는 오류 메시지를 그대로 모두 복사해서 [Add to Chat]을 누른 다음 채팅에 추가하고 커서에 '오류를 해결해줘'라고 입력해보세요. 대부분의 오류 메시지에는 문제 상황에 대한 구체적인 원인이 포함되어 있습니다. 따라서 커서에게 이 정보를 콘텍스트로 전달하여 해결하는 것이죠.

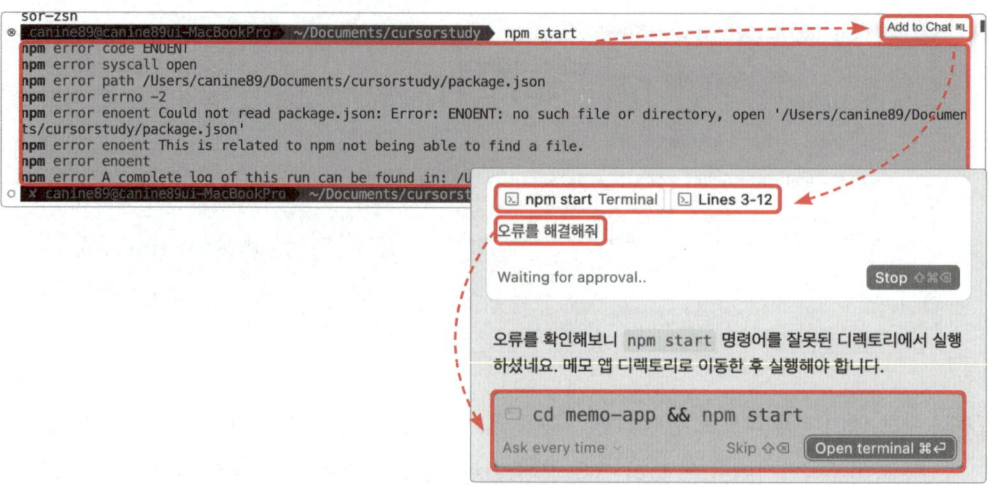

07 발생한 오류를 모두 수정했다면 이제 커서가 실행한 앱을 사용할 수 있는 주소를 알려줍니다. 주소를 참고하여 웹 브라우저에 입력해보세요. 생성한 메모 앱을 직접 사용해볼 수 있을 겁니다.

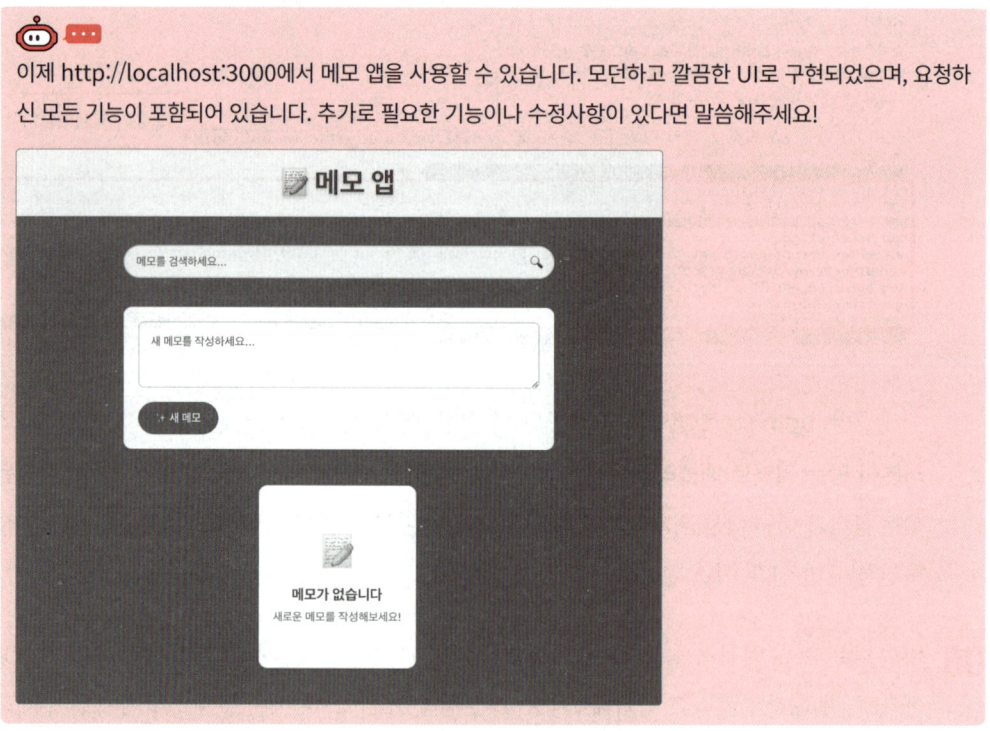

08 그런데 실행해보니 메모 앱이 제대로 동작하지 않습니다. 지금은 '새 메모를 작성하세요…' 입력란에 메모를 작성하고 [새 메모]를 누르면 바로 메모가 등록되지 않고, 화면 아래쪽에 또 다른 메모 입력란이 다시 생기고 거기서 [저장]을 눌러야 메모가 저장되는 이상한 구조로 만들어졌습니다.

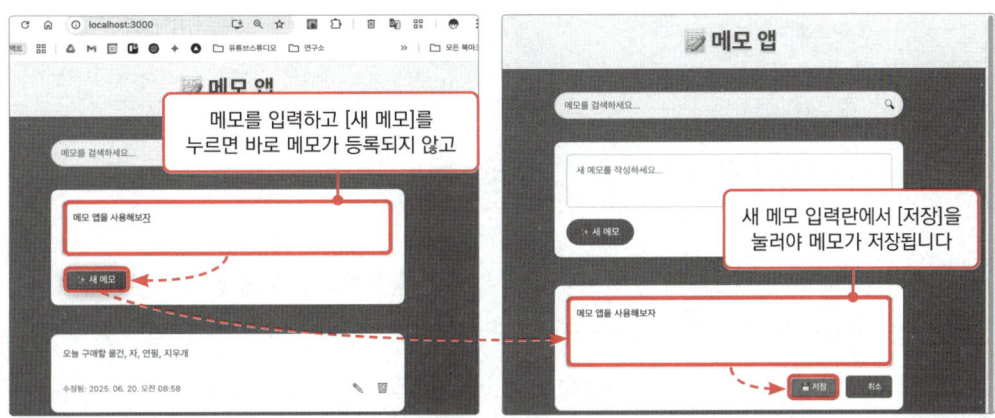

이처럼 커서는 여러분이 명확하게 앱의 기능을 잘 설명했더라도 의도한 방식과 다르게 제대로 구현하지 못할 수 있습니다. 마침 그런 문제가 발생한 김에 이 기능을 어떻게 고쳐야 하는지 함께 실습해봅시다.

09 사실 어려운 일이 아닙니다. 그냥 현재 상황을 최대한 구체적으로 적어서 커서에게 오류를 해결하라고 하면 됩니다. 이때 중요한 점은 **커서가 전체 프로젝트를 제대로 확인할 수 있도록 프로젝트 폴더를 @memo-app으로 등록하고 질문하세요.** 커서의 처리 방식에 따라 **memo-app**이 생성되지 않을 수 있습니다. 커서의 채팅 내용과 왼쪽 사이드바를 확인해 콘텍스트를 적절히 설정하세요.

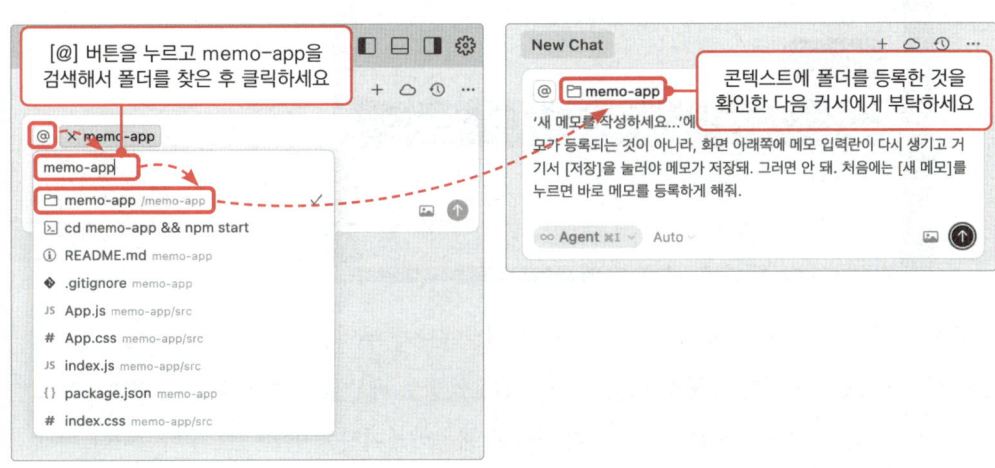

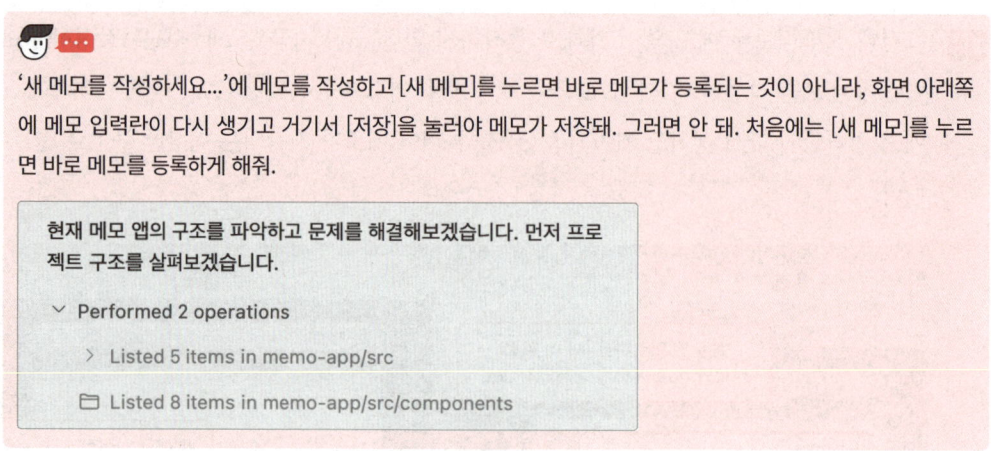

'새 메모를 작성하세요...'에 메모를 작성하고 [새 메모]를 누르면 바로 메모가 등록되는 것이 아니라, 화면 아래쪽에 메모 입력란이 다시 생기고 거기서 [저장]을 눌러야 메모가 저장돼. 그러면 안 돼. 처음에는 [새 메모]를 누르면 바로 메모를 등록하게 해줘.

> 현재 메모 앱의 구조를 파악하고 문제를 해결해보겠습니다. 먼저 프로젝트 구조를 살펴보겠습니다.
>
> ∨ Performed 2 operations
> > Listed 5 items in memo-app/src
> 📁 Listed 8 items in memo-app/src/components

그러면 커서는 콘텍스트에 있는 프로젝트 폴더를 다 확인하고 문제가 되는 부분을 찾아 검사한 다음 코드를 수정해줍니다. 이제 코드 수정 내용을 반영하는 과정은 익숙할 것입니다. 수정된 코드는 모두 [Keep All]을 눌러 파일에 반영해주세요.

10 모든 수정을 다 반영했다면 다시 웹 브라우저로 돌아가 [새로고침]을 눌러 메모 앱을 실행해보세요. 직접 사용해보고 의도한 대로 잘 동작하는지 확인합니다. 만약 다음과 같은 문제가 다시 생기거나 추가로 고치고 싶은 부분이 있다면 과정 **06**을 참고해서 동일한 방식으로 커서에게 수정을 요청해보세요.

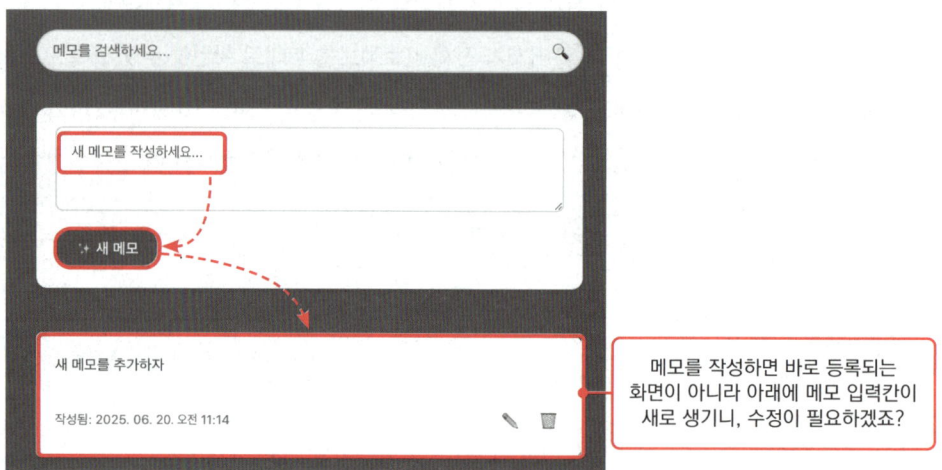

지금까지 인스타그램과 메모 앱을 만들면서 프런트엔드가 무엇인지 알아보았습니다. 그리고 커서를 활용해 여러 오류나 예상치 못한 상황에 대처하는 방법도 배워봤습니다. 앞으로 여러분이 실습을 진행할 때도 학습한 내용을 적절히 활용하여 다양한 애플리케이션을 만들어보기 바랍니다.

[챕터 05]

디자인에도 기술이 있다고요? : 라이브러리, 프레임워크

유튜브
bit.ly/454XyQz

유튜브 영상으로
더 쉽게 공부하세요!

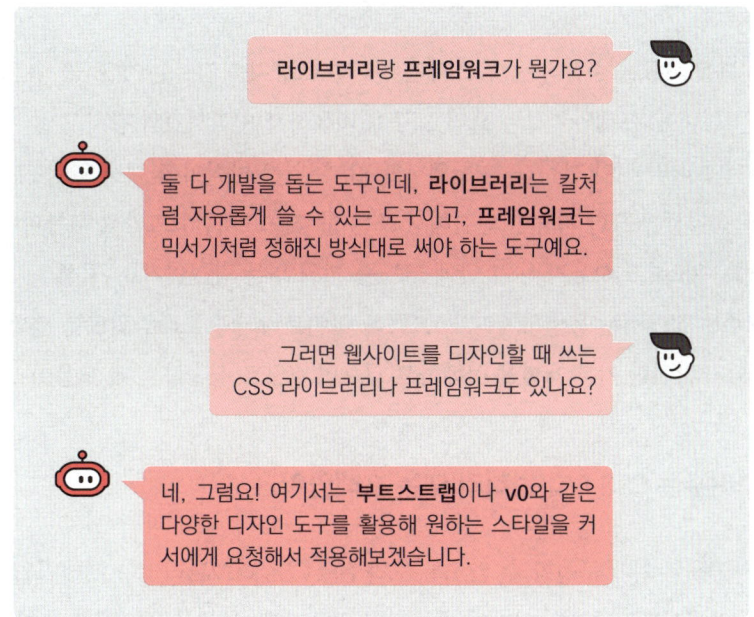

혹시 '라이브러리'라는 용어를 들어본 적이 있나요? IT 기술에 관심이 있다면 한 번쯤은 들어봤을 용어일 것입니다. 보통 라이브러리는 프레임워크와 함께 이야기하는 개념인데요. 여기서는 이 두 개념을 간단히 정리하면서 알아본 다음 바이브 코딩 07 ▶ 메모 앱 만들어보기에서 만든 메모 앱에 다양한 프런트엔드 라이브러리를 적용하여 디자인을 바꿔보겠습니다.

[챕터 05] 디자인에도 기술이 있다고요? : 라이브러리, 프레임워크   79

라이브러리? 프레임워크?

요즘은 라이브러리와 프레임워크를 구분하지 않고 쓰는 경우가 많아졌지만, 그래도 둘 사이에는 분명한 차이가 있습니다. 가장 큰 차이는 바로 '사용자의 제어권이 누구에게 더 있는가?'에 있습니다.

두 도구를 이용하여 이해하기 쉽게 설명해보겠습니다. 라이브러리는 요리 도구로 비교하면 칼, 가위, 도마와 같습니다. 이 도구들의 특징은 사용 목적이 정해져 있지만 어디에 쓸지는 사용자의 의도에 따라 자유롭게 사용할 수 있다는 것입니다. 즉 도구의 제어 권한이 사용자에게 있으므로, 규칙을 지키면서도 쓰고 싶은 대로 자유롭게 쓸 수 있는 거죠.

예를 들어 칼은 보통 재료를 손질하는 데 쓰지만 원하면 포장지를 자르는 데도 쓸 수 있죠. 하지만 프레임워크는 좀 다릅니다. 프레임워크는 요리 도구에 비유하자면 믹서기와 같다고 볼 수 있습니다. 정해진 사용 설명서에 따라 써야 합니다. 이처럼 사용할 수 있는 방식이 정해져 있어 그것을 따라야 하며, 결정된 흐름 속에서 필요한 기능만 연결해서 쓰는 방식을 프레임워크라고 부릅니다. 즉 프레임워크가 전체 구조를 주도하고 사용자는 그 안에 코드를 끼워 넣는 방식인거죠. 물론 두 도구 모두 개발을 편리하게 해주는 점에서는 동일하지만요. 요즘은 라이브러리와 프레임워크를 명확하게 구분하지 않아도 문제가 되지 않지만 기본 개념을 이해하고 있으면 앞으로 실습하는 데 도움이 될 겁니다.

웹사이트를 꾸며주는 CSS 라이브러리 또는 프레임워크

웹사이트의 디자인을 손쉽게 구성할 수 있도록 도와주는 CSS 라이브러리나 프레임워크는 매우 다양합니다. 그리고 각 라이브러리들은 저마다의 특징이 있습니다. 그래서 커서에게 요청하기 전에 디자인 스타일이나 특징 등 원하는 분위기에 맞는 도구에 대해 미리 알아두면 더 적합한 결과를 얻을 수 있습니다. 예를 들어 부트스트랩Bootstrap이라는 CSS 프레임워크가 있습니다. 이 홈페이지에 접속해보면, 다음과 같이 단순하면서 일관된 스타일의 디자인이 특징이라는 것을 알 수 있습니다. 만약 여러분이 웹사이트에 이런 깔끔하면서도 일관적인 스타일의 디자인을 적용하고 싶다면 커서에게 '깔끔하게 해줘'라는 애매한 요청보다는 부트스트랩을 이용하라고 구체적으로 요청하면 됩니다.

- **부트스트랩 홈페이지** : getbootstrap.kr

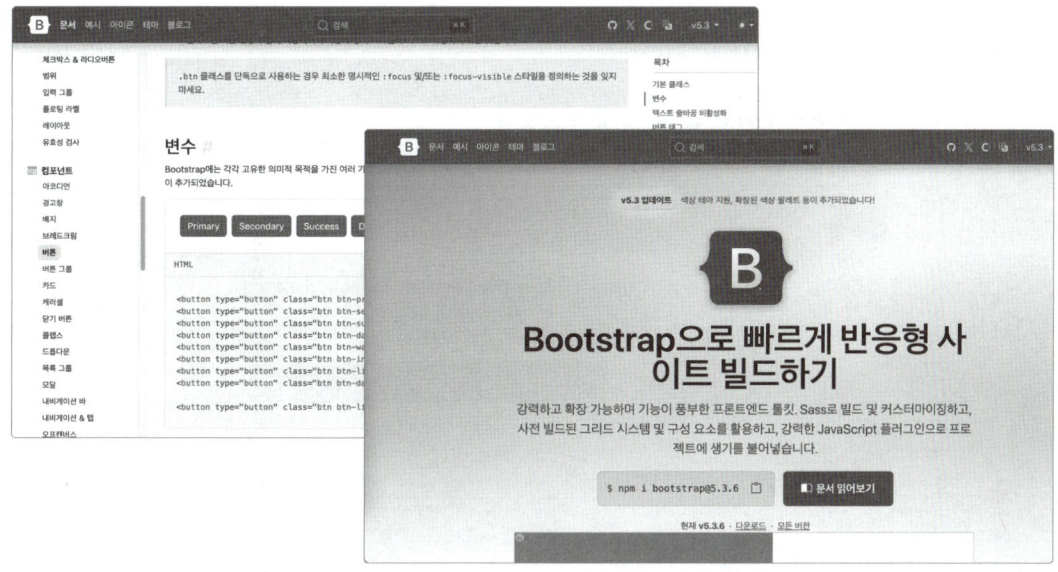

또 다른 예도 살펴볼까요? 테일윈드 CSS^{Tailwind CSS}라는 도구도 있습니다. 이 도구 역시 깔끔한 디자인 측면에서는 부트스트랩과 비슷하다고 느낄 수 있습니다. 다음 홈페이지에 접속해서 스크롤을 내려보면 구성 방식, 디자인 톤, 기능적 다양성 등 부트스트랩과 확연히 다르다는 것을 금방 알 수 있을 겁니다.

- **테일윈드 CSS 홈페이지** : tailwindcss.com

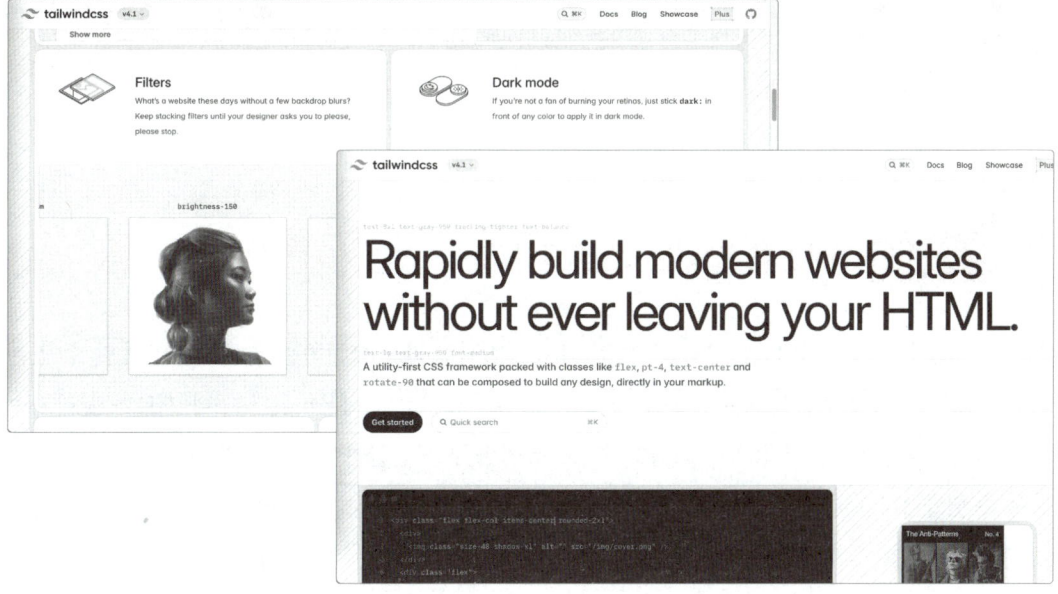

하나만 더 살펴보자면 머티리얼라이즈 CSS^{Materialize CSS}도 있습니다. 일명 머티리얼 디자인이라고 불리는 것인데 구글에서 안드로이드 스마트폰에 적용하면서 알려진 디자인류입니다. 종이의 입체감을 살리는 느낌의 디자인이라 훨씬 깔끔합니다.

- **머티리얼라이즈 홈페이지** : materializecss.com

이처럼 디자인 도구도 여러 가지가 있습니다. 원하는 디자인을 골라 여러분이 적용하면 되는 것이라 이번 실습에서는 두 가지 정도만 사용해보면서 같은 메모 앱이라도 어떻게 디자인이 달라질 수 있는지를 확인해보겠습니다.

> NOTE 만약 디자인 도구에 대해 더 알고 싶다면 'css library rank' 또는 'css framework rank'를 검색해보세요.

난이도 하!

바이브 코딩 08 ▶ 메모 앱 디자인 변경해보기

앞에서 언급한 것처럼 이번에는 단순히 '이런 식으로 바꿔줘'라고 요청하는 대신 디자인에 쓸 수 있는 다양한 도구를 직접 적용해보는 실습을 해봅니다. 같은 요리라도 사용하는 도구나 재료가 달라지면 맛과 퀄리티가 달라지듯이 동일한 요청이더라도 특정 도구를 언급하여 진행하면 완전히 다른 결과가 나올 수 있습니다.

01 가장 먼저 부트스트랩을 메모 앱에 적용해보겠습니다. 제가 만든 메모 앱의 초기 디자인은 다음과 같이 매우 단순한 형태입니다. 차이를 느껴보기 위해 바이브 코딩 07 ▶ 메모 앱 만들어보기를 다시 진행하며 최대한 기본 디자인 스타일로 구성된 메모 앱을 만들어봤습니다.

> **NOTE** 물론 커서에게 '디자인을 최대한 간단하게 만들어줘'라는 요청을 해서 만들었습니다.

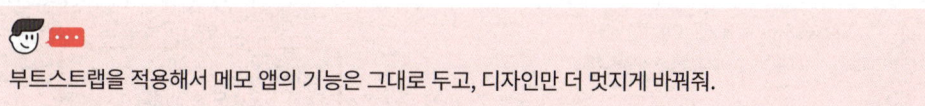

02 이제 이 단순한 메모 앱에 부트스트랩 스타일을 적용하면 어떻게 될까요? 커서에게 다음과 같이 부탁해봅니다.

> 부트스트랩을 적용해서 메모 앱의 기능은 그대로 두고, 디자인만 더 멋지게 바꿔줘.

그러면 커서는 부트스트랩 설치에 필요한 명령어를 실행하고 이후 전체 코드에 부트스트랩을 적용하기 시작합니다. 실행해야 할 명령어 또는 반영해야 할 코드는 [Run]을 클릭하여 적용하세요.

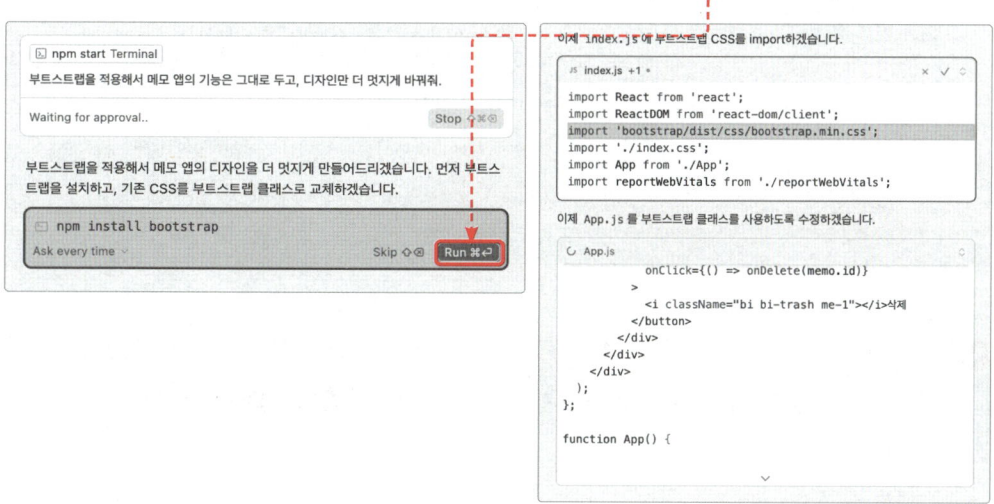

[챕터 05] 디자인에도 기술이 있다고요? : 라이브러리, 프레임워크　83

03 변경을 적용하고 실행해보면 전반적으로 깔끔하면서 정돈된 부트스트랩 스타일의 메모 앱으로 바뀐 것을 볼 수 있습니다.

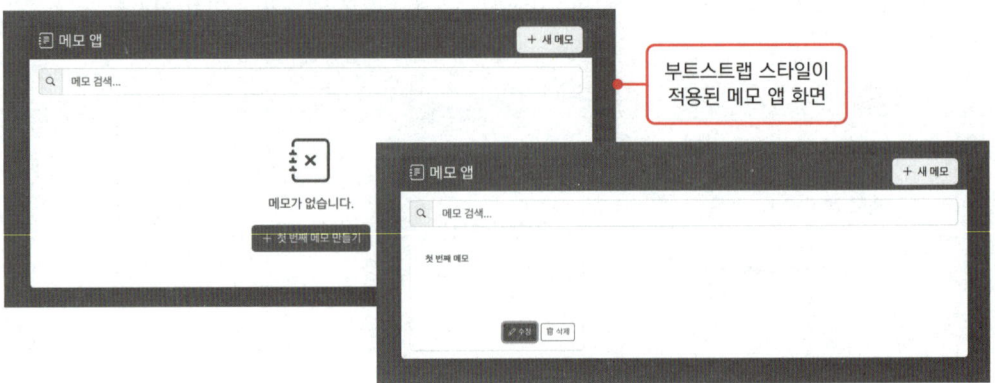

04 이번에는 테일윈드 CSS를 적용해보라고 할까요? 그러면 테일윈드 CSS를 적용함과 동시에 기존의 부트스트랩을 정리하는 모습을 보입니다.

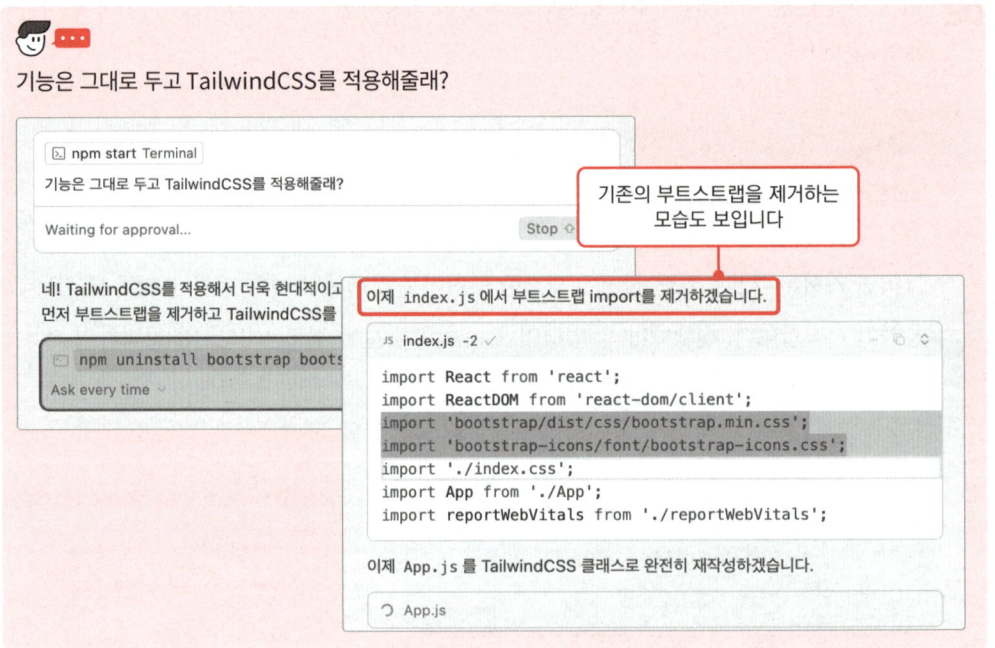

05 설치하고 적용하는 등 모든 작업을 마치면 테일윈드 CSS를 적용하기 위해 실행한 서버를 종료하고 다시 시작해야 합니다. 현재 실행 중인 터미널에서 `Ctrl` + `C` 를 눌러 서버를 강제 종료하세요.

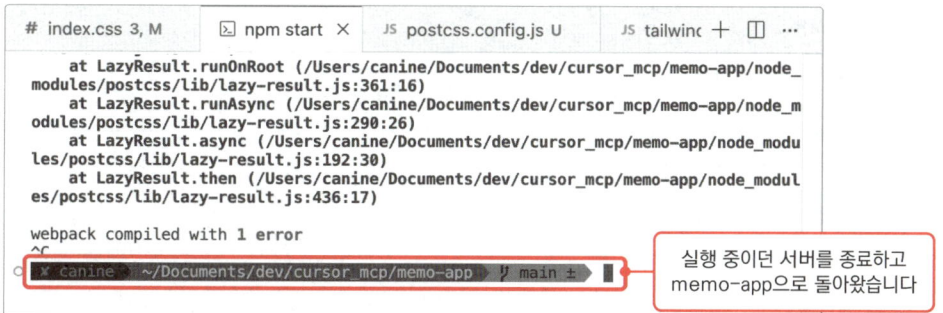

06 그런 다음 **npm start**로 서버를 다시 구동합니다. 이때 높은 확률로 오류 메시지가 발생될 수 있습니다. 도구를 변경하는 과정에서 설정 충돌로 인해 종종 발생하는데, 이럴 때는 오류 메시지를 그대로 복사해서 커서에 붙여 넣고 '오류를 해결해줘'라고 하면 됩니다.

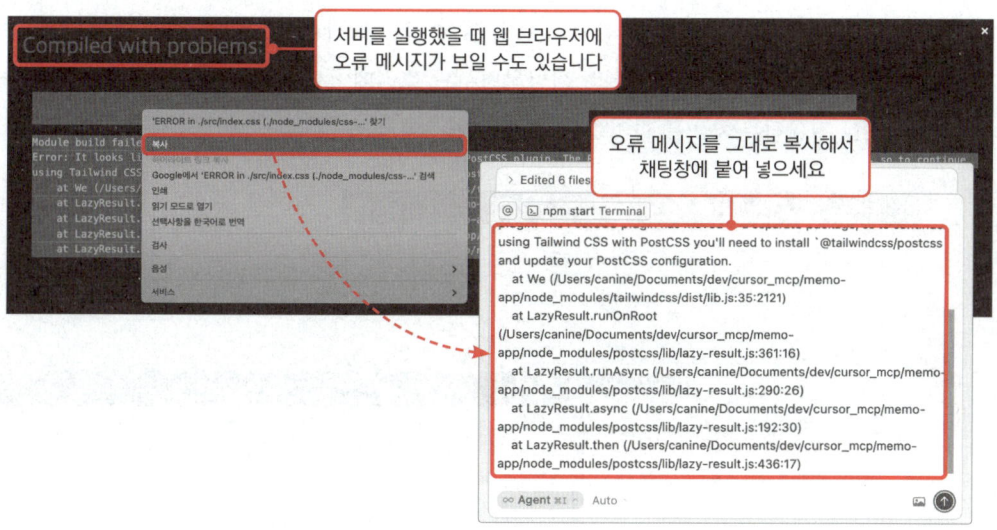

실습 과정에서 커서에게 테일윈드 CSS를 그냥 적용하라고 했는데, 최신 버전인 테일윈드 CSS v4를 설치했습니다. 이는 CRA 방식으로 만든 구버전의 리액트와 맞지 않아서 생긴 오류였습니다. 커서는 이 문제를 파악하고 테일윈드 CSS의 버전을 v3으로 다운그레이드하여 해결했네요. 이처럼 기술에 대해 잘 몰라도 커서는 다음과 같이 발생한 오류에 대한 원인과 해결 과정, 그리고 어떻게 해결했는지 상세하게 알려줍니다. 덕분에 사용자도 오류를 어렵지 않게 이해할 수 있으며, 이러한 정보는 나중에 새로운 문제가 생겼을 때도 큰 도움이 됩니다.

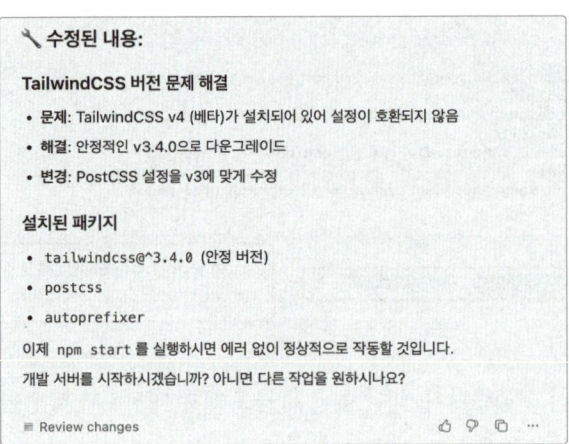

07 변경이 완료된 다음 메모 앱을 실행해보면 테일윈드 CSS 특유의 현대적인 디자인으로 바뀌었습니다. 물론 테일윈드 CSS를 쓴다고 해서 항상 같은 디자인이 나오는 것은 아닙니다. 다만 테일윈드 CSS는 부트스트랩과 달리 깔끔하면서도 그러데이션, 애니메이션 등 다양한 효과를 전반적으로 적용하는 차이를 확인할 수 있습니다.

이처럼 같은 앱이라도 사용하는 디자인 도구에 따라 전혀 다르게 연출할 수 있습니다. 예전에는 이런 도구의 사용법을 직접 하나하나 배워서 세세하게 알고 코드에 일일이 적용해야 했지만, 커서와 같은 인공지능 도구가 발전하면서 이제는 도구를 잘 선택해서 사용하는 능력이 더 중요해졌습니다. 아마 앞으로는 더 놀라운 변화들이 계속해서 생기겠지만 그때도 변하지 않고 중요한 것은 도구의 선택일 것입니다.

바이브 코딩 09 ▸ v0 서비스로 더 쉽게 웹사이트 만들기

이번에는 v0 서비스를 사용해서 웹사이트를 만들어보겠습니다. v0는 버셀[vercel]에서 만든 AI 기반 웹 페이지 디자인 생성 도구입니다. 무료로 5달러의 크레딧을 제공하므로 간단한 웹사이트를 디자인하는 데 유용합니다. 여기서는 앞에서 만들었던 기업 소개 페이지를 v0를 통해 다시 한 번 구성해보겠습니다.

01 먼저 v0 홈페이지에 접속하여 [Sign Up]을 눌러 회원가입을 한 다음 로그인하세요.

- **v0 홈페이지** : v0.app

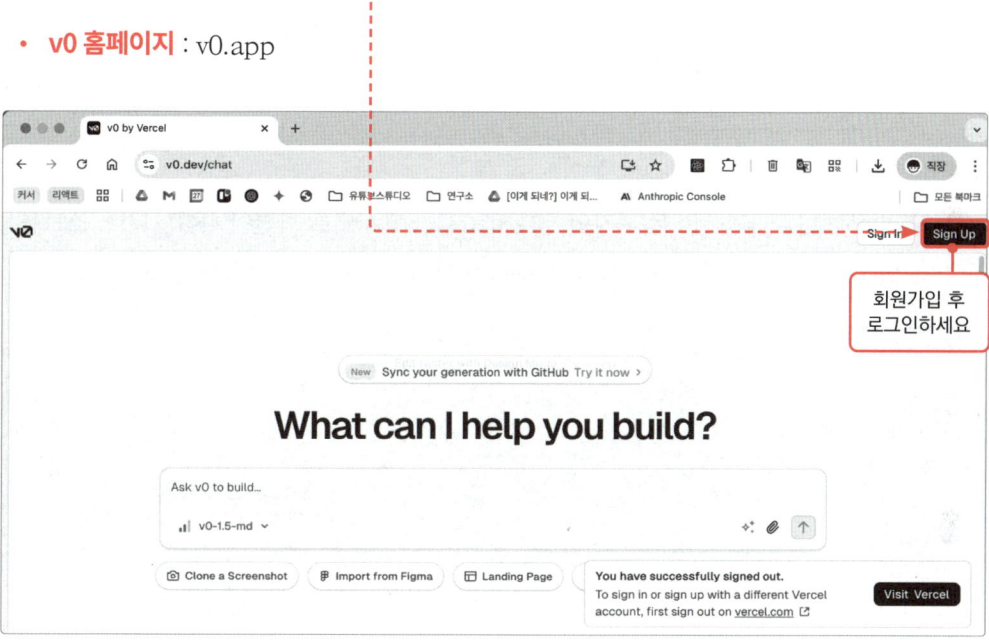

회원가입 후 로그인하세요

02 로그인하면 챗GPT와 유사한 채팅 화면이 보입니다. 다음과 같이 채팅을 입력해보세요. 그러면 채팅 내용이 왼쪽에 보이고 중앙의 주요 화면에는 [Preview], [Code] 탭이 표시됩니다. 화면이 생성될 때까지 잠시 기다려주세요.

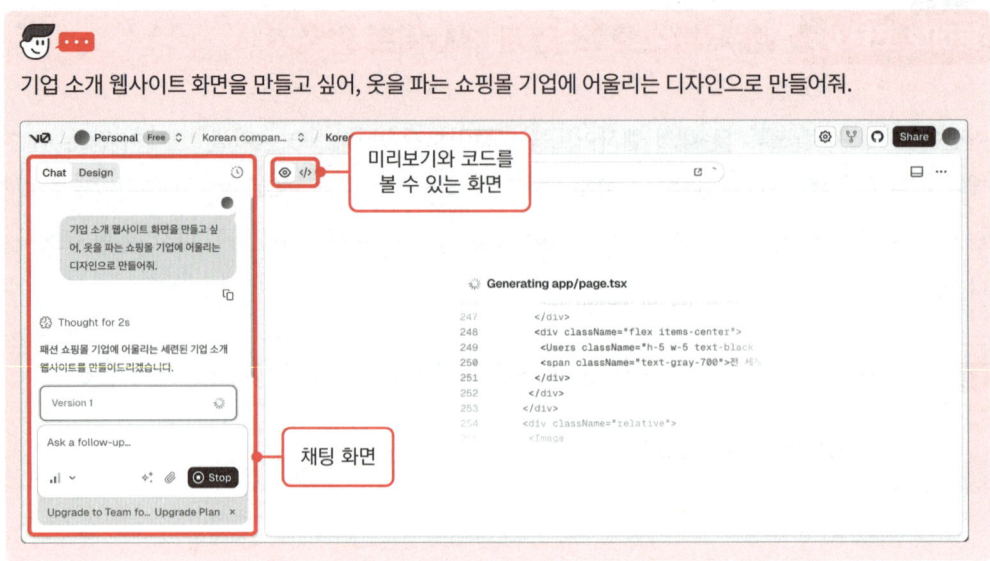

03 화면 생성이 끝나면 세련된 디자인 형태의 쇼핑몰 웹사이트 화면이 나타납니다. 스크롤을 내려 보면 요청한 기업 소개 사이트의 화면 구성이 잘되어 있음을 확인할 수 있습니다.

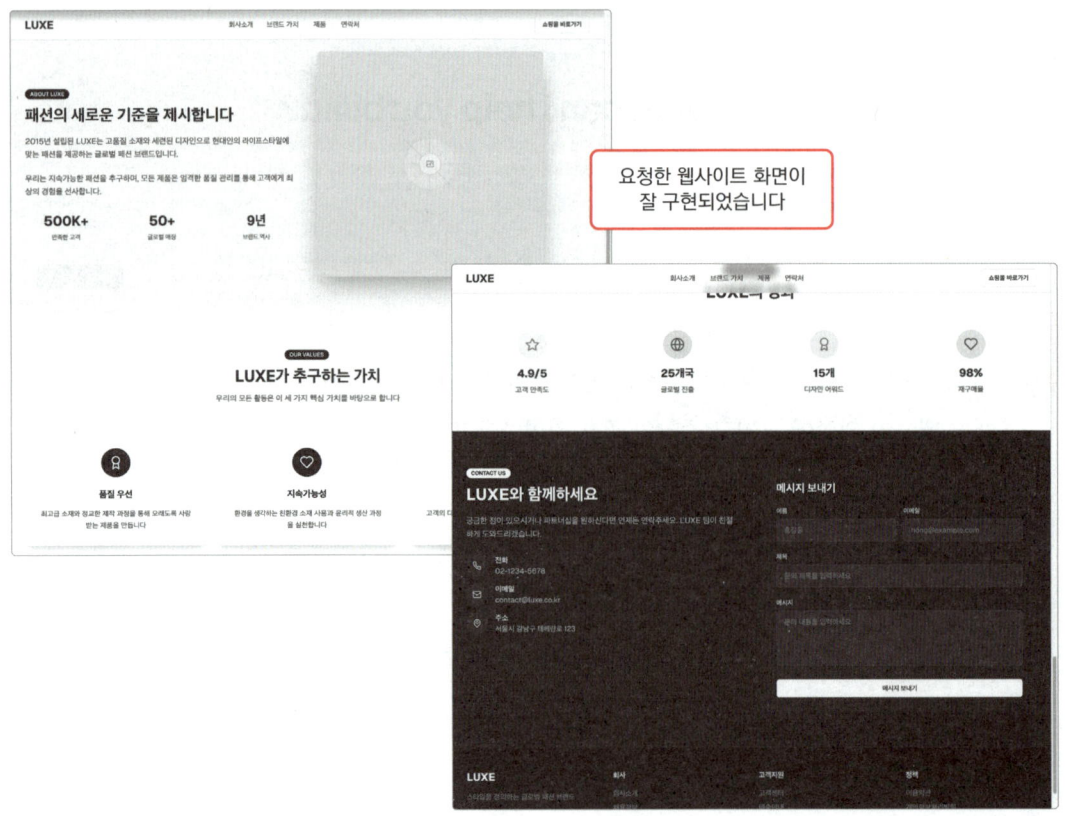

04 이제 v0가 만든 화면을 커서에서 수정해볼 차례입니다. 커서로 이동한 다음 적절한 위치에
❶ 프로젝트 폴더를 생성하세요. 그런 다음 v0 화면으로 이동해 오른쪽 위에 있는 ❷ 다운로드
버튼을 누르세요. 그런 다음 ❸ v0에서 복사한 프로젝트 생성 명령어를 입력하고 다시 커서로
돌아와 빈 폴더의 ❹ 터미널 창에 복사한 명령어를 입력하여 실행하세요.

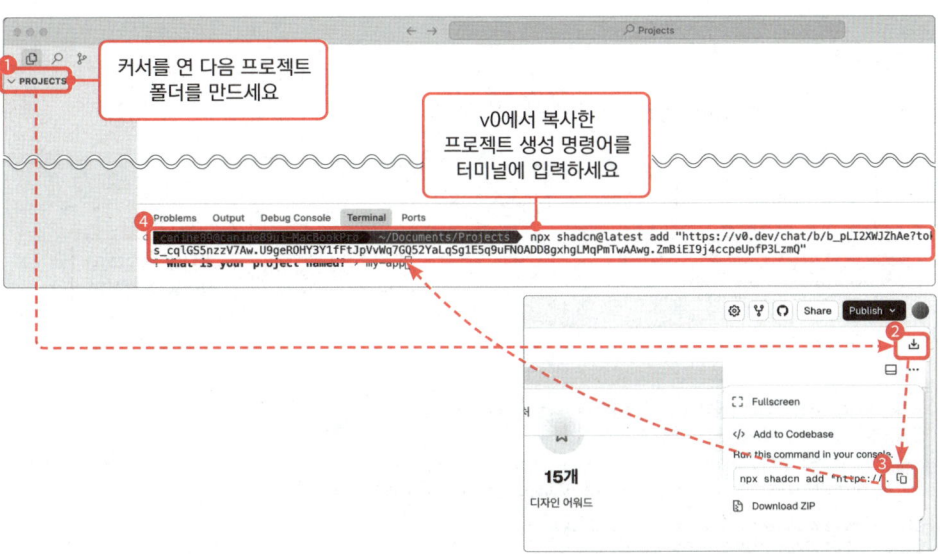

05 v0 명령어를 입력하면 프로젝트 이름을 묻는 메시지가 나옵니다. 프로젝트 이름을 자유롭게 입
력하세요. 이어서 base color 관련 질문이 나오는데, 아무 색상이나 선택해도 괜찮습니다. 이후
'...already exists'라는 메시지가 나오면 반드시 [y]를 입력해 진행하세요. 만약 다른 키를 누르면
처음부터 다시 이 과정을 진행해야 하니 주의하세요.

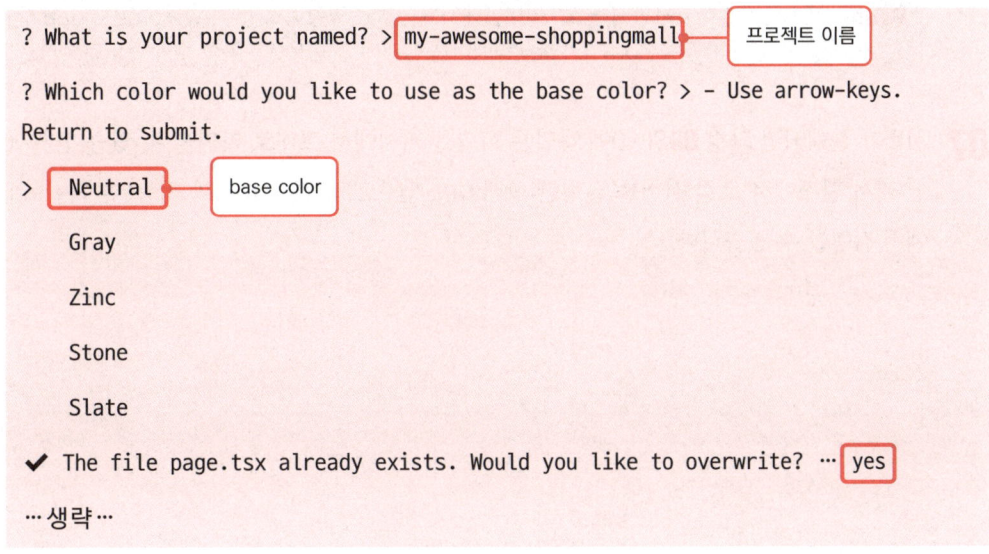

> NOTE 진행 중 오류가 발생하면 오류를 그대로 복사해 채팅창에 붙여 넣고 해결해달라고 해보세요.

06 설정이 완료되면 폴더 안에 여러분이 입력한 이름의 프로젝트 폴더가 생깁니다. 이 상태에서 커서에게 다음과 같이 부탁해봅니다.

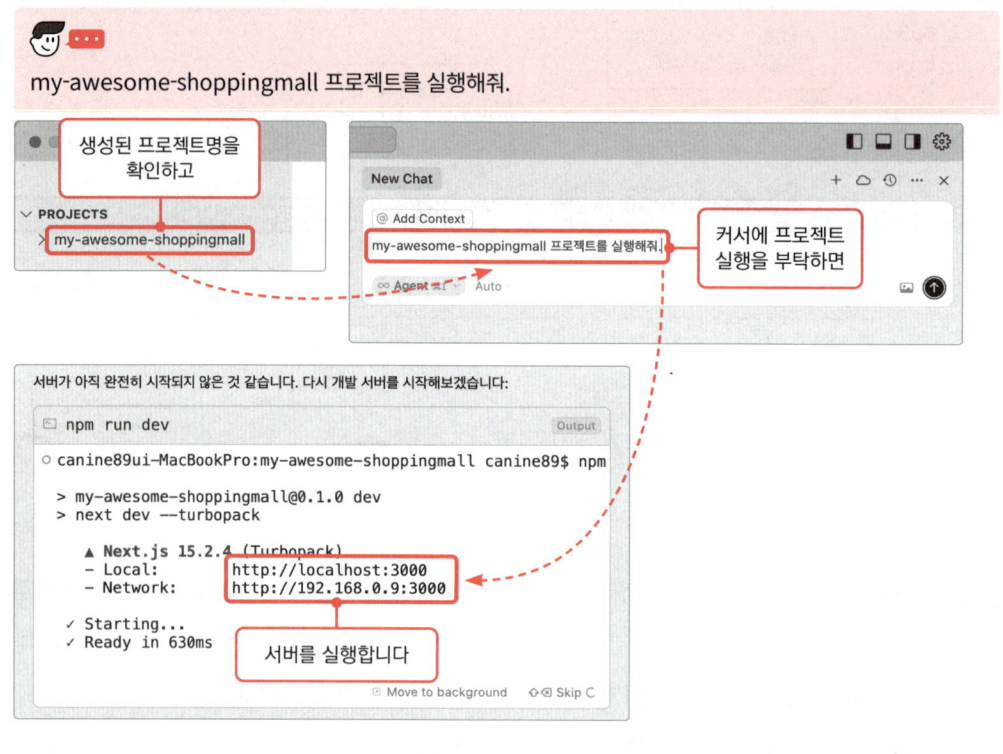

> NOTE 물론 커서에게 부탁하지 않고, 터미널에서 직접 cd 명령어로 my-awesome-shoppingmall 폴더로 이동한 다음 npm run dev 명령어를 실행해도 서버를 구동할 수 있습니다.

07 서버가 실행되면 과정 **03**의 v0에서 만든 화면을 커서에서 그대로 확인할 수 있습니다. v0가 아닌 커서 환경에서 로컬 서버를 실행한 상태이며, 앞으로의 화면 수정과 기능 추가는 모두 커서에서 진행할 수 있습니다.

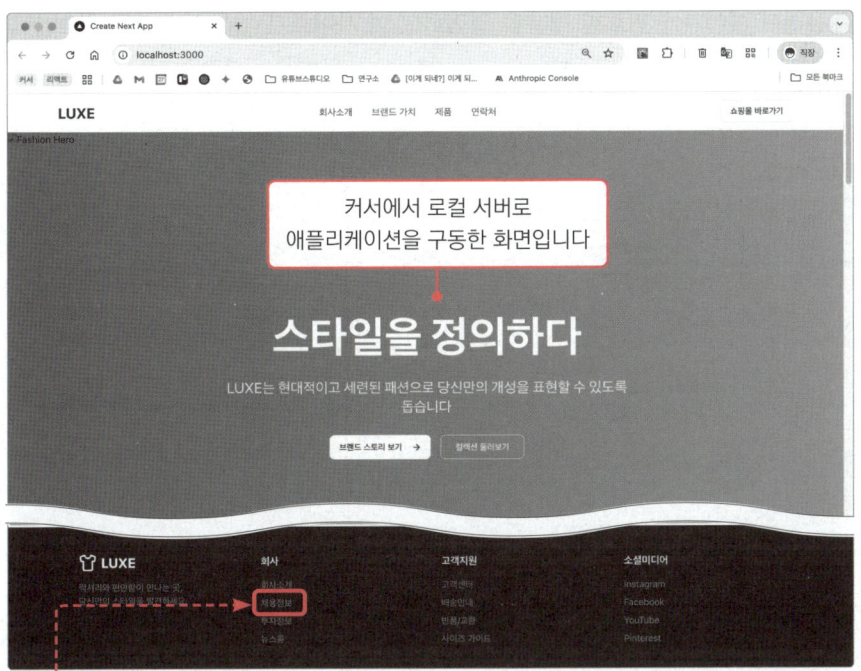

커서에서 로컬 서버로
애플리케이션을 구동한 화면입니다

08 이제 이 화면에 간단한 기능을 하나씩 추가하겠습니다. 여러분이 만든 화면에서 보이는 버튼을 눌러 실제로 기능이 동작하지 않는 버튼이 있는지 확인해보세요. 여기서 만든 화면에서는 [채용정보]와 같은 세부 버튼이 동작하지 않았습니다. 이번에는 가상의 채용정보 내용을 만들고, 이 [채용정보] 버튼을 눌렀을 때 그 내용이 보이게끔 해당 페이지로 이동하도록 만들어보겠습니다.

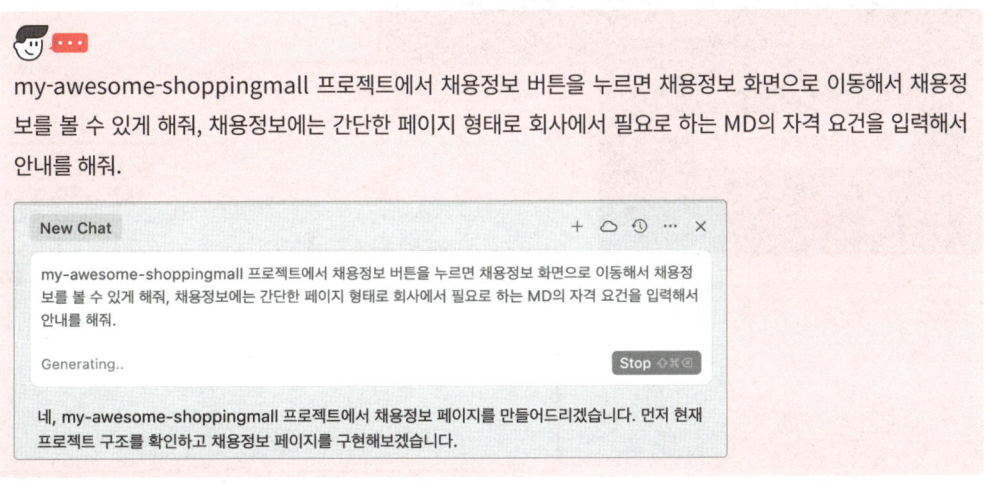

챕터 05 디자인에도 기술이 있다고요? : 라이브러리, 프레임워크

커서가 채용정보 페이지에 필요한 내용을 입력하고 이 사이트로 이동할 수 있도록 버튼과 페이지를 연결하는 코드로 수정해줍니다.

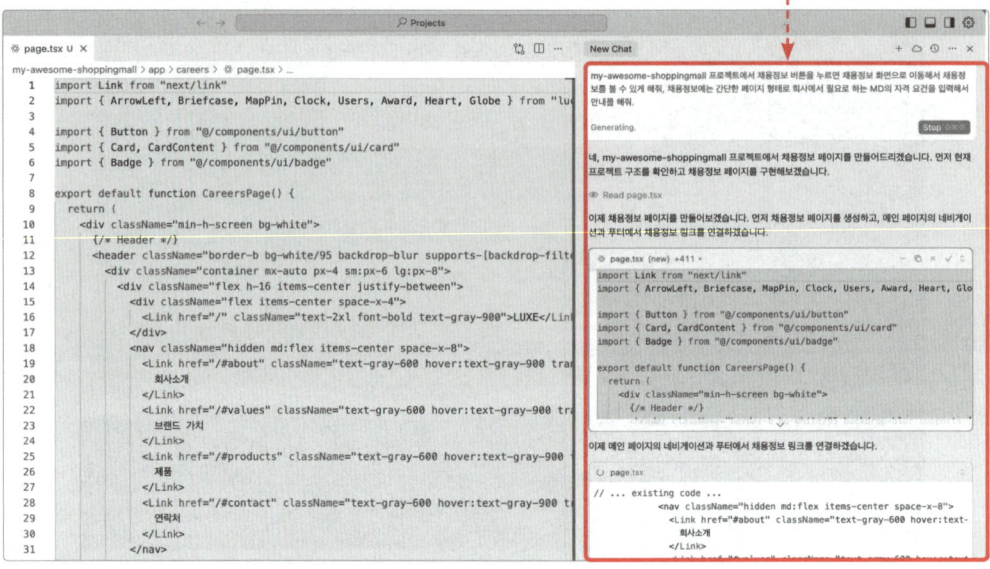

09 이제 ❶ [채용정보] 버튼을 누르면 ❷ 채용정보 페이지인 /careers로 이동하며, ❸ 커서가 기본으로 입력해준 내용이 보입니다. 이처럼 v0로 만든 디자인 틀에 커서를 이용하여 필요한 기능을 하나씩 추가하며 웹사이트를 완성할 수 있습니다.

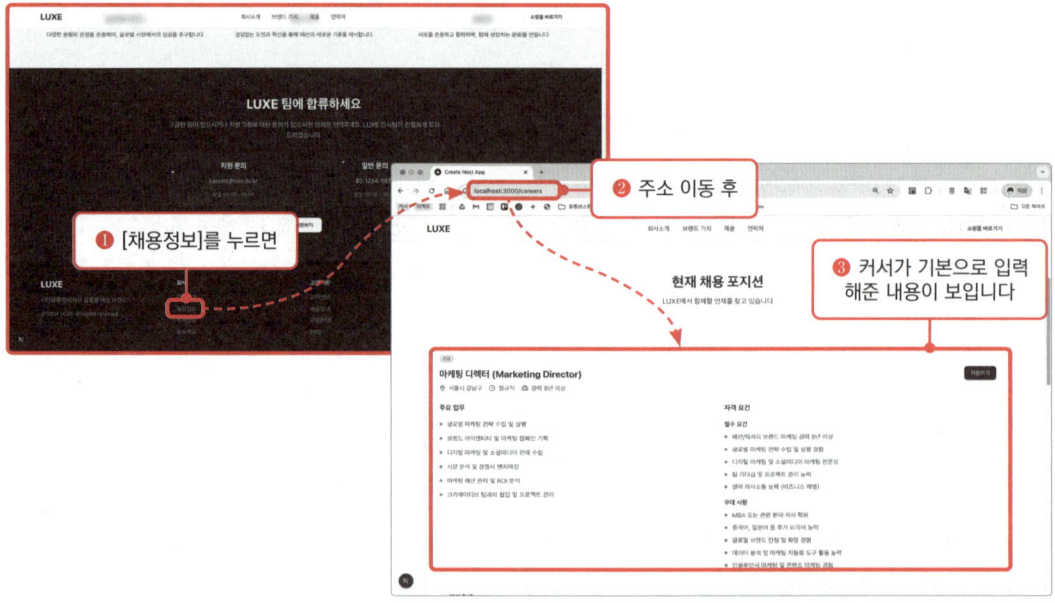

지금까지 v0를 이용해 기본적인 디자인 틀은 아름답게 만들고, 커서에 프로젝트를 가져와 원하는 기능을 하나하나 추가하는 방식으로 웹사이트를 구성하는 방법을 배웠습니다. 학습한 내용을 바탕으로 대부분의 사이트 수정 또는 기능 추가 등은 충분히 할 수 있을 것입니다. 다만 회원가입이나 게시판과 같은 데이터베이스가 필요한 기능은 이후에 다룰 배포 및 서버 구축 과정에서 함께 알아보겠습니다. 여기서는 웹사이트 디자인 및 기본 페이지 구성과 기능을 추가하는 것을 중심으로 학습을 마칩니다.

[챕터 06] **내가 만든 사이트를 서비스하는 방법 : 서버, 배포**에서 더 다양한 기능을 배워보겠습니다.

[챕터 06]

내가 만든 사이트를 서비스하는 방법 : 서버, 배포

유튜브 영상으로 더 쉽게 공부하세요!

> 제가 만든 웹사이트를 다른 사람들도 보게 하는 게 배포라고 하던데 맞나요? 그리고 서버는 뭔가요?

 네, 맞아요. 다른 사람에게 웹사이트를 공개하는 게 배포고, 서버는 사용자 요청에 항상 응답하는 컴퓨터를 말해요.

> 그럼 localhost:3000 이런 주소는 뭐고, 왜 친구는 제 웹사이트를 이걸로 못 봐요?

 localhost는 '내 컴퓨터'를 뜻하고, 3000은 '포트 번호'로 내 컴퓨터 안의 특정 웹 서버를 가리켜요. 친구 컴퓨터에서 이 주소를 입력하면 그 친구의 컴퓨터를 보게 되므로, 모두가 볼 수 있도록 웹사이트를 다른 컴퓨터에 올리는 배포가 필요한 거죠. 여기서는 그 개념을 이해하고, 직접 서버 구동과 배포까지 해보죠.

지금까지 만든 웹사이트는 개인 컴퓨터에서만 확인할 수 있는 상태입니다. 즉 만든 자신만 볼 수 있는 거죠. 하지만 웹사이트는 다른 사람도 볼 수 있어야 그 의미가 있겠죠? 보통 웹사이트를 외부에 공개하는 과정을 '서비스한다' 또는 '배포한다'고 표현합니다.

> NOTE 보통 영어로는 deploy라고 합니다.

지금까지 여러분이 실행한 **npm run dev**와 같은 명령어 또는 채팅방에 'OOO 프로젝트를 실행해 줘'라고 부탁한 작업은 모두 여러분의 컴퓨터를 서버로 삼아 프로젝트를 구동한 것이었습니다. 이제 한 걸음 더 나아가 배포란 무엇인지 알아보고, 내가 만든 웹사이트를 실제 주소로 접속할 수 있도록 만드는 배포 과정을 알아보겠습니다.

24시간 사용자 요청을 기다리는 컴퓨터, 서버

여기서 우리가 알 수 있는 사실은 '서버'가 대단하고 특별한 것이 아니라 그냥 컴퓨터라는 겁니다. 다만 일반 컴퓨터와 다른 점이 있다면 서버는 24시간 켜져 있으며, 대기하면서 사용자의 요청을 기다리고, 요청이 들어오면 그에 맞는 정보를 서브^{serve}하는 역할을 합니다. 즉 **서버란 사용자의 요청에 응답하기 위해 항상 대기 중인 컴퓨터라고 이해하면 됩니다.**

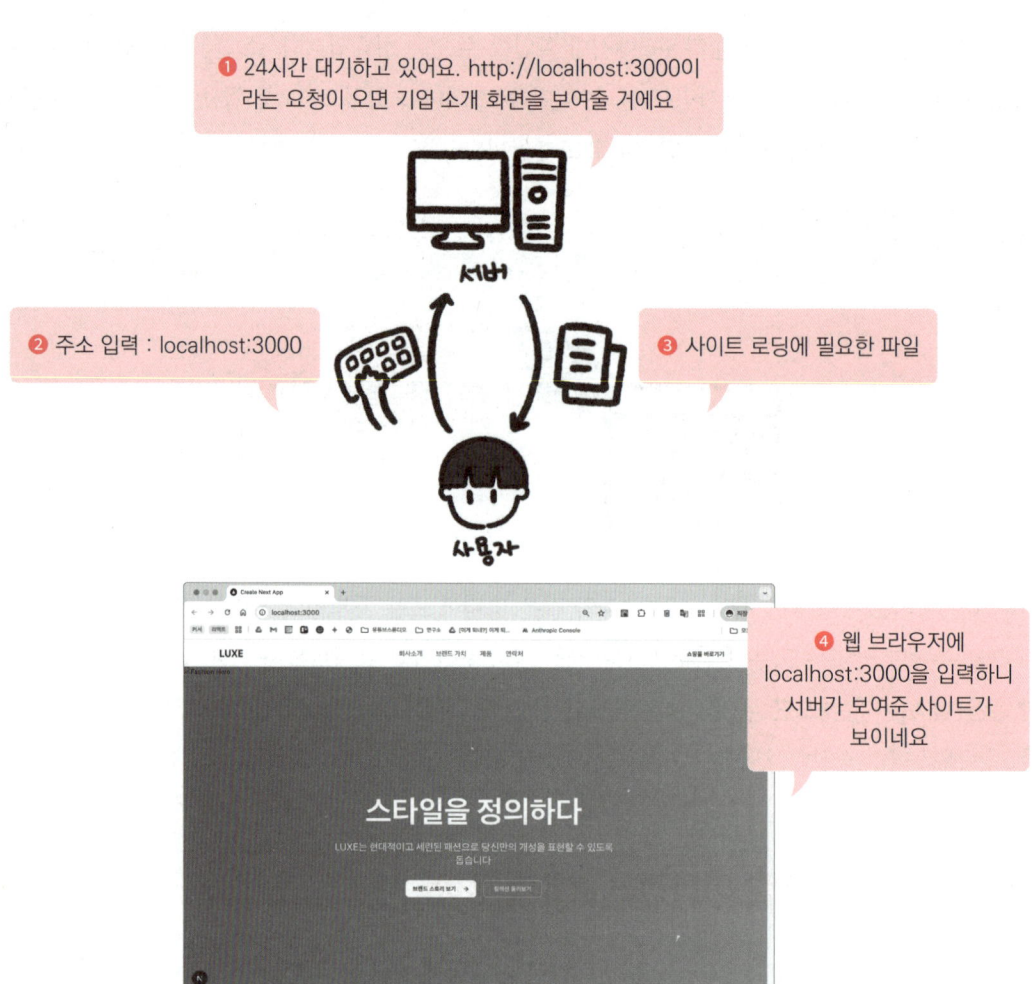

그림을 보면 여러분이 만든 v0 서비스의 쇼핑몰 앱이 컴퓨터 즉, ❶ 서버에서 http://localhost:3000이라는 주소로 요청을 기다리고 있습니다. 웹 브라우저에 ❷ 주소를 입력하면 서버가 입력한 요청에 따라 ❸~❹ 알맞은 화면을 사용자에게 보여주는 것이죠. 그렇다면 localhost:3000이라는 이 주소는 뭘까요? 평소에 우리가 사이트에 접속할 때 입력하는 naver.com이나 google.com과는 주소의 모습이 다르죠? 어떤 것인지 살펴봅시다.

localhost가 무엇이길래

사실 **localhost**는 내 컴퓨터 자체를 의미하는 주소입니다. 일상생활에 비유하면 내 컴퓨터는 내가 살고 있는 아파트 정도가 되겠네요. 그래서 주소 입력창에 localhost만을 입력하면 '내 컴퓨터의…'라고 말하는 것과 같은 느낌입니다. 굳이 비유를 하자면 '너희 집 주소 어디니?'라는 질문에, '서울 아파트…'와 같이 대답하는 것과 같죠.

포트 번호가 무엇이길래

'서울 아파트'라는 주소만으로는 정확하지 않겠죠? 주소를 완전하게 만드는 것이 무엇일까요? 정확한 위치를 알려면 동호수 같은 상세 주소가 필요합니다. 보통 아파트 주소를 물어보면 '서울 아파트 101동 101호'라고 답하죠. 그래야 완전한 주소가 되니까요. 바로 이 상세 주소 역할을 하는 것이 포트 번호입니다. 예를 들어 localhost:3000은 '내 컴퓨터의 포트 번호 3000에서 구동한 웹 서버'를 뜻합니다.

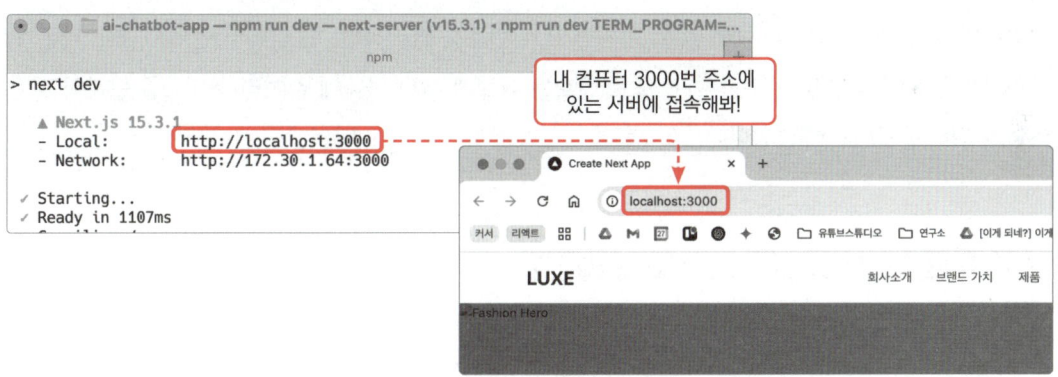

내 컴퓨터에 구동한 웹 서버가 여러 개라면?

조금 더 알아봅시다. 포트 번호가 다르면 하나의 컴퓨터에서도 여러 웹 서버를 동시에 실행할 수 있습니다. 마치 아파트에 여러 집이 사는 것처럼요. 다음은 실제 컴퓨터에서 웹 서버 2개를 구동한 상태로 그림을 통해 좀 더 쉽게 접근해보겠습니다.

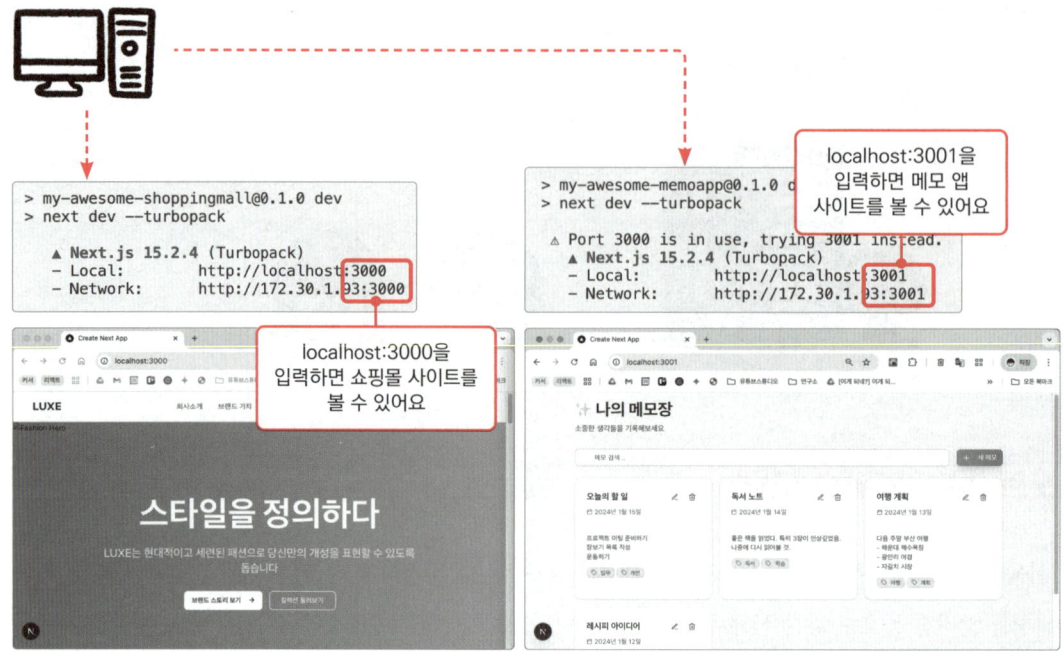

두 웹 서버의 주소 앞쪽은 모두 localhost로 같지만 포트 번호가 3000, 3001로 서로 다릅니다. 그래서 웹 브라우저에 localhost:3000을 입력하면 쇼핑몰 사이트를 볼 수 있고, localhost:3001을 입력하면 메모 앱 사이트를 볼 수 있죠. 이처럼 포트 번호를 달리하면, 한 컴퓨터 안에서 서로 다른 웹 사이트를 동시에 운영할 수 있습니다. 포트 번호는 이렇게 서버 하나에서 여러 서비스를 구분하고 운영하기 위해 만들어진 개념입니다.

내가 만든 웹 서비스를 친구도 보려면?

여기서 중요한 점은 localhost는 나의 컴퓨터를 가리키는 주소라는 것입니다. 따라서 친구가 자신의 컴퓨터에 localhost:3000을 입력하면, 자기 컴퓨터의 3000번 포트를 보게 되는 거죠. 즉 친구는 여러분의 웹사이트가 아닌, 자신의 컴퓨터에 실행 중인 웹 서버를 찾게 되는 것이죠. 그래서 여러분이 만든 웹 서비스를 친구는 볼 수 없습니다. 이때 필요한 것이 바로 **배포**입니다.

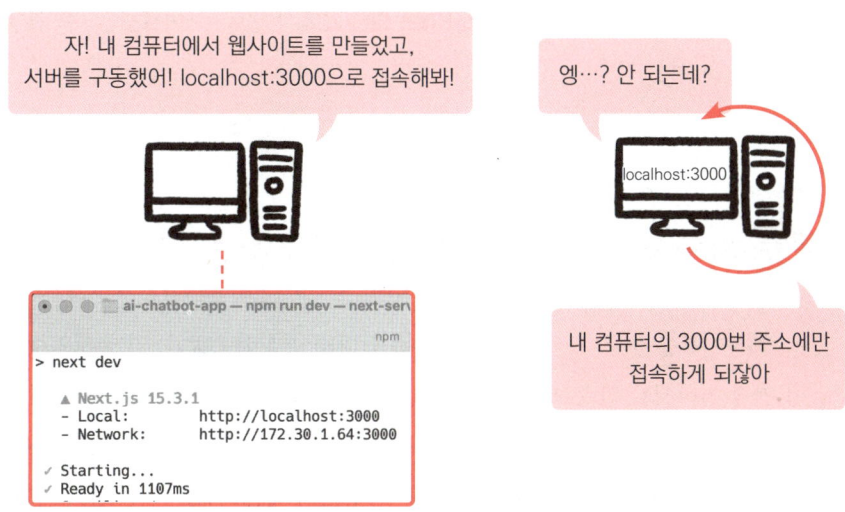

모두가 접속할 수 있는 컴퓨터에 웹 서버 구동하기

친구, 지인 등 다른 사람도 여러분이 만든 웹사이트에 접속하게 하려면 누구나 접근할 수 있는 컴퓨터 즉, 서버에서 실행해야 합니다. 이것을 배포라고 합니다. 모두가 접속할 수 있는 컴퓨터의 주소와 그 컴퓨터에서 구동하고 있는 웹 서버의 포트 번호를 알고 있다면 누구든 웹 브라우저를 통해 여러분의 웹사이트에 접속할 수 있습니다.

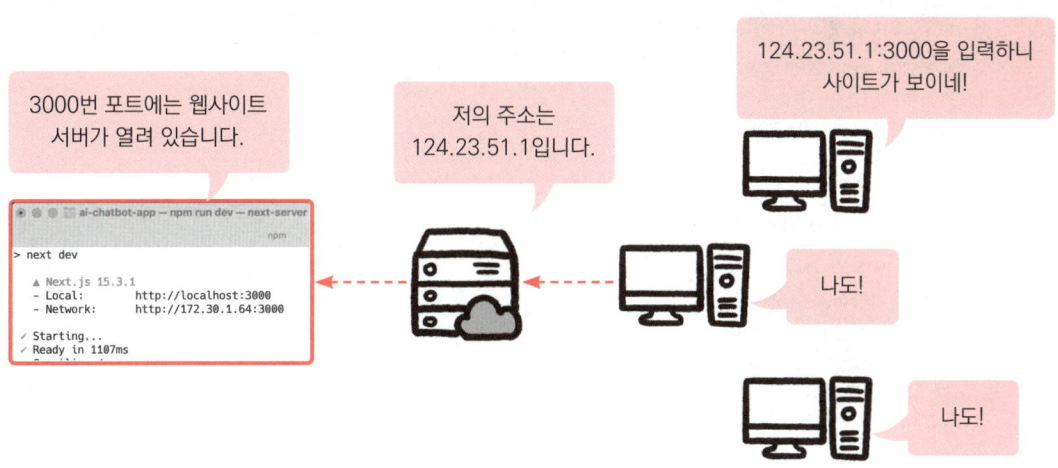

배포라는 개념을 설명하기 위해 조금 돌아왔지만, 이제 왜 배포가 필요한지 확실히 이해했을 겁니다. 배포의 개념 설명과는 별도로 요즘은 배포 과정이 매우 간단합니다. 이제 개념 공부는 이쯤에서 마무리하고 바이브 코딩 09 > v0 서비스로 더 쉽게 웹사이트 만들기에서 만든 사이트를 아주 쉽게 배포해보는 실습으로 넘어가겠습니다.

바이브 코딩 10 > 버셀 서비스에 내가 만든 쇼핑몰 사이트 배포해보기

버셀은 여러분의 웹사이트를 누구나 접속할 수 있도록 인터넷상에 배포할 수 있게 도와주는 서비스입니다. 쉽게 말해 언제 어디서든 접속 가능한 컴퓨터(서버)를 빌려주는 플랫폼이라고 생각하면 이해하기 쉬울 겁니다. 버셀에 여러분의 웹사이트를 배포하려면 몇 가지 단계를 거쳐야 하는데 아마 처음 시도하면 다소 생소하고 복잡하게 느껴질 수 있습니다. 다행히 우리에게 커서라는 도우미가 있으니 도움을 받아 배포를 해보겠습니다.

01 먼저 커서에서 바이브 코딩 09 > v0 서비스로 더 쉽게 웹사이트 만들기에서 만든 쇼핑몰 웹사이트 프로젝트를 열고, 현재 프로젝트 상태를 파악하라고 요청하세요.

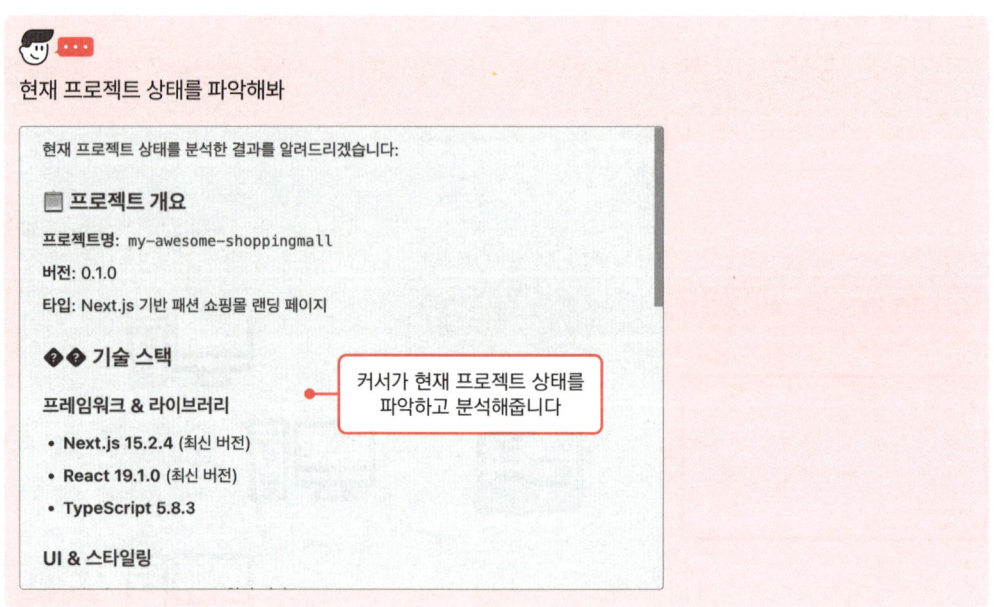

커서가 프로젝트를 열고 상태를 분석하여 알려줍니다. 단순히 배포하는 방법을 알려 달라고 하기보다는 이렇게 먼저 프로젝트 구조를 한 번 인식시킨 후에 프로젝트 관련 요청을 하면 더 잘 파악하여 수행해줍니다.

02 이제 커서에게 배포하는 방법을 물어보겠습니다. 이때 무료로 배포하는 방법을 물어보면 비용 면에서 효율적인 방법을 알려줍니다.

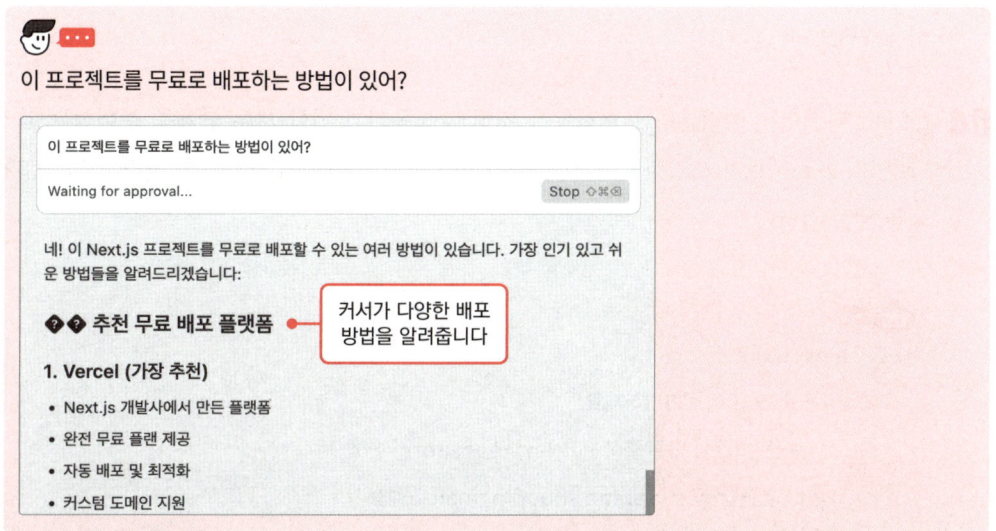

03 그러면 대부분의 경우 가장 먼저 버셀을 추천할 것입니다. 이 방법으로 여러분의 프로젝트를 배포하는 방법을 물어보겠습니다.

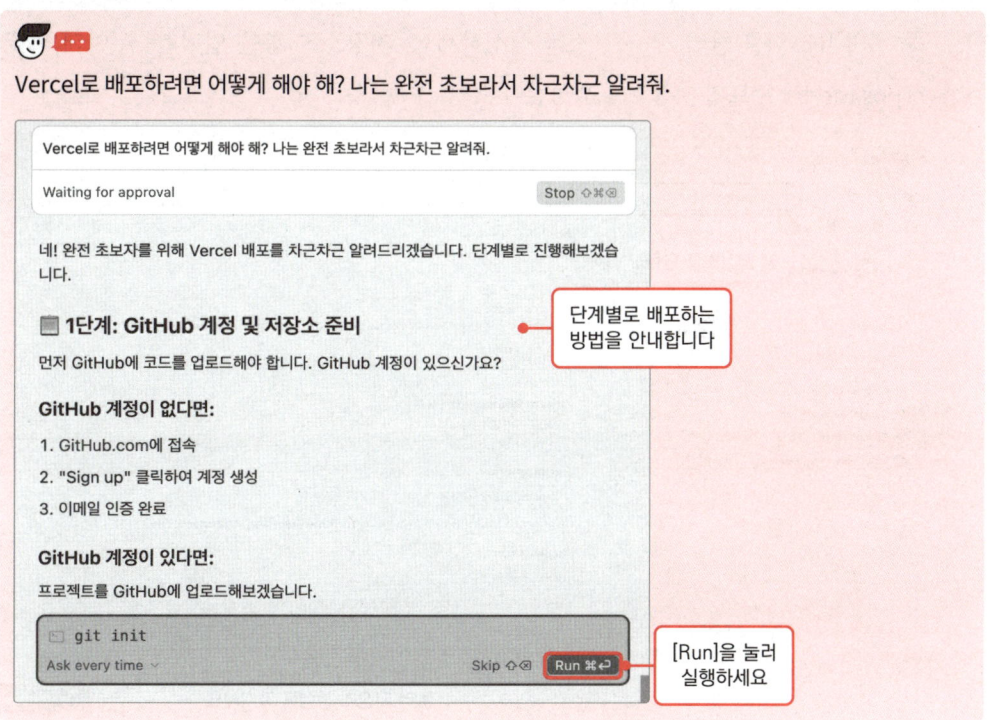

[챕터 06] 내가 만든 사이트를 서비스하는 방법 : 서버, 배포   101

그러면 커서는 가장 먼저 깃허브 계정을 준비하라고 할 것입니다. 그리고 프로젝트를 깃허브에 업로드하기 위해 **git init**이라는 명령어를 실행해야 한다고 알려줄 것입니다. 깃허브에 아직 가입하지 않았다면 회원가입을 마친 후 여기로 돌아오세요. 그런 다음 [Run]을 눌러서 **git init**을 허용하세요.

04 **git init** 명령어는 여러분의 프로젝트를 깃허브에 올리기 위한 기초 단계를 준비하는 과정입니다. 이미 프로젝트가 초기화되어 있다면 커서는 바로 깃허브에 업로드를 하라고 한 후 다음 안내를 해줄 겁니다.

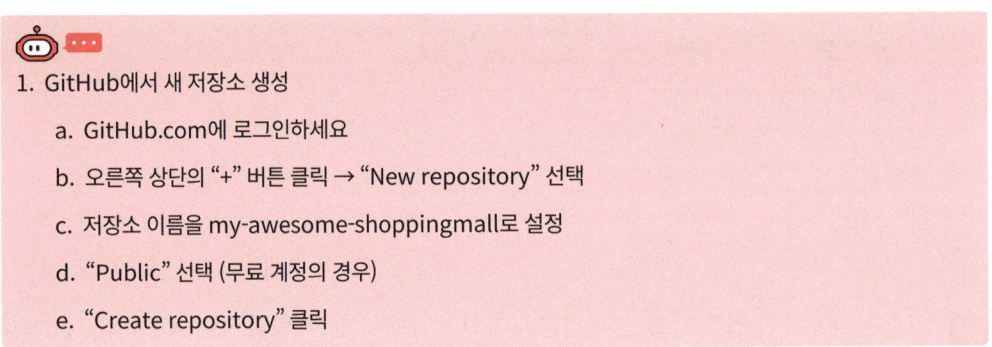

1. GitHub에서 새 저장소 생성
    a. GitHub.com에 로그인하세요
    b. 오른쪽 상단의 "+" 버튼 클릭 → "New repository" 선택
    c. 저장소 이름을 my-awesome-shoppingmall로 설정
    d. "Public" 선택 (무료 계정의 경우)
    e. "Create repository" 클릭

안내에 따라 깃허브 저장소를 만들어봅시다. 다음 화면을 보고 깃허브에 로그인한 뒤 오른쪽 위의 [New]를 눌러 새 저장소를 생성하세요. 저장소 이름을 입력한 후 아래의 [Create repository]를 누르면 저장소가 생성됩니다.

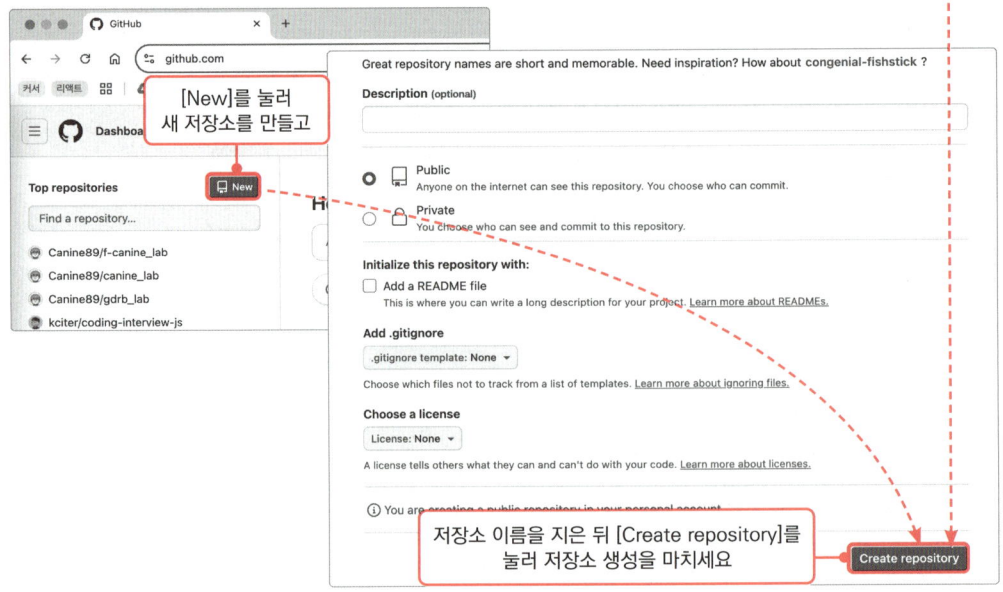

05 저장소 생성을 마치면 커서로 돌아와 깃허브 저장소의 주소를 알려줘야 합니다. 마치 구글 드라이브에 파일을 업로드할 때 폴더 링크가 필요한 것처럼, 여러분이 만든 프로젝트를 깃허브 저장소에 업로드하려면 깃허브 저장소의 링크를 커서에게 알려줘야 합니다. 커서에게 링크를 알려주면서 다음과 같이 요청합니다.

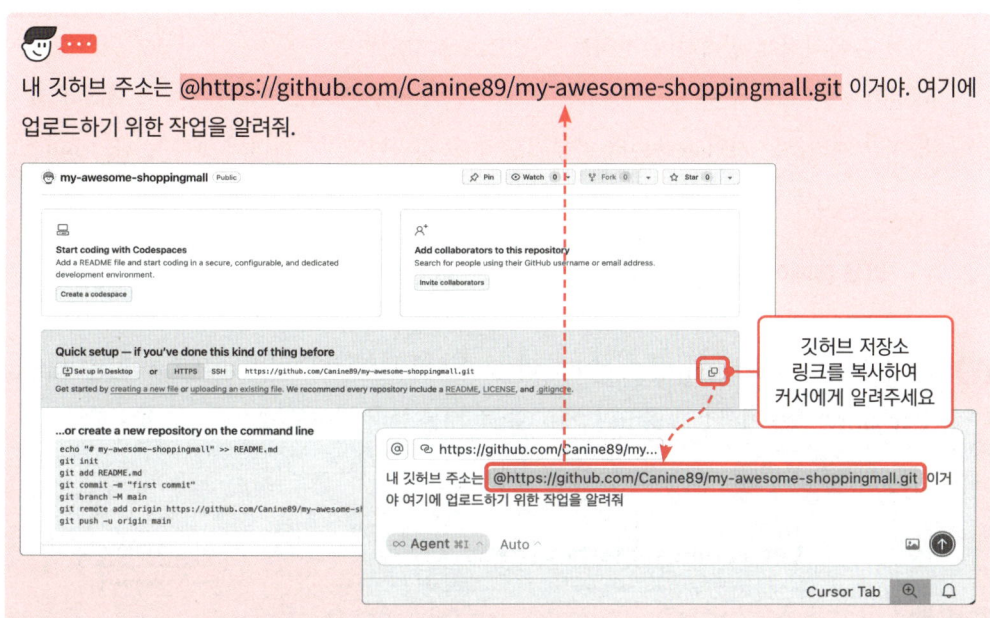

커서는 깃허브 주소를 전달받은 후 코드를 업로드하기 위한 작업들을 하나하나 수행합니다. 예를 들어, 최종 단계에서 깃허브에 코드를 업로드하거나 push를 한다는 이야기가 있으면 깃허브에 성공적으로 업로드된 것입니다.

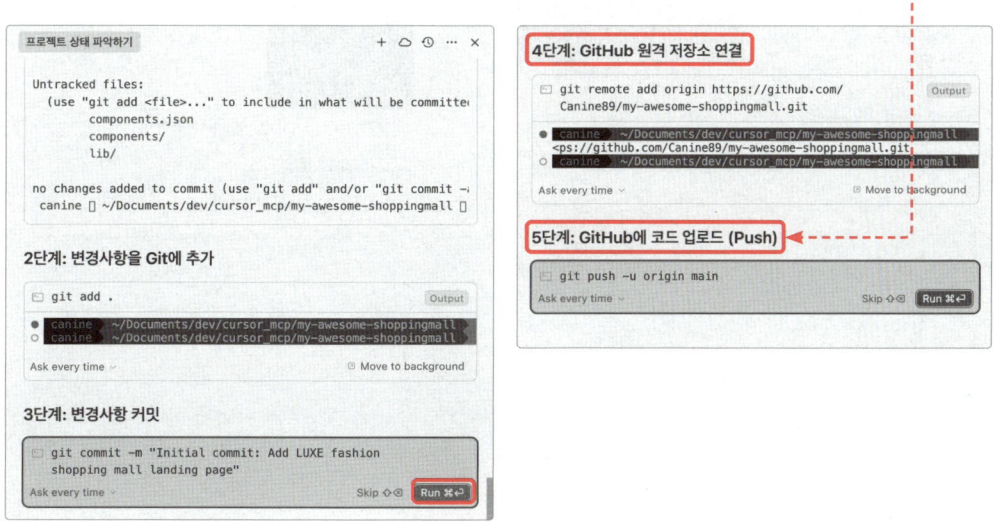

06 계속해서 버셀 배포까지 진행해봅시다. 앞서 커서에게 먼저 버셀에서 배포하기 위한 고민을 이야기했으므로 자동으로 명령어를 통해 버셀에 배포하려고 시도할 수도 있습니다. 하지만 처음 배포할 때는 그러한 방법보다 버셀 사이트에 접속해서 직접 진행하는 것이 더 쉽습니다.

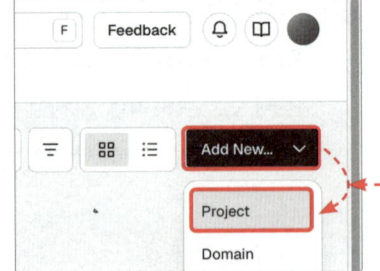

버셀 홈페이지에 접속하여 깃허브 계정으로 로그인하면 다음과 같은 화면을 볼 수 있습니다. 이미 이전에 배포한 프로젝트가 있다면 목록에 표시될 수 있지만 여러분은 거의 처음이라 아무것도 없을 것입니다. 이 화면의 오른쪽 위의 [Add New… → Project]를 누르세요.

- **버셀 홈페이지** : vercel.com

07 그러면 Let's build something new. 라는 화면이 보입니다. 여기서 왼쪽에 있는 'Import Git Repsitory' 항목에서 [Continue with GitHub]를 눌러 깃허브 계정에 접속합니다.

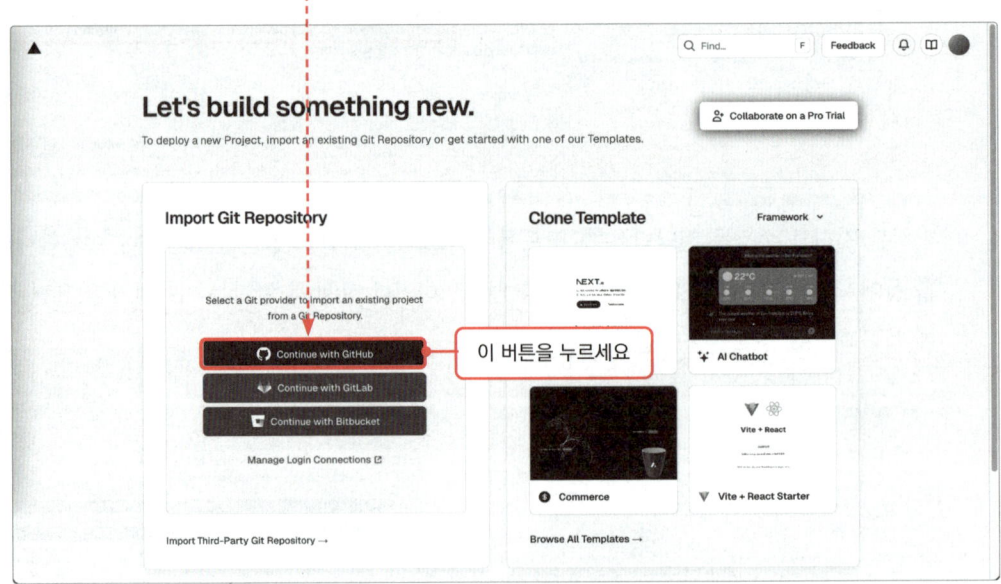

08 이제 조금 전 커서가 업로드한 깃허브 저장소가 보일 겁니다. 이 저장소 옆에 있는 [Import]를 누르면 New Project 화면이 나타나며, 여기서 [Deploy]를 누르면 실제 배포가 시작됩니다.

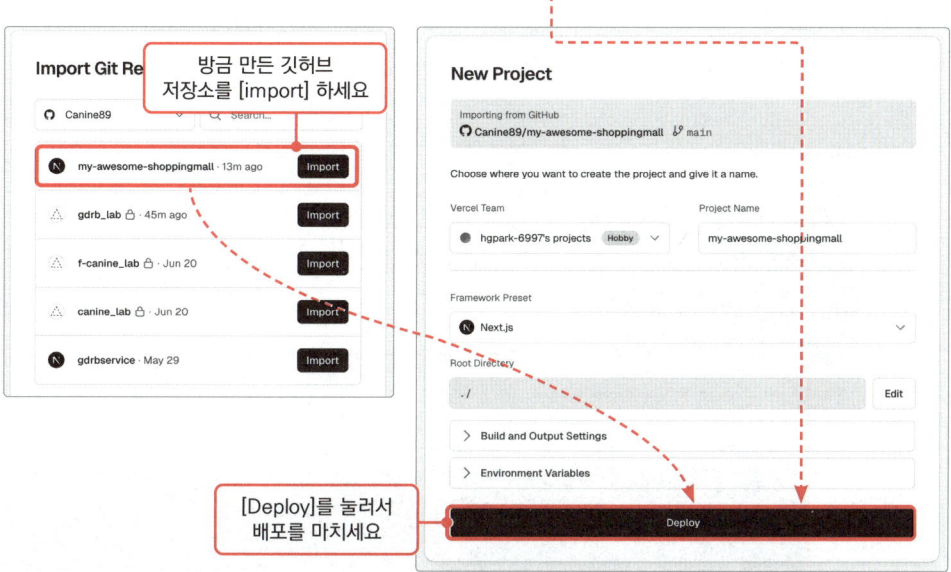

09 잠시 기다리면 배포가 완료되고, 완성된 웹사이트의 미리보기 화면과 함께 [Continue to Dashboard] 버튼이 보입니다. 이 버튼을 눌러 프로젝트 대시보드로 이동합니다.

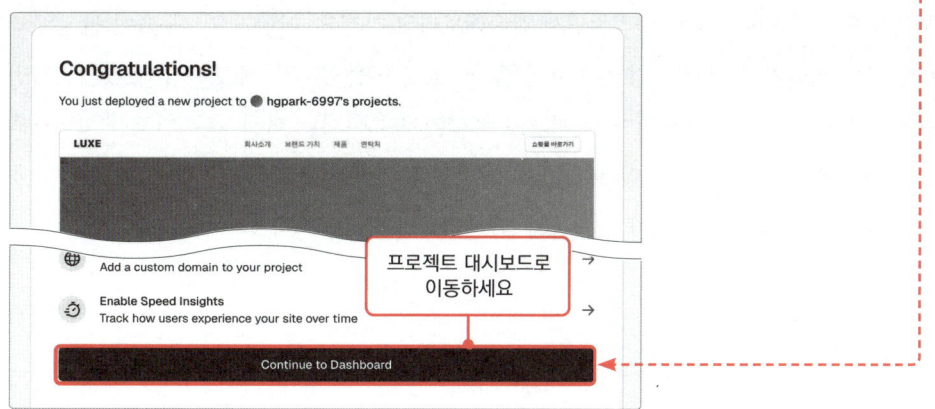

10 대시보드 화면에 'Domains'라는 항목이 있습니다. 여기에는 여러분이 배포한 쇼핑몰 사이트의 주소가 보입니다. 이 주소는 영문으로 구성되어 있는데, 이처럼 영어로 표현된 인터넷 주소를 도메인이라고 합니다. 웹 브라우저에 도메인 주소를 입력하면 버셀이 제공한 컴퓨터(서버)에서 실행 중인 웹사이트에 접근할 수 있는 것이죠!

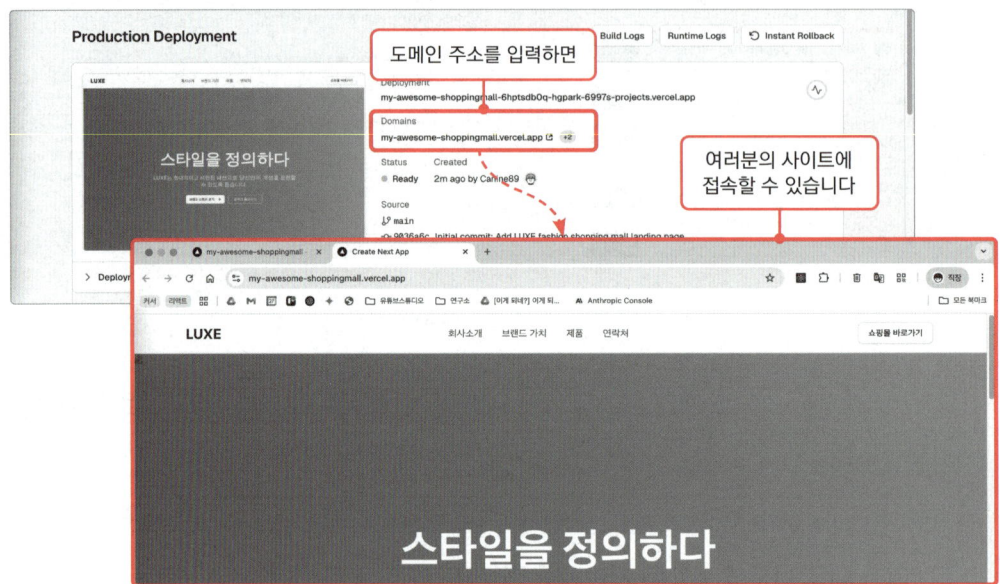

이제 친구에게 이 사이트 주소를 알려주면서 접속해보라고 하세요. 어떤가요? '구슬이 서 말이라도 꿰어야 보배'라는 속담처럼 커서로 쉽고 멋지게 웹사이트를 만들었지만, 배포하지 않으면 혼자만 보는 결과물에 그칩니다. 예전에는 배포가 꽤 어렵고 복잡했지만 이제는 버셀 같은 다양한 서비스의 발달로 누구나 쉽게 배포할 수 있게 되었습니다. 이 과정을 통해 서버가 무엇인지 그리고 포트 번호가 어떤 역할을 하는지, 왜 배포가 필요한지에 대해 잘 이해했기를 바랍니다.

[챕터 07]

회원가입, 게시판을 구현하고 싶어 : 데이터베이스

유튜브 영상으로 더 쉽게 공부하세요!

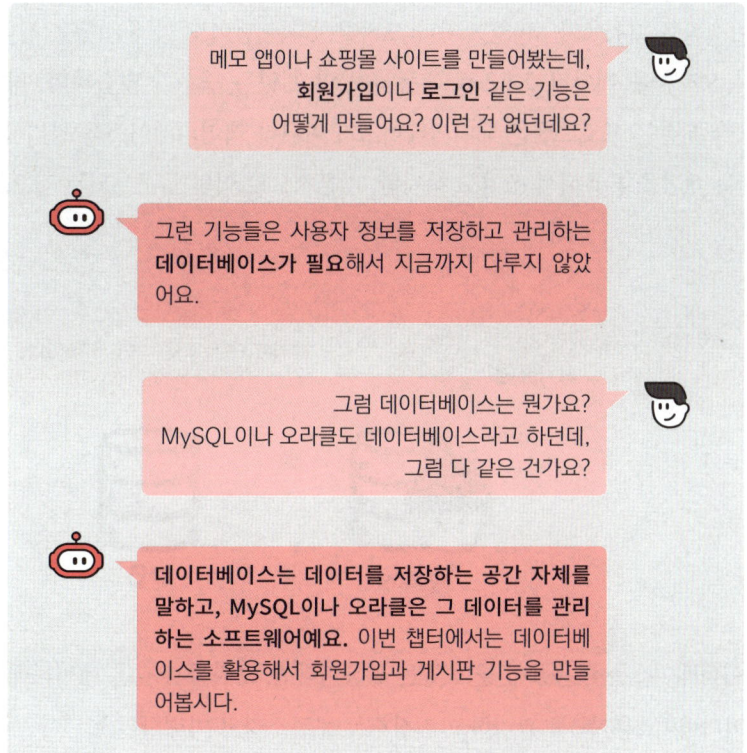

지금까지 메모 앱, 쇼핑몰 사이트를 만들어보며, 웹사이트의 대략적인 구조를 이해하고 구성하는 방법을 이해했을 겁니다. 아마 이쯤에서 '회원가입같은 기능은 어떻게 만드는 거지?'라는 궁금증이 생길

수 있습니다. 맞습니다. 지금까지는 웹 서버만 다뤘을 뿐 기본적인 회원가입, 로그인 기능은 개발하도록 안내하지 않았습니다. 왜냐고요? 회원가입, 로그인과 같은 기능은 사용자 정보를 저장하고 관리할 공간인 데이터베이스가 필요하기 때문입니다. [챕터 07] **회원가입, 게시판을 구현하고 싶어 : 데이터베이스**에서는 지금까지 만들던 애플리케이션에 회원가입 등 기능을 추가하면서 데이터베이스에 대한 개념과 함께 사이트의 기능을 더 업그레이드해봅시다.

데이터베이스란?

데이터베이스는 크게 2가지 관점에서 이해하는 것이 좋습니다.

- 데이터를 저장하는 공간 그 자체
- 데이터를 관리하는 시스템(MySQL, 오라클, PostgreSQL, MongoDB, …)

보통 데이터베이스라는 키워드와 MySQL이나 오라클이라는 단어도 함께 접했을 겁니다. 그래서 보통 MySQL이나 오라클을 데이터베이스로 혼동하여 알고 있는 경우가 많습니다. 하지만 실제로는 MySQL이나 오라클 같은 프로그램은 데이터베이스가 아니라 데이터베이스를 관리하는 소프트웨어입니다. 요즘은 두 개념을 혼용해서 쓰기도 하지만, 기본적으로 이렇게 구분되는 것으로 알고 있으면 됩니다.

그림과 같이 데이터베이스는 내용물이 들어 있는 깡통이라면, 오라클과 같은 데이터베이스 관리 시스템DBMS은 그 데이터베이스(깡통)를 관리하고 저장하는 보관소라고 이해하면 됩니다. 어쨌든 데이터베이스는 어떤 쪽으로 생각해도 크게 틀린 것은 아닙니다. 이 정도의 개념만 이해해도 충분히 실습하고 기능을 구현하는 데 어렵지 않을 것입니다.

바이브 코딩 11 — 메모 앱에 회원가입, 로그인, 로그아웃, 메모 저장 기능 더하기

이제 본격적으로 메모 앱에 회원가입, 로그인, 로그아웃, 메모 저장 기능을 추가하겠습니다. 그러려면 데이터베이스가 필요하고, 데이터베이스가 웹 서버와 서로 통신할 수 있어야 합니다. 바로 이 설정 과정이 복잡하기 때문에 데이터베이스는 오래 전부터 프로그래밍 교육에서 후반부에 배치가 되었습니다. 하지만 이제는 그럴 필요가 없습니다. 커서가 알아서 다 세팅하고 개발할 것이기 때문이죠. 여기서 여러분은 말도 안 되는 개발 경험을 하게 될 것입니다. 그럼 바로 시작해보겠습니다.

01 v0를 통해 메모 앱을 새롭게 만들어볼까요? v0에 접속하여 로그인하고 다음과 같이 요청해서 간단히 메모 앱을 만들어봅시다.

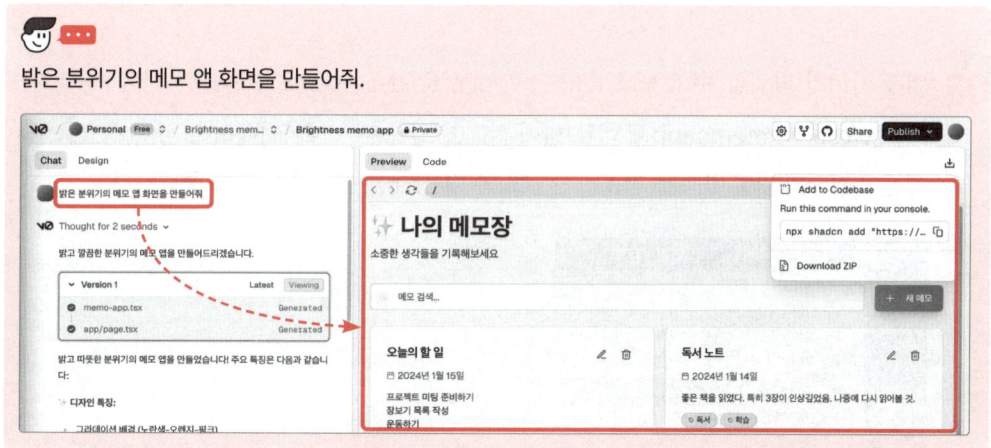

02 만든 메모 앱 화면 오른쪽 위의 ❶ [⬇]를 누른 다음, ❷ 링크를 복사하여 커서 프로그램에서 적당한 폴더를 생성하여 연 다음 ❸ 아래쪽 터미널 패널을 열어 명령어를 실행하세요. 명령어를 실행하면 프로젝트 이름을 입력하라고 할 겁니다. 프로젝트 이름도 자유롭게 설정하세요. 그러면 ❹ **my-awesome-memoapp**과 같은 폴더가 하나 생깁니다.

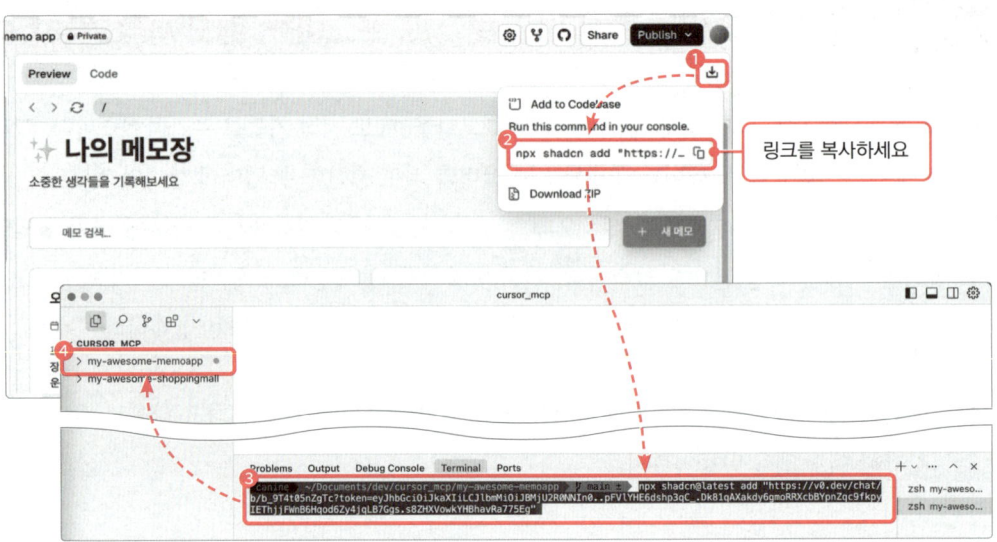

03 이제 커서가 작업할 수 있도록 [File → Open Folder → 프로젝트 폴더 선택 → 열기]를 눌러 **my-awesome-memoapp** 폴더를 열어주세요. 앞으로는 데이터베이스 설정 작업을 해야 하기 때문에 커서가 다른 폴더를 참조하지 않도록 이 상태를 유지하는 것이 좋습니다.

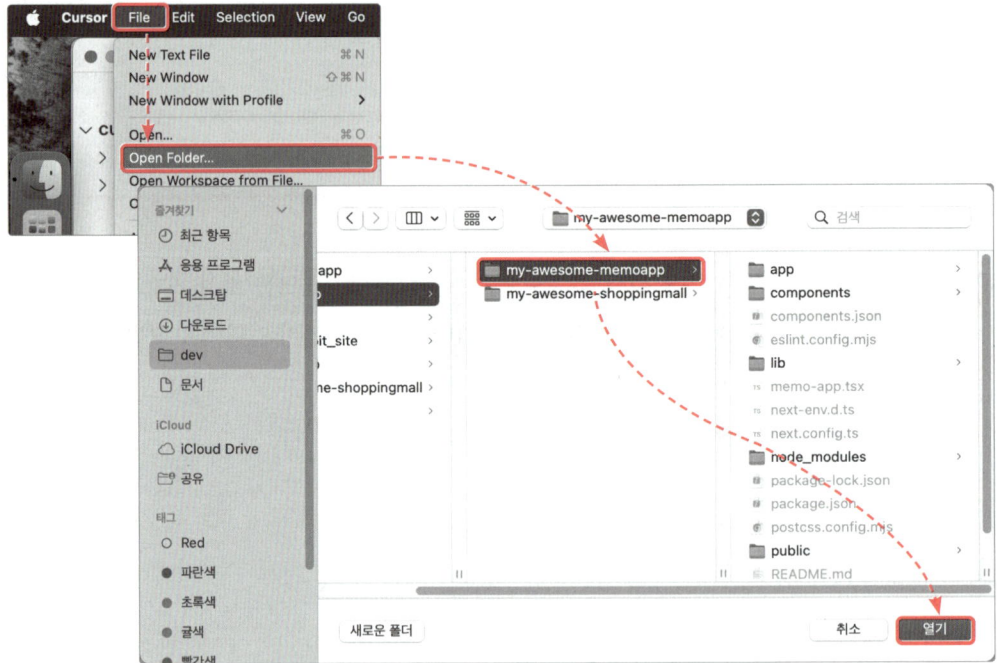

04 이렇게 작업할 프로젝트 폴더가 가장 맨 위에 있는 상태에서 새 채팅창을 열고 다음과 같이 요청합니다.

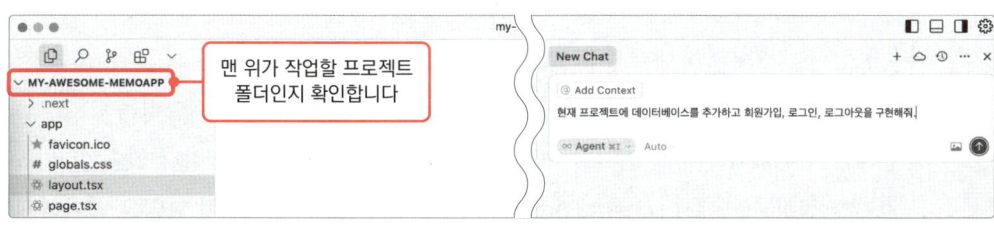

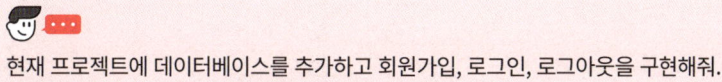

현재 프로젝트에 데이터베이스를 추가하고 회원가입, 로그인, 로그아웃을 구현해줘.

커서는 아마 프리즈마Prisma라는 도구를 설치하여 데이터베이스와 프로젝트를 연결하는 설정을 하겠다고 할 겁니다. [Run]을 눌러 실행하세요.

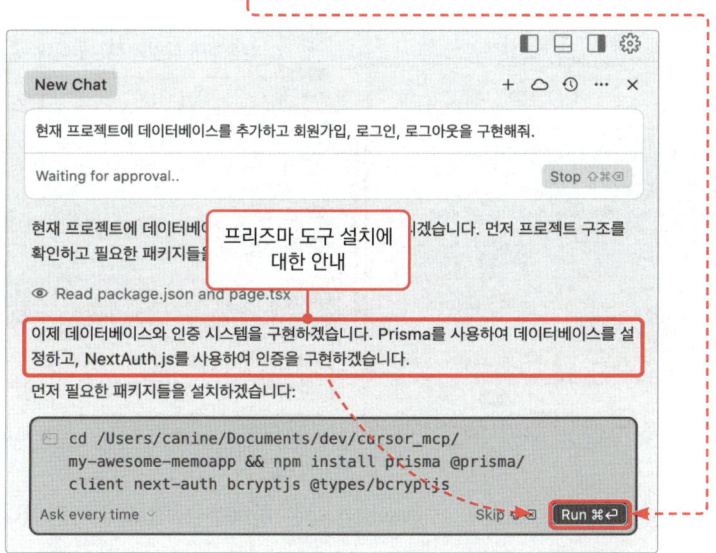

프리즈마는 데이터베이스와 여러분의 프로젝트를 연결해주는 중간 매개체 역할을 하는 ORM이라는 도구입니다. 사실 여러분의 프로젝트는 Next.js라는 프런트엔드 프레임워크입니다. 데이터베이스는 프런트엔드가 아닌 백엔드 영역에 해당하기 때문에 Next.js는 데이터베이스를 자체적으로 가지고 있지 않은 거죠. 그래서 여러분의 프로젝트와 데이터베이스가 서로 연결되어 제대로 작동하려면, 그 사이에 연결을 도와주는 중간 매개체가 필요합니다. 그것이 바로 프리즈마입니다.

> **NOTE** ORM에 대한 더 구체적인 설명은 생략하였습니다. ORM에 대해 더 알고 싶다면 따로 검색하여 공부해보세요.

05 이후 등장하는 명령어에 대해서 [Run]을 누르다 보면 어느새 회원가입, 로그인, 로그아웃을 구현하는 단계까지 도달할 겁니다. 프리즈마는 Next.js 프로젝트에 잘 어울리는 ORM이므로 크게 문제없이 작업이 진행될 겁니다. 이 과정에서 알아두면 좋은 것이 하나 있습니다. 프리즈마는 스키마 설정 단계에서 **schema.prisma**라는 파일을 생성하는데, 이 파일은 데이터베이스에 어떤 정보를 저장할지를 미리 설계해두는 도면 같은 역할을 합니다.

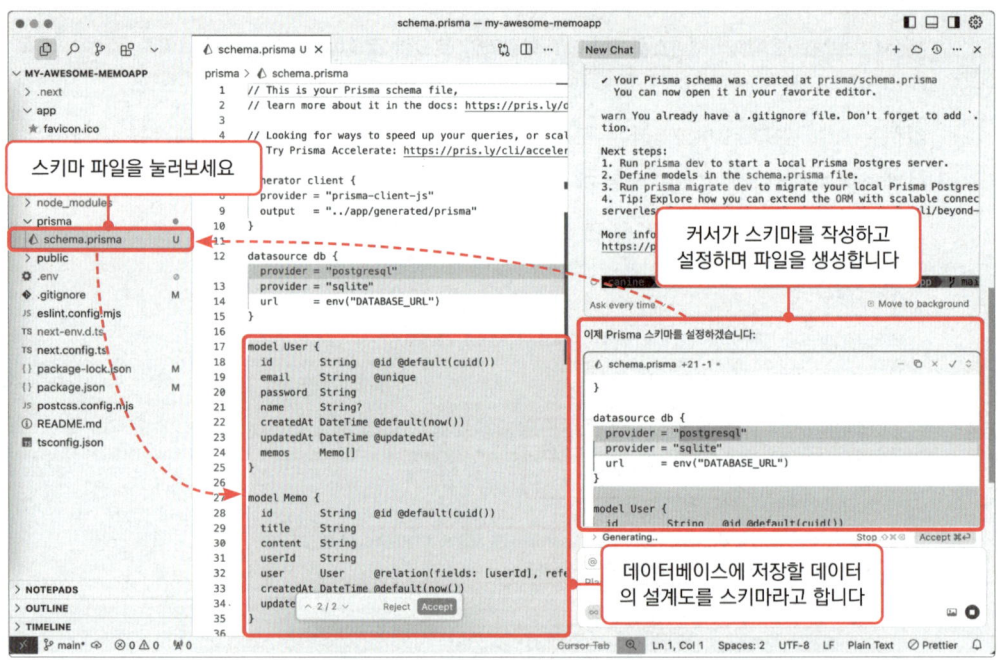

화면을 보면 정확한 의미는 몰라도 id, email, password 같은 항목을 통해 회원가입이나 로그인과 관련된 데이터라는 것을 유추할 수 있습니다. 만약 프리즈마라는 도구와 커서가 없었다면 따로 데이터베이스를 여러분 컴퓨터에 직접 설치하고, 데이터베이스 서버를 구동한 다음 SQL 문법으로 데이터베이스에 저장할 데이터를 설계하고 연결하는 복잡한 과정을 거쳐야 했을 겁니다. 물론 지금은 커서와 프리즈마가 잘해주고 있으니, 자세히 알 필요는 없습니다.

> **NOTE** 참고로 프리즈마는 이번 책에서 처음 다룬 도구입니다. 하지만 커서 덕분에 프리즈마를 중간 매개체 삼아서 데이터베이스 추가도 어렵지 않게 해낼 수 있었습니다.

06 계속해서 [Run]을 눌러 작업을 진행하고, 필요한 파일이 나타날 때는 [V]를 눌러 작성하세요. 그렇게 진행하다 보면 회원가입, 로그인, 로그아웃 기능이 자연스럽게 구현되며, 마지막에 커서가 **npm run dev**를 실행해서 애플리케이션을 확인해보겠냐고 물어보는 단계까지 진행합니다. 이 과정은 생각보다 많은 단계를 포함하고 있습니다. 혹시 회원가입이나 로그인, 로그아웃이 간단한 기능이라고 생각했다면 커서의 작업 과정을 지켜보면서 '생각보다 쉬운 건 아니었구나'를 직접 느껴보는 것도 좋은 경험이 될 것입니다.

> **NOTE** 끝까지 기다렸다가 [Keep All]을 눌러도 됩니다.

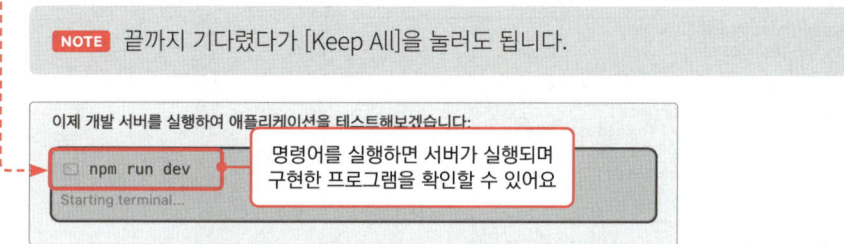

07 지금부터는 커서와 오류를 고치는 티키타카 시간입니다. Next.js 서버로 실행한 여러분의 메모 앱 화면 왼쪽 아래를 보면 [N] 아이콘이 보일 겁니다. 오류가 발생하면 이 아이콘 옆에 빨간색으로 ❶ [1 Issue]와 같이 오류의 개수가 표시됩니다. 이 버튼을 누르면 어떤 오류인지 확인할 수 있습니다. 과정 **06**까지 잘 따라왔다면 다음과 같이 비슷한 오류를 마주할 수도 있습니다. 오류 메시지 오른쪽 위에 있는 ❷ [□] 버튼을 눌러 내용을 복사한 뒤, ❸ 커서에 그대로 붙여 넣은 다음 `Enter`를 누르세요. 그러면 커서가 알아서 오류 원인을 분석하고 해결해줄 겁니다.

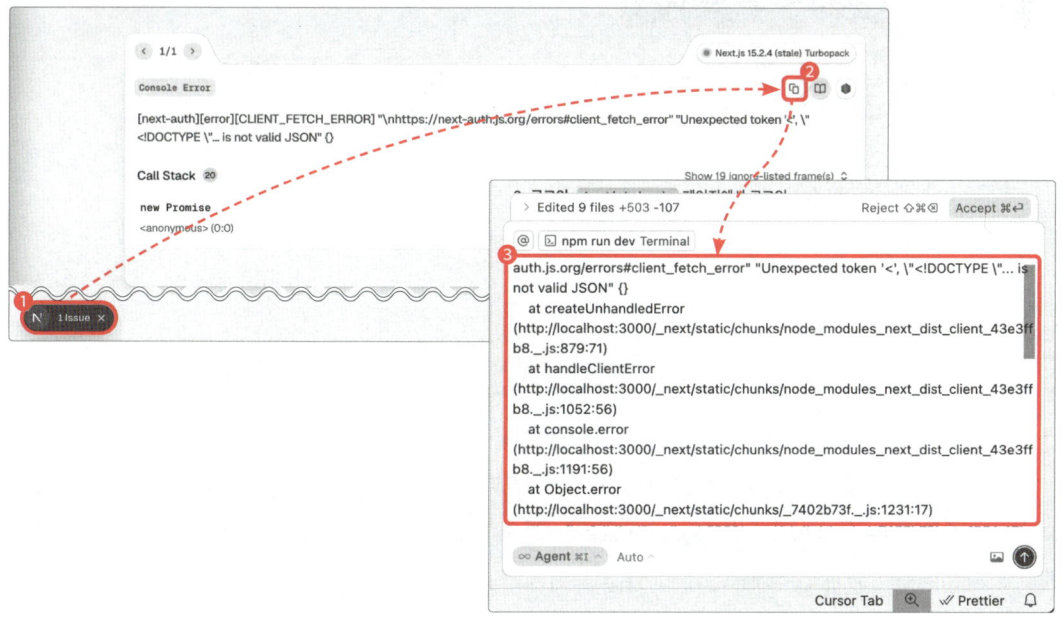

챕터 07 회원가입, 게시판을 구현하고 싶어 : 데이터베이스 113

08 오류를 해결했다면 이제 터미널에 실행 중인 웹 서버를 ❶ Ctrl + C 를 눌러 강제 종료합니다. 그런 다음 터미널에 다시 ❷ **npm run dev**를 입력해서 서버를 재시작하세요. 커서는 자동으로 서버를 실행해주기도 하지만 기존에 이미 실행 중인 서버의 상태를 고려하지 못합니다. 때문에 중복해서 같은 프로젝트를 실행하는 오류가 발생할 수 있어서 이 과정은 직접 수동으로 처리해야 합니다.

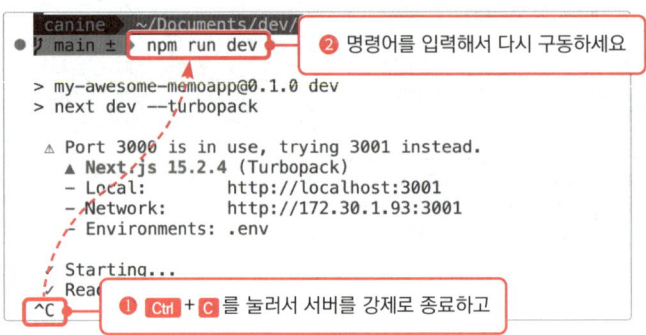

09 이제 웹 브라우저에서 localhost:3000에 접속해보세요. 앞서 발생했던 오류 메시지는 사라졌을 것이고, [회원가입] 버튼을 눌러 회원가입을 진행하고, [로그인]을 눌러서 로그인도 해보세요.

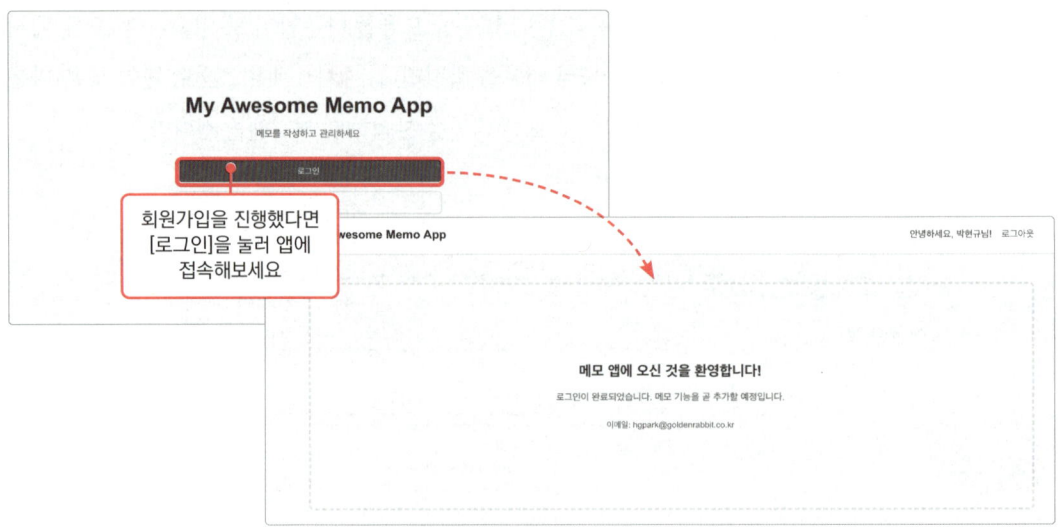

10 이제 메모 기능만 추가하면 됩니다. 커서를 이용해서 계속 작업을 해봅시다. 앞서 커서에게 그냥 기능만 만들어달라고 요청했다면 이제는 '회원'이라는 개념이 생겼으므로 요청할 때 '로그인한 사용자만 사용할 수 있도록'이라는 조건을 덧붙여야 합니다. 또한 커서가 자동으로 웹 서버를 실행하지 않도록 '개발 후에는 서버를 실행하지 말라'는 요청도 함께 하겠습니다.

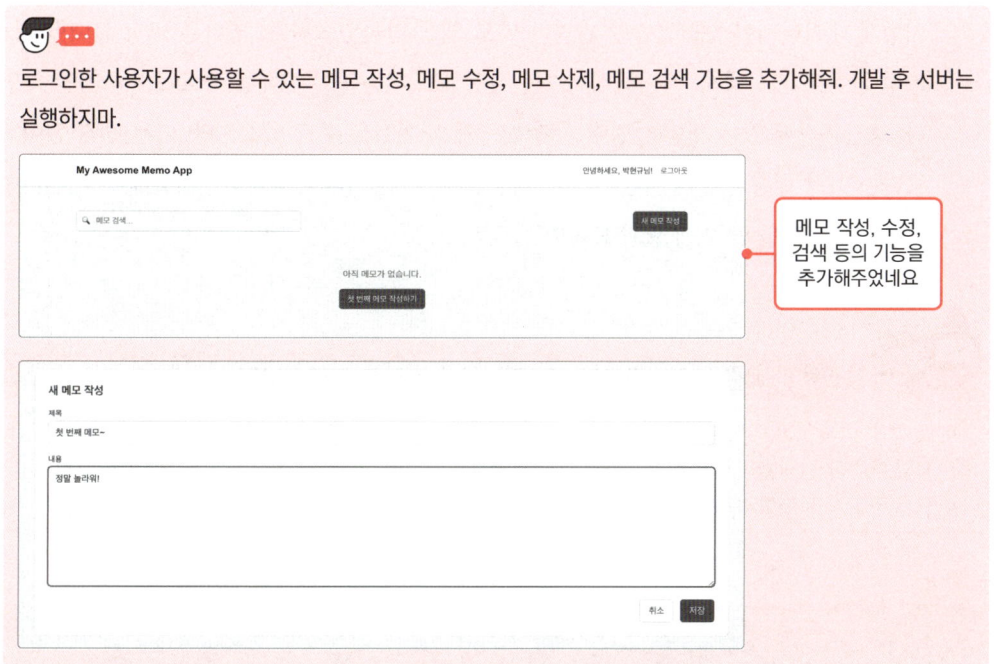

모든 개발이 완료되면 화면 위에 보이는 [Keep All]을 눌러서 만들어진 내용을 모두 허용하세요. 그러면 웹 브라우저 화면이 자동으로 새로고침되며, localhost:3000에 접속한 상태에서 개발한 화면을 확인할 수 있습니다. 하나씩 기능을 눌러보면 꽤 완성도 높은 앱이 만들어졌음을 확인할 수 있습니다.

11. 로그아웃 후 다시 로그인해도 기록한 메모가 그대로 보일 것입니다. 여러분이 만든 회원 기능과 메모 기능이 데이터베이스에 연결되어 잘 동작하고 있다는 뜻이죠.

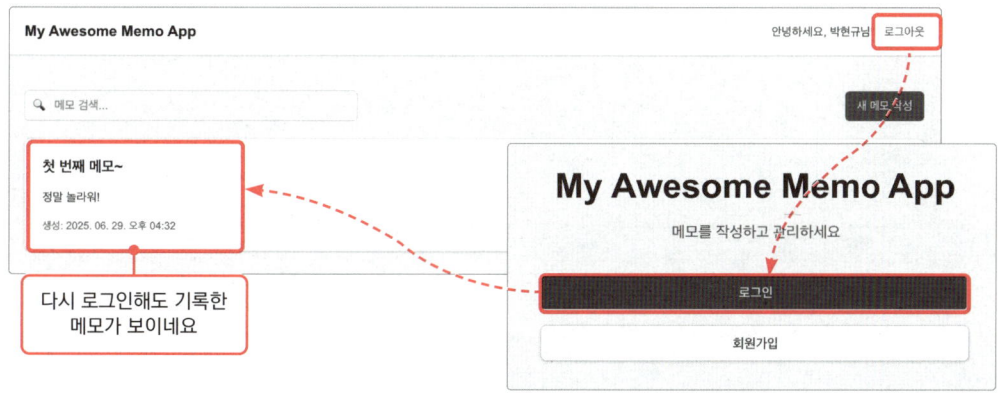

[챕터 07] 회원가입, 게시판을 구현하고 싶어 : 데이터베이스   115

이렇게 데이터베이스를 결합한 완벽한 메모 앱을 만들었습니다. 별다른 코딩에 대한 기술이나 지식 없이도 커서에게 '데이터베이스를 설정하고 기능을 완성해줘'라고 요청하기만 하면 됩니다. 중간중간에 있는 개념 설명이 살짝 어렵게 느껴졌을 수도 있겠지만, 아무 생각 없이 만들기보다는 어떤 배경으로 왜 이런 지시가 가능한지, 어떤 원리로 동작하는지를 함께 이해하는 것이 다음 프로젝트를 만들 때 훨씬 도움이 될 겁니다.

결과물이 매번 다르다고요? 바로 커서의 무작위성 때문입니다

메모 앱의 디자인이 여러분의 것과 다르게 보일 수도 있습니다. 커서가 가진 **무작위성**이라는 특징 때문에 요청할 때마다 결과물이 달라질 수 있습니다. 디자인이 마음에 들지 않다면 다시 커서에게 원하는 스타일로 바꿔 달라고 요청해보세요.

[챕터 08]

크롤링을 하고 싶어 : 파이썬

유튜브 영상으로 더 쉽게 공부하세요!

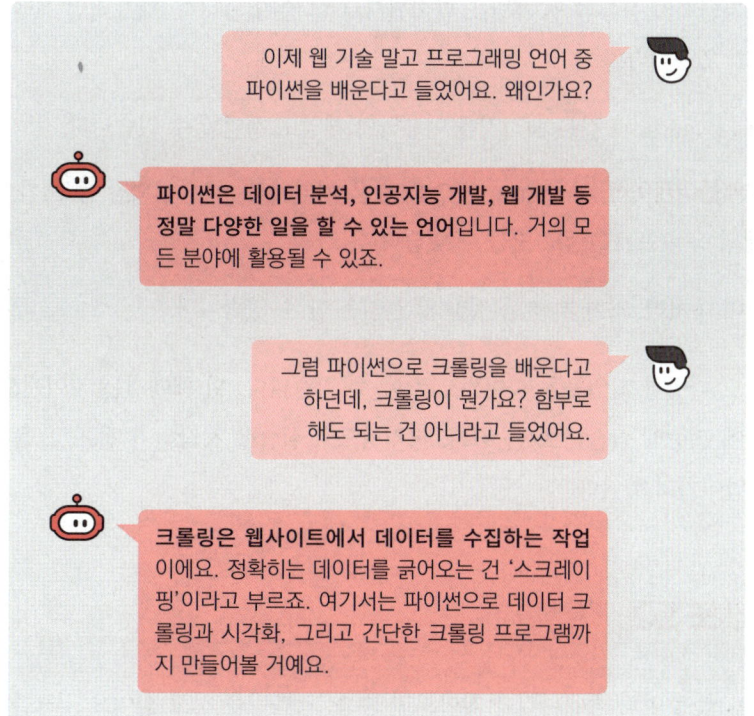

이제 웹 기술 말고 프로그래밍 언어 중 파이썬을 배운다고 들었어요. 왜인가요?

파이썬은 데이터 분석, 인공지능 개발, 웹 개발 등 정말 다양한 일을 할 수 있는 언어입니다. 거의 모든 분야에 활용될 수 있죠.

그럼 파이썬으로 크롤링을 배운다고 하던데, 크롤링이 뭔가요? 함부로 해도 되는 건 아니라고 들었어요.

크롤링은 웹사이트에서 데이터를 수집하는 작업이에요. 정확히는 데이터를 긁어오는 건 '스크레이핑'이라고 부르죠. 여기서는 파이썬으로 데이터 크롤링과 시각화, 그리고 간단한 크롤링 프로그램까지 만들어볼 거예요.

지금까지 웹 관련 기술 중심으로 커서를 활용했습니다. 이제는 한 차원 더 깊은 단계로 나아가보겠습니다. 그러기 위해서는 컴퓨터가 직접 실행할 수 있는 프로그램을 작성해볼 차례입니다. 맞습니다. 이제 프로그래밍 언어, 그중 하나인 파이썬을 알아볼 차례가 된 것입니다.

파이썬으로 할 수 있는 일들

파이썬은 현존하는 프로그래밍 언어 중 가장 다양한 일을 할 수 있는 언어입니다. 언뜻 떠오르는 것만 나열해봐도 정말 많은 일을 할 수 있는데요, 약간 과장하자면 파이썬으로는 거의 대부분의 일을 할 수 있습니다. 어떤 것들을 할 수 있는지 살펴보겠습니다.

- **반복 업무 처리** : 텍스트, PDF, 엑셀, QR 코드 제작 등 다양한 반복 업무를 스크립트로 쉽게 처리할 수 있습니다.
- **데이터 분석** : 판다스Pandas라는 파이썬 패키지를 이용하여 데이터를 가공하고 분석을 할 수 있습니다.
- **인공지능 개발** : 이 분야에 관심이 있다면 모두 알고 있죠. 딥러닝을 비롯한 AI 연구는 파이썬을 기반으로 합니다.
- **웹 개발** : 지금까지 공부한 웹 개발도 파이썬으로 할 수 있습니다. 대표적인 프레임워크로 장고, 플라스크가 있습니다.
- **게임 개발** : pygame과 같은 패키지를 이용하면 게임도 개발할 수 있습니다.
- **데스크톱 애플리케이션** : tkinkter, PyQt와 같은 패키지로 버튼, 입력창 등 UI가 있고 실행할 수 있는 형태의 응용 프로그램도 만들 수 있습니다.
- **그 외** : 이미지 처리, 과학 계산 등 정말 많은 일을 할 수 있습니다.

나열한 것 외에도 다양한 작업들을 파이썬으로 할 수 있습니다. 이 책에서는 파이썬으로 할 수 있는 작업 중 크롤링에 집중해 실습해보겠습니다. 본격적으로 실습을 시작하기 전에, 크롤링 관련 중요한 이야기를 짚고 넘어가려 합니다.

크롤링, 막 해도 되는 것일까?

크롤링에 관심이 있어 여러 커뮤니티를 찾아보면 종종 '크롤링을 하고 싶어요', '크롤링은 어떻게 하나요?'와 같은 질문을 자주 볼 수 있습니다. 실제로 크롤링은 잘 활용하면 업무 효율을 크게 높여줍니다. 반복되는 데이터 수집 작업을 자동화할 수 있으니까요.

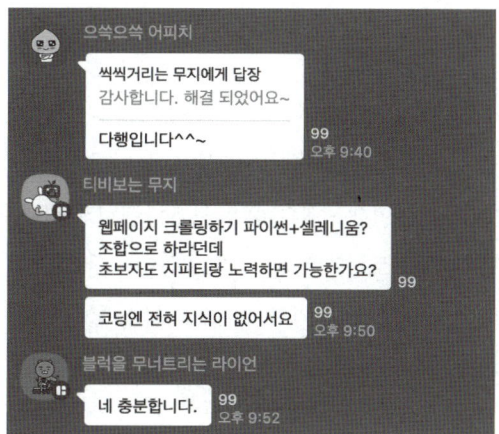
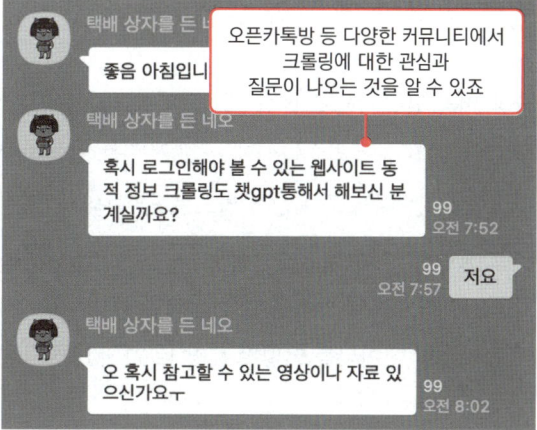

하지만 크롤링하려는 데이터는 누군가의 자산이라는 점을 항상 생각해야 합니다. 예를 들어, 여러분이 공들여 만든 데이터로 웹사이트를 만들어서 서비스를 하는데, 누군가 무단으로 데이터를 크롤링해서 그것으로 장사한다면 얼마나 속상할까요? 그래서 학습 목적이 아닌 크롤링은 대부분 문제가 될 소지가 있습니다. 물론 학습 용도라 하더라도, 크롤링은 행위 자체가 사람이 아닌 **봇**이 서버에 계속 요청을 보내는 행위로 해당 사이트에 부하를 줄 수 있습니다. 즉 크롤링은 유용하지만 데이터를 소유하고 있는 사람에게 피해를 주지 않도록 책임감 있게 사용해야 하는 도구라는 점을 반드시 기억하기 바랍니다.

> **NOTE** 크롤링에서 봇이란 로봇의 줄임말로 사람이 직접 조작하지 않아도 자동으로 작업을 수행하는 것을 말합니다. 크롤링에 관한 구체적인 이야기는 《이게 되네? 챗GPT 미친 크롤링 24제》에 자세히 다뤘으니, 궁금한 점은 참고하기 바랍니다.

바이브 UP! 3초 꿀팁 엄밀히 말하면 여러분이 하고 싶은 건 크롤링이 아닙니다

여러분이 정말 하고 싶은 게 크롤링일까요? 아닙니다. 크롤링은 엄밀히 말해서 사이트를 이동하며 탐색하는 행위를 말합니다. 데이터를 긁어서 수집하는 행위를 스크레이핑Scraping이라고 따로 부릅니다. 예를 들어, 특정 주식 사이트의 오늘의 주식 데이터를 긁어오는 행위는 크롤링이 아니라 스크레이핑입니다. 하지만 대부분의 사람들이 두 개념을 구분하지 않고 데이터를 수집하는 행위에 크롤링이라는 단어를 사용하기 때문에 이 책에서도 편의상 크롤링이라는 표현을 사용하겠습니다.

크롤링 핵심, 태그와 속성

가장 처음 만들어볼 크롤링 프로그램은 금 시세를 가져오는 프로그램입니다. 이 내용은 《이게 되네? 챗GPT 미친 활용법 71제》에도 챗GPT를 활용하여 금 시세를 가져오도록 하는 방법을 다루고 있으며, 여기서는 더욱 정교한 방법으로 금 시세를 크롤링하도록 구현해보겠습니다. 크롤링에서 가장 중요한 것은 HTML 태그와 그 속성을 이해하는 것입니다. 웹사이트는 HTML이라는 언어로 구성되어 있고, 우리는 그 구조를 분석해 필요한 데이터를 추출해서 가져오죠. 여기서는 데이터를 크롤링하고, 이 크롤링한 데이터를 어떻게 해야 더 가치있게 다룰 수 있는지도 알아보겠습니다.

금 시세 사이트에서 데이터를 살펴봅시다

금 시세는 한국금거래소 사이트에 접속하면 쉽게 확인할 수 있습니다. 하지만 금 시세의 1년 치 데이터를 수집해서 추이를 시각화하거나 분석해보려면, 해당 사이트에 표시된 표 형태의 정보만으로는 부족합니다. 그래서 이런 경우 크롤링이 필요한 것이고요.

- **한국금거래소 홈페이지** : koreagoldx.co.kr/price/gold

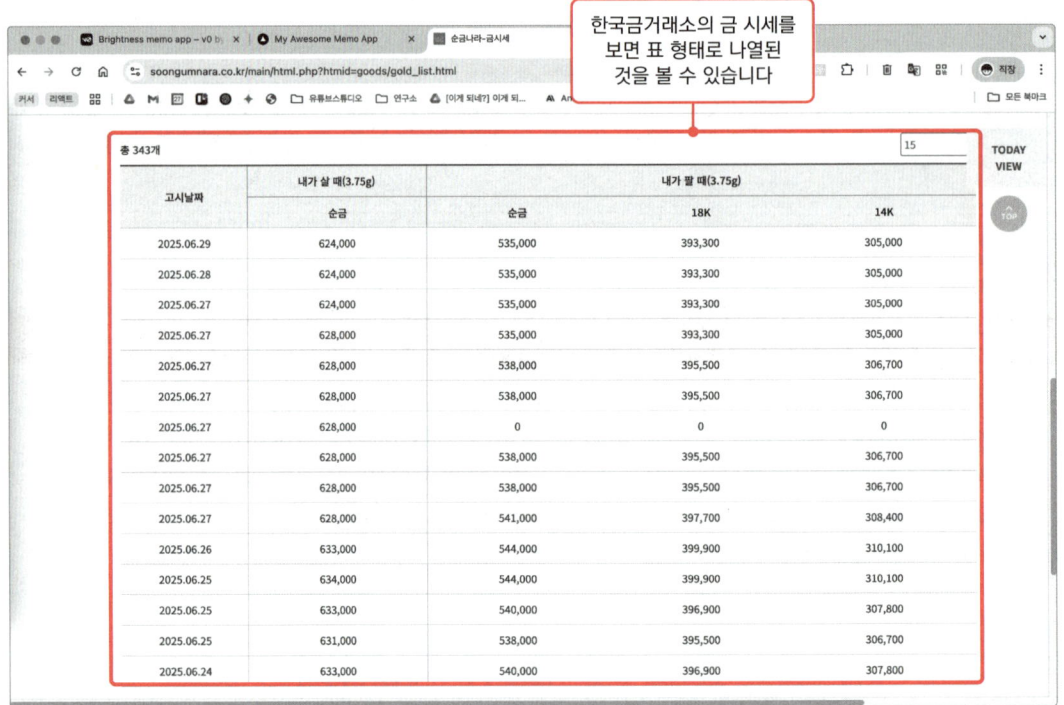

한국금거래소의 금 시세를 보면 표 형태로 나열된 것을 볼 수 있습니다

크롤링은 웹사이트를 구성하는 HTML 코드에서 원하는 데이터의 위치를 알려주고 그 위치의 값을 가져오는 과정을 반복하는 작업입니다. **이때 HTML의 구조를 이해하는 것이 매우 중요하며, 특히 태그와 태그의 속성 개념을 정확히 이해하면 크롤링의 핵심을 다 이해했다고 봐도 좋습니다.** HTML은 기본적으로 다음과 같은 구조를 가집니다.

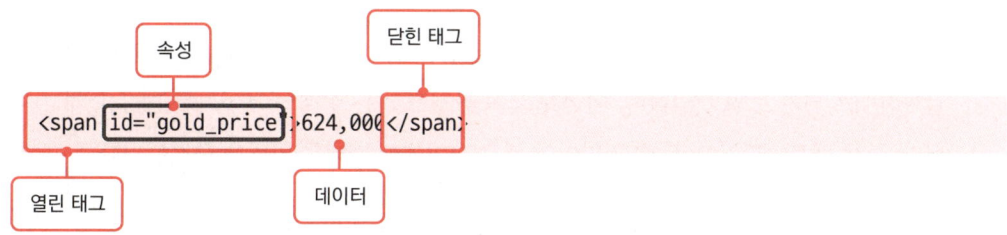

여기서 span은 태그로 열린 태그, 닫힌 태그로 구성되어 있으며, 그 사이에 데이터를 둡니다. 태그 안에 있는 id="gold_price"는 태그에 붙여주는 속성입니다. 속성은 해당 태그를 다른 태그들과 구분해주는 역할을 합니다. 그래서 현재 보이는 태그 사이에 있는 624,000을 가져오고 싶다면 다음과 같이 요청하여 데이터를 가져오면 됩니다.

- id가 "gold_price"인 span 태그에 있는 값을 가져와

이처럼 HTML 구조에서 데이터를 어떻게 찾아내는지 이해하면, 원하는 데이터를 쉽게 가져올 수 있습니다. 이 내용을 잘 기억하면서 실습을 진행해봅시다.

바이브 코딩 12 ▶ 1년 치 금 시세 크롤링하기
난이도 중!

이제 본격적으로 1년 치 금 시세 데이터를 크롤링해보겠습니다. 현재 여러분이 사이트에 접속해서 보고 있는 '내가 살 때'의 순금 가격은 실제로 어디에 있을까요? 그걸 알아내기 위해서는 크롬 브라우저의 개발자 도구를 사용해야 합니다. 많은 사람이 이 단계에서 어려움을 느끼고 포기하지만, 크롤링을 하려면 반드시 알고 넘어가야 하는 과정입니다. 이건 더 쉽게 배울 방법이 없습니다.

01 먼저 개발자 도구를 열어 침착하게 데이터를 살펴봅시다. 크롬 브라우저에서 `F12`를 누르거나 마우스 오른쪽 클릭을 한 다음 [검사]를 누르면 개발자 도구가 열립니다. 여기 위쪽에 있는 [Elements] 또는 [요소]라는 탭을 찾아 눌러봅니다.

그러면 요소에 〈div class="..."〉나 〈html〉, 〈body class="body-goods..."〉와 같이 꺾쇠 괄호로 감싸진 데이터가 보일 것입니다. 이렇게 꺾쇠 괄호로 가둔 형태의 무언가를 HTML 태그라고 합니다. 보통 웹사이트는 이런 태그 안이나 태그 사이에 데이터를 입력해 구성됩니다.

02 실제로 그런지 확인해봅시다. [요소] 탭을 누른 상태에서 '내가 살 때' 순금 가격 항목 근처를 마우스 오른쪽 클릭을 한 다음 [검사]를 눌러봅니다. 그러면 [요소] 탭에서 해당 값을 감싸고 있는 태그를 표시해줄 것입니다. 이때 금 시세 값으로 보이는 내용이 있는 태그에 마우스 오버를 하면 웹페이지에서도 해당 항목의 위치를 하이라이트로 표시하여 보여줍니다.

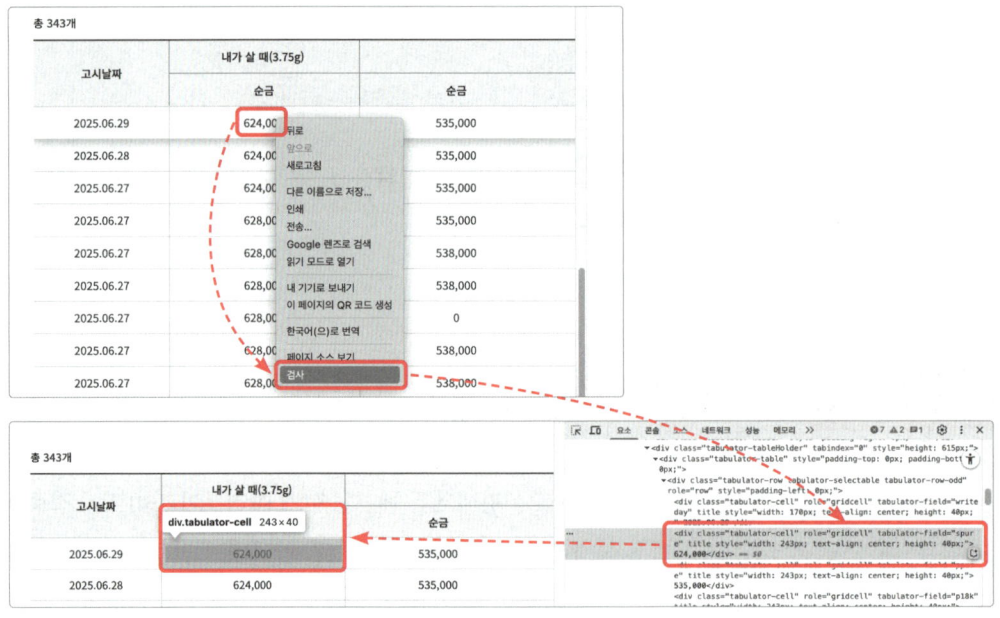

2025년 06월 29일의 내가 살 때의 금 시세는 다음과 같이 태그로 감싼 형태입니다.

```
<div class="tabulator-cell" role="gridcell" tabulator-field="spure" title=""
style="width: 243px; text-align: center; height: 40px;">624,000</div>
```

여기서 <div class=...>와 같이 태그 길이가 길고 복잡해보이더라도 겁먹으면 안 됩니다. 값은 길어보이지만 실제로 구조는 매우 단순합니다. div 태그와 그 안에 class, role, tabulator-field, title, style과 같은 속성이 있는 구조입니다. 대략적인 구조를 파악했다면 나머지는 커서에게 분석을 맡기고 크롤링 계획을 세워봅시다.

03 1년 치 금 시세 전체를 크롤링해야 하므로 금 시세가 담긴 표 전체를 감싸고 있는 태그를 정확히 찾아야 합니다. 즉, 금 시세가 모두 있는 태그를 찾아서 커서에 알려주면 됩니다. 개발자 도구의 [요소] 탭에서 금 시세를 모두 감싸고 있는 영역을 기준으로 위쪽 태그들을 하나씩 마우스 오버하면서 올라가며 찾아봅시다. **표 전체가 하이라이트되는 지점을 찾으면 됩니다.**

04 이제 해당 태그를 복사해봅시다. [요소] 탭에서 찾은 태그 위에 마우스 커서를 올리고 ❶ [복사 → 요소 복사]를 합니다. 그런 다음 커서에게 ❷ 금 시세 사이트 주소와 복사한 요소를 그대로 전달하고, 해당 표의 데이터를 모두 수집하라고 요청해봅시다. 참고로 금 시세를 모두 담고 있는 표의 태그는 매우 길기 때문에 책에서는 태그 내용을 간략하게 표시하였습니다. 또한 실습의 편의를 위해 100개의 데이터만 수집하라고 제한했습니다.

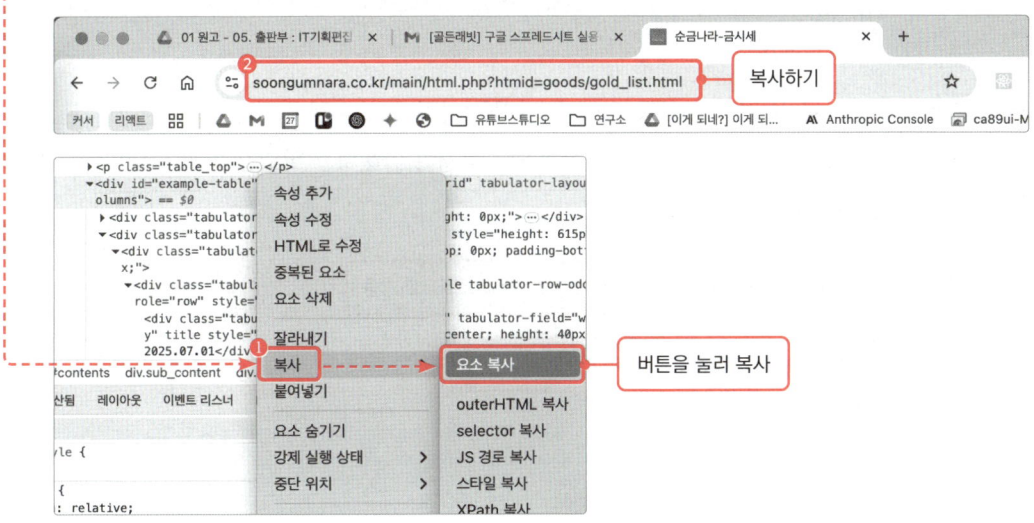

[챕터 08] 크롤링을 하고 싶어 : 파이썬   123

https://www.soongumnara.co.kr/main/html.php?htmid=goods/gold_list.html에서 <div id="example-table" class="tabulator" role="grid" tabulator-layout="fitColumns"><div class="tabulator-header" style="padding-right: 0px;"><div class="tabulator-headers">
…생략…
에 있는 금 시세 데이터를 크롤링해서 엑셀 파일로 저장해줘. 데이터는 100개면 돼.

05 커서는 해당 태그의 정보를 참고 삼아서 프로젝트 폴더를 준비하고 코드를 작성합니다. 폴더 생성이나 이동 명령이 나오면 [Run]을 누르고 코드 작성 요청은 모두 [Keep]을 눌러서 허용해주세요. 작업이 완료되면 아마 다음과 같은 폴더 구조가 만들어질 것입니다.

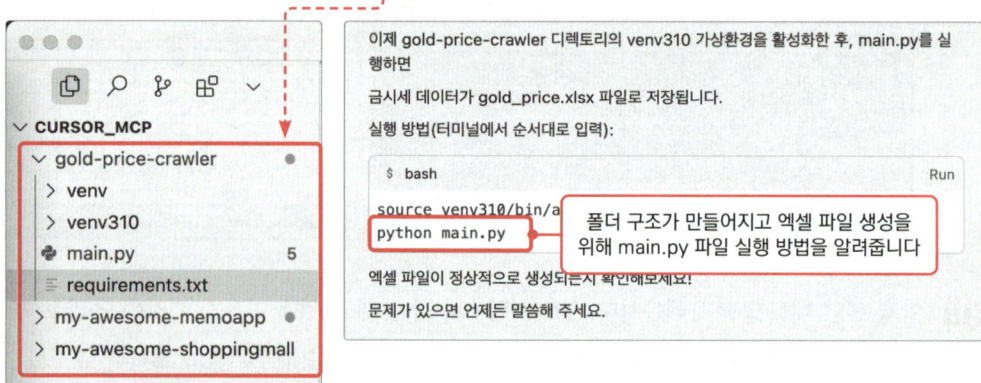

> **NOTE** 만약 파이썬 최신 버전인 3.13 이상을 사용하고 있다면 표 형태의 데이터를 처리하기 위해 판다스를 설치하는 과정에서 3.10의 파이썬 구 버전을 설치하라고 할 수 있습니다. 그럴 경우 커서에게 '판다스 없이 처리해달라'라고 하거나 파이썬 3.10 버전을 설치해서 다시 진행하기 바랍니다.

06 커서는 코드가 완성되면 실행하는 방법을 알려줄 것입니다. 실행 방식을 잘 모른다면 그냥 커서에게 실행해달라고 요청해도 됩니다. 여기서는 커서가 안내하는 방법을 따라 터미널에 직접 명령어를 입력해 실행하겠습니다.

```
> cd gold-price-crawler
```
gold-price-crawler 폴더로 이동

```
> python main.py
```
main.py 파이썬 파일 실행

07 잠시 기다리면 엑셀 파일이 생성됩니다. 100개의 금 시세 데이터를 3초 만에 수집한 것이죠. 엑셀 파일을 열어보면 수집된 데이터가 제대로 들어 있음을 확인할 수 있습니다.

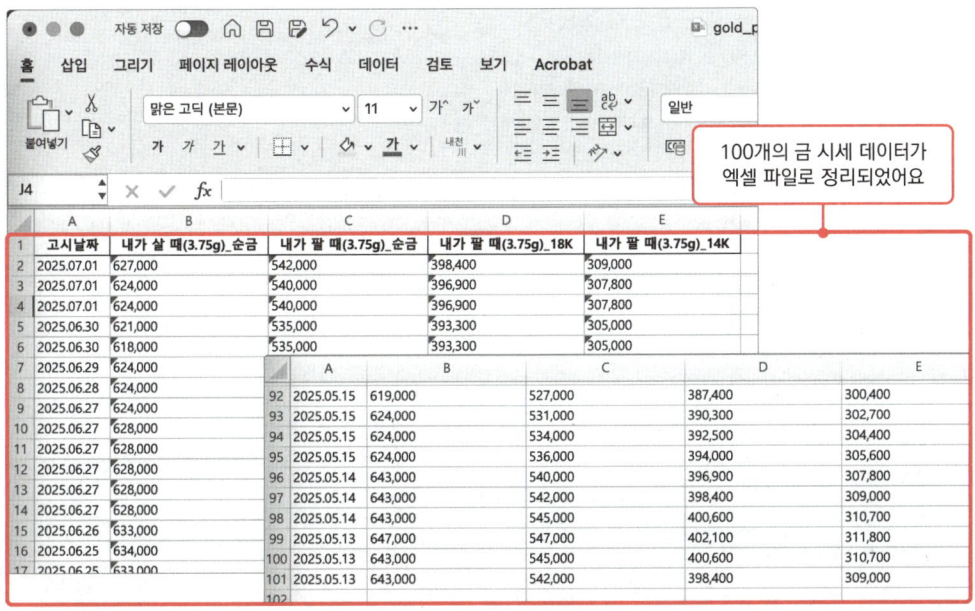

100개의 금 시세 데이터가 엑셀 파일로 정리되었어요

이처럼 정형화된 데이터를 수집할 때는 이 방법을 활용하면 쉽고 빠르게 데이터를 수집할 수 있을 것입니다. 비슷한 웹사이트의 구조에서 크롤링을 할 경우 이 방법을 한 번 활용해보세요.

난이도 하!

바이브 코딩 13 ▶ 데이터도 꿰어야 보배, 통계 처리하고 시각화하기

100개의 금 시세 데이터를 수집했지만, 단순히 데이터를 모으는 것만으로는 부족합니다. 커서는 데이터를 분석하고 시각화하는 작업에도 굉장히 능합니다. 이번에는 커서에게 수집한 데이터를 기반으로 통계 처리와 시각화를 시켜보겠습니다. 실습은 `바이브 코딩 12 ▶ 1년 치 금 시세 크롤링하기`에 이어서 진행해주세요.

01 **통계값 처리를 하려면 먼저 엑셀 파일은 닫힌 상태여야 합니다.** 파일이 열려 있는 상태에서는 데이터에 접근하지 못할 수도 있습니다. 혹시라도 엑셀 파일을 열고 있다면 엑셀 파일을 닫아두기 바랍니다. 이 상태에서 커서에게 수집한 데이터로 통계값을 만들어달라고 요청하겠습니다. 그러면 커서가 한 번 명령을 내리면 알아서 통계값을 만들어주는 파이썬 코드를 작성해줄 것입니다.

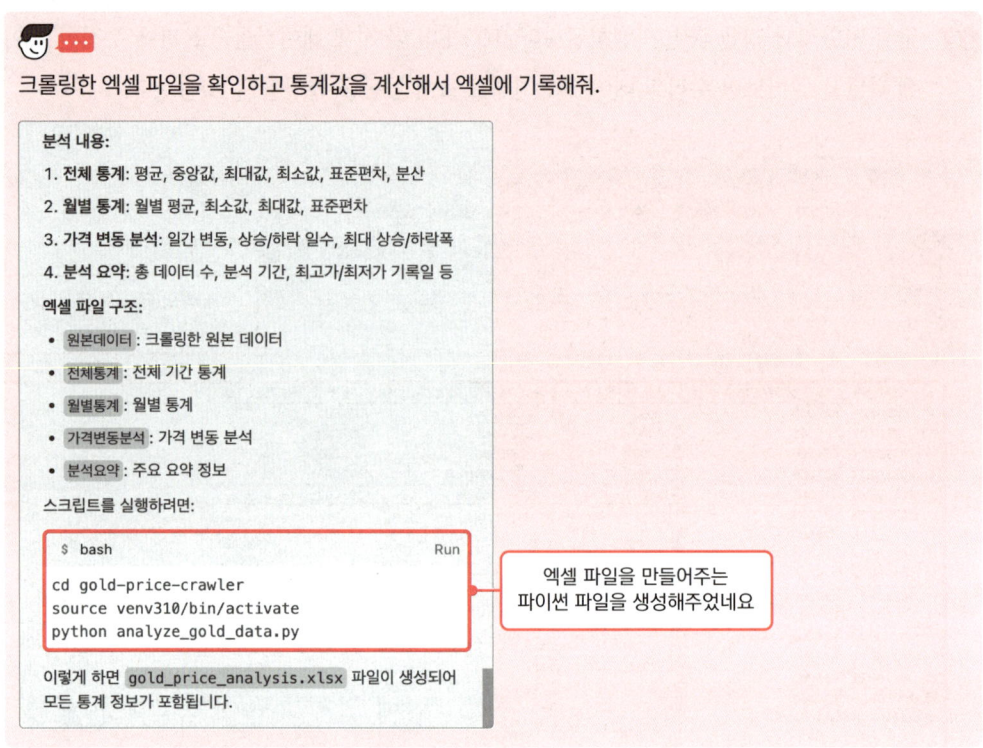

02 이번에 커서에게 부탁해서 받은 코드는 전체 통계부터 월별 통계까지 매우 다양한 값을 계산하는 구성으로 작성되었습니다. 커서가 안내한 대로 파이썬 코드를 실행하거나 명령어를 실행해달라고 요청하겠습니다. 그러면 분석 내용을 보여줌과 동시에 다음과 같이 **gold_price_analysis.xlsx**라는 엑셀 파일을 만들어 기록해줄 것입니다.

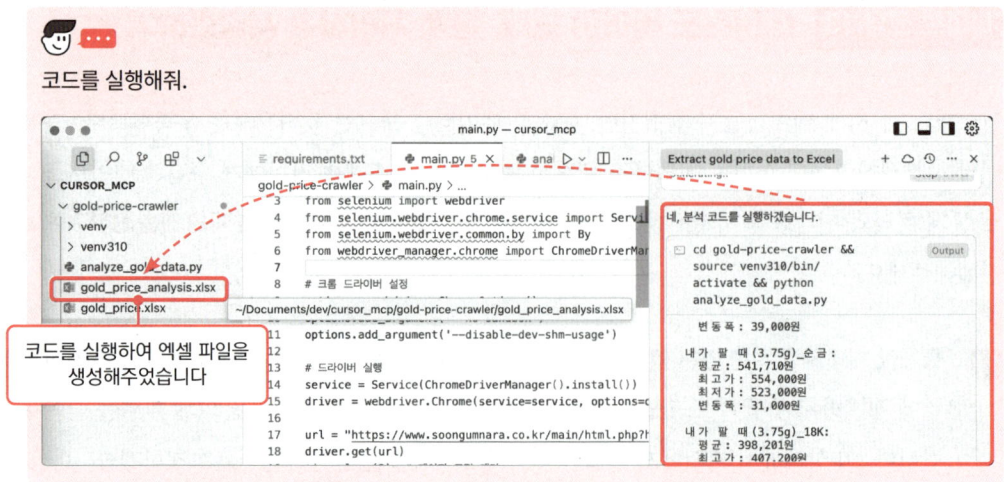

03 파일을 열어보면 통계값을 제대로 만들었습니다.

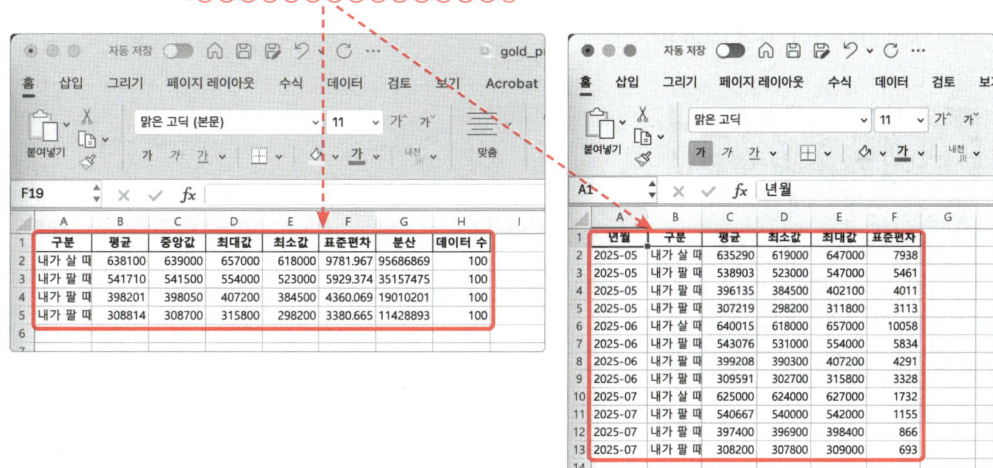

04 이제 수집한 통계값을 이용해서 시각화해보겠습니다. 커서에게 통계값 시각화 작업과 함께 파일 확장자는 png로 해달라고 요청하겠습니다. 그러면 커서는 통계값을 기반으로 그래프 등 다양한 시각화 이미지를 만드는 코드를 작성해줄 겁니다.

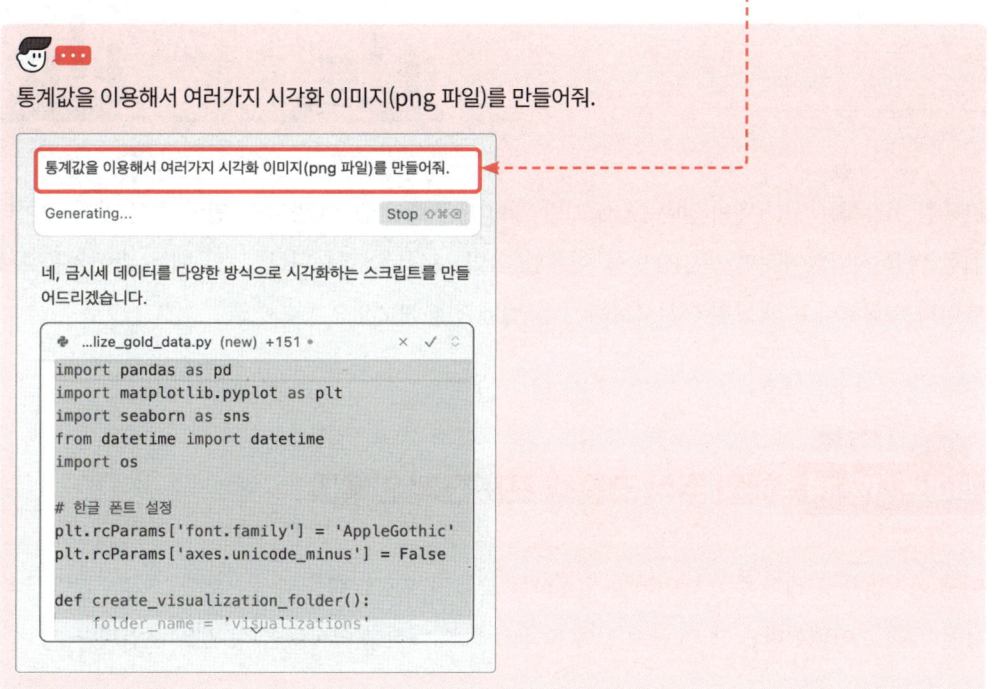

[챕터 08] 크롤링을 하고 싶어 : 파이썬

05 [Keep]을 눌러 작성된 코드를 적용하고 이어서 커서에게 코드를 실행해달라고 하면 다양한 시각화 이미지가 생성될 것입니다.

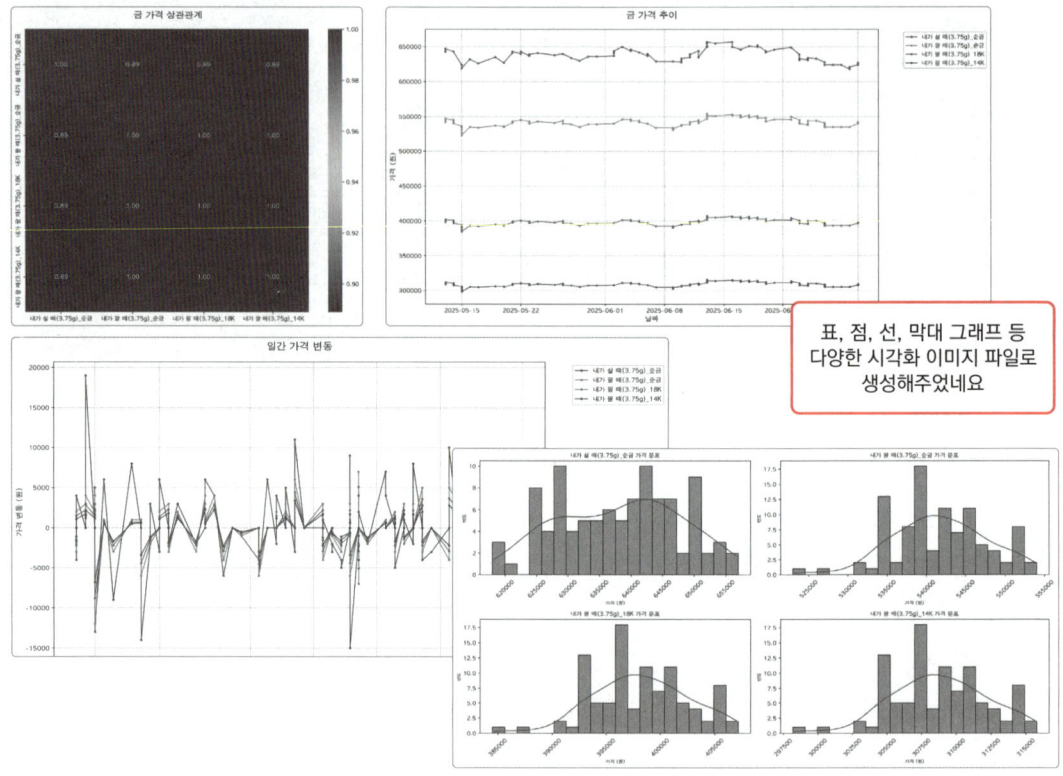

표, 점, 선, 막대 그래프 등 다양한 시각화 이미지 파일로 생성해주었네요

간단한 시각화는 챗GPT와 같은 LLM 기반 채팅 도구로도 할 수 있지만, 만약 많은 양의 데이터를 수집한 다음 시각화하려면 챗GPT만을 이용한 작업으로는 어렵습니다. 그럴 때는 파이썬을 활용해서 데이터 수집부터 분석 그리고 시각화까지 한 번에 진행해보세요.

난이도 중!
바이브 코딩 14 ▸ 해외 주식 크롤링 프로그램 만들기

이제 마지막으로 해외 주식 데이터를 수집하는 크롤링 프로그램을 만들어보겠습니다. 앞에서 배운 내용을 제대로 이해했다면 단 몇 단계 만에 해외 주식 데이터를 크롤링할 수 있을 것입니다.

01 가장 먼저 어떤 사이트에서 데이터를 수집할지 정해야 합니다. 이번에는 야후 파이낸스에서 주가가 가장 많이 오른 주식 데이터를 수집해보겠습니다. 다음 사이트에 접속한 다음 F12 를 눌러 개발자 도구를 열고, 주식 데이터를 포함하고 있는 영역의 태그를 마우스 오버로 찾습니다. 만약 원하는 데이터를 감싸고 있는 태그가 잘 선택되지 않는다면, 화면에서 크롤링하려는 데이터 근처에 마우스를 올리고 오른쪽 클릭을 한 다음 [검사]를 누르면 좀 더 정확하게 찾을 수 있습니다.

- **야후 파이낸스 상위 상승 주식** : finance.yahoo.com/markets/stocks/gainers

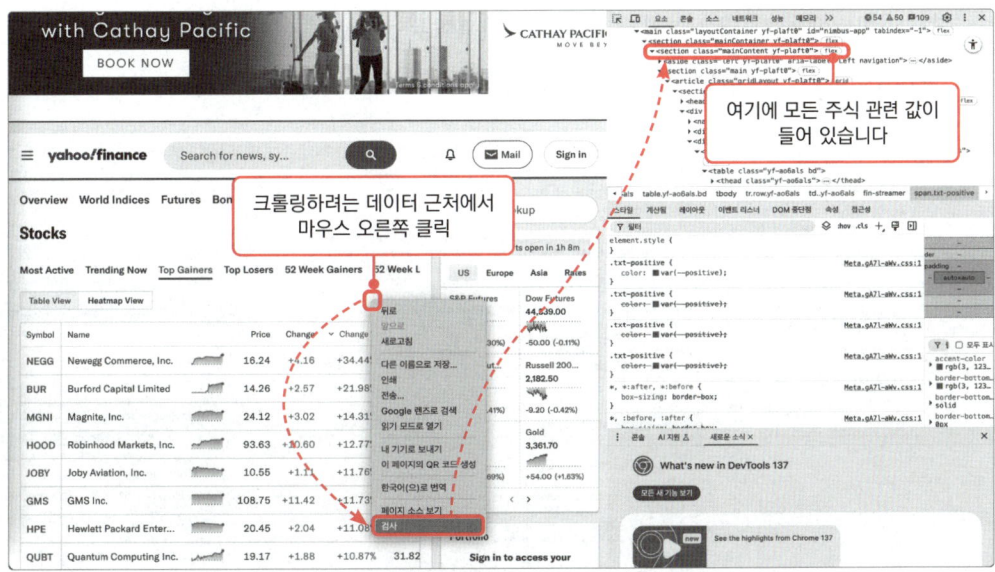

02 이렇게 해서 찾은 주식 데이터를 감싸고 있는 태그는 〈section class="mainContent yf-plaft0"〉입니다. 하지만 주의할 사항이 있습니다. 여기서는 앞서 크롤링할 때 진행한 방법인 태그에서 오른쪽 클릭 [복사 → 요소 복사]하여 크롤링을 시킬 수 없습니다. 왜냐하면 이 태그에는 엄청나게 많은 데이터가 들어 있기 때문에 복사 자체가 불가능할 수 있기 때문이죠. 그래서 커서에게 찾은 태그의 정보만 알려주면서 크롤링을 시켜야 합니다. **이때 태그에 있는 yf-plaft0는 무작위 값입니다. 이 무작위 값은 커서가 웹 크롤링을 시도할 때마다 바뀌는 값이므로 이용하지 말라고 해야 합니다. 또한 주식 데이터를 정확하게 수집하려면 커서에게 반드시 '표에 있는 주식 데이터'라고 명확하게 알려주어야 합니다.**

> **NOTE** 참고로 이 과정은 앞서 바이브 코딩 13 ▶ 데이터도 꿰어야 보배, 통계 처리하고 시각화하기에서 진행한 방법과 동일합니다.

@finance.yahoo.com/markets/stocks/gainers 사이트에서 <section class="mainContent yf-plaft0">로 시작하는 태그 안에 표에 있는 주식 데이터를 크롤링해서 엑셀 파일로 정리해줘. 이때 yf-plaft0와 같은 무작위 값은 무시해.

03 프롬프트를 입력하면 커서가 다음과 같이 주식 데이터를 수집하기 위한 폴더를 하나 만들고, 크롤링 코드를 작성한 다음, 필요한 라이브러리를 설치하는 작업을 마치고 사용 방법을 설명해줄 것입니다. 모든 과정은 [Run]이나 [V] 또는 [Keep]을 눌러 진행하면 됩니다. 다음 화면을 보면 사용 방법에 대한 내용은 따로 문서까지 만들어주었습니다. 이처럼 꽤 복잡한 작업 같은 경우 커서는 이렇게 문서까지 만들어줍니다. 정말 편리하지 않나요?

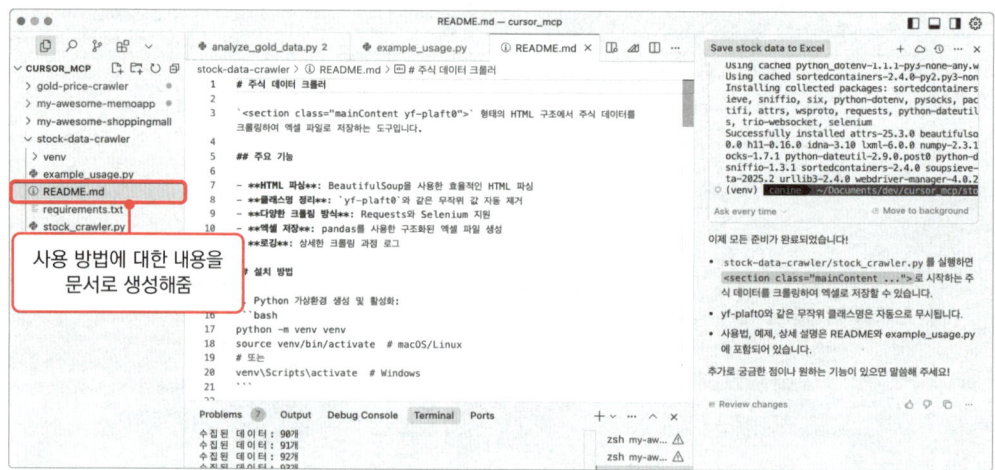

04 설명대로 파일을 실행하도록 커서에게 요청합니다. 이때 커서의 @콘텍스트 기능을 이용해서 프로젝트 이름을 함께 알려주면 더 명확하게 작업을 수행합니다.

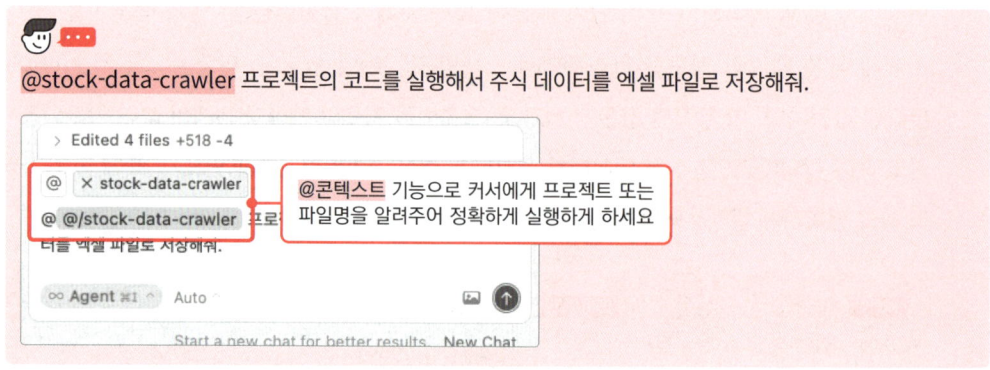

05 작업이 완료되면 커서는 엑셀 파일의 위치를 알려줄 겁니다. 단순히 주식 데이터를 수집하는 작업을 시켰을 뿐인데 무려 1,200개가 넘는 데이터를 자동으로 수집했다고 알려주네요.

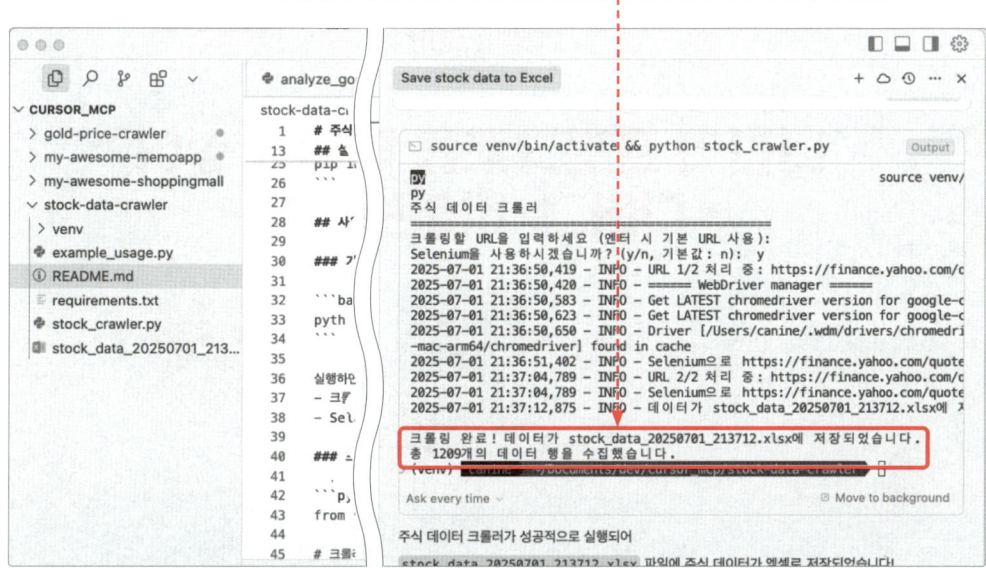

명확한 요청과 몇 번의 클릭만으로 이 모든 것이 몇 분도 걸리지 않는 과정으로 이루어졌다는 점에서 자동화의 힘을 실감할 수 있을 것입니다. 이제 여러분은 웹 크롤링의 기본 원리부터 커서를 이용한 실제 데이터 수집, 분석, 시각화까지 모두 경험해봤습니다. 지금 익힌 기술로 주식뿐만 아니라 뉴스, 환율, 기후, 제품 정보 등 다양한 분야의 데이터 수집 도구를 만들어 실전에서도 활용해보세요.

[챕터 09]

나만의 프로그램을 만들고 싶어 : 디버그, 바이브 코딩

유튜브 영상으로
더 쉽게 공부하세요!

> 파이썬으로 프로그램을 만들 때 디버그라는 개념을 알아야 한다는데, 그게 뭔가요?

 디버그는 **코드 안에 있는 오류를 찾아내고 해결하는 과정**을 말해요. 예전에는 프로그래머만 할 수 있었는데, 지금은 커서가 이 디버깅을 스스로 해줘요. 마치 코드 속 벌레(bug)를 잡는다고 생각하면 돼요.

> 그럼 커서가 알아서 오류를 고쳐준다는 건가요? 따로 코딩이나 수정을 다 할 필요가 없다는 말인가요?

 네, 맞아요! 커서는 오류가 생기면 스스로 감지하고 코드를 고쳐서 다시 실행해요. 여러분은 이미 커서가 오류를 고쳐주거나 고쳐달라고 요청했던 경험이 있을 거예요. 이게 바로 바이브 코딩인데, **복잡한 코딩이나 디버깅은 AI에게 맡기고, 우리는 무엇을 만들지 방향만 제시하면** 된답니다. 이제 QR 코드 만드는 프로그램부터 직접 만들어볼 거예요.

이제는 파이썬으로 여러 가지 문제를 해결하는 나만의 프로그램을 만들어볼 차례입니다. 파이썬과 커서만 잘 다뤄도 생각보다 많은 일을 할 수 있다는 사실에 놀라게 될 것입니다. PDF에서 필요한 페이지만 추출하려고 인터넷 검색을 통해 광고 투성이의 웹사이트에 파일을 올려서 추출받은 경험, QR 코드나 쇼트 링크를 만들기 위해 사이트에 회원가입하거나 복잡한 절차를 거친 적이 있나요? 이 모든 작업은 파이썬과 커서만 있으면 쉽게 해결할 수 있습니다. 여기서 하나, 꼭 알아두면 좋은 개념이 있습니다. 바로 디버그입니다.

스스로 수십 번의 디버그를 하는 커서

지금의 커서가 여러분의 훌륭한 프로그래밍 도우미가 된 것은 스스로 오류를 감지하고 해결하는 능력, 즉 디버깅 기능을 갖추고 있기 때문입니다. **디버그란 코드 속 오류를 찾아내고 해결하는 과정으로, 커서와 같은 도구가 나오기 전에는 프로그래머만이 이 작업을 할 수 있었죠.**

> **NOTE** 디버그Debug라는 용어는 1940년대, 마크 II라는 컴퓨터의 어느 부품에 낀 나방 때문에 접촉 불량이 생겨 오류가 발생한 사건에서 유래했습니다. 분리, 제거 등의 의미를 가진 접두사 De와 벌레 Bug를 합쳐 디버그라는 말이 생겼고, 지금은 프로그램에 발생한 오류를 해결한다는 의미로 통하고 있습니다.

커서는 오류가 발생하면 스스로 오류 메시지를 감지하고, 이를 해당 프로젝트 환경에 맞게 코드를 개선하여 재실행합니다. 이 과정을 문제가 없어질 때까지 반복합니다. 물론 아직은 디버깅을 해결하는 데 전문 프로그래머의 손길보다는 모자란 점이 많지만, 그래도 간단한 프로그램을 만들고 수정할 때에는 꽤 유용합니다. 사실 여러분은 이미 커서의 디버깅 기능을 이전부터 자연스럽게 사용해왔습니다. 오류가 발생했을 때 커서가 알아서 고쳐주거나, 고쳐달라고 요청했던 경험이 모두 디버깅의 사례라고 할 수 있죠.

코딩, 수정은 AI에게 맡기고 나는 방향만 이끄는 바이브 코딩

우리가 바이브 코딩을 할 때 준비해야 할 것은 커서와 티키타카를 즐기겠다는 마음가짐뿐입니다. 이제 코드를 일일이 짜거나 어려운 수정, 복잡한 디버깅은 AI에게 맡기고 사람은 무엇을 만들지 그리고 어떤 결과물로 완성해갈지 방향을 이끌어주기만 하면 되는 것이죠.

코드를 수정하기 위해 몇 시간씩 화면만 쳐다보며 기계적인 작업을 반복하는 일 없이 누구나 손쉽게 프로그램을 만들 수 있고, 그런 경험을 가능하게 하는 방식이 바로 '바이브 코딩'입니다. 아직 바이브 코딩에 대한 정의가 명확하게 정립되진 않았지만 어쨌든 프로그래밍과 코딩을 누구나 즐기며 할 수 있는 시대가 된 것은 분명합니다. 이제 본격적으로 나만의 QR 코드를 만드는 프로그램부터 하나씩 만들어보겠습니다.

바이브 코딩 15 ▶ 나만의 QR 코드 생성기 쉽게 만들기

만약 자신이 운영하는 카페의 마케팅용 홍보물에 설문 조사 또는 이벤트 페이지를 연결하고 싶을 때 QR 코드를 넣을 겁니다. 고객이 홍보물을 보고 바로 QR 코드를 스캔해 설문 조사나 이벤트 페이지에 접속할 수 있으니 편리하거든요. 이제 이런 방식의 홍보는 누구나 기본적으로 하는 일상이 되었습니다. 하지만 QR 코드를 만들기 위해 별도의 사이트에 접속하고 회원가입을 하거나 광고를 봐야 한다면 그 과정이 썩 유쾌하지는 않을 겁니다.

흔히 볼 수 있는
이벤트 QR 코드

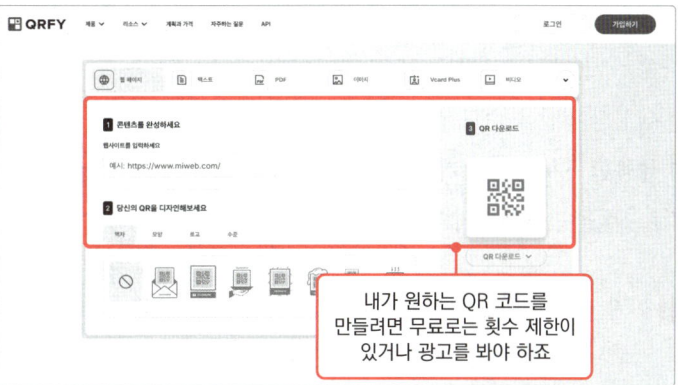
내가 원하는 QR 코드를
만들려면 무료로는 횟수 제한이
있거나 광고를 봐야 하죠

물론 요즘에는 QR 코드를 무료로 만들어주는 사이트도 많습니다. 또한 QR 코드 중앙에 자신의 카페 로고를 넣어 홍보 효과를 노리고 싶지만, 대부분의 사이트에서는 이런 기능을 유료로 제공하고 있을 겁니다. 그런데 놀랍게도 파이썬과 커서가 있으면 수백 개의 QR 코드를 무료로, 그것도 쉽게 만들 수 있습니다. 다음 그림의 프로그램은 실제로 만들어 사내에서 사용하는 QR 코드와 쇼트 링크 생성기입니다.

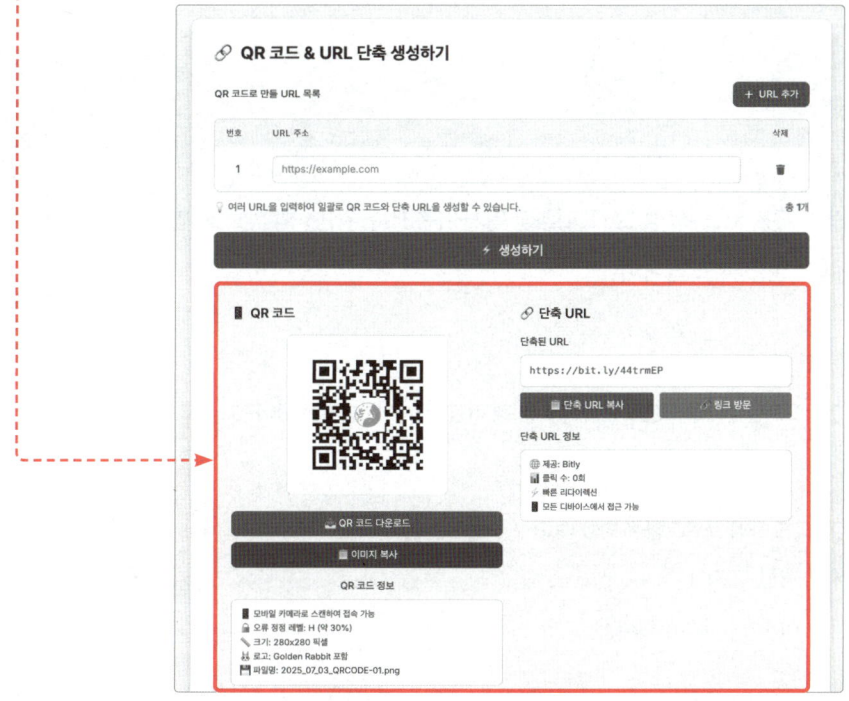

챕터 09 나만의 프로그램을 만들고 싶어 : 디버그, 바이브 코딩

이 프로그램은 QR 코드와 쇼트 링크를 한꺼번에 생성해서 보여주고, 각각을 바로 사용할 수 있도록 [다운로드], [복사] 버튼도 있습니다. 여러 개의 URL을 한 번에 입력하면 QR 코드와 쇼트 링크를 일괄 생성하여 받을 수도 있습니다. 또한 QR 코드에는 회사 로고를 삽입해 홍보 효과까지 높였죠. 이처럼 유용한 프로그램도 커서를 통해 몇 단계만 거치면 만들 수 있습니다. 우선 간단하게 QR 코드 생성 프로그램을 만들어봅시다.

01 먼저 빈 폴더를 자유롭게 만들고 커서로 엽니다. 그리고 QR 코드에 삽입할 로고 이미지도 준비합니다. 이 이미지는 커서가 인식할 수 있도록 커서로 열어둔 폴더 안에 함께 넣어두어야 합니다. 다음과 같은 상태면 준비 완료입니다.

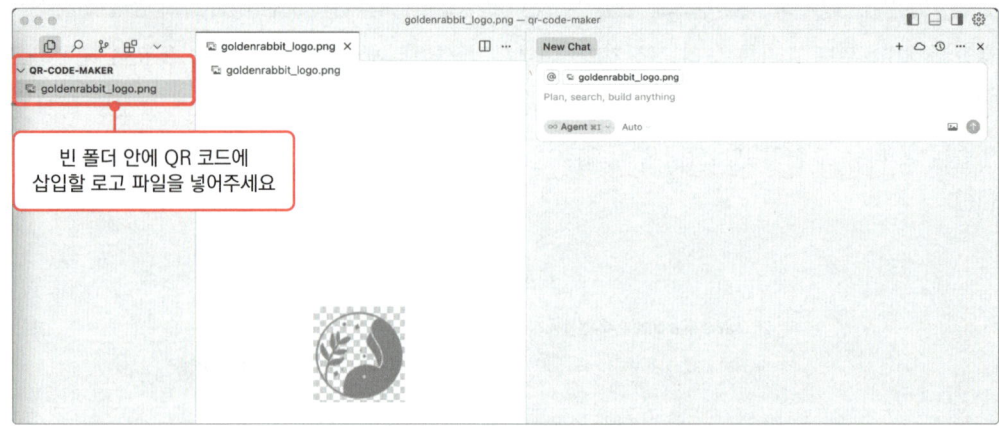

02 이제 본격적으로 QR 코드 생성 프로그램을 만들어봅시다. 어떤 방식으로 만들지 잘 모르겠다면 그냥 커서에게 물어봐도 됩니다.

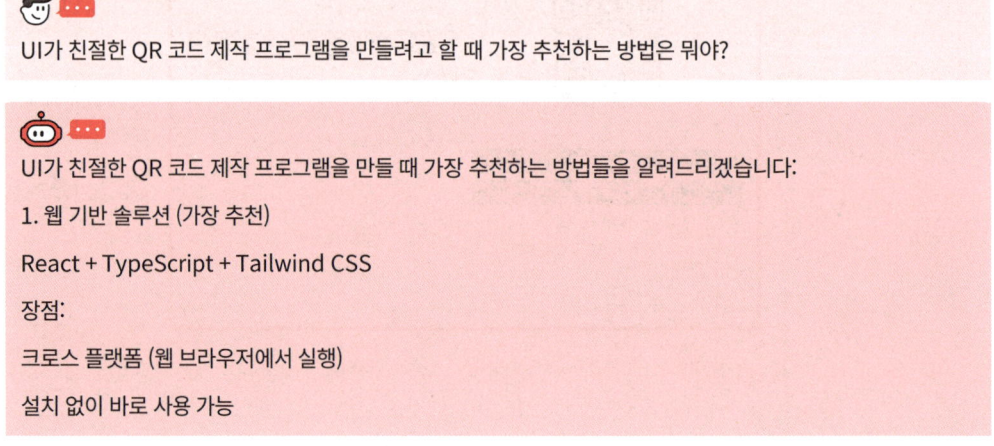

> 모던하고 반응형 UI 구현 용이
>
> ...생략..
>
> 최종 추천: React + TypeScript + Tailwind CSS
>
> 현재 Python 프로젝트가 있으시니, Streamlit으로 빠르게 시작하거나, React 웹 앱을 만드는 것을 추천합니다.
>
> 어떤 방향으로 진행하고 싶으신지 알려주시면, 구체적인 구현 방법을 도와드릴 수 있습니다!

03 커서는 여러 개발 방식과 함께 최적의 방법을 추천해줍니다. 커서가 최종적으로 추천한 기술을 이용해서 개발해보라고 하겠습니다.

> 최종으로 추천해준 기술로 사용자가 넣은 이미지를 중앙에 배치해서 QR 코드를 생성하는 프로그램을 만들어줘. 이미지는 QR 코드 중앙에 넣고, 뒷 배경에 QR 코드가 보이지 않도록 하얗게 배경 처리를 해줘, 링크는 복붙이 가능해야 하고, 처음에 1개만 입력하는 상태여야 해. [+추가] 버튼을 누르면 최대 10개까지 추가할 수 있고 [생성]을 누르면 한꺼번에 QR 코드를 만들어서 사용자가 지정한 폴더에 저장할 수 있어야 해.

그러면 커서는 기본적으로 코드를 작성하면서 불필요한 파일은 삭제하고, 필요한 패키지는 설치해주며 작업에 필요한 설명까지 함께 제공하며 진행합니다.

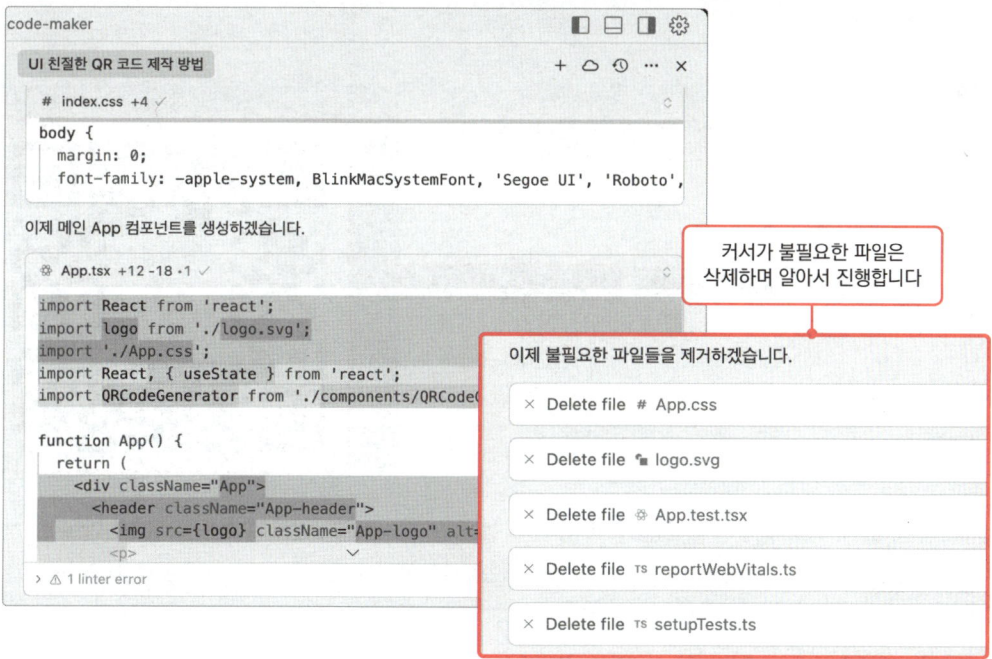

커서가 불필요한 파일은 삭제하며 알아서 진행합니다

챕터 09 나만의 프로그램을 만들고 싶어 : 디버그, 바이브 코딩

04 프로그램 작성을 마치면, 커서에게 프로그램을 실행해달라고 해봅시다. **여러 번 설명했듯이 리액트 기반으로 만든 프로그램은 바로 실행되는 것이 아니라 서버를 구동하고 웹 브라우저를 통해 접속해야 사용할 수 있습니다.** 이 과정이 어렵게 느껴진다면 그냥 커서에게 프로그램을 실행해달라고 하면 됩니다. 프로그램을 실행하면 다음과 같은 화면 구성을 가진 QR 코드 제작 프로그램이 보일 것입니다.

05 각 기능을 사용해보면 문제없이 잘 동작하는 것을 확인할 수 있습니다. 로고도 잘 삽입되었고, 생성된 QR 코드를 카메라로 스캔하면 정상적으로 잘 연결됩니다.

이처럼 유료 서비스에서 사용하는 로고 삽입 기능도 이제 커서만 있으면 누구나 쉽게 만들 수 있는 시대가 되었습니다.

바이브 코딩 16 ▶ PDF 편집기 만들기 : 페이지 추출 기능

혹시 PDF에서 특정 페이지만 추출하고 싶었던 적 있나요? 또는 반대로 여러 PDF를 하나로 이어 붙이는 작업은요? 많은 사람이 사용하는 무료 버전의 어도비 아크로뱃 리더는 특정 페이지만 추출하는 기능조차 제공하지 않습니다. 사람들이 많이 사용하는 기본적인 기능인데도 불구하고 무료로 제공하지 않고 있죠.

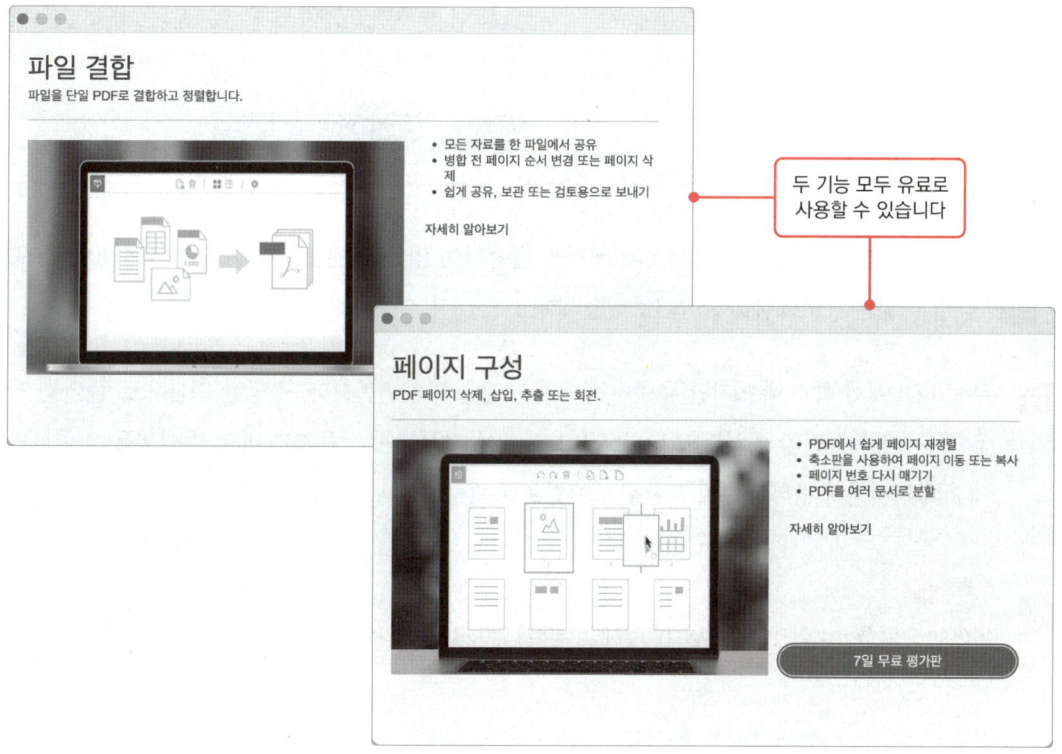

심지어 PDF에 워터마크 하나 넣으려고 해도 유료 기능입니다. 파일을 보는 기능 외에는 할 수 있는 일이 거의 없는 PDF 도구를 쓰다 보면 답답할 때가 많습니다. 그렇다고 무료로 사용하기 위해 인터넷에 검색하면 온갖 광고와 회원가입을 유도하는 페이지가 쏟아져 나와 한숨부터 나옵니다. PDF 파일에서 3~5 페이지만 추출하거나 이어 붙이는 일이 이렇게나 번거로운 일인가라는 생각이 절로 들죠.

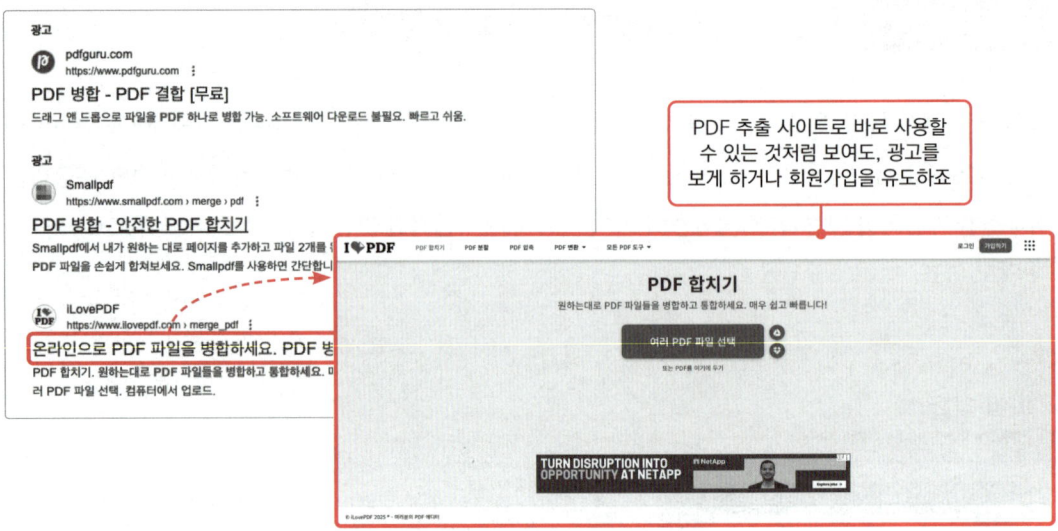

하지만 커서가 있다면 어떨까요? 지금부터 커서를 활용하여 PDF 파일을 추출하거나 이어 붙이고, 워터마크를 쉽게 넣는 프로그램을 만들어보겠습니다.

01 우선 PDF에서 특정 페이지만 추출하는 프로그램을 만들어봅시다. 적당한 이름으로 폴더를 만든 다음 해당 폴더를 커서로 엽니다. 그러고 나서 커서에게 사용자가 페이지 범위를 입력하면 해당 페이지만 추출하는 프로그램을 파이썬으로 만들어보라고 하겠습니다.

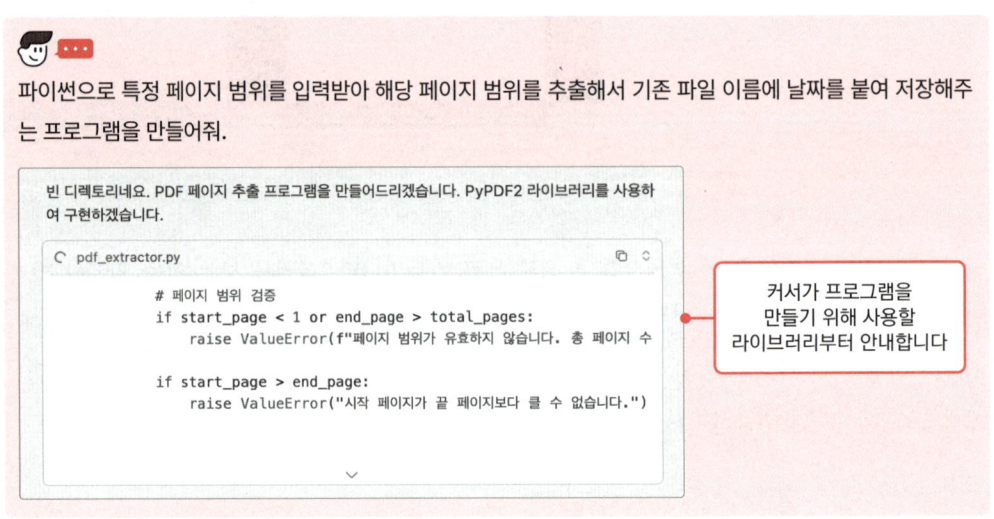

커서는 여러분의 디렉터리를 확인한 뒤 프로그램을 작성해주고 실행 방법도 알려줍니다. 대부분의 경우, 커서는 프로그램을 작성하면 실행 방법까지 알려줍니다.

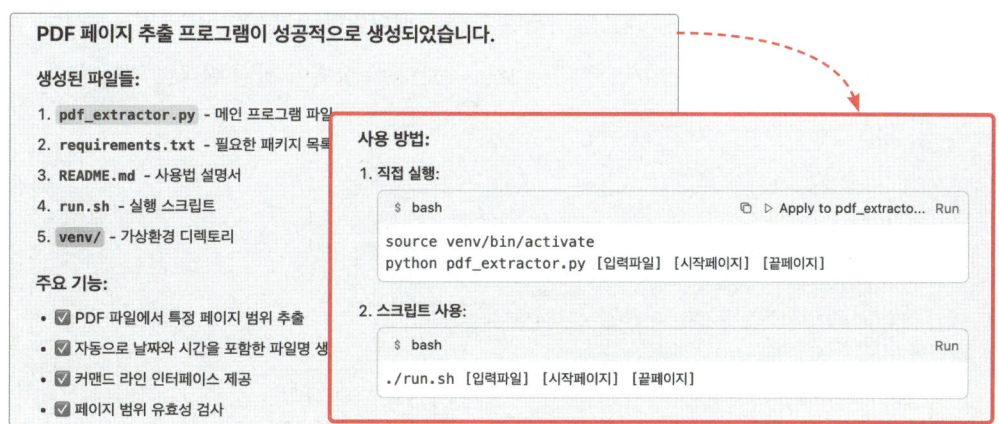

02 만약 커서가 실행 방법을 알려주지 않았다면 @콘텍스트를 이용해서 해당 프로그램을 어떻게 실행하면 되는지 물어보면 됩니다.

@pdf_extractor.py는 어떻게 실행해야 해?

03 물론 여러분이 직접 실행하지 않고 커서에게 알아서 실행해달라고 해도 됩니다. 단, PDF 파일은 작성한 프로그램과 동일한 폴더에 있어야 합니다. 다음과 같이 PDF 파일을 동일한 폴더에 두고 여러분이 원하는 대로 프로그램을 실행해보세요. 여기서는 커서에게 알아서 실행해보라고 하겠습니다.

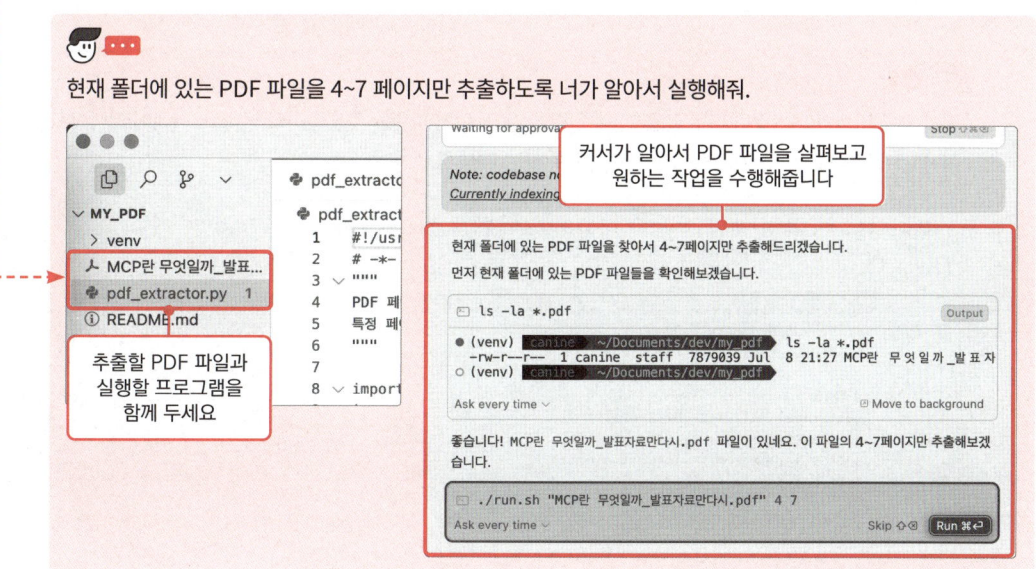

[챕터 09] 나만의 프로그램을 만들고 싶어 : 디버그, 바이브 코딩

04 잠시 후 실행된 파일을 확인하고 열어보면 원하는 페이지만 추출되어 있는 것을 확인할 수 있습니다. 사이트에 접속해 가입하고 광고를 보는 것보다 이 방법이 훨씬 편리할 겁니다.

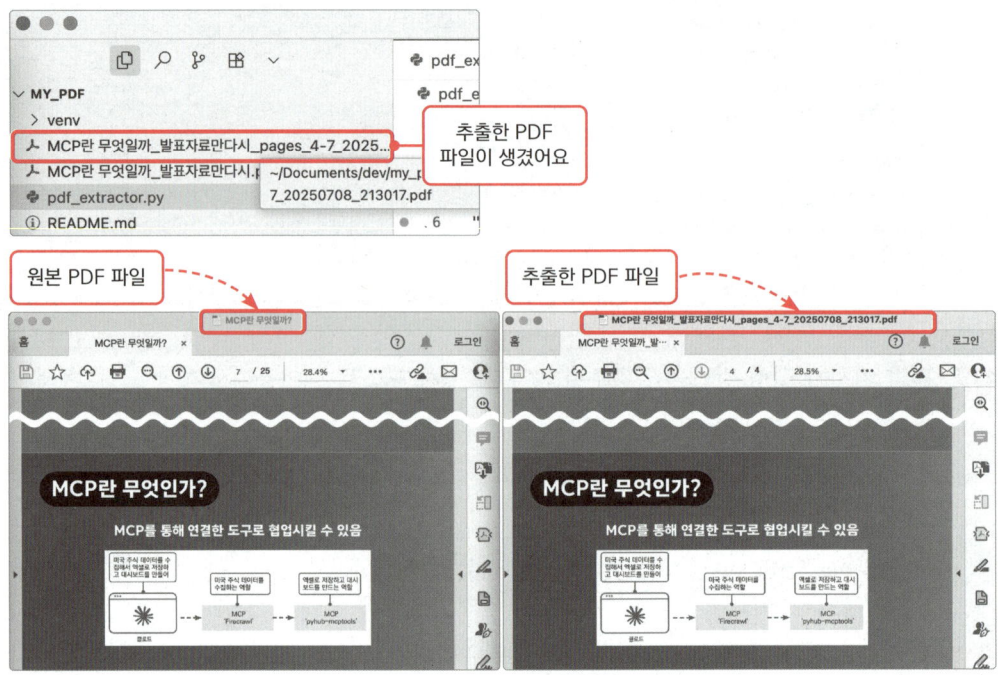

05 하지만 이것마저 귀찮게 느껴질 수도 있습니다. 왜냐고요? 매번 커서에게 코드를 실행해달라고 요청해야 하기 때문이죠. 그래서 우리는 이것을 응용 프로그램으로 개선할 겁니다. 이 역시도 커서에게 요청해봅시다.

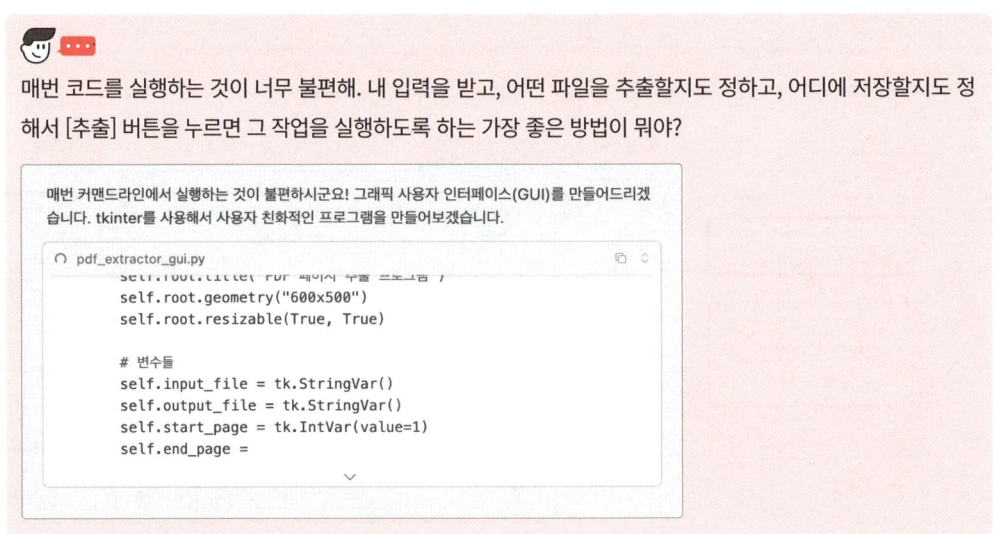

그러면 커서는 입력창이나 버튼이 있는 GUI 프로그램을 만들어주겠다고 합니다.

06 "이게 뭐야?" 하는 순간 커서는 이미 그 작업을 끝냅니다. 그리고 프로그램 실행까지 알아서 진행합니다. [Run]을 눌러서 실행해보세요.

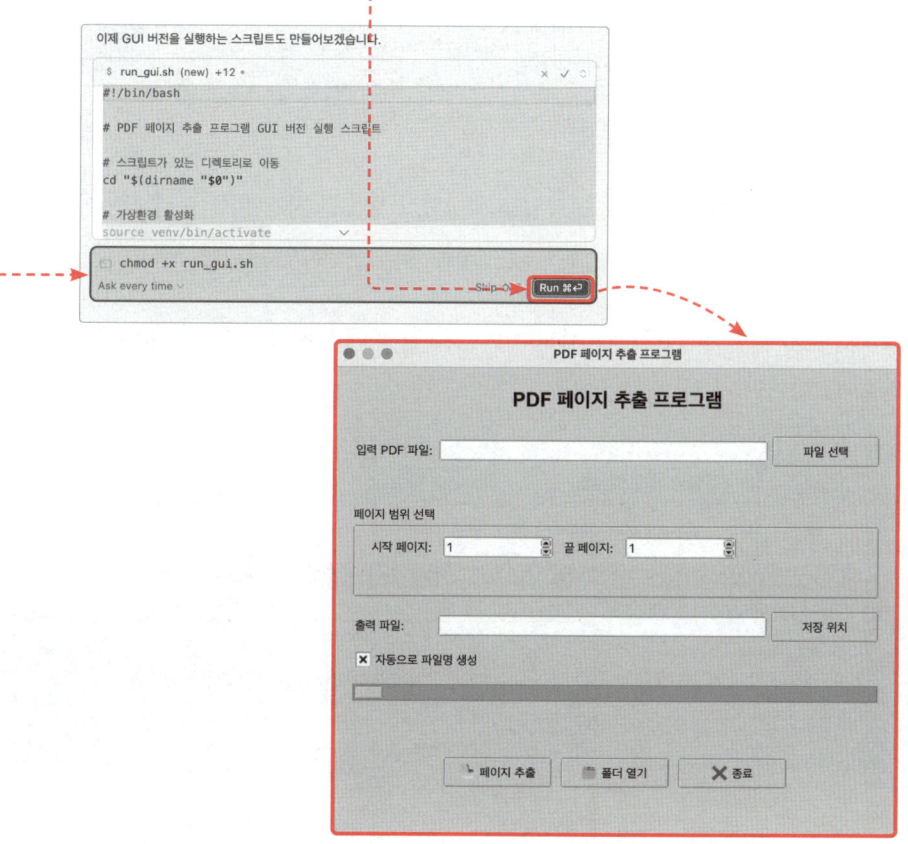

QR 코드 생성기와 마찬가지로 커서가 PDF 추출 프로그램도 몇 초 만에 만들어주었습니다. 프로그램을 사용하여 원하는 부분의 PDF 페이지를 추출하면 잘 동작하는 걸 알 수 있습니다.

07 하지만 아직 완벽하지 않습니다. 왜냐하면 프로그램을 실행하려면 여전히 GUI 기반의 실행 명령어를 입력해야 하기 때문이죠. 과정 **06**에서도 확인했듯이 **run_gui.sh**라는 명령어를 실행해야만 프로그램이 열립니다. 진짜 응용 프로그램처럼 아이콘을 더블클릭해서 실행하려면 어떻게 해야 할까요? 그러려면 응용 프로그램으로 빌드해야 합니다. 쉽게 말해 더블클릭으로 실행할 수 있는 형태의 프로그램으로 매듭을 짓는 것을 빌드한다고 합니다. 이 역시 커서에게 빌드해달라는 요청을 통해 실행해봅시다.

이 프로그램을 빌드해서 더블클릭으로 실행할 수 있게 해줘.

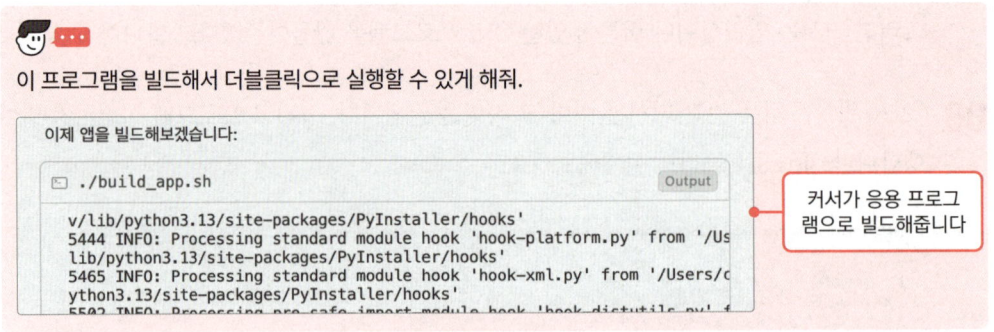

커서가 응용 프로그램으로 빌드해줍니다

그러면 커서가 여러분의 운영체제에 맞는 파일을 생성하고 빌드를 하기 위한 여러 작업을 진행할 것입니다. 모두 [V] 또는 [Keep]을 누르거나 [Run]을 눌러 진행하면 됩니다.

08 이 책은 macOS 환경에서 진행했으므로 **dist**라는 폴더 안에 **PDF 페이지 추출기.app**이라는 프로그램이 만들어졌습니다.

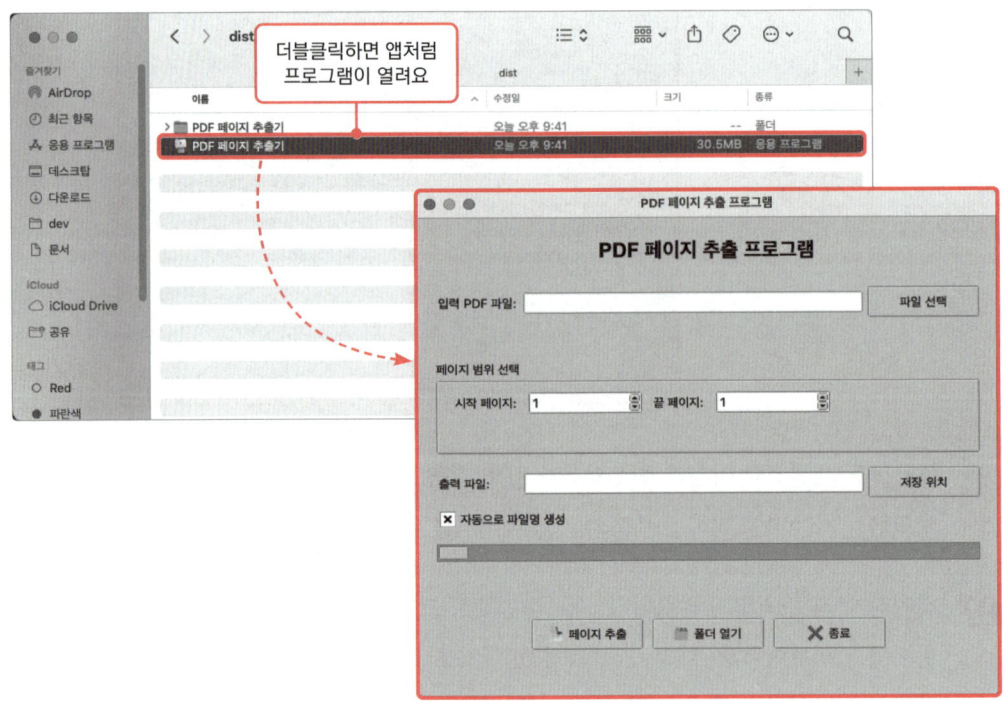

여러분이 평소에 사용하는 응용 프로그램들도 대부분 이런 과정으로 만들어진 것이죠. 개발 단계에서는 코드를 수정해가며 테스트한 다음 완성이 되었다고 생각하는 시점에 빌드하여 마무리하는 것입니다.

바이브 코딩 17 ▸ PDF 편집기 완성하기 : 페이지 이어 붙이기 기능

이렇게 PDF 페이지 추출 프로그램을 만들었지만 여기에 기능을 추가하고 싶을 수도 있습니다. 그럴 때는 프로그램을 수정해서 다시 빌드하면 됩니다. 완성된 프로그램은 친구들에게 공유하거나 배포할 수도 있겠죠. 이번에는 바이브 코딩 16 ▸ PDF 편집기 만들기 : 페이지 추출 기능 에서 만든 프로그램을 수정하여 페이지 이어 붙이기 기능까지 추가하여 다시 빌드해보겠습니다.

01 우선 커서에게 페이지 이어 붙이기 기능을 프로그램에 추가하고 싶다고 하면서 상세하게 요청하겠습니다.

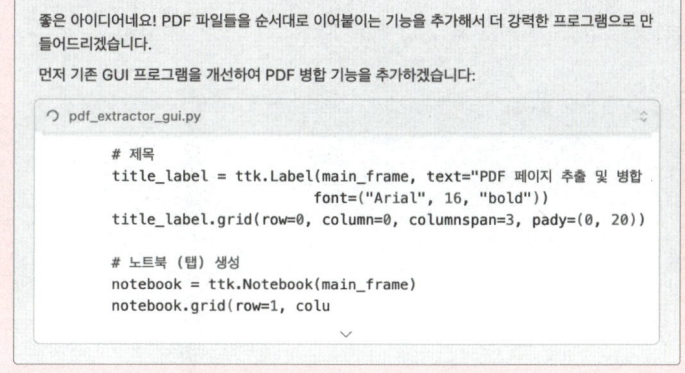

그러면 커서는 기존 프로그램에 기능을 추가하고, 알아서 빌드까지 마칩니다. 이미 빌드를 한 번 했기 때문에 커서는 여러분이 다시 빌드를 요청할 것이라고 짐작하고 동작하는 것이죠.

02 그 결과, 새로 빌드한 프로그램이 곧바로 완성되었습니다. 이제 여러분은 원하는 기능을 쉽게 추가하고 원하는 형태로 프로그램을 만들 수 있을 겁니다. 앞으로는 어떤 프로그램을 만들고 싶은가요? 회원가입 기능이 있는 웹사이트 만들기? 아니면 커서로 나만의 데스크톱 애플리케이션 만들기? 이제 무엇이든 커서와 함께 자유롭게 만들며 즐겨보세요!

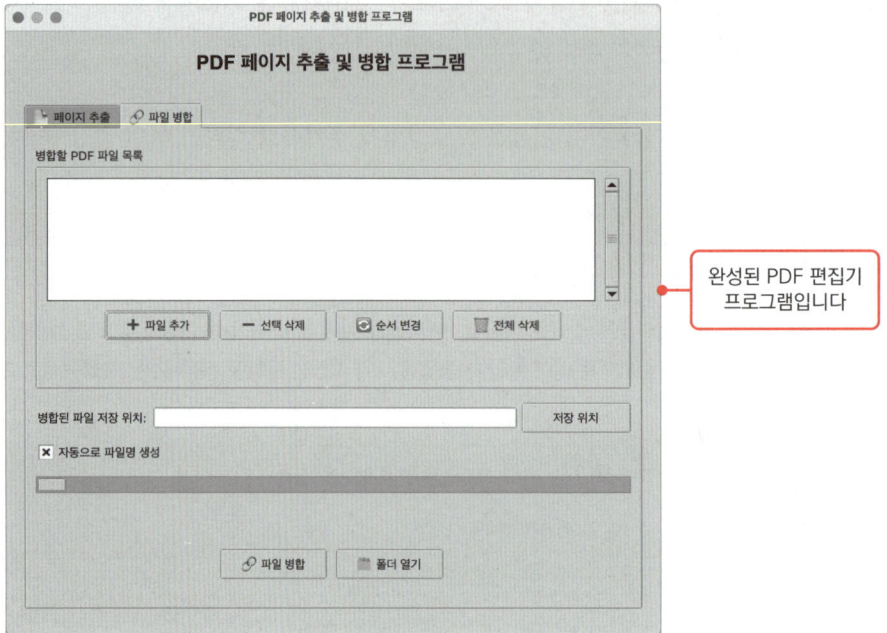

완성된 PDF 편집기 프로그램입니다

챕터 10

데이터를 이용하고 싶어 : API

유튜브
bit.ly/454XyQz

유튜브 영상으로
더 쉽게 공부하세요!

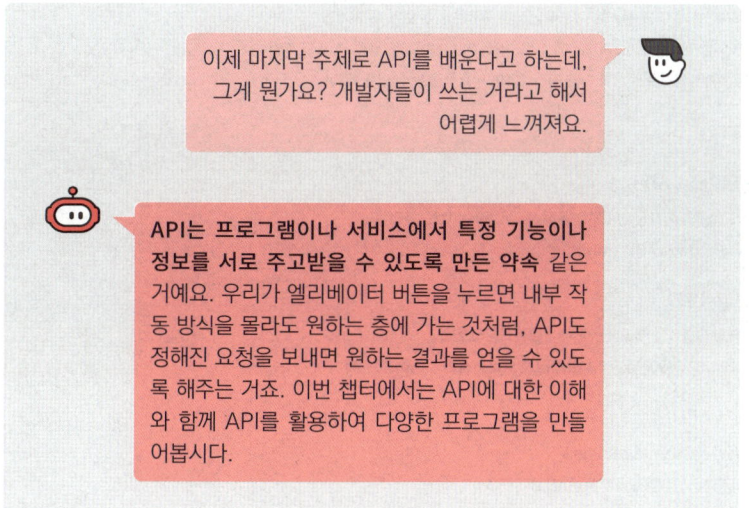

이제 **파트 01** **처음 만나는 커서와 CS 지식**의 마지막 주제, 대망의 API에 대해 알아볼 차례입니다. 여러분은 API를 사용해본 적이 있나요? 아마 대부분의 사람이 없다고 답할 것입니다. 그도 그럴 수밖에 없는 것이 API는 보통 개발자들이 사용하는 도구로, 프로그램 영역에서 이용되어 일반 사용자는 직접 접할 일이 거의 없거든요. 이번 챕터에서는 바로 그 API가 도대체 무엇인지, 그리고 얼마나 무궁무진하고 실용적인 방식으로 활용되는지 알아보겠습니다.

API가 뭐예요?

API를 검색하거나 커서에게 물어보면 이해하기 어렵거나 종종 더 알 수 없는 설명을 해줄 때가 있습니다. 때문에 우리는 API를 사용해보기도 전에 겁을 먹고 포기하는 경우가 있을 겁니다. 개념부터 제대로 이해하지 못하는데 API를 어떻게 활용할 수 있을까요? 다음은 AI에게 API란 무엇인지 이해할 수 있도록 설명을 요청한 것입니다.

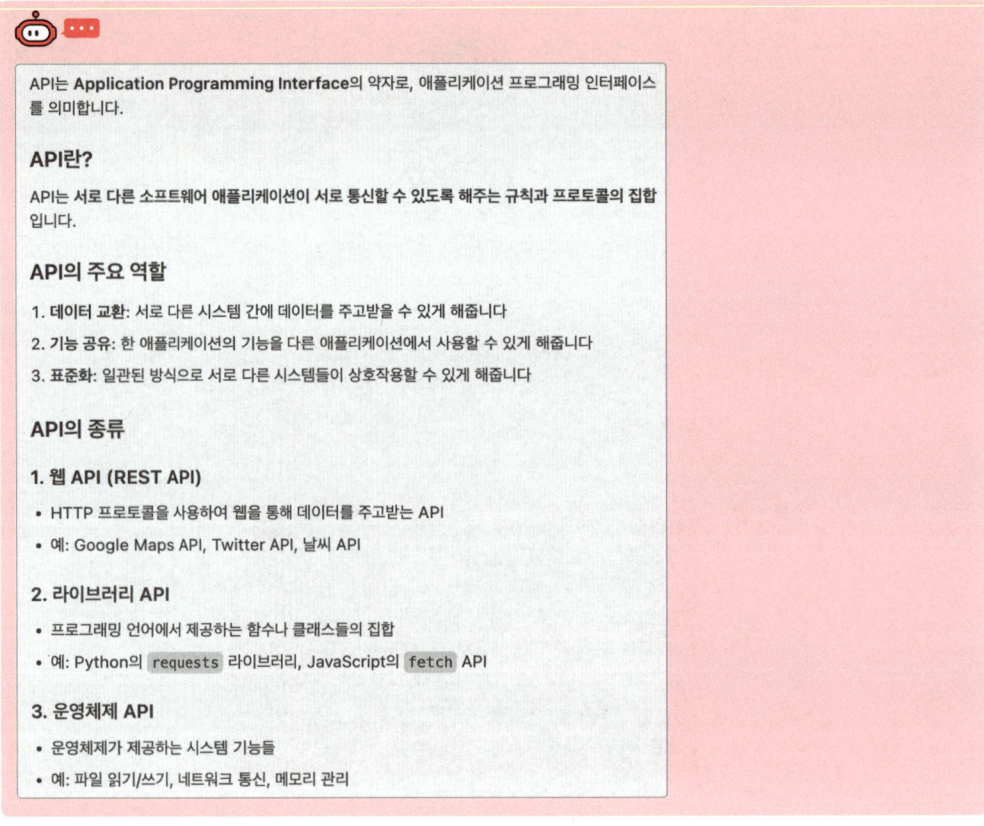

설명 속에서 반복되는 단어들을 유심히 들여다보면 API가 대략 무슨 뜻인지 알아챌 수 있습니다. 다음과 같이 자주 등장하는 단어들을 한 번 살펴보세요.

- 통신, 교환, 주고받을, 사용, 상호작용, 주고받는, 제공

이런 단어를 보면 API는 결국 무언가를 주고받는 즉, 서로 교환하는 것이 주된 목적인 것 같습니다. 실제로도 그렇습니다. API는 누군가가 이미 개발해둔 프로그램이나 서비스로, 그 프로그램이나 서비스의 목적은 기능이나 어떤 무언가를 제공하는 것에 있습니다. 실생활에서 API를 이해할 수 있는 좋

은 비유는 바로 엘리베이터입니다. 엘리베이터는 어떤 방식으로 작동할까요?

엘리베이터로 API 이해하기

여러분은 엘리베이터를 이용할 때, 그 안에 어떤 기술로 인해 엘리베이터가 동작하는지 알고 있진 않을 겁니다. 예를 들어, '위로 올라가는 버튼을 누르면 OOO 알고리즘에 따라 엘리베이터가 현재 있는 위치를 파악한 다음, 사용자의 요청을 분석해 최적의 경로를 선택하여…'와 같은 생각을 하며 탑승하는 사람은 없습니다. 우리는 ❶ 그저 [▲] 또는 [▼] 버튼을 눌러서 엘리베이터가 오면 탑승하고, 원하는 층을 눌러 이동할 뿐입니다. 다음과 같이 말이죠. ❷ 이때 중간 과정은 몰라도 됩니다. ❸ 우리가 알아야 하는 건 엘리베이터의 버튼을 누르면 원하는 층에 도착한다는 '약속된 동작'입니다. 이것만 알면 충분하죠.

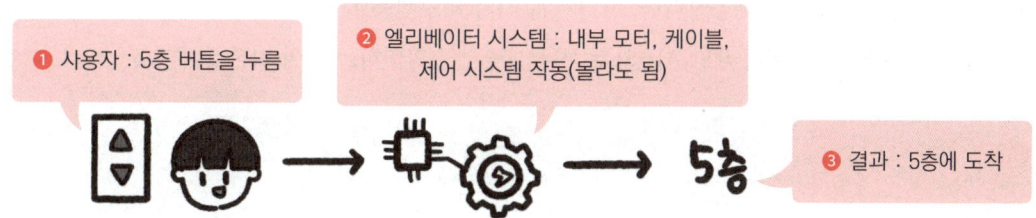

이것이 바로 API의 개념입니다. API는 정해진 약속에 따라 요청을 보내면 사용자는 중간 과정이나 복잡한 내부 구조를 몰라도 원하는 결과를 얻을 수 있도록 설계된 구조로 되어 있습니다. 마치 엘리베이터의 버튼만 누르면 누구든 원하는 층으로 데려다주는 것과 같은 원리입니다.

리모컨으로 API 이해하기

또 다른 예로 에어컨 리모컨을 생각해봅시다. 무더운 여름, 에어컨을 켜기 위해 리모컨을 들었을 때, 그 리모컨이 내부적으로 어떻게 작동하고 에어컨에게 신호를 보내는지 아는 사람은 많지 않습니다. 고민 없이 전원 버튼을 한 번 딸깍 누르면 바로 작동되며, 온도가 너무 높을 땐 [온도 내리기] 버튼을, 바람의 방향을 바꾸고 싶을 땐 [바람 전환] 버튼을 눌러 에어컨을 조작만 하면 되니까요. 이처럼 어떻게 작동하는지 몰라도 약속된 버튼만 누르면 원하는 결과를 얻을 수 있는 점에서 리모컨 역시 API와 유사한 구조입니다.

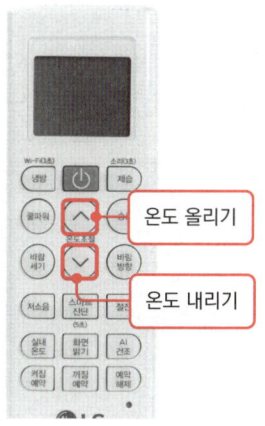

이 정도면 API의 개념과 이해가 어느 정도 와닿을 것입니다. 기억하세요. API는 누군가가 미리 설계하여 만든 것으로, 사용자는 그것이 어떻게 만들어졌는지 내부 구조나 제작 방식 등을 몰라도, 약속된 입력만 하면 약속된 결과를 얻을 수 있습니다. 이 원리를 이해했다면 어떤 API든 충분히 다룰 수 있습니다. 그럼 간단하면서도 다양한 예제를 만들어보며 API 사용 감각을 익혀봅시다.

바이브 코딩 18  랜덤 이미지를 주는 API로 미술관 사이트 만들기

처음으로 연습해볼 API는 아주 간단한 기능을 가진 Lorem Picsum입니다. 이 API는 이름에서 느껴지듯이 말 그대로 어떤 입력값을 주면 그에 맞는 랜덤 이미지를 주는 간단한 API입니다. 보통 API는 사용법이 정리된 문서를 제공합니다. 따라서 우리가 리모컨을 사용할 때 설명서를 참고하는 것처럼, API도 사용하기 위해서는 해당 API의 문서나 설명서를 확인하는 것이 기본입니다.

> **NOTE** 물론 리모컨은 사용법이 거기서 거기이므로 실제로 설명서를 읽어보는 사람은 거의 없습니다.

01 다음 사이트에 접속하면 랜덤 이미지 API를 사용하는 설명서가 있습니다. 이 문서는 비교적 친절하게도 요청 방식과 응답 결과를 그림으로 보여주기 때문에 처음 접하는 사람도 쉽게 이해할 수 있습니다. 다음 사이트에 접속하여 어떤 구성으로 되어 있는지 살펴보세요.

- **Lorem Picsum 홈페이지** : picsum.photos

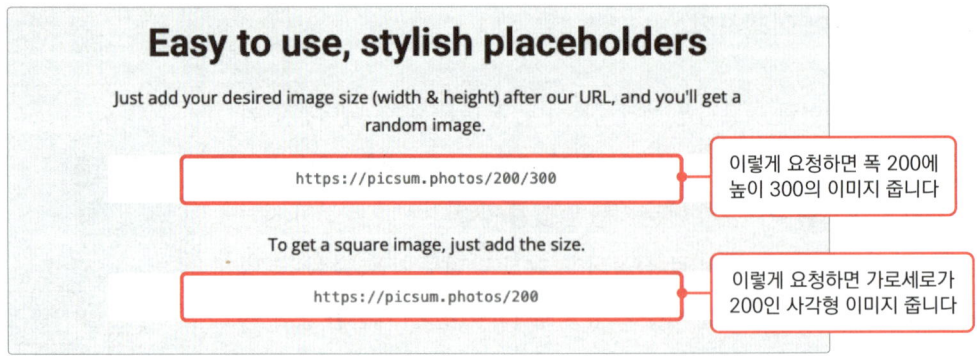

02 리모컨처럼 버튼을 누르면 어떤 동작이 실행되는 것과 비슷하게 동작할 겁니다. API 설명서를 보면 웹 브라우저에 주소를 입력하라는 것처럼 보이네요. 실제로 주소를 입력해보겠습니다. 웹 브라우저에 picsum.photos/300를 입력해 접속해보세요. 그러면 가로세로 300인 사각형 형태의 랜덤 이미지가 나타납니다.

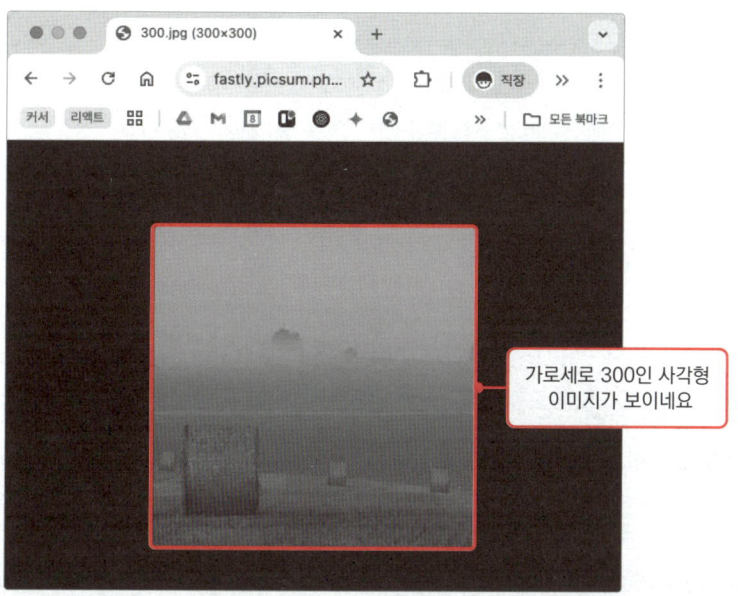

가로세로 300인 사각형 이미지가 보이네요

중간 과정은 알 수 없지만 약속한 이미지를 얻었습니다. 그런데 이걸로 뭘 할 수 있을까요? API는 '어떻게 활용하느냐'에 따라 그 가치가 달라집니다. 예를 들어, 누군가가 랜덤 이미지로 가상의 사진 전시회 사이트를 만들어 제공하고 싶다면, 그 사람에게는 랜덤 이미지를 주는 API가 꽤 유용한 자원이 되겠죠? 이처럼 API를 만드는 사람은 자신이 수집해 API로 제공하는 데이터가 유용하다고 여긴다면 돈을 받고 팔 수도 있습니다. 실시간으로 시세가 변동하는 부동산 데이터를 싹 다 모아서 제공하는 API를 만들었다고 가정해봅시다. 이 부동산 API를 제공하는 사람은 부동산 애플리케이션을 만드는 사람에게 API 사용권을 팔 수 있겠죠. 물론 Lorem Picsum의 랜덤 이미지 API를 만든 사람은 '랜덤 이미지를 무료로 주는 API를 만들어봤어. 어떻게 쓸지는 너희가 알아서 해.'라는 의도였겠지만요. API의 세계는 그렇게 돌아갑니다.

03 자, 이제 커서를 이용하여 실제로 가상의 랜덤 사진 전시회 사이트를 만들어보겠습니다. 커서를 열고 빈 폴더를 준비한 다음 이 API를 알려주면서 가상의 사진 전시회처럼 보이는 웹사이트를 만들어보라고 하겠습니다. Lorem Picsum은 한 번 요청에 랜덤 이미지 1장만 주니까, 커서에게 30번 요청해서 30개의 이미지를 받으라고 하면 됩니다.

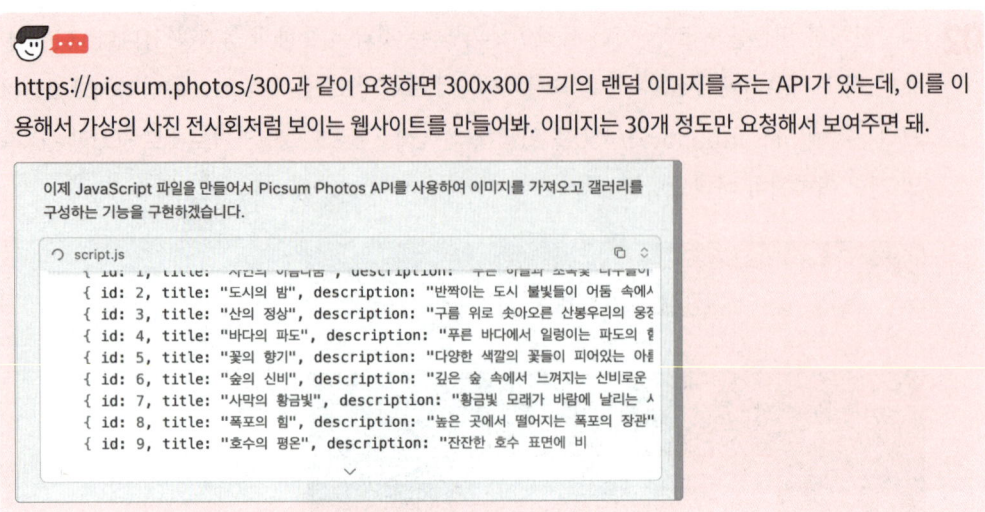

커서로 작업을 진행하는 중간에 'API를 이용하여 이미지를 가져오고…'라는 메시지가 보일 겁니다. 바로 이 부분이 API를 호출하는 핵심 코드가 들어 있는 작업입니다. 이처럼 API 요청은 웹 브라우저에 주소를 입력하는 방식만 있는 것은 아닙니다. 코드를 통해서도 얼마든지 API를 호출할 수 있습니다.

04 이제 만들어진 사이트를 한 번 열어보세요. 놀랍게도 진짜 사진 전시회 사이트와 비슷하게 만들어진 것을 확인할 수 있습니다. 페이지를 여는 순간 API 호출을 통해서 이미지를 가져오고 로딩하는 것도 눈에 보입니다.

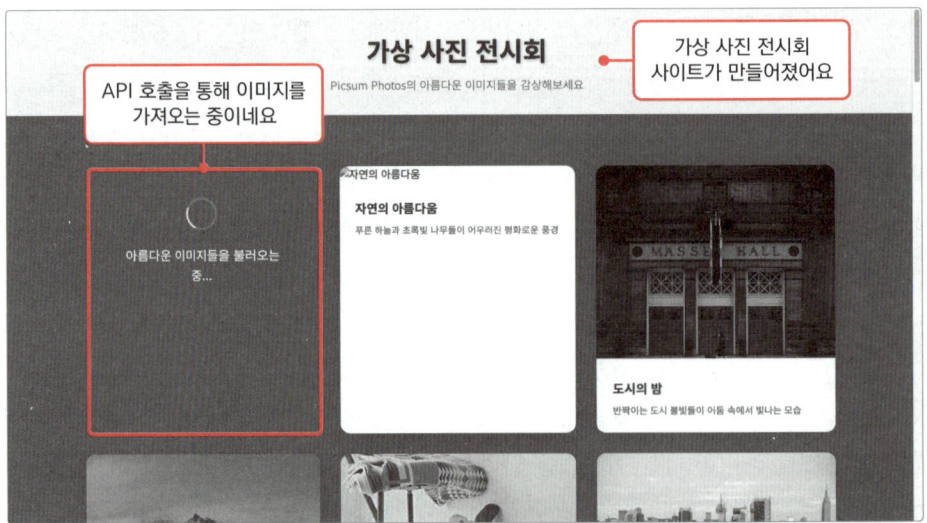

물론 이번에 커서에게 요청해서 만든 전시회 사이트에는 이미지와 함께 설명이 들어가 있는 것을 볼 수 있습니다. 실제로 랜덤한 이미지로 구성된 전시회 사이트라 그 설명과는 잘 맞지 않을 겁니다. 이럴 땐 커서에게 설명을 지워달라고 요청하면 간단히 해결할 수 있겠죠?

이번 실습에서의 핵심은 여러분이 직접 이미지를 찾거나, 내려받거나, 사이트에 업로드하지 않아도 API를 통해 이미지를 얻을 수 있다는 점입니다. 여러분의 사이트에는 30개나 되는 이미지가 사용되었지만, 그 이미지들을 하나하나 찾거나 일일이 저장하여 서버에 올리는 작업이 필요 없습니다. https://picsum.photos/300과 같이 API를 통해 필요한 데이터를 요청해서 가져온 다음 그냥 사이트에 적용하기만 하면 되는 거죠. 이처럼 API는 여러분의 개발에 필요한 리소스를 쉽고 빠르게 얻게 하며 편리하게 활용할 수 있도록 해줍니다.

여러분은 실제 예제를 통해 API를 어떻게 활용하는지 직접 체험했습니다. 이를 통해 번거로운 과정은 생략하고 간단한 요청만으로 원하는 데이터를 쉽게 가져오는 API의 장점을 확인했을 겁니다. 다음 실습에서는 공공데이터 API를 활용하여 데이터를 가져오고 나만의 대시보드를 만들며 API 활용에 더 익숙해져 봅시다.

바이브 코딩 19 ▶ 한국거래소 주식 데이터 API로 나만의 대시보드 만들기

전작인 《이게 되네? 챗GPT 미친 크롤링 24제》를 출간한 이후 독자들에게 가장 많이 받은 질문은 주식 데이터 크롤링에 대한 것이었습니다. 사실 주식 데이터는 크롤링을 하지 않아도 API만 사용할 줄 알면 훨씬 더 정확하고 안정적으로 데이터를 가져올 수 있습니다. 이번에는 공공데이터 포털의 주식 데이터를 이용해보겠습니다.

공공데이터 포털이라고 하면 복잡하게 생각하는 사람이 많습니다. 하지만 전반적인 API 활용 과정은 다음과 같이 3단계로 진행하므로 어렵게 생각할 필요가 없습니다.

1. API 활용 신청을 한다.
2. API 키를 발급받는다.
3. API 문서를 참고해 API 키와 함께 데이터를 요청한다.

복잡하게 보이는 일도 겁먹을 필요 없이 이렇게 단계별로 나누어 생각하면 쉽게 느껴질 겁니다.

우리는 필요한 API 키를 신청한 후에 그 키로 데이터 요청만 제대로 해주면 됩니다.

01 본격적으로 공공데이터 포털의 한국거래소 주식 데이터를 이용해서 나만의 대시보드를 만들어 보겠습니다. 먼저 다음 주소를 통해 공공데이터 포털의 주식시세정보에 접속합니다.

- **공공데이터 포털 - 한국거래소 주식 데이터** : bit.ly/3IbKrnQ

02 공공데이터 포털에 회원가입을 한 다음 [활용신청]을 눌러봅니다. 그러면 활용 목적과 라이선스 표시 등 기본적인 내용을 입력하라고 합니다. 활용 목적 등 적당히 내용을 입력하고 '동의합니다'에 체크한 다음 [활용신청]을 눌러 마무리합니다.

03 그러면 활용신청 현황에 여러분이 신청한 공공 API가 추가될 것입니다. 우리가 신청한 API는 '금융위원회_주식시세정보'이므로 해당 목록을 눌러봅니다.

04 이제 목록을 눌러 신청한 API 항목으로 들어가면 API 설명 문서와 함께 두 종류의 API 키가 있을 것입니다. 이 API 키는 앞으로 데이터를 요청할 때 필요하니, 반드시 복사해두세요!

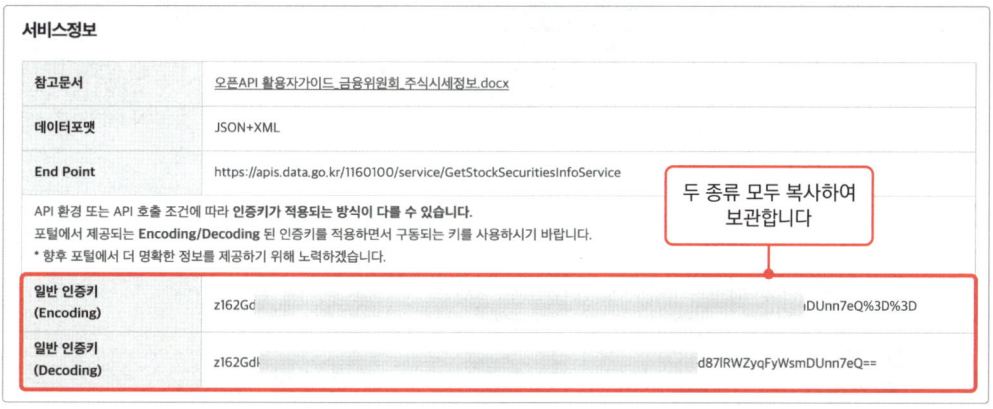

챕터 10 데이터를 이용하고 싶어 : API   155

05 조금만 더 아래로 내려보면 해당 공공 API의 일일 호출 횟수도 정해져 있습니다. 우리가 고른 주식시세정보 API는 하루에 무려 10,000번까지 요청할 수 있는 꽤 넉넉한 API입니다.

NO	상세기능	설명	일일 트래픽	미리보기
1	주식시세	KRX에 상장된 주식의 시세 정보를 제공	10000	확인
2	수익증권시세	KRX에 상장된 수익증권의 시세 정보를 제공	10000	확인
3	신주인수권증권시세	KRX에 상장된 신주인수권증권시세 정보를 제공	10000	확인
4	신주인수권증서시세	KRX에 상장된 신주인수권증서시세 정보를 제공	10000	확인

06 이제 필요한 것은 API 키와 API 설명 문서입니다. 보통 공공 API는 설명 문서를 워드 파일 형태로 제공합니다. 서비스 정보 아래에 있는 ❶ 참고문서의 워드 파일을 다운로드하여 파일을 열고, `Ctrl` + `A` → `Ctrl` + `C`로 전체 내용을 복사한 뒤, ❷ 커서에 새 파일을 만든 다음 ❸ 복사한 내용을 붙여 넣어 텍스트 파일(.txt)로 저장합니다. 그러면 커서가 보고 파일을 참고할 수 있습니다. 따로 서식이나 텍스트 내용은 정리하지 않아도 됩니다. 참고로 커서는 사람이 아니라서 서식이나 줄 간격, 복잡한 구조를 따지지 않습니다. 그냥 텍스트만 잘 담겨 있으면 알아서 문서를 해석해줍니다. 여기서는 **주식api.txt**라는 이름으로 새 파일을 만든 뒤 복사한 내용을 붙여 넣고 저장해주었습니다.

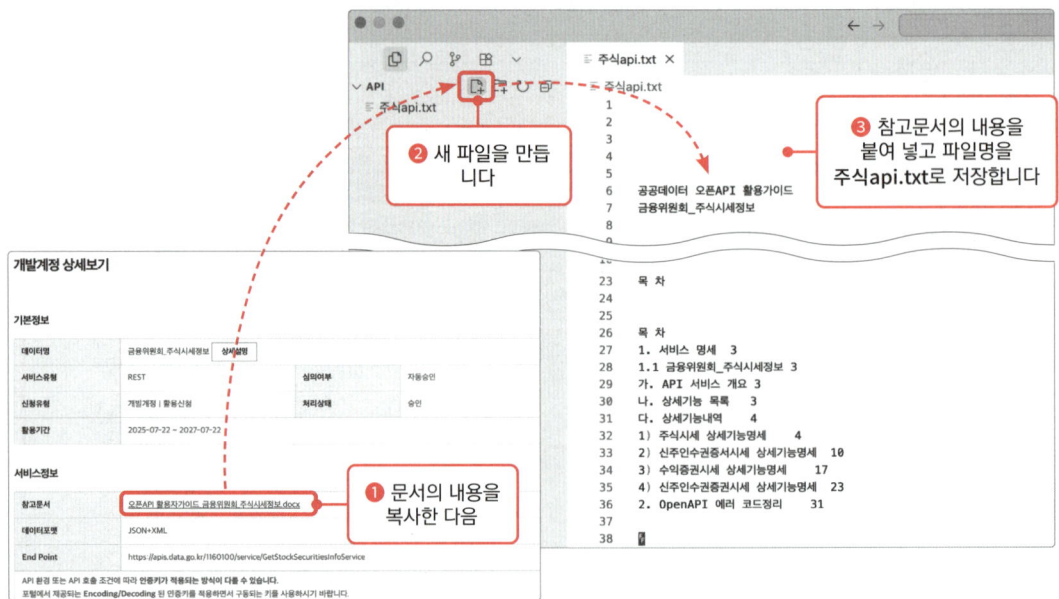

07 커서에게 다음과 같이 부탁해서 주식 대시보드를 만들어달라고 합니다.

> @주식api.txt에는 주식 API 설명서가 적혀 있어, 이 내용을 보고 한국 주식 가격이 가장 비싼 순서대로 50개의 주식에 대한 정보를 보여주는 대시보드를 가장 간단한 웹 기술로 만들어줘. API 키는 다음 둘 중 하나로 되는 것을 사용하면 돼.
>
> - **API 키 1** : z162GdkAm**ed87lRWZyqFyWsmDUnn7eQ%3D%3D
> - **API 키 2** : z162GdkAmqPTLw5Qv**87lRWZyqFyWsmDUnn7eQ==

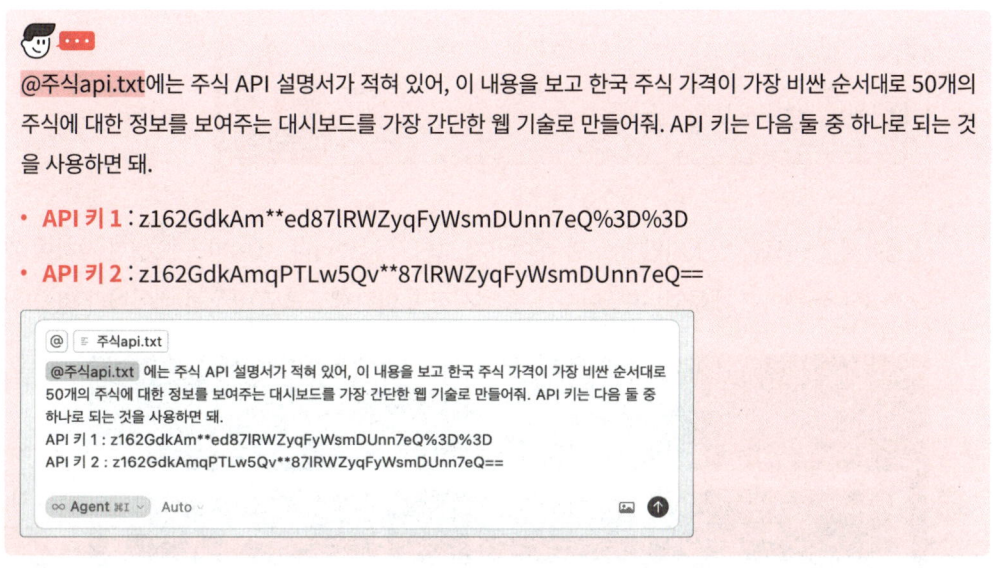

> NOTE 여기서 사용한 API 키는 과정 **04**에서 복사해두었던 두 개의 API 키입니다.

08 그러면 커서가 주식 API 설명서를 읽고 알아서 필요한 내용을 찾아 코딩하기 시작합니다. 모든 과정이 다 진행될 때까지 기다렸다가 코드에 반영하세요.

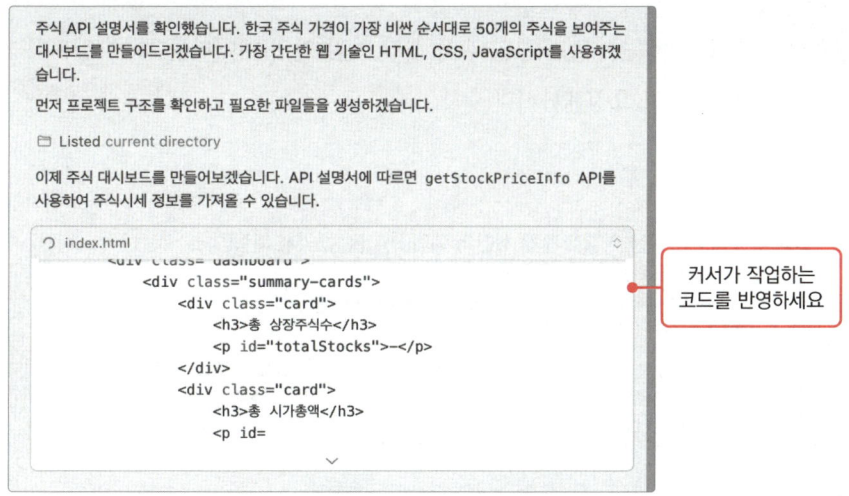

커서가 작업하는 코드를 반영하세요

09 모든 과정이 끝나면 **index.html**을 열어준다고 할 겁니다. [Run]을 눌러 실행하거나 직접 **index.html**을 열면 됩니다.

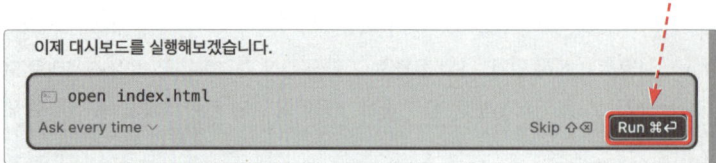

실행해서 사이트를 열었지만 아무런 데이터가 보이지 않습니다. 데이터를 요청한 시각이 7월 9일 오후 8시 35분이기 때문입니다. 이때는 주식 시장이 마감했으므로 아무런 데이터가 없습니다.

> **NOTE** 상황에 따라 Next.js로 개발하여 서버를 열어줄 수도 있습니다. 만약 Next.js 서버를 열어 확인하기 어렵게 느껴지면 커서에게 '지금 만든 프로그램을 HTML, CSS, 자바스크립트로 개발해줘'라고 이야기하면 됩니다.

10 날짜를 선택하여 [새로고침]을 누르면 그날 주식 시장 마감 전의 데이터를 볼 수 있도록 커서에게 프로그램을 수정해달라고 요청해봅시다.

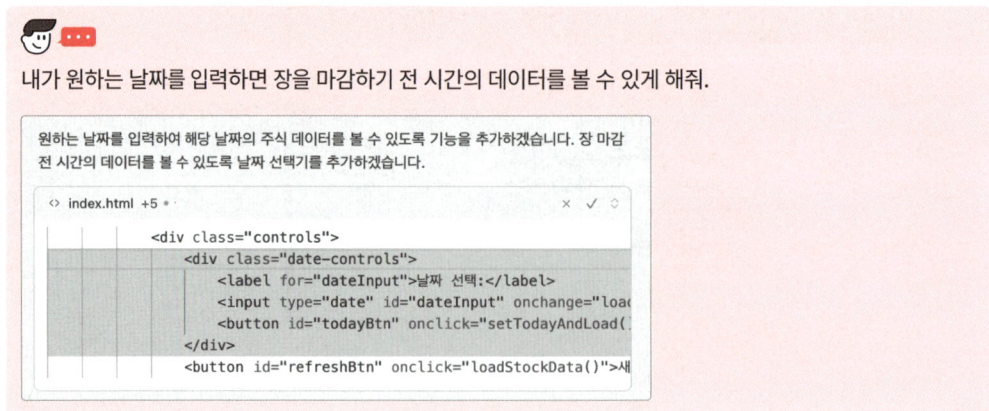

11 코드 수정을 마친 후 새로고침하여 index.html 파일을 다시 열면 제대로 동작할 것입니다.

12 만약 주식 데이터 항목 중 종가가 원화 단위가 아니라서 마음에 들지 않다면 어떻게 해야 할까요? 커서에게 수정을 요청하면 됩니다.

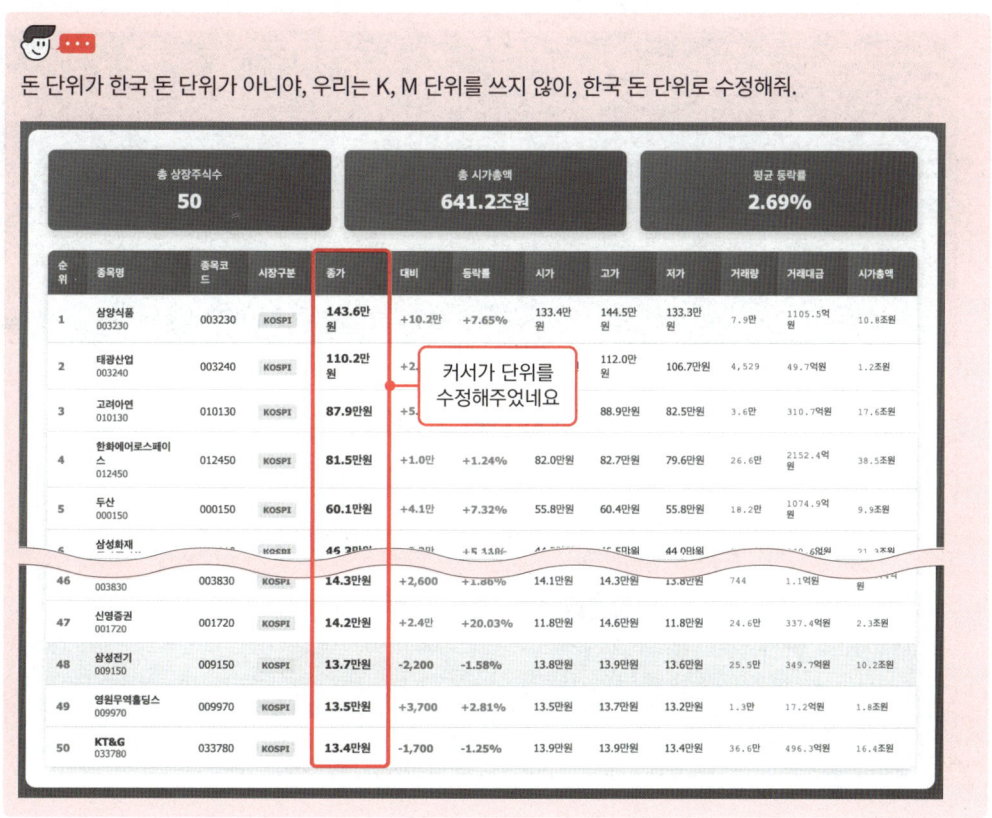

챕터 10 데이터를 이용하고 싶어 : API

이제 아주 쉽게 한국 주식 데이터를 수집할 수 있게 되었습니다. 이것이 바로 API의 힘이며, 이번 실습을 통해 API를 어떻게 활용하는지 감을 잡았기 바랍니다. 사실 여러분이 필요로 하는 데이터는 이미 대부분 API 형태로 제공하고 있습니다. 따라서 수요가 많은 데이터는 크롤링하기 전에 API가 제공되는지 먼저 확인하는 것을 추천합니다.

바이브 코딩 20 ▶ 식당 추천 사이트 만들기
난이도 중!

이번에는 공공 API를 이용해서 4,300개의 식당 정보를 제공하는 사이트를 만들어보겠습니다. 전반적인 내용은 `바이브 코딩 19 ▶ 한국거래소 주식 데이터 API로 나만의 대시보드 만들기`와 같지만, 식당 정보를 검색하거나 마음에 드는 식당 주소를 복사하는 등 실제로 유용한 기능을 추가하는 데 실습의 의의가 있습니다. 앞에서는 HTML, CSS, Javascript를 활용해 프로그램을 만들었다면, 이번에는 리액트React라는 기술을 사용해보겠습니다. 다음 그림은 공공 API를 활용해 광주광역시 서구의 식당 데이터를 가지고 15분 만에 만든 맛집 검색 사이트입니다. 지금부터 이 사이트를 만들어봅시다.

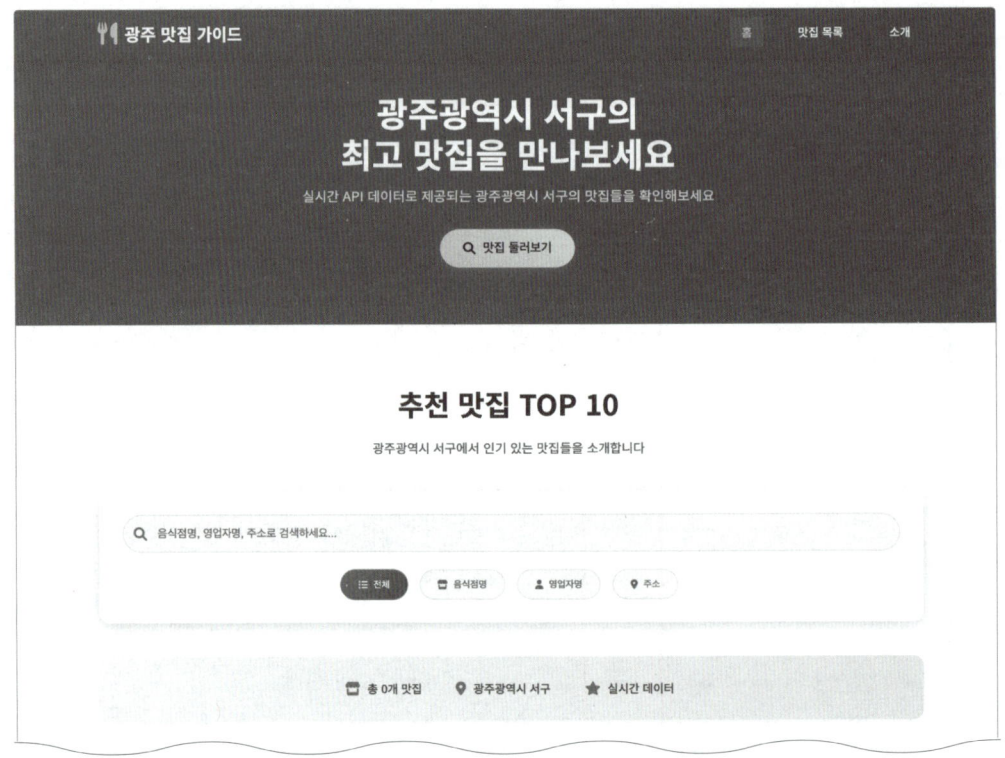

01 먼저 공공데이터 포털 홈페이지에 접속한 다음 API에서 식당 데이터를 골라보겠습니다. 메인 화면에서 스크롤을 내려 [카테고리]에서 [식품건강]을 누릅니다.

- **공공데이터 포털 홈페이지** : www.data.go.kr/#

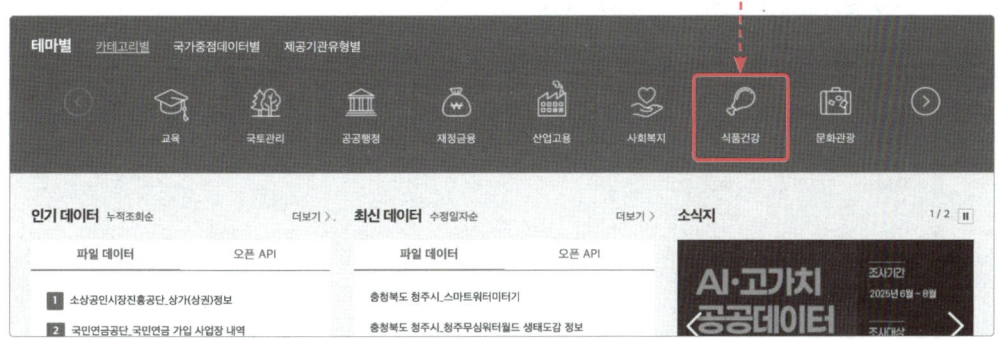

02 API 목록에서 검색을 통해 '광주광역시 서구_음식점'을 찾아 선택하여 상세 페이지로 이동합니다. 그런 다음 [오픈 API]를 누르고 [활용신청]을 클릭하세요. **바이브 코딩 19 한국거래소 주식 데이터 API로 나만의 대시보드 만들기**에서 진행했던 것처럼 활용목적 등 간단한 신청 양식을 입력하고 [활용신청]을 눌러 마무리하세요.

> **NOTE** 활용 신청을 하려면 오픈 API에 로그인된 상태여야 합니다.

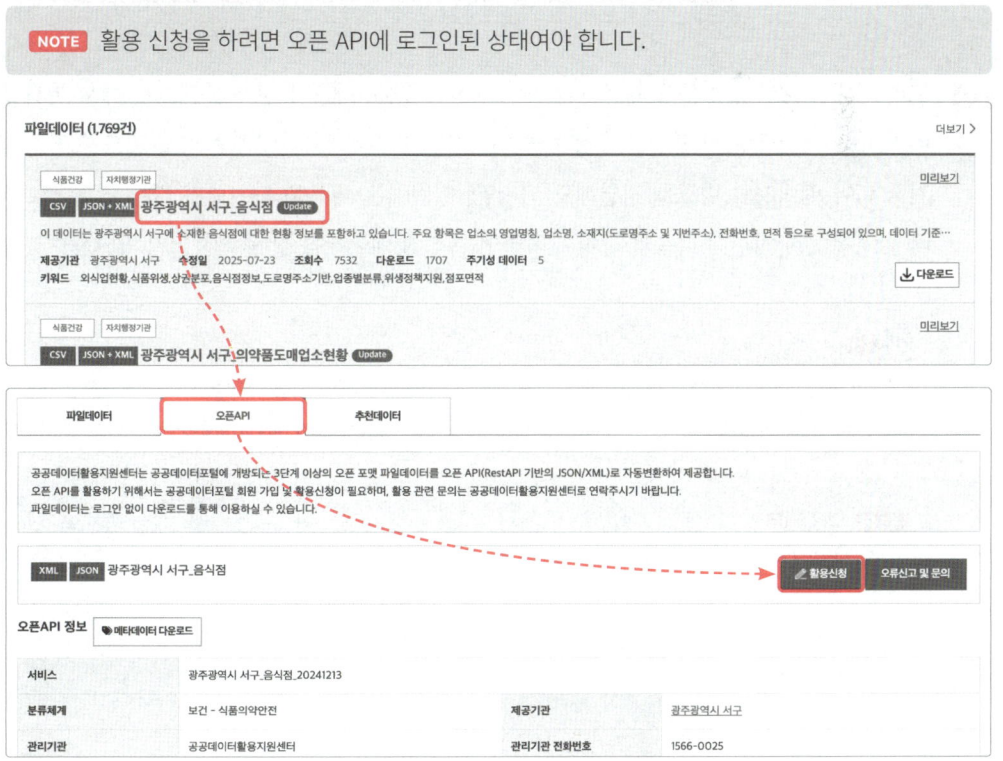

03 API를 활용하려면 요청한 광주광역시 서구_음식점의 API에 대한 키를 이용해야 합니다. 다음 화면을 참고해서 서비스 정보에 있는 키 2개를 잘 복사해두었다가 프롬프트에 활용합시다.

04 그리고 나서 해당 API 문서 페이지에 있는 내용을 Ctrl + A 나 전체 드래그를 해서 복사합니다. 이 내용을 그대로 커서 채팅창에 붙여넣기를 하면 커서가 해당 내용을 보고 코드를 작성합니다. 커서에 이 페이지의 링크를 전달해도 되지만, 이번에는 내용을 붙여넣기 하는 방법으로 해봅시다. 내용을 전달하면서 다음과 같이 부탁하여 음식점 데이터를 잘 출력하는지 확인해보겠습니다.

> <복사한 텍스트>를 참고해서 음식점 데이터 10개만 출력해줄래? API 키는 <키1>, <키2> 둘 중 하나를 사용하면 돼. 되는 것을 사용해. 음식점 데이터는 HTML, CSS, Javascript를 이용해서 보여줘.

 과정 **04**의 API 문서 페이지는 [활용신청]을 눌러 이동하여 보이는 개발계정 상세보기 페이지의 내용을 전체 복사하여 커서에게 전달하세요.

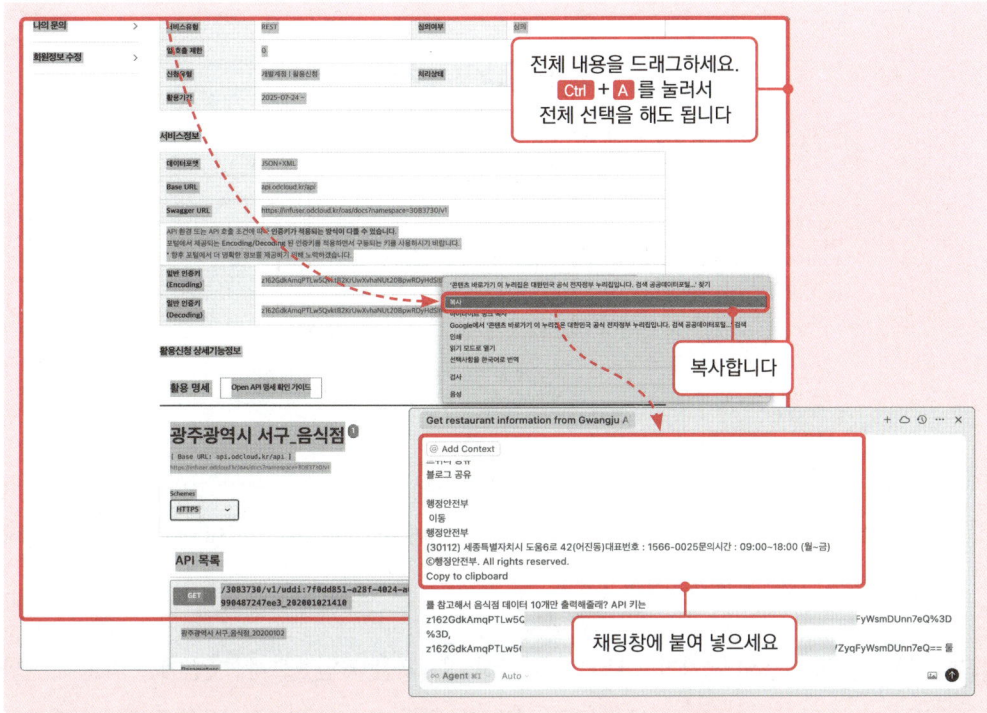

05 커서가 요청에 따라 광주광역시 서구 음식점의 오픈 API에서 받은 데이터를 웹사이트에 보여주는 코드를 작성하고 파일을 열도록 안내합니다.

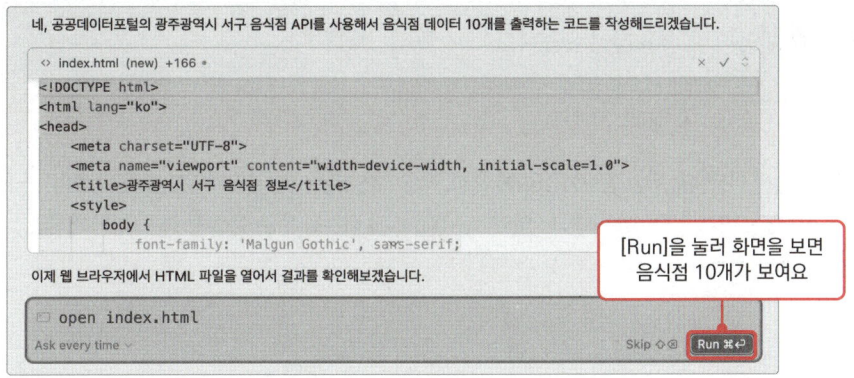

06 [Run]을 누르거나 커서에게 **index.html** 파일을 열어 달라고 요청하세요. 화면에 음식점 10개의 목록이 보입니다. 이 데이터는 커서가 임의로 만든 값이 아니라 여러분이 직접 활용 신청한 공공 데이터 오픈 API를 통해 불러온 광주광역시 서구 음식점 데이터를 가져온 값입니다. 화면에 나온 음식점 중 하나를 검색하면 실제로 영업 중인 가게인 것을 확인할 수 있습니다.

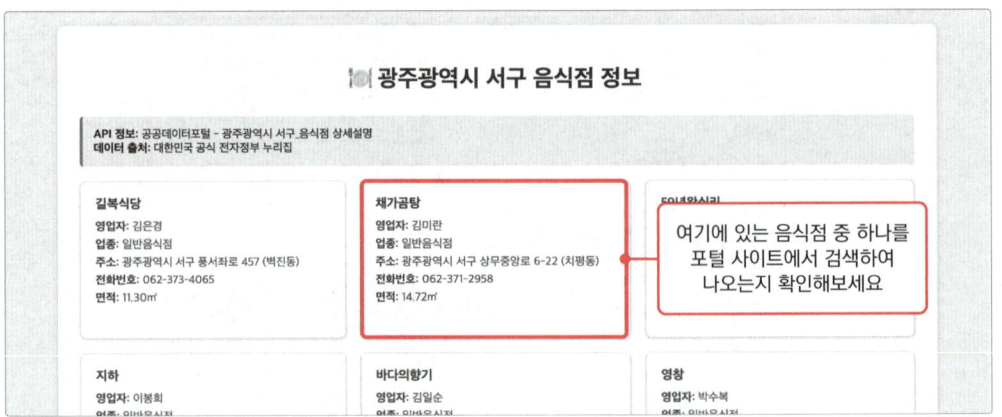

이처럼 초기의 부동산 앱이나 음식점 앱과 같은 서비스도 대부분 이런 방식으로 만들어졌습니다. 직접 데이터를 일일이 수집할 필요 없이 정부에서 수집한 데이터인 공공 API를 사용하여 유용하면서도 다양한 앱을 만든 것이죠.

07 커서가 API 사용법을 익히고 데이터를 가져오는 것을 확인했으니, 이번에는 기술에 변화를 주겠습니다. 앞서 [챕터 04] **눈으로 보고, 상호작용할 수 있는 영역 : 프런트엔드**에서 설명했듯이 이렇게 반복되는 형식의 데이터는 리액트를 쓰는 것이 매우 효율적인 도구입니다. 음식점 목록처럼 구조는 비슷하지만, 그 안에 담기는 실제 데이터는 매번 달라지기 때문에 리액트를 쓰면 훨씬 더 효율적으로 만들 수 있습니다. 이번에는 프롬프트도 조금 더 구체적으로 작성하면서 커서에게 리액트를 활용하라고 요청하겠습니다.

이제 리액트 기술을 이용해서 식당 정보가 보이게 해줘, 식당 리스트를 모두 로딩해두고, 최초에 보이는 식당 리스트는 3열 4행으로 12개만 보이게 해줘, 맨 아래에는 [더 보기] 버튼을 누를 수 있게 해주고, 이 버튼을 누르면 12개씩 추가로 보여지게 해줘.

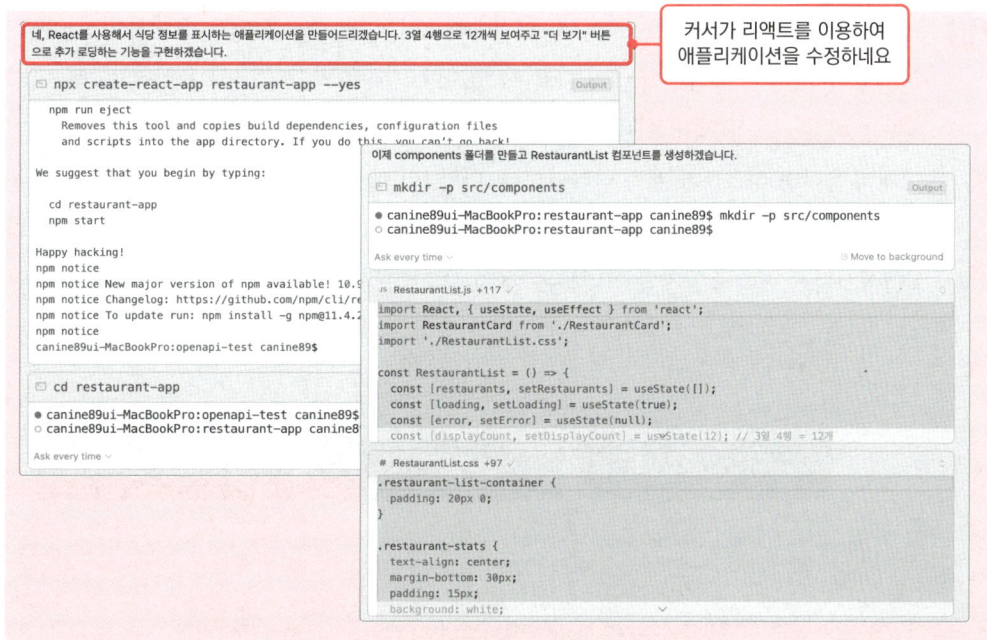

그러면 커서는 폴더를 만들고 컴포넌트를 생성하는 등 다양한 작업을 진행하여 코드를 작성해 줍니다. 진행 중간에 [Run] 버튼이 나타나면 모두 눌러 허용하면서 화면이 나올 때까지 수행합니다.

08 마지막 단계에서 **npm start**를 실행할 때 오류가 발생할 수 있습니다. **리액트는 새 폴더를 만들어 작업을 진행하므로 반드시 생성된 해당 폴더 안에서 명령어를 실행해야 합니다.** 서버 실행 방법은 여러 번 설명했으니 그림으로 설명을 대신합니다.

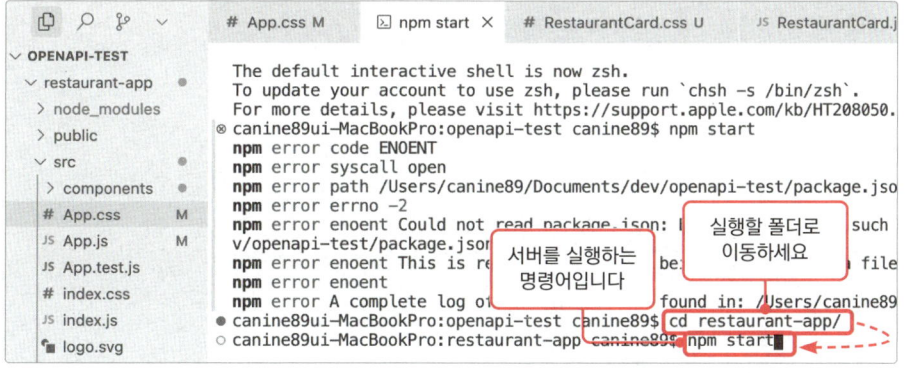

09 서버를 실행한 다음 localhost:3000에 접속해보면 식당 추천 사이트가 만들어진 것을 확인할 수 있습니다. 화면 구성은 조금씩 다를 수 있지만, 광주광역시 서구의 음식점 목록을 가져와 보여주는 핵심 기능은 제대로 작동할 것입니다. 화면 맨 아래에 있는 [더 보기]를 누르면 한 번에 12개씩 음식점 리스트가 계속 나타납니다. 만약 [더 보기] 버튼을 누르는 방식이 마음에 들지 않는다면 커서에게 '드래그로 무한 스크롤링을 구현을 해줘'라고 추가 프롬프팅하면 됩니다. 이번 실습에서는 구현하지 않지만 여러분은 한 번 시도해보세요.

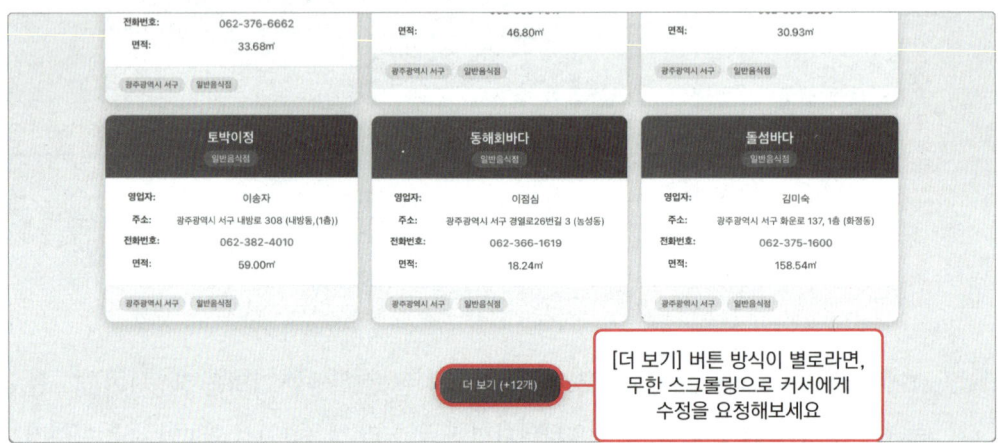

10 이제 검색 기능만 추가하면 완성입니다. 커서에게 다음과 같이 부탁해서 검색 기능을 넣어 마무리해봅니다.

>
>
> 이제 검색 기능을 추가해줘. 식당 이름 또는 주소로 검색했을 때 검색한 식당의 리스트가 보이면 좋겠어. 검색어를 다 입력하고 [검색하기]를 누르면 검색하게 해줘.

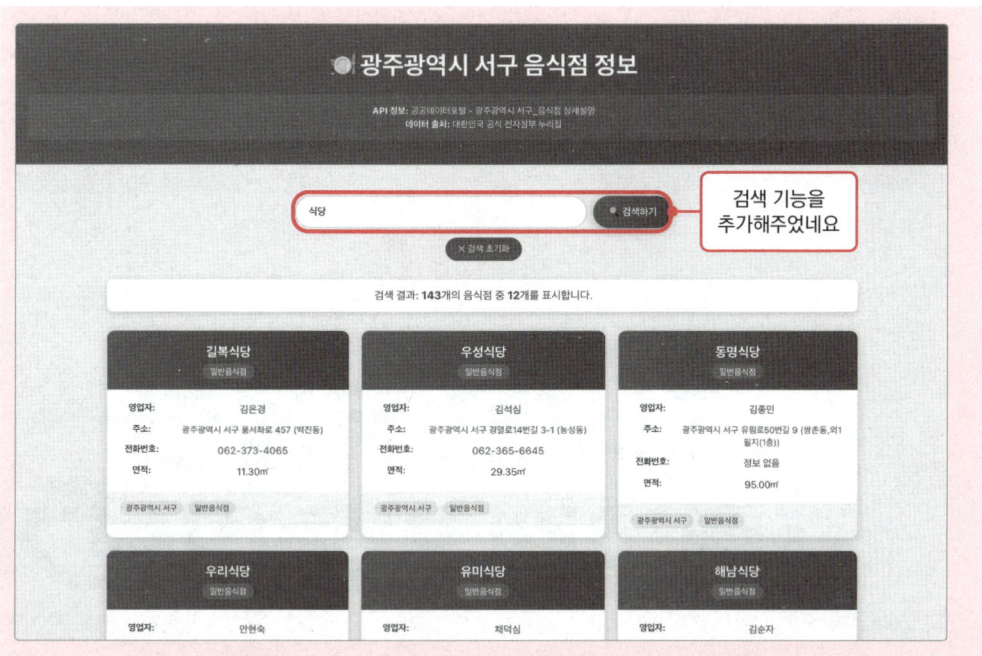

완성된 화면은 완벽합니다. 검색 기능도 잘 작동하고, 12개씩 표시되는 규칙도 잘 지켜지고 있네요. 이처럼 오픈 API와 커서를 활용하면, 다양한 데이터를 손쉽게 불러와 유용한 웹사이트를 만들 수 있습니다. 배포는 여러분이 바이브 코딩 10 ▶ **버셀 서비스에 내가 만든 쇼핑몰 사이트 배포해보기**를 다시 참고하여 직접 진행해보기 바랍니다.

지금까지 우리는 컴퓨터 공학의 다양한 개념을 최대한 쉽게 풀어보며, 커서와 함께 직접 실습해보는 바이브 코딩을 통해 내용을 체득해왔습니다. 물론 처음엔 모든 개념이 한 번에 이해되지 않을 수도 있습니다. 하지만 직접 실행하며 확인할 수 있는 '바이브 코딩' 환경이 갖춰진 요즘이 되면서 배운 내용을 반복하며 실질적으로 확인해보기 좋은 때도 없는 것 같습니다. 이제 다음 단계로 넘어가 여러분이 배운 지식을 실제 업무와 일상에 활용할 수 있는 다양한 프로그램 만들어보며, 본격적으로 실전에 활용해봅시다.

요즘 바이브 코딩

파트
02

커서로 유용한 프로그램 만들어보기

미리 보는 한 줄 설명

 # SMTP
이메일을 다른 서버로 보내는 데 사용되는 표준 통신 규칙

 # 챗GPT API
오픈AI의 챗GPT를 외부 프로그램에서 사용할 수 있게 해주는 연결 도구

 # 스트림릿
파이썬으로 웹 애플리케이션을 쉽고 빠르게 만들 수 있는 라이브러리

 # MCP
AI가 데이터베이스, 파일 등의 외부 도구와 안전하게 연결될 수 있게 해주는 일종의 규칙

 # 수파베이스
구글의 파이어베이스처럼 데이터베이스와 인증을 쉽게 사용할 수 있는 오픈 소스 서비스

 # 정적 페이지 필드
웹페이지에서 내용이 고정되어 있고 사용자 상호작용 없이 보여지는 영역

 # 마크다운
간단한 기호로 텍스트 서식을 만들 수 있는 문서 작성 방식

[챕터 11] 업무에 유용한 6가지 프로그램 만들기

[챕터 12] MCP로 더 수준 높은 프로그램 만들기

챕터 11

업무에 유용한 6가지 프로그램 만들기

유튜브
bit.ly/454XyQz

유튜브 영상으로
더 쉽게 공부하세요!

이제 본격적으로 업무에 유용한 프로그램 6가지를 하나씩 만들어보겠습니다. 여기서 만들어볼 실전 업무 프로그램은 다음과 같습니다.

- **바이브 코딩 21** ▶ 메일 발송 자동화 프로그램 만들기
- **바이브 코딩 22** ▶ 챗GPT API로 PDF 요약 프로그램 만들기
- **바이브 코딩 23** ▶ 블로그 최적화 글 생성 프로그램 만들기
- **바이브 코딩 24** ▶ 고객 리뷰 분석하여 보고서 생성하는 프로그램 만들기
- **바이브 코딩 25** ▶ 유튜브 자막 추출 후 맞춤법 검사하는 프로그램 만들기
- **바이브 코딩 26** ▶ 가계부 대시보드 만들기

난이도 중!

바이브 코딩 21 ▶ 메일 발송 자동화 프로그램 만들기

메일을 자주 보내야 하는 사람이라면 '메일을 일일이 작성하지 않고 자동으로 보낼 수 있으면 얼마나 편할까?' 하고 한 번쯤은 생각해봤을 겁니다. 메일 발송 자동화 프로그램은 업무 효율을 크게 높여주는 대표적인 자동화 도구로, 굉장히 다양한 방식으로 만들 수 있습니다. 이번 실습에서는 엑셀에 있는 고객 정보를 기반으로 각 고객에게 메일을 한꺼번에 발송하는 프로그램을 만들어보겠습니다.

01 우선은 실습을 위해 가상의 고객 데이터 시트가 필요합니다. 시트에는 50명의 고객 정보와 함께 고객에게 발송할 내용을 미리 입력하여 준비합니다. 이 데이터를 기반으로 각 고객에게 알맞은 메일을 자동으로 발송하는 과정을 실습하겠습니다. 다음의 **축산메일실습용.xlsx** 파일을 다운로드해서 실습을 준비하세요.

- **축산메일실습 파일 데이터** : bit.ly/4o3kyqG

02 커서에 새로운 빈 폴더를 하나 만들고 그 안에 다운로드한 엑셀 파일을 넣어줍니다. 그런 다음 커서에게 엑셀 파일의 내용을 확인해달라고 부탁해보겠습니다. 아마 파이썬으로 엑셀 파일을 살펴보고 구조를 파악해 답변해줄 겁니다.

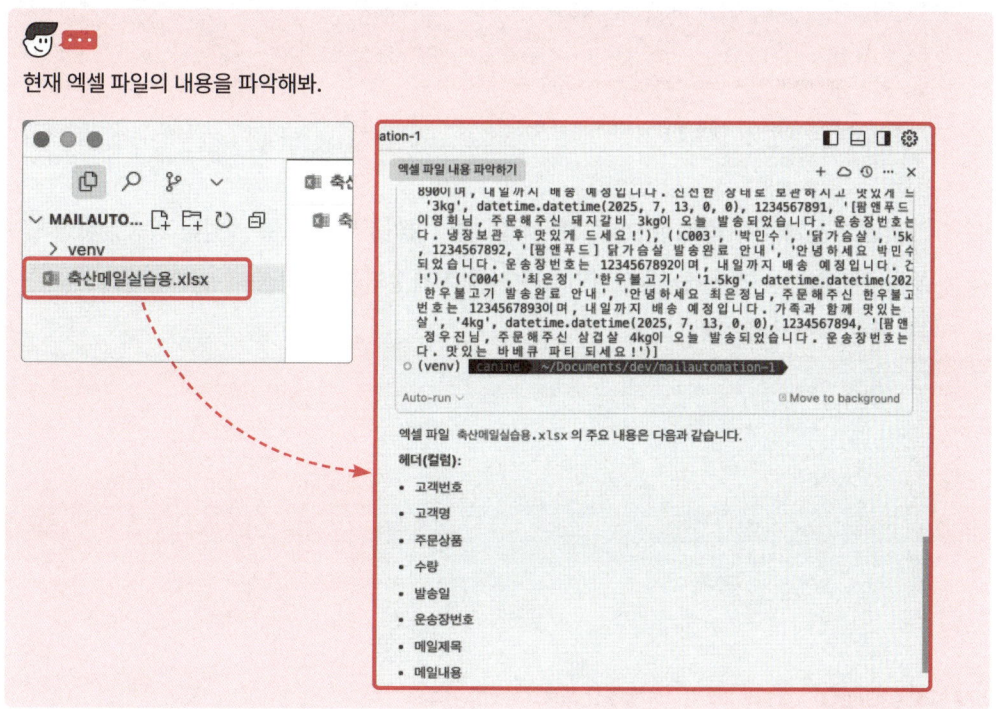

03 커서가 엑셀 데이터를 파악했으니 다음 작업이 수월해질 겁니다. 다음으로 커서에게 부탁할 것은 엑셀 데이터를 기반으로 여러분이 지정한 메일 주소로 메일을 발송하는 것입니다. 실습에 앞서 몇 가지 유념하여 진행하겠습니다. 먼저 우리는 예시 데이터로 실습을 진행하고 있으므로 테스트 진행 확인을 위해서 **메일 주소는 여러분 자신의 메일 주소로 설정합니다**. 또한 50개의 메일을 한꺼번에 발송하면 메일 사이트 자체에서 스팸 메일 발송으로 오인할 수 있으므로, 우선 10개만 보내달라고 제한을 두겠습니다. 그리고 다음 사항을 반드시 프롬프트에 포함하여 진행합니다.

- 지메일을 통해 메일을 발송해달라고 합니다.
- SMTP(Simple Mail Transfer Protocol) 방식을 사용하여 메일을 보내라고 합니다.

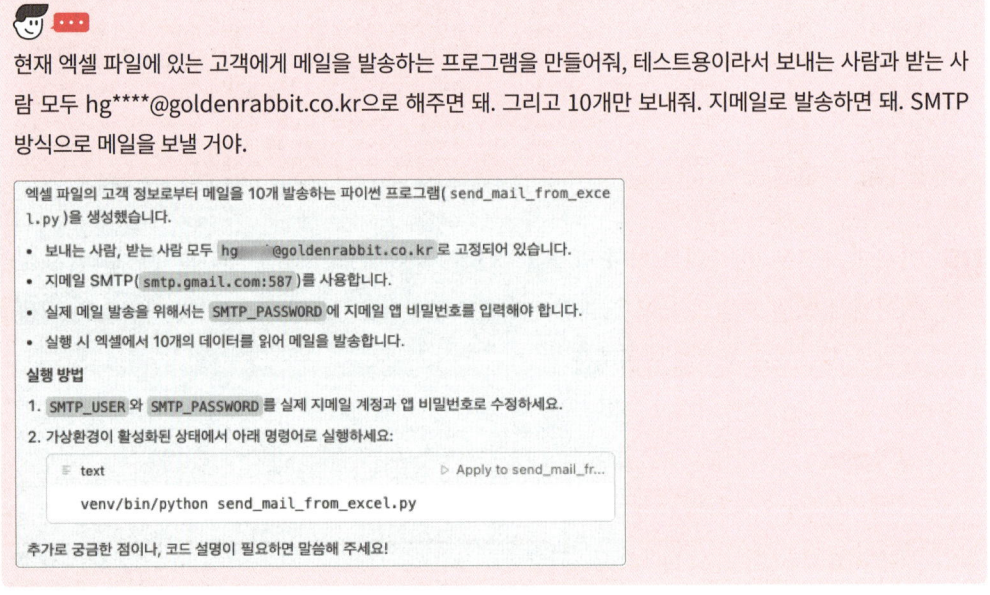

현재 엑셀 파일에 있는 고객에게 메일을 발송하는 프로그램을 만들어줘, 테스트용이라서 보내는 사람과 받는 사람 모두 hg****@goldenrabbit.co.kr으로 해주면 돼. 그리고 10개만 보내줘. 지메일로 발송하면 돼. SMTP 방식으로 메일을 보낼 거야.

그러면 커서가 아주 중요한 이야기를 해줍니다. 여러분의 코드로 메일을 발송하려면 앱 비밀번호가 필요하다는 것이죠. 앱 비밀번호는 지메일 계정의 보안 설정 메뉴에서 발급받을 수 있습니다. 계속 진행하겠습니다.

04 구글 웹사이트 화면 오른쪽 위의 ❶ 프로필 아이콘을 누른 후 ❷ [Google 계정 관리]를 선택하세요. Google 계정 화면에서 왼쪽 메뉴 중 ❸ [보안]을 누른 뒤 화면에서 ❹ [2단계 인증]을 찾아 선택하세요.

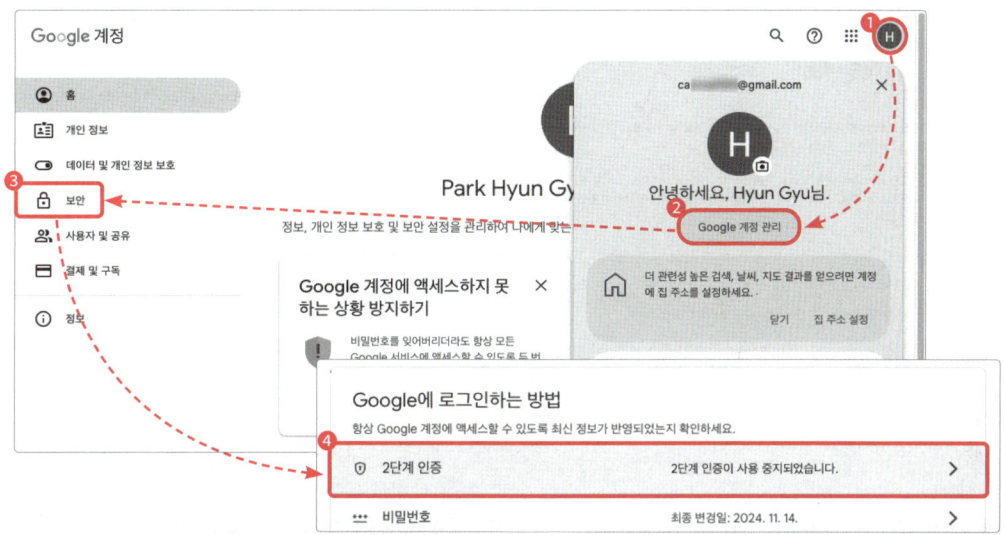

05 [2단계 인증 사용 설정]을 누르고 안내에 따라 설정을 완료하세요. 처음 설정을 하는 경우라면 핸드폰 번호 입력, 코드 확인 등의 절차가 진행됩니다.

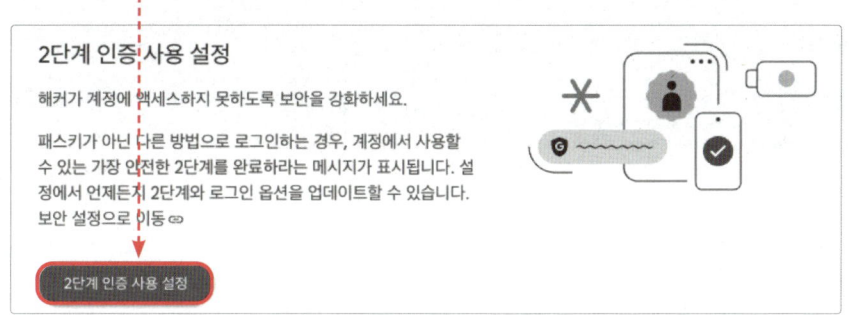

06 2단계 인증 설정을 마친 후 Google 계정 홈으로 돌아와 위쪽 입력창에 ❶ '앱 비밀번호'를 검색하여 나온 ❷ 결과를 클릭하여 이동합니다. 앱 전용 비밀번호를 만들기 위해 앱 이름을 입력한 다음 ❸ [만들기]를 누릅니다. 그러면 ❹ 앱 비밀번호 16자리가 새로 생성되는데 이 값을 복사하여 보관하세요. **앱 비밀번호는 매우 중요한 값으로, 이 값을 유출하게 되면 다른 사람이 여러분의 계정으로 메일을 보낼 수 있으니 공유해서도 안됩니다.** 주의하세요!

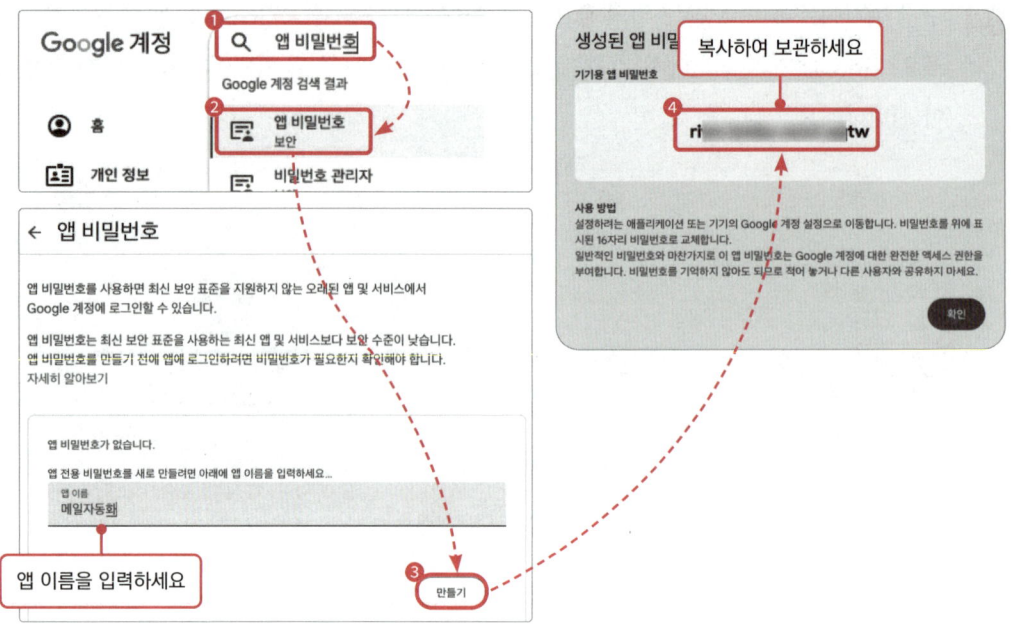

07 발급받은 앱 비밀번호를 가지고 다시 커서로 돌아가서 다음과 같이 요청합니다. **요청할 때 앱 비밀번호는 반드시 공백 없이 붙여서 입력하세요.**

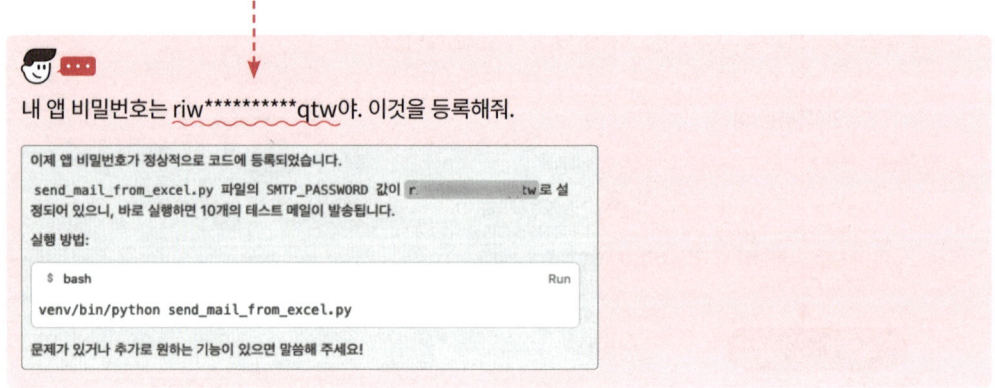

08 이제 준비가 모두 끝났습니다. 커서에게 코드를 실행하여 메일을 보내라고 하면 끝입니다. 코드를 실행하면 10개의 메일을 보내는 동안 잠시 로딩 상태가 이어질 수 있습니다. 메일 발송이 완료되면 커서가 결과를 알려줄 것입니다.

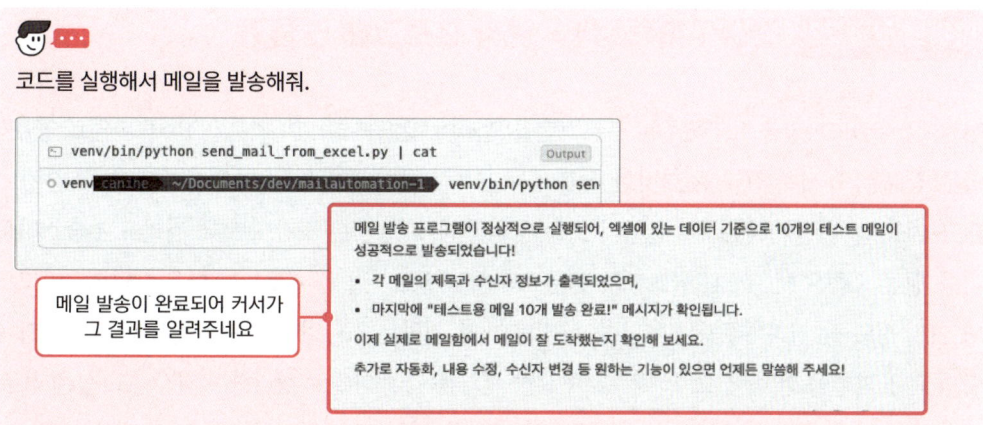

09 여러분의 지메일에 접속해서 메일이 잘 왔는지 확인해보세요. 메일함을 보면 내가 나에게 보낸 메일 10개가 도착해 있는 것을 확인할 수 있습니다.

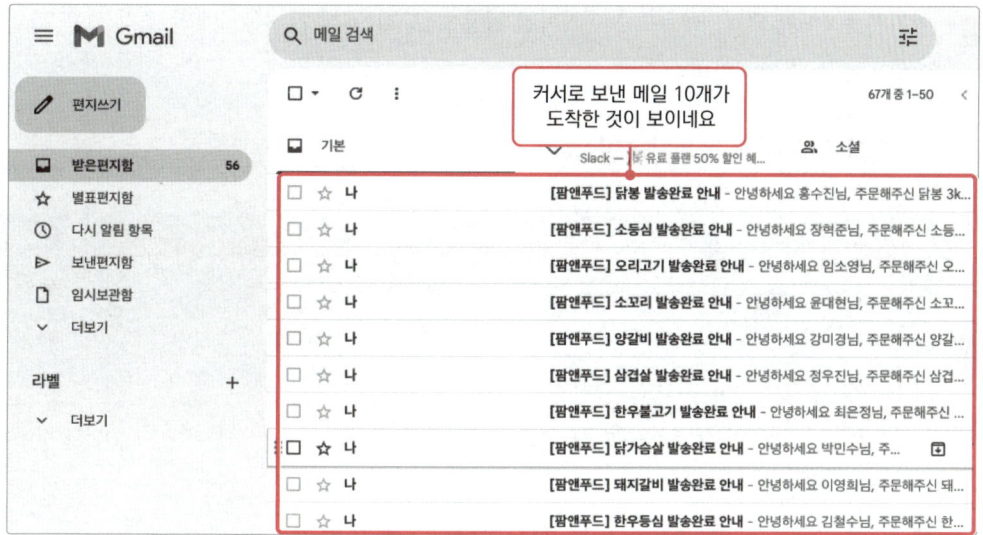

이처럼 고객 정보를 엑셀 파일로 관리하고 있다면, 커서를 통해 메일 발송을 자동화할 수 있습니다. 만약 여기서 엑셀 파일 내용을 불러온 뒤, 화면에서 내용을 미리 확인하고 직접 [발송] 버튼을 눌러 메일을 보내는 기능 등을 추가하고 싶다면 지금까지 배운 내용을 바탕으로 커서를 활용하여 프로그램을 개선해보세요. 파이썬으로 만든 프로그램이므로 커서에게 '파이썬 GUI 프로그램으로 만들고 싶어'라는 구체적인 요구사항을 프롬프트로 제시하면 원하는 프로그램으로 바꾸거나 기능을 추가하도록 도와줄 것입니다.

난이도 상!
바이브 코딩 22 ► 챗GPT API로 PDF 요약 프로그램 만들기

이번에는 PDF 파일을 요약해주는 프로그램을 만들어보겠습니다. 이 기능은 PDF 파일로 공부하거나 업무 참고용, 리서치 정리 등 다양한 상황에서 매우 유용하게 활용할 수 있습니다. 특히 분량이 많은 PDF 자료 같은 경우 처음부터 끝까지 모든 내용을 다 읽는 것은 시간도 오래 걸리고 부담스러울 것입니다. 물론 요즘은 챗GPT나 클로드와 같은 도구의 발달로 파일을 업로드한 다음 요약해달라고 요청하면 어느 정도 잘 정리해주기는 합니다. 하지만 내가 원하는 스타일이나 목적에 맞게 요약하거나 많은 양의 PDF 파일을 한 번에 요약하는 경우, 요약 결과를 엑셀 파일로 정리하여 저장하고 싶은 경우 등 이럴 때는 커서로 만든 프로그램이 매우 유용할 것입니다. 이번 실습은 단순한 코드 작성이 아닌 중요한 데이터를 요점만 뽑아 정리하는 기능이 필요하기 때문에 커서만으로는 기능 구현에 한계가 있습니다. 따라서 **커서로 프로그램을 만들고 PDF 요약은 챗GPT API를 통해 처리하는 구조로 구성하겠습니다.**

01 여기서는 《이게 되네? 클로드 MCP 미친 활용법 27제》에서 가져온 5개의 조각 PDF 파일을 요약하는 실습을 진행합니다.

- **PDF 파일 데이터** : bit.ly/4lNcEAi

> **NOTE** 참고로 해당 PDF 파일은 바이브코딩 16 ► **PDF 편집기 만들기 : 페이지 추출 기능**에서 만든 프로그램으로 추출한 자료입니다. 이처럼 앞서 만든 프로그램을 다른 실습에서도 유용하게 활용할 수 있습니다.

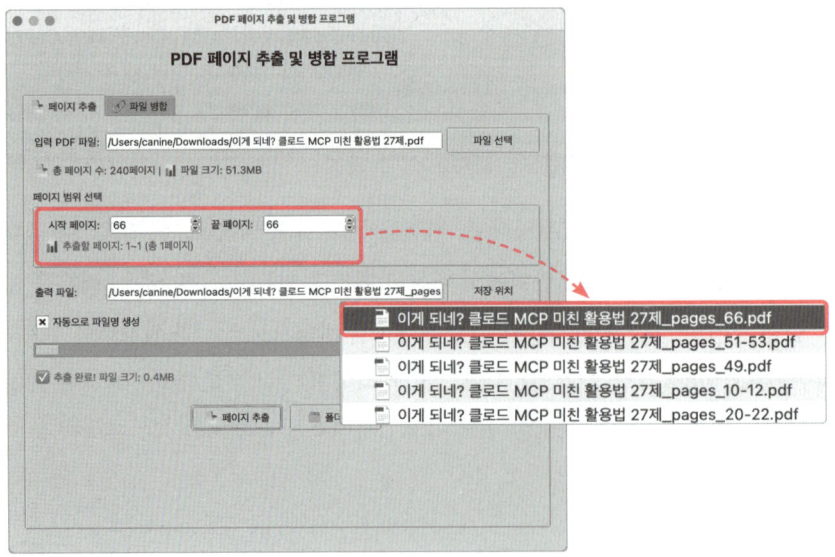

02 우선 커서를 열고 빈 폴더를 하나 만든 다음, 요약할 PDF 파일을 한 폴더에 넣어줍니다. 다음으로 가장 먼저 해야 하는 작업은 각 PDF 파일의 텍스트를 추출하는 일이겠죠? 커서에게 다음과 같이 부탁해봅니다.

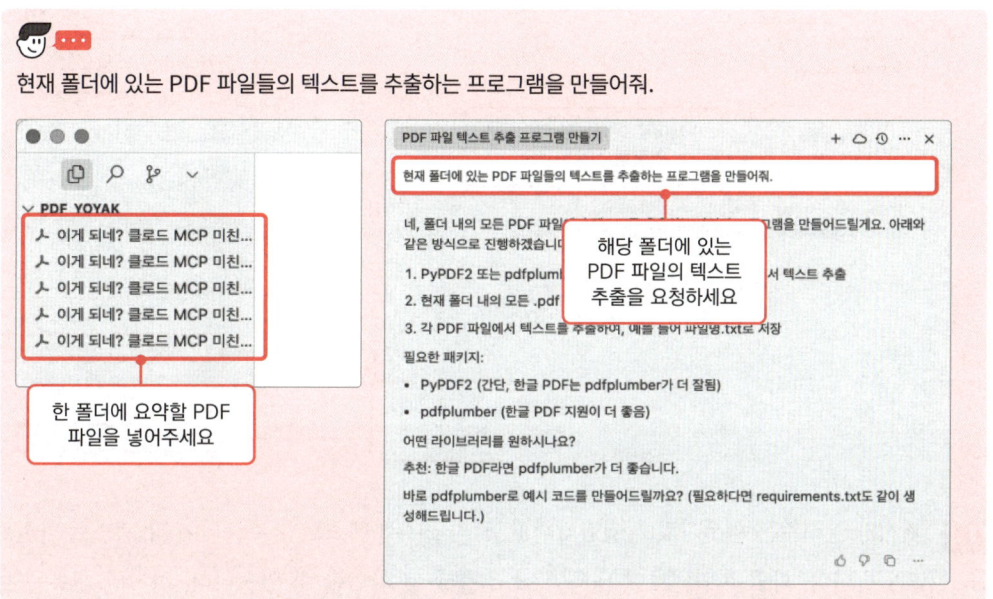

03 그러면 커서는 파이썬으로 프로그램을 만들겠다고 하면서 한글 텍스트 추출에는 pdfplumber 패키지가 지원이 적합하다고 합니다. 제안을 수용해 그렇게 하라고 하겠습니다.

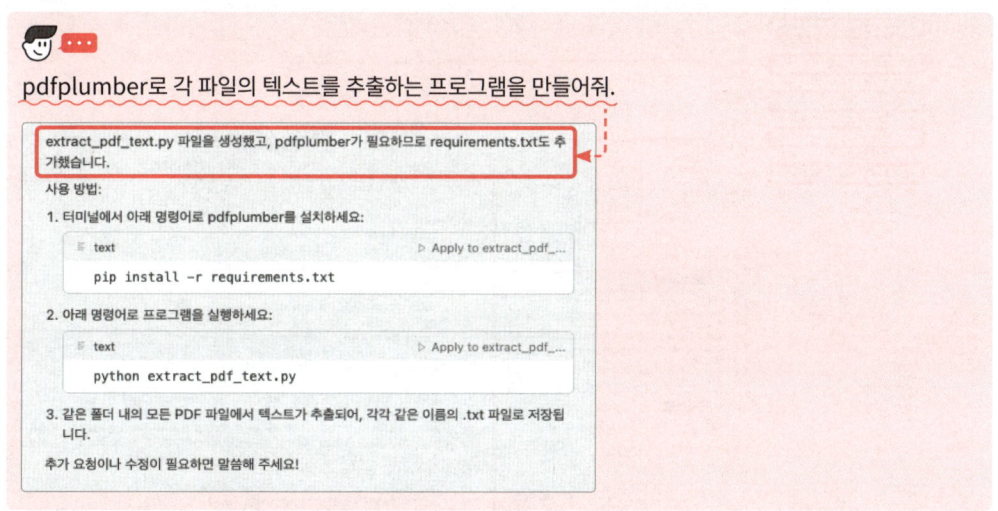

챕터 11 · 업무에 유용한 6가지 프로그램 만들기   177

04 커서가 프로그램 생성과 함께 사용 방법도 안내해주네요. 이번에는 커서에게 부탁하지 않고 직접 프로그램을 실행해봅시다. 아래쪽 터미널에 실행할 명령어를 순서대로 복사해서 붙여 넣고 Enter 를 누르세요.

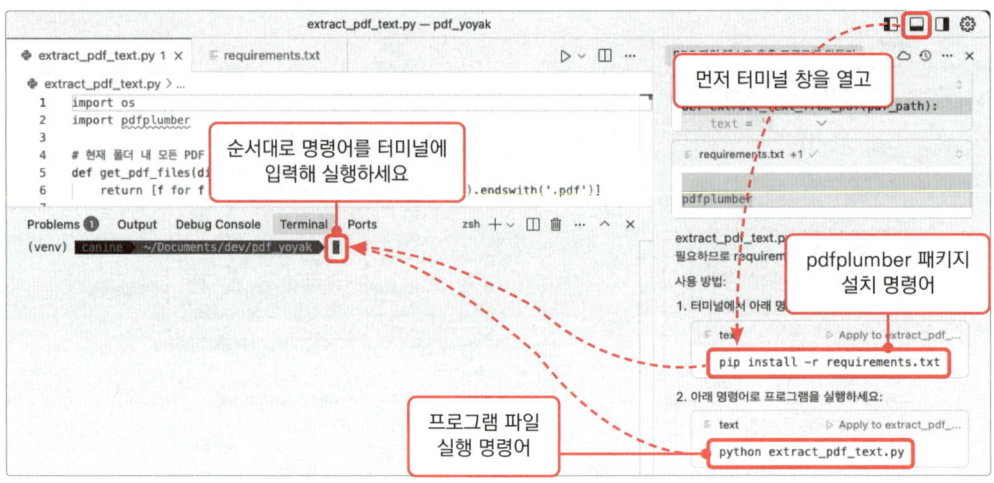

05 커서가 알려주는 순서대로 실행했더니 PDF 파일에서 텍스트가 추출되어 각 텍스트 파일로 저장되었습니다. 파일을 열어보면 내용이 잘 추출된 것 확인할 수 있습니다. 하지만 내용을 보면 줄바꿈이 어색하거나 문단이 흐트러져 있어 이 상태로 보기엔 가독성이 떨어져 불편합니다.

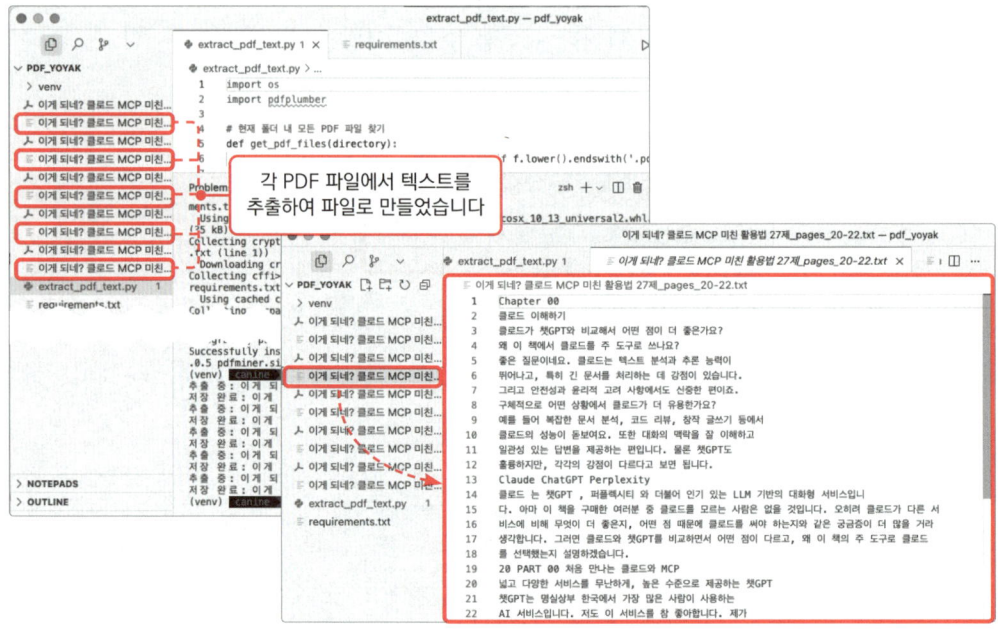

06 그럼 이 텍스트 파일을 어떻게 해야 할까요? 두 가지 선택지가 있습니다. 하나는 챗GPT나 클로드와 같은 AI 서비스에 파일을 업로드하여 요약을 요청하는 방법입니다. 또 다른 하나는 챗GPT API와 같은 LLM 서비스의 API를 이용하여 요약하는 것입니다. 다음 그림으로 각각 어떤 차이가 있는지 살펴봅시다.

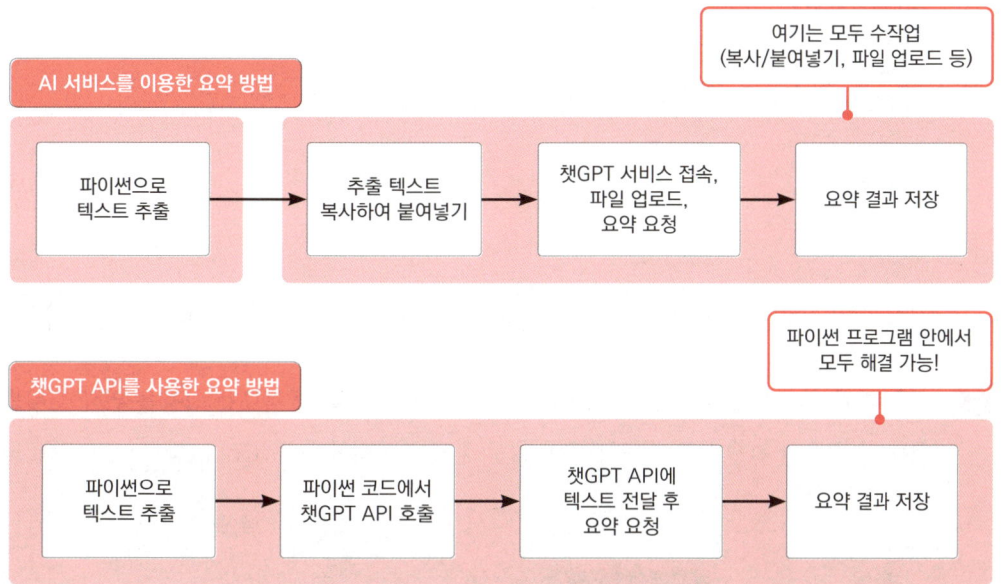

첫 번째 방법은 간단하긴 하지만 하나의 프로그램에서 실행하는 것이 아니고, 파이썬으로 텍스트 요약까지만 받은 다음 파일을 AI 서비스에 하나하나 직접 올려야 하며, 요약 결과 정리까지 해야 합니다. 수작업으로 직접 해야 할 뿐만 아니라 반복적인 작업이 필요합니다. 두 번째 방법은 파이썬으로 PDF 파일을 읽고, 챗GPT API를 호출하여 요약과 엑셀 파일로 저장까지 모든 과정을 한 프로그램 안에서 할 수 있습니다. 파일이 몇 개 되지 않으면 첫 번째 방법도 유용하지만 파일이 10개만 넘어가도 API를 사용하는 두 번째 방법이 훨씬 편리할 것입니다. 이것이 챗GPT API를 사용해야 하는 이유입니다.

07 그러므로 이번 실습에서 챗GPT API를 사용해보겠습니다. 참고로 챗GPT API는 무료로 사용할 수 없습니다. 비용이 발생하지만, 한글 기준 2만 자 요약 시 저렴한 GPT 모델을 사용하면 0.01~0.02달러 정도가 발생하며, 걱정할 수준은 아닙니다. 따라서 5달러를 충전하면 한글 수백만 자 분량의 작업도 처리할 수 있습니다. 이번 실습을 통해 챗GPT API를 한 번 사용해보기 바랍니다. 먼저 오픈AI 플랫폼 사이트에 접속하세요. 로그인 계정은 챗GPT 계정과 동일하게 사용하면 됩니다.

- **오픈AI 플랫폼** : platform.openai.com

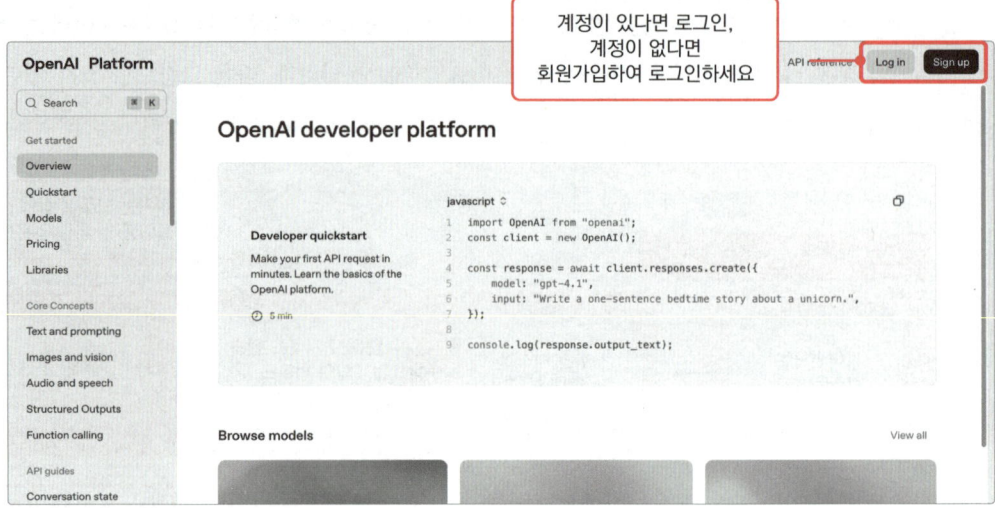

08 최초 가입했다면 오른쪽 위의 [Start Building]를 눌러 오픈AI 플랫폼 사용을 위한 준비를 설정합니다. 소속과 기술 능통 정도에 대한 질문에 답을 선택한 다음 [Create organization]을 누릅니다.

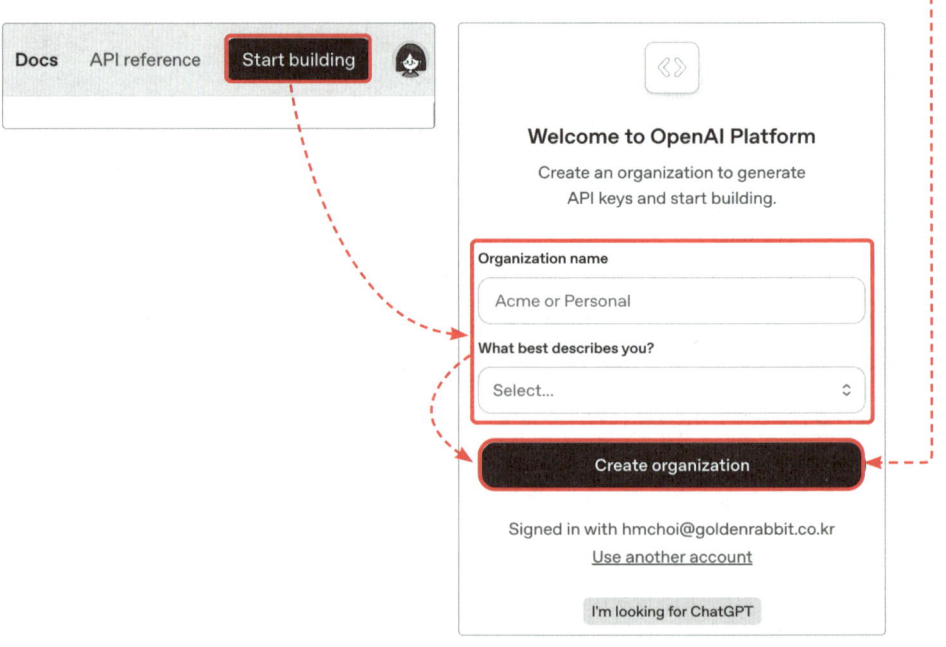

> NOTE 여기서는 GPT 모델을 **GPT-4o-mini**를 사용합니다.

그러면 'Make your first API call'이라는 화면 안내가 나옵니다. 여기는 그냥 [Continue]를 눌러 넘어가세요. 그다음에 나오는 'Add some API credits'도 [I'll buy credits later]를 눌러 넘어가세요.

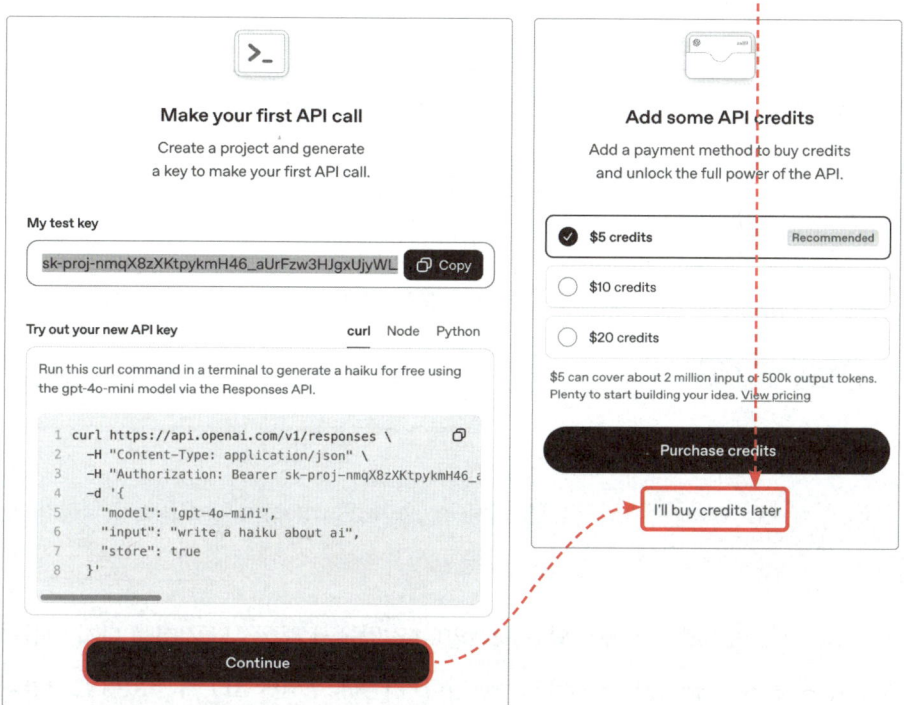

09 준비를 완료했다면 오른쪽 ❶ 계정 아이콘에서 ❷ [Your profile]을 누릅니다. 그런 다음 화면 왼쪽 메뉴에 있는 ❸ [Billing] 탭으로 이동해, 결제 수단을 등록하고 크레딧을 충전해야 합니다. 충전한 금액은 여기서 확인할 수 있으며, 이미 충전한 금액이 있다면 다음과 같이 보일 겁니다.

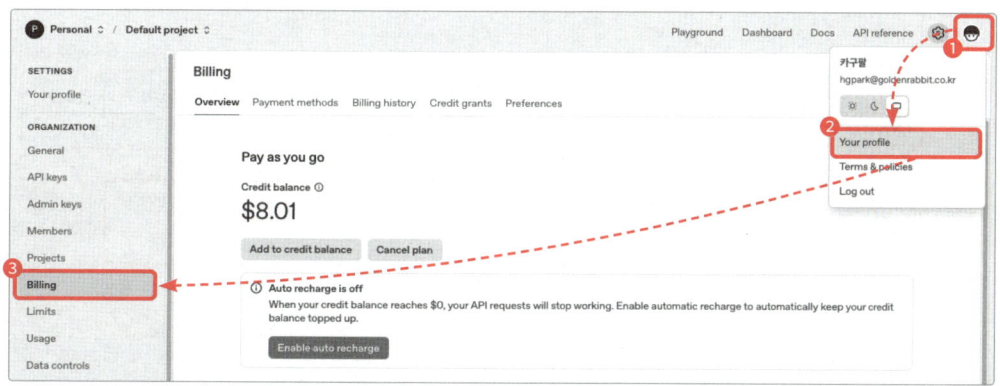

10 오픈AI API를 처음 사용한다면 충전 금액이 $0.00으로 보일 겁니다. 먼저 크레딧을 충전하기 위해 ❶ [Add to credit balance]를 누릅니다. 최소 충전 금액은 5달러로 ❷ 입력란에 5를 입력하고 결제 정보를 입력한 다음 ❸ [Continue]를 누르세요. 카드 등록은 간단하므로 이 과정에서 생략하겠습니다.

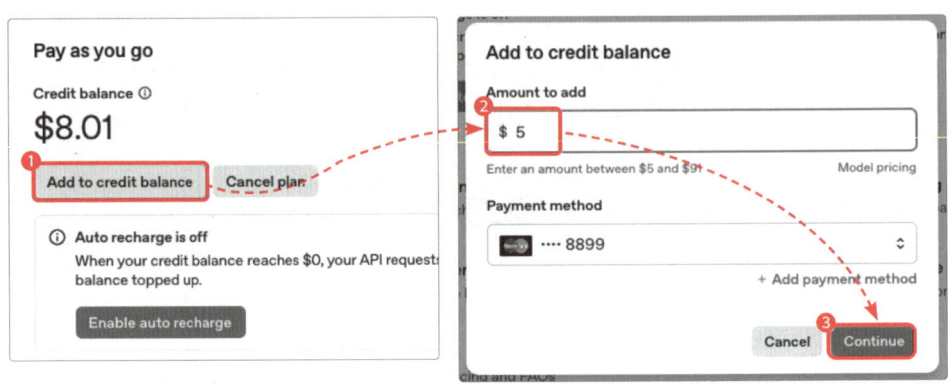

> **NOTE** 결제 수단이 등록되어 있지 않다면 [Billing]에서 [Payment methods]를 선택하여 등록하세요.

11 크레딧이 충전되면 이제 API 키를 받을 차례입니다. 앞에서 배운 API 지식을 다시 사용하는 순간입니다. 왼쪽 메뉴에서 [API Keys]를 누릅니다. 기존에 생성한 API 키가 있다면 다음과 같이 목록이 보일 것이며, 처음 사용한다면 비어 있을 겁니다. [+ Create new secret key]를 눌러 키를 생성하겠습니다.

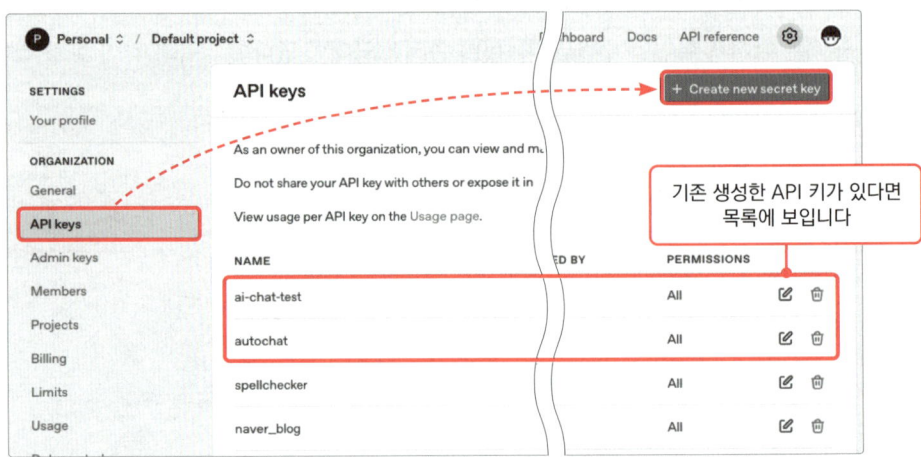

12 생성된 API 키는 한 번만 표시되며 이후에는 다시 볼 수 없습니다. Create new secret key 화면에서 이름과 프로젝트를 설정한 다음 [Create secret key]를 누르세요. 그러면 API 키가 표시되며, 이 값을 잘 복사해서 안전한 곳에 보관하세요.

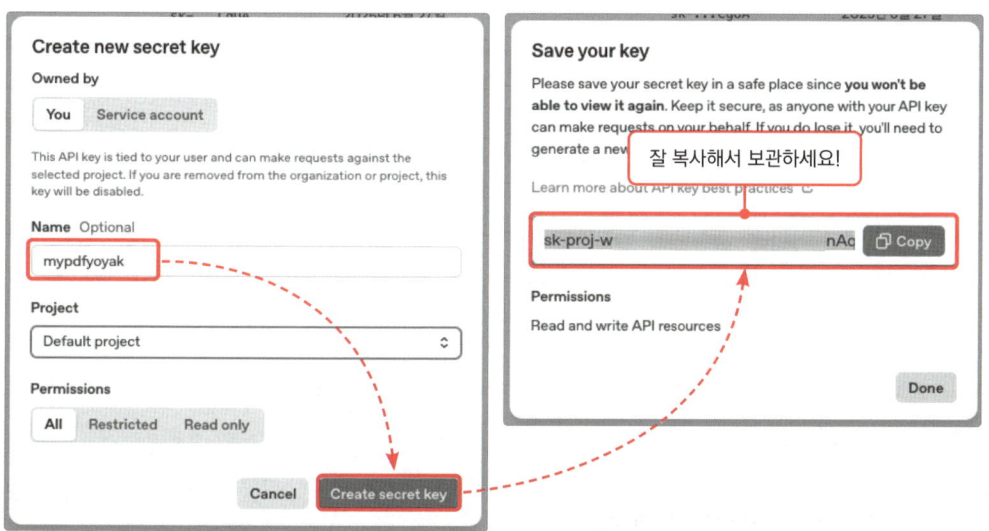

13 이제 다시 커서로 돌아가서 과정 **12**에서 생성한 API 키를 붙여 넣은 다음 이 API 키를 사용해서 PDF의 내용을 적당히 요약하여 저장해달라고 해봅시다. 모델은 **gpt-4o-mini**를 사용하라고 하면서 이 작업에 적합한 모델인지도 알려 달라고 요청하겠습니다.

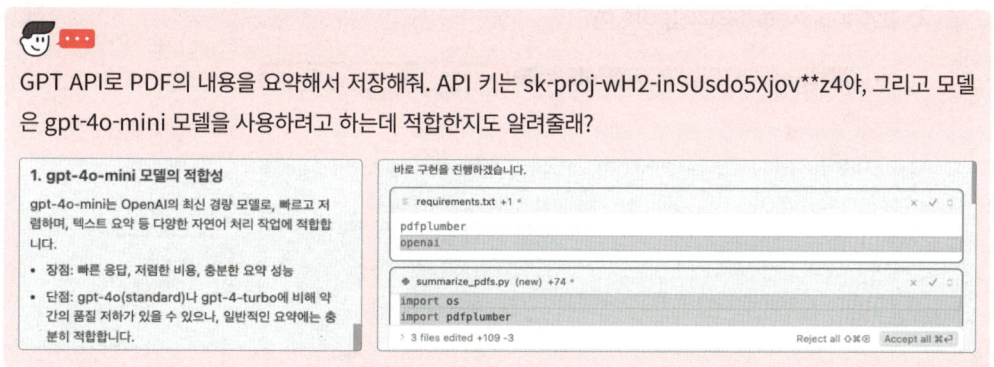

14 커서는 제시한 모델이 적합한 이유에 대해 알려준 다음 코드에 GPT API를 추가하도록 수정할 것입니다. 코드 수정을 기다렸다가 [Keep All]을 눌러 변경사항을 반영하세요. 이때 커서가 수정해준 파일을 살펴보면 여러분이 가져왔던 GPT API 키가 잘 입력되어 있을 것입니다.

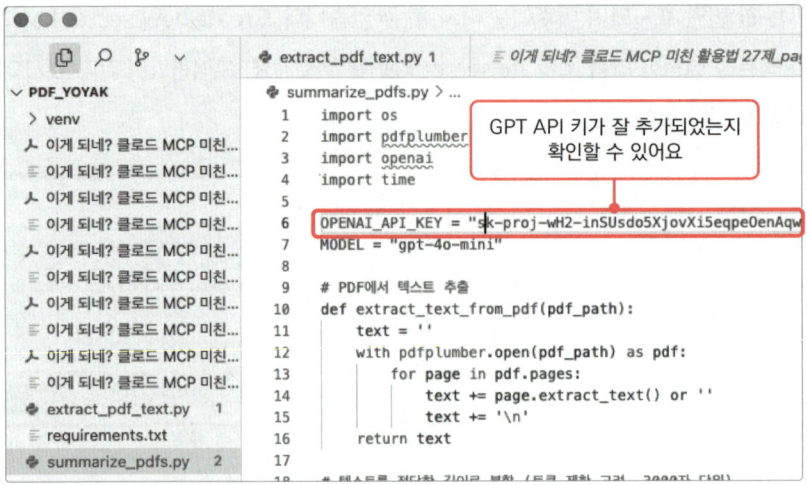

15 커서가 안내한 방법을 따라서 코드를 실행해봅시다. 실제 실습에서는 커서가 다음과 같은 과정으로 안내했습니다.

1. pip install -r requirements.txt

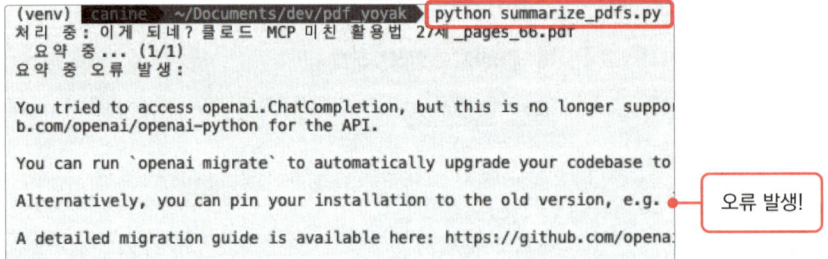

2. python summarize_pdfs.py

> **NOTE** 커서는 상황에 따라 다른 방식으로 안내할 수 있으므로, 책의 실습과 실제 실습이 완전히 같은 과정이 아닐 수도 있다는 점을 유의하세요.

16 커서가 알려준 과정대로 실행하던 도중 오류가 발생했습니다. 이럴 때는 당황하지 말고 커서에게 오류 메시지를 그대로 복사해서 붙여 넣어주세요. 커서에게 잘 전달했다면 콘텍스트에

@[Lines 115-124]와 같이 구체적인 코드 위치에 대한 내용이 포함될 것이며, 오류를 해결해달라고 요청하면 적절한 수정 방안을 줄 것입니다.

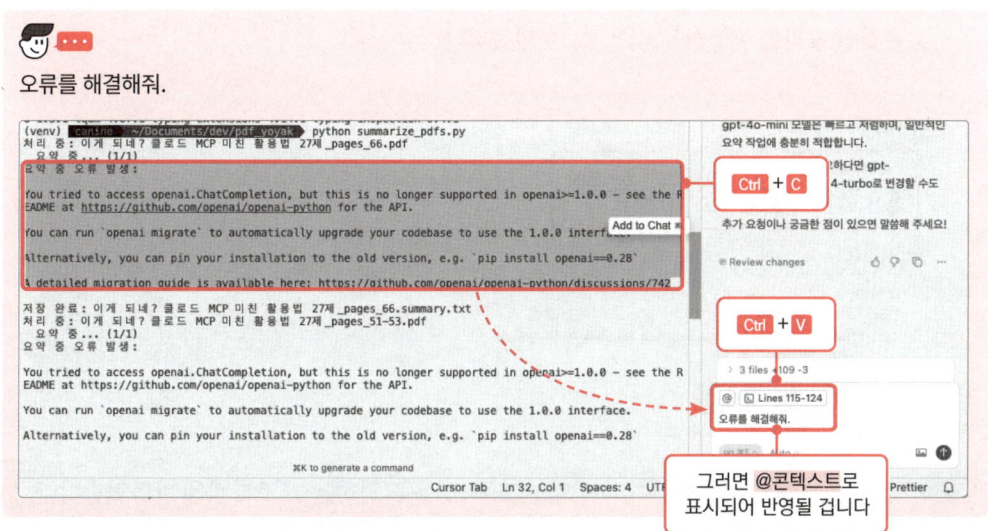

17 오류를 해결한 뒤 다시 코드를 실행하면 PDF 요약 결과가 훨씬 간결하고 명확하게 정리된 것을 확인할 수 있습니다. 요약 전과 후를 비교해보면 텍스트의 길이가 눈에 띄게 줄었고, 핵심 내용만 잘 정리해주었습니다.

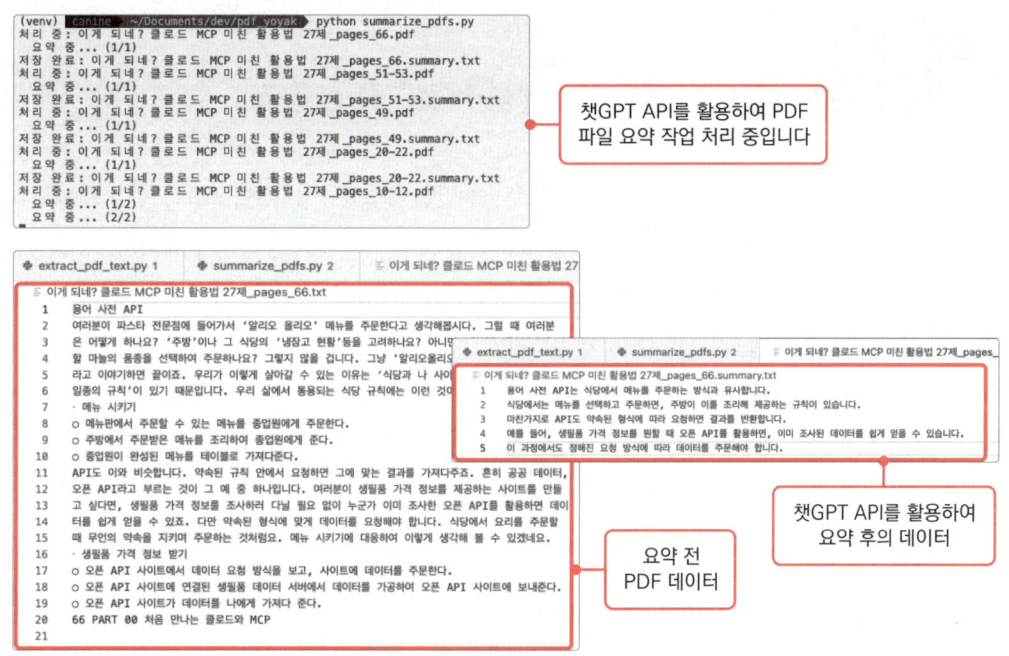

18 모든 작업이 끝난 다음 다시 오픈AI 플랫폼의 [Billing] 탭으로 돌아가 크레딧을 얼마나 사용했는지 확인하겠습니다. 과정 **09**에서 제시한 크레딧 화면과 비교하면 놀랍게도 0.01달러 조차 사용되지 않은 것을 확인할 수 있습니다. 이처럼 챗GPT API를 사용해보니 비용 부담이 거의 없이 효율적인 결과를 제공하는 것을 알 수 있습니다.

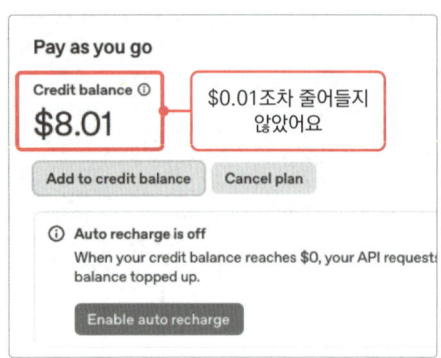

커서에 챗GPT API를 결합하여 여러 개의 PDF 파일을 요약하는 프로그램을 만들었습니다. 이번 실습 경험을 바탕으로 챗GPT API를 보다 적극적으로 활용해 다양하면서도 실용적인 프로그램을 만들어볼 수 있게 되었네요. 다음 실습에서는 API를 활용하여 더욱 확장된 기능을 가진 프로그램을 만들어보겠습니다.

바이브 코딩 23 ▶ 블로그 최적화 글 생성 프로그램 만들기

이번에는 나만의 블로그 최적화 글 생성 프로그램을 만들어보겠습니다. 이 프로그램은 키워드와 관련 자료를 추가하면 해당 데이터를 기반으로 블로그 글을 생성해주는 기능이 중심입니다. 그렇다면 블로그 최적화 글 생성 프로그램은 어떻게 만들 수 있을까요? 다음과 같이 네 가지 요소를 사용자에게 입력받아 글을 생성하는 방식으로 구성하겠습니다.

- 주제 키워드
- 키워드 관련 지식이 있는 글(txt, pdf 등 다양한 자료)
- 사용자의 관점 한 줄
- 글의 스타일(예 : 친근한 스타일, 진지한 스타일)

이렇게 구성하면 기존 키워드 관련 지식의 글을 베이스로 하더라도, 사용자 관점과 스타일이 반영된 새로운 블로그 글이 만들어질 수 있습니다. 그럼 계획대로 커서에게 작업을 요청하겠습니다.

> **NOTE** 참고로 이 프로그램은 블로그 상위 노출에 대한 비법을 알려주는 것은 아니므로 오해 없기 바랍니다. 블로그 상위 노출과 같이 검색 알고리즘이나 노출 전략은 프로그래밍과 완전히 다른 영역에 있습니다.

01 먼저 주제 키워드를 입력받아 블로그 글을 쓰도록 해보겠습니다. 블로그 글은 누가 작성해줄까요? 맞습니다. 챗GPT API입니다. 다음과 같이 커서에 부탁하여 주제 키워드를 바탕으로 블로그 글을 쓰도록 시켜보겠습니다.

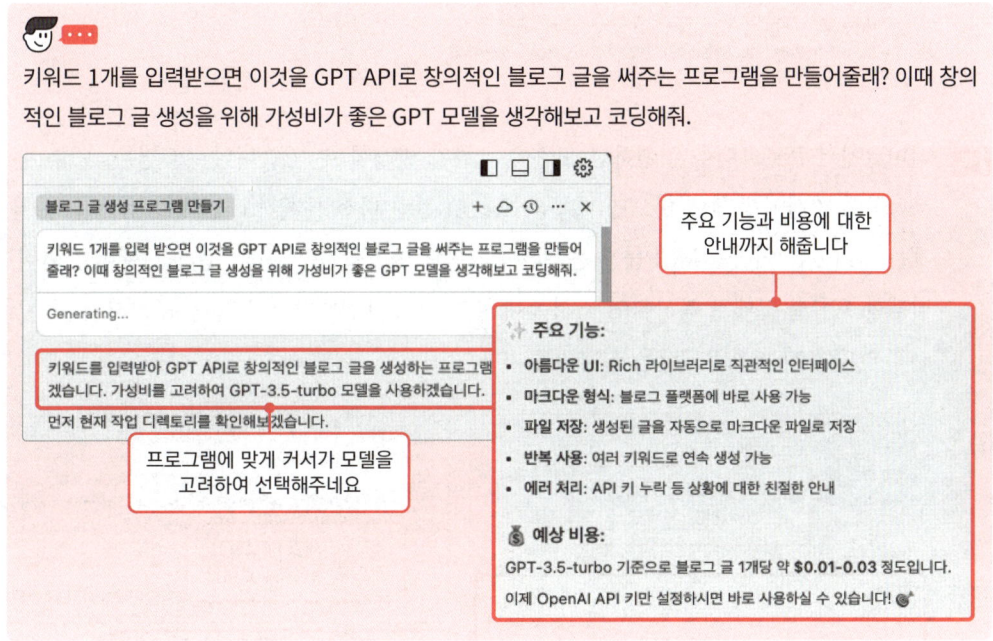

그러면 커서가 가성비 좋은 모델을 선택해서 코딩을 시작합니다. 생성하는 블로그 글 1개당 0.01달러 정도 소진한다고 비용에 대한 안내도 해주고 있습니다.

02 다음으로 커서는 API 키를 입력하라고 할 것입니다. 이때 API 키를 입력하는 작업은 여러분이 알아서 커서에게 입력하라고 요청하기 바랍니다. 이후 커서로부터 '.env 파일은 자신이 작성할 수 없으니 당신이 생성해서 입력하라'는 안내가 있을 수 있습니다. 실제로 '.'으로 시작하는 숨김 파일은 민감한 정보를 저장하는 용도로 사용되며, 보안에 중요한 역할을 하는 파일입니다. 하지만 커서에게 다음과 같이 요청하면 직접 생성해줄 것입니다.

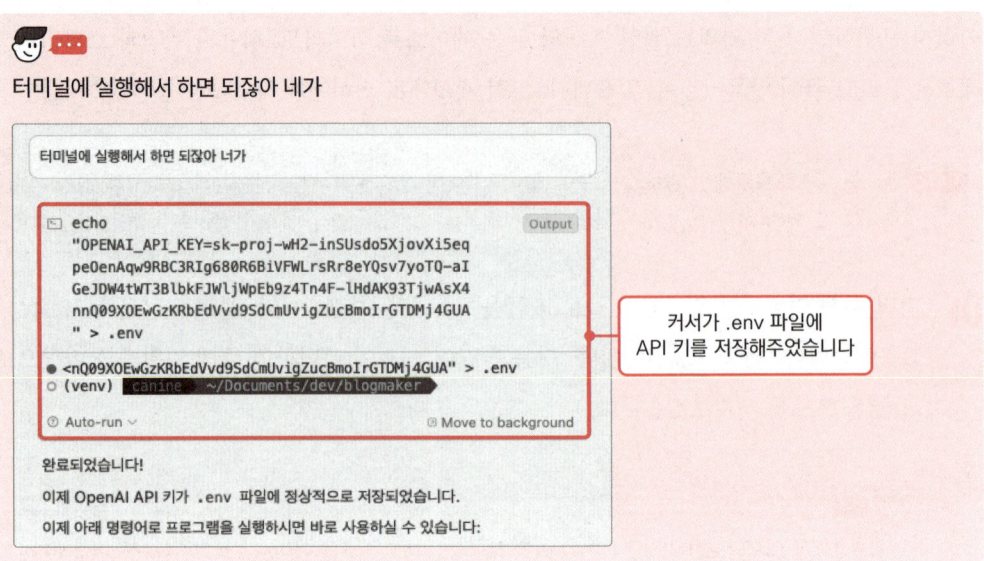

03 터미널에서 프로그램을 실행하면 도중에 오류가 발생할 수 있습니다. 이 경우, 오류 메시지를 복사하여 커서에게 붙여 넣으면 대부분 오픈AI 관련 버전 문제라고 안내할 겁니다. 사실 이 문제는 Context7이라는 MCP를 처음부터 추가하면 예방할 수 있지만, 현재 진행하는 과정에서는 발생한 오류를 그대로 복사하여 커서에게 붙여 넣고 해결해달라고 합니다. 오류가 해결되면 커서의 안내에 따라 프로그램을 실행해봅니다.

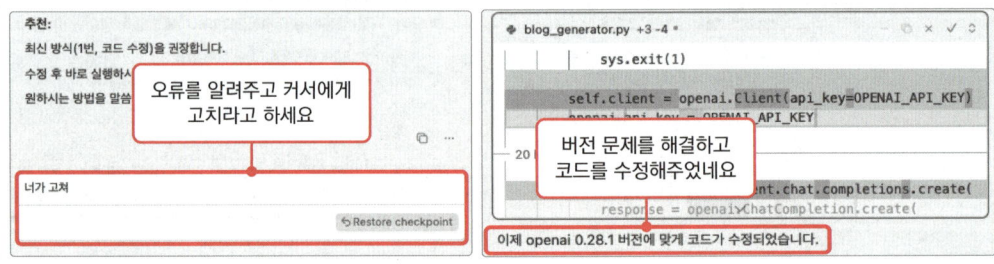

04 프로그램이 정상적으로 실행되면 주제 키워드를 입력받고, 해당 키워드를 바탕으로 블로그 글을 생성해줄 겁니다. 이때 생성되는 프로그램의 형태나 화면은 다를 수 있습니다. 지금은 완성된 최종 형태가 아니므로, 생성된 글이 입력한 주제에 맞게 잘 만들어졌는지를 중점적으로 확인해보기 바랍니다.

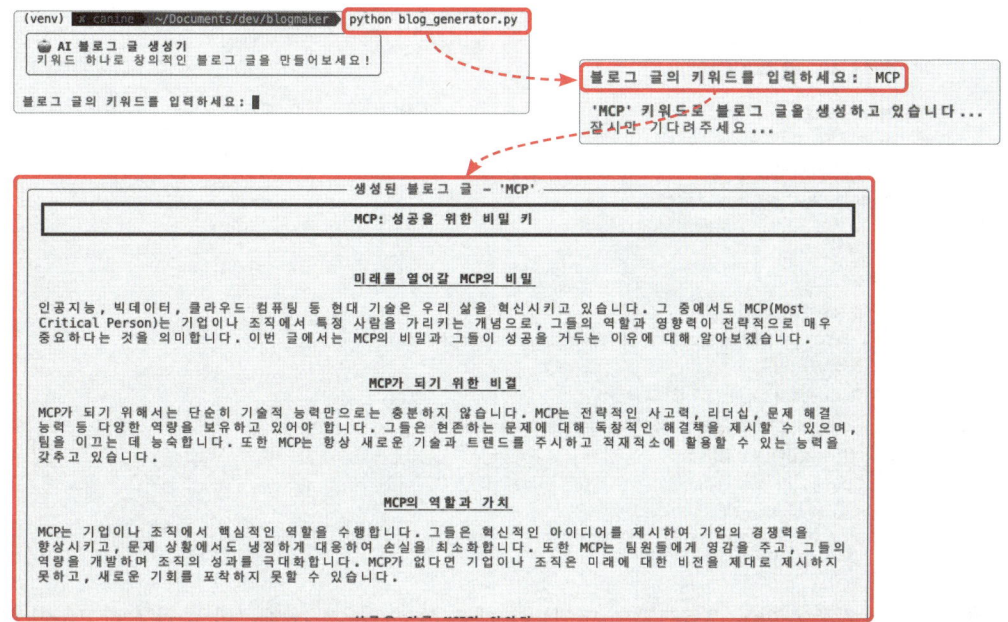

생성된 글을 읽어보면 주제에 따라 내용이 적합하게 작성되었을 수도 있고 그렇지 않을 수도 있습니다. 살펴보니 여기에서는 MCP에 대한 내용이 부정확하게 생성되었네요. 이는 여기에 사용된 GPT 모델이 2024년 6월 이전의 데이터까지만 학습했기 때문입니다. 이처럼 모델의 학습 시점, 모델 종류, 주제 키워드 내용 등에 따라 정확하지 않은 결과가 나올 수 있습니다. 따라서 모델이 학습한 범위를 고려한 다음 적절한 키워드를 입력하여 블로그 생성 글을 받아보기 바랍니다.

05 이제 다음 단계로 관련 자료 주입을 진행해봅시다. 여기서는 텍스트 파일로 자료를 제공할 계획입니다. 커서에게 이렇게 제안해봅시다.

키워드 입력 후, 관련 자료를 텍스트 파일로 제공하려고 하는데, 이 둘을 합쳐서 블로그 글을 작성하도록 프로그램을 개선해줘.

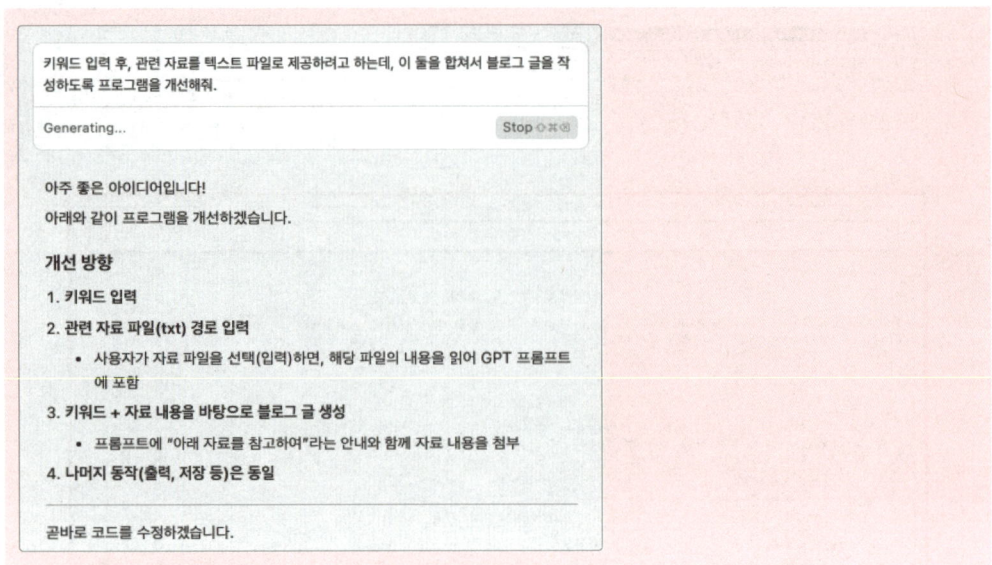

커서는 기존에 만든 프로그램의 형태는 그대로 두고 사용자가 제공한 파일을 참고하여 블로그 글을 생성하는 방향으로 개선하겠다고 안내합니다.

06 프로그램이 완성된 후 다시 실행해보면 관련 파일을 입력받는 과정이 추가되어 있을 겁니다. 이때 사용할 텍스트 파일은 바이브 코딩 22 ▶ 챗GPT API로 PDF 요약 프로그램 만들기에서 생성한 요약 파일이 있기 때문에 해당 파일을 그대로 활용하겠습니다. 현재 커서가 만들어준 프로그램은 텍스트 파일의 전체 경로를 입력하라고 하고 있으므로, 입력할 파일의 경로를 정확하게 입력해주어야 합니다. 만약 **이 방식이 불편하게 느껴진다면 커서에게 'GUI 형태로 파일을 첨부할 수 있게 해줘'라고 수정을 요청하면 됩니다.** 실습 과정에 추가하진 않았지만 그 과정도 프롬프팅하여 변경하였습니다. 이때 프로그램 형식도 원하는 형태로 변경해달라고 요청할 수 있습니다. 단, 응용 프로그램 형식인지 아니면 웹 애플리케이션 형식인지 커서에게 원하는 형식을 명확하게 지시하는 것이 좋습니다.

> **NOTE** 관련 파일을 제공할 때 텍스트 파일뿐만 아니라 PDF 파일도 주입하는 방식으로도 활용할 수 있도록 기능을 개선하면 됩니다.

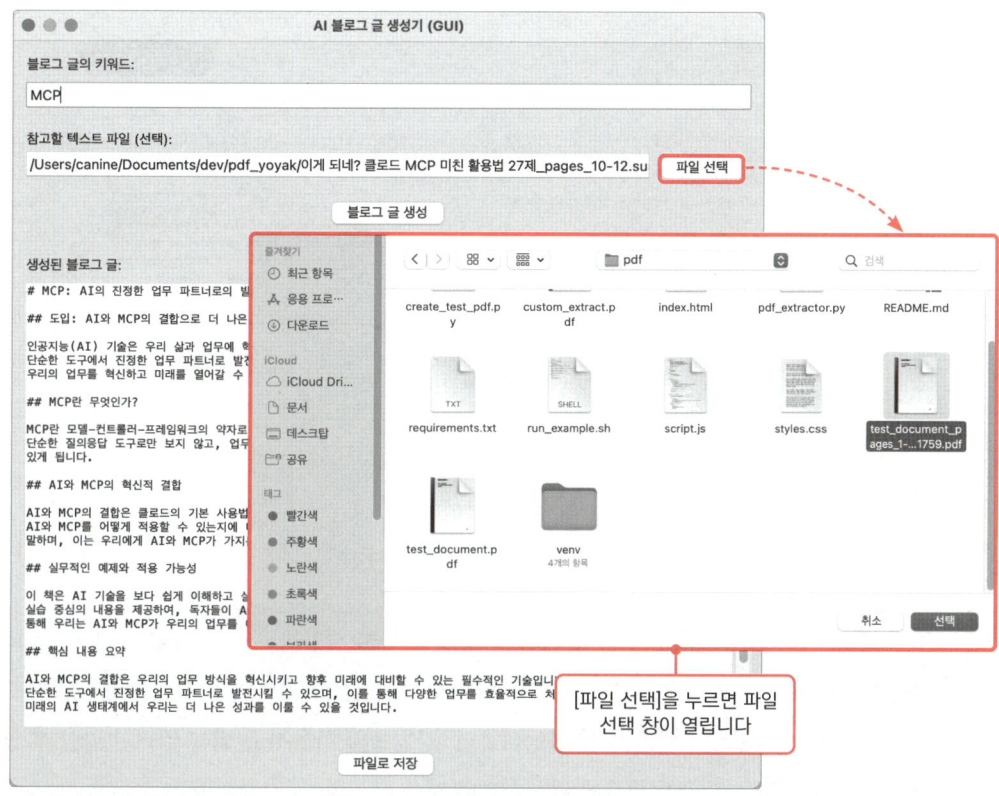

[파일 선택]을 누르면 파일 선택 창이 열립니다

 실행 결과를 확인해보면 커서가 첨부한 참고 자료를 기반으로 글을 생성했으므로, 글의 품질이 훨씬 원하는 방향으로 나온 것을 알 수 있습니다. 다만 인공지능이 작성한 글이므로 학습 이후에 등장한 MCP에 대해 정확하게 기술하지는 못했습니다. 그렇지만 블로그 글 형식으로 제목부터 단락, 흐름 등을 자연스럽게 구성하여 생성해준 것을 확인할 수 있습니다.

바이브 UP! 3초 꿀팁 챗GPT API는 최신 내용을 전혀 몰라요

오픈AI 플랫폼 [Docs]의 [Models] 항목에 접속하면 다양한 GPT 모델의 종류를 확인하고 프로그램에 활용하기 위해 성능을 참고할 수 있습니다. 이때 각 모델이 언제까지의 데이터를 학습한 상태인지도 볼 수 있어요. 예를 들어 우리가 사용한 o4-mini 모델을 선택하면 더욱 자세한 성능을 확인할 수 있습니다.

- 오픈AI 플랫폼 Models 페이지 : platform.openai.com/docs/models
- o4-mini 모델 성능 페이지 : platform.openai.com/docs/models/o4-mini

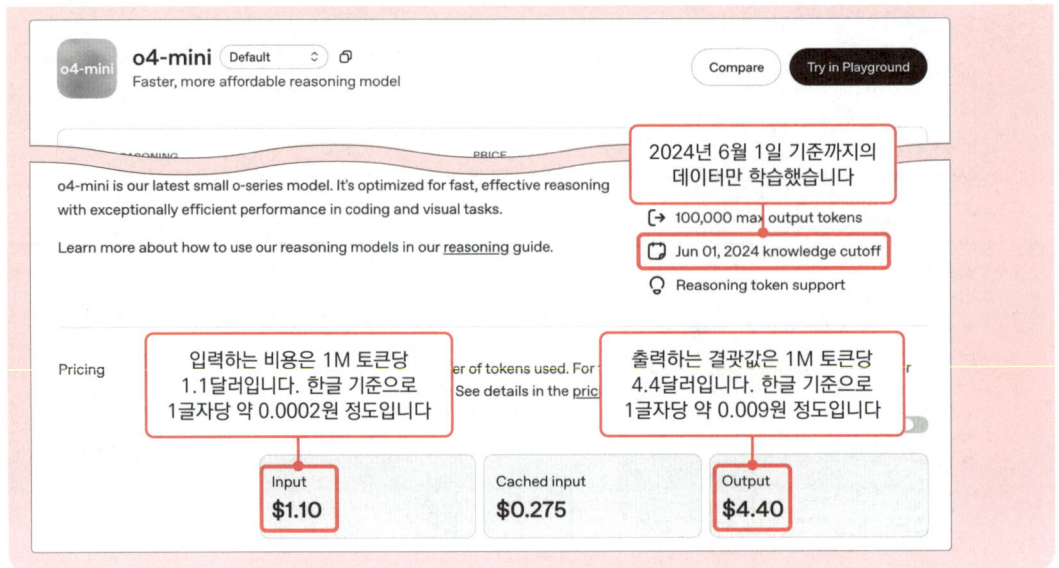

07 이제 조금 더 나아가보겠습니다. 앞에서 설계했던 대로 사용자에게 입력받는 네 가지 요소 중 하나인 사용자 관점을 추가로 받아, 그 내용을 블로그 글 생성에 반영하라고 해보겠습니다. 기능을 반영한 다음 프로그램을 다시 실행해보면, 키워드와 사용자 관점을 입력한 다음 텍스트 파일을 추가하여 블로그 글이 생성되도록 변경된 것을 확인할 수 있습니다.

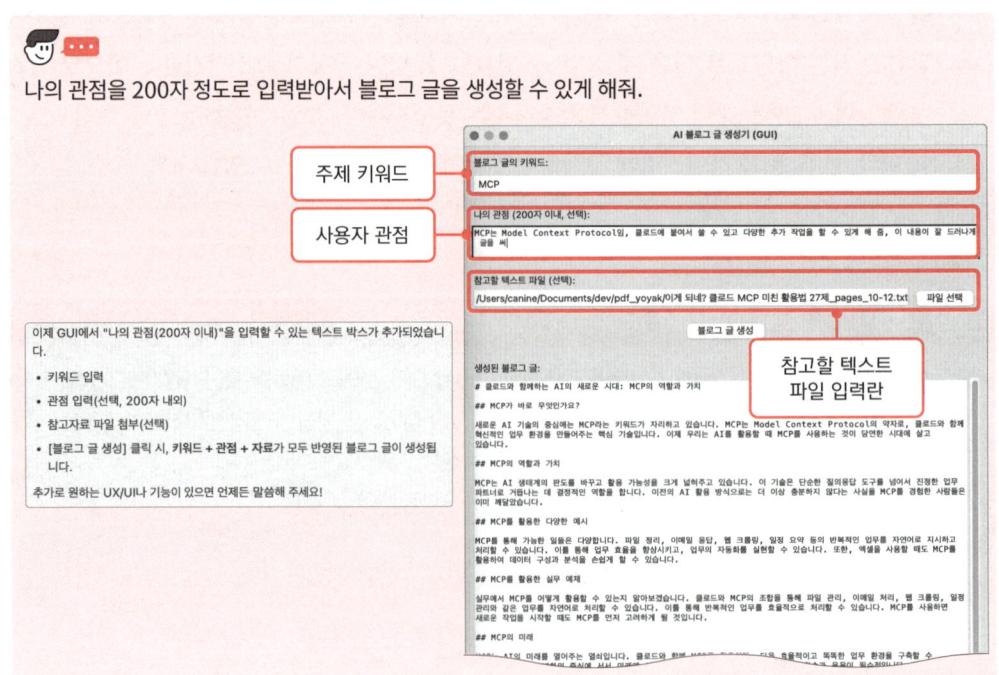

08 마지막으로 글의 스타일을 적절하게 바꿀 수 있도록 [친근하게], [진지하게] 버튼을 추가하겠습니다.

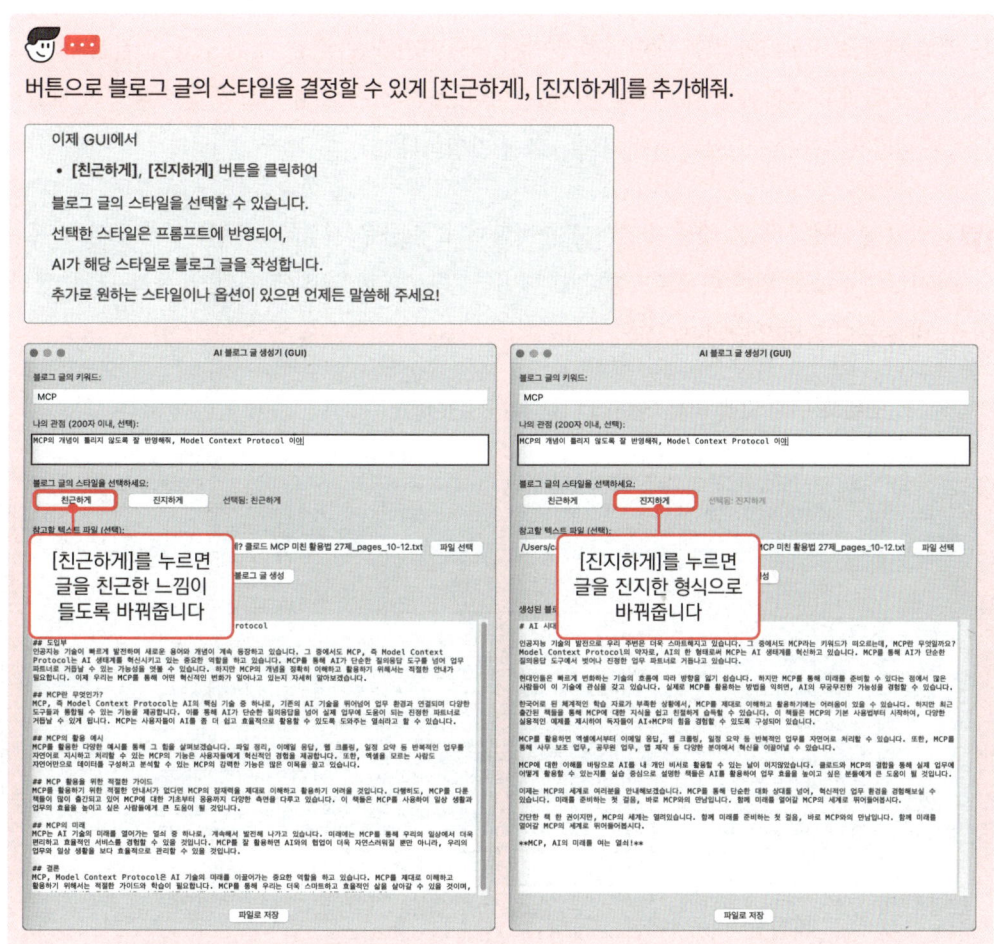

원하는 글의 스타일이 있다면 커서에게 기능을 추가하도록 설정할 수 있게 변경되었습니다. 이처럼 커서에게 명확한 지시를 하고 다양한 질문을 통해 프로그램을 개선하면 여러분이 만들고 싶은 기능을 구현하고 충분히 원하는 결과물을 얻을 수 있을 것입니다.

바이브 코딩 24 ▶ 고객 리뷰 분석하여 보고서 생성하는 프로그램 만들기

이번에는 고객 리뷰 파일을 분석해서 보고서를 생성하는 프로그램을 만들어보겠습니다. 이 프로그램은 엑셀 파일로 저장되어 있는 데이터를 받아서 이를 바탕으로 리뷰, 평점 등을 분석한 뒤 보고서 형식에 맞게 결과를 출력하는 기능을 구현하겠습니다. 물론 실제로 내 회사에 맞춘 완벽한 보고서를 만들기는 어렵겠지만 초안으로 활용하기에는 좋을 것입니다.

01 먼저 분석에 사용할 엑셀 데이터를 준비합니다. 다음은 가상의 노트북 구매 고객 리뷰 데이터 시트로 실습을 위해 다운로드합니다. 데이터를 보면 고객 ID, 고객명, 노트북 모델, 평점, 리뷰 내용 등이 들어 있습니다.

- **노트북 구매 고객 리뷰 데이터** : bit.ly/3GHQv7c

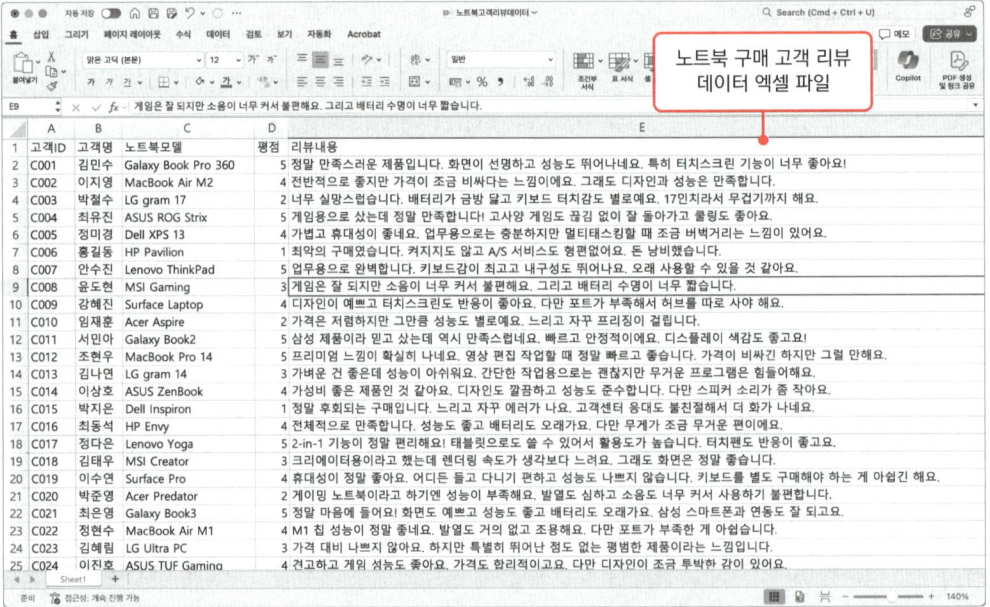

노트북 구매 고객 리뷰 데이터 엑셀 파일

02 새 폴더를 만든 후 커서에서 해당 프로젝트 폴더를 연 다음 다운로드받은 엑셀 파일을 그 안에 위치시킵니다. 그런 다음 커서에게 이 엑셀 파일을 살펴보라고 하겠습니다. 그러면 커서는 엑셀 파일을 분석하는 방법을 선택하여 결과를 알려줄 겁니다. 예를 들어 데이터를 요약해서 보여주거나 또는 파이썬 코드를 만들어서 분석하고, 그 결과를 보여줄 수도 있습니다. 여기서는 커서가 명령어를 통해 해결하려다가 잘 실행되지 않으니, 코드를 작성해서 실행한 후 결과를 말해줬습니다.

데이터의 양에 따라 커서가 실행하는 방법과 과정이 달라질 수 있으니 참고하기 바랍니다.

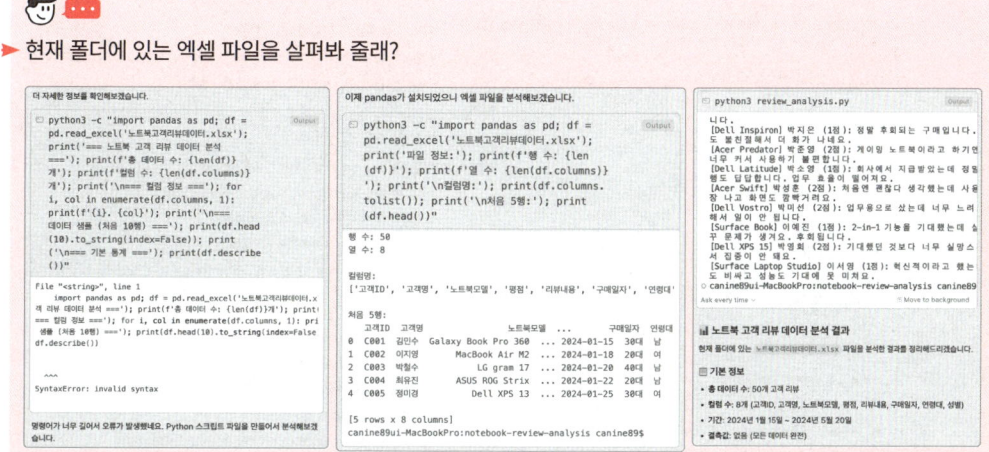

> 현재 폴더에 있는 엑셀 파일을 살펴봐 줄래?

03 커서에게 엑셀 데이터를 주입해주었으니 본격적으로 프로그램을 작성하라고 하면 될 것 같네요. 다만, 이 단계에서 프로그램에 대한 고민이 생길 수 있습니다. 바로 고객 리뷰 데이터가 항상 같은 형식이 아닐 수 있다는 점입니다. 예를 들어 'E열에 있는 리뷰를 분석하라'는 계획으로 프로그램을 만든다면 이와 같지 않은 형식의 엑셀 파일에서는 프로그램이 제 기능을 못할 수도 있습니다. 이럴 때는 컬럼의 위치보다는 컬럼 이름을 기반으로 기능을 수행하도록 하는 것이 안정적인 방법이겠죠? 우선 다양한 가능성이 있는 고민들을 커서에게 함께 설명해봅시다.

> 이제 고객 리뷰 데이터를 분석한 결과를 보고서로 만드는 프로그램을 만들고 싶은데, 고객 리뷰의 내용이 항상 E열에 있지 않을 수도 있어서 이것을 어떻게 처리할지가 고민이 돼. 프로그램을 만들기 전에 고민을 해봐줄래?

[챕터 11] 업무에 유용한 6가지 프로그램 만들기   195

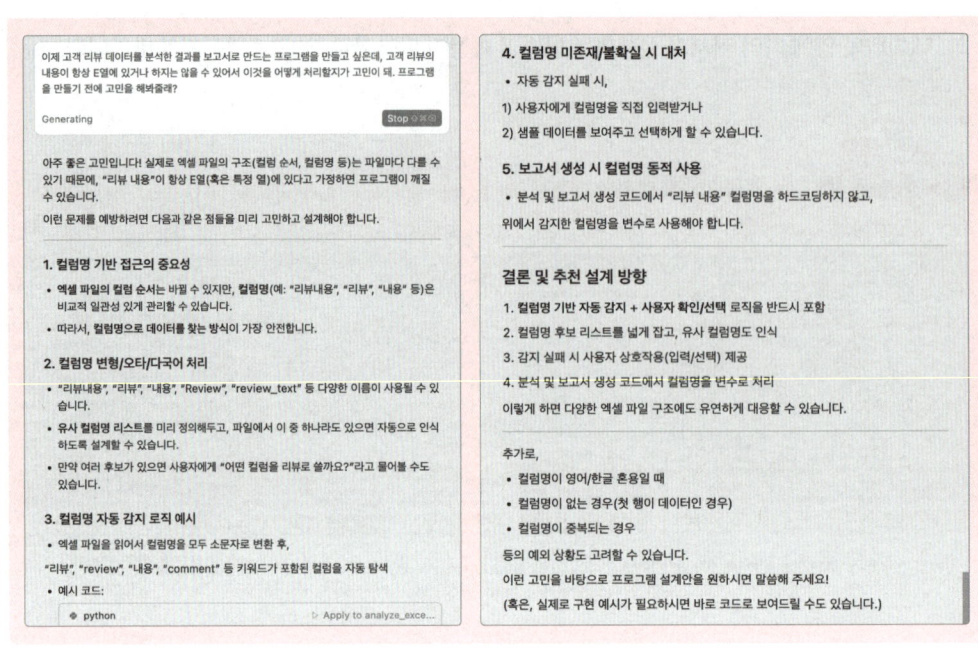

그러면 커서가 프로그래밍에 대한 다양한 계획을 제시해줄 겁니다. 이 중에서 원하는 방식을 하나 선택하면 될 것 같습니다. 여기서는 **컬럼명을 리뷰내용으로 고정하는 것을 가정한** 1번 계획을 사용해보겠습니다.

04 선택한 계획대로 커서에게 프로그램을 만들어달라고 하겠습니다. 고객 리뷰 데이터는 대부분 텍스트로 이루어져 있기 때문에 이를 분석하기 위해서는 앞서 바이브 코딩 22 ▶ **챗GPT API로 PDF 요약 프로그램 만들기**에서 활용했던 인공지능이 필요합니다. 해당 실습에서 챗GPT API를 활용하면서 5달러를 충전했었죠? 여기서도 커서에게 챗GPT API를 활용하여 고객 리뷰 데이터를 분석할 수 있게 해달라고 하겠습니다.

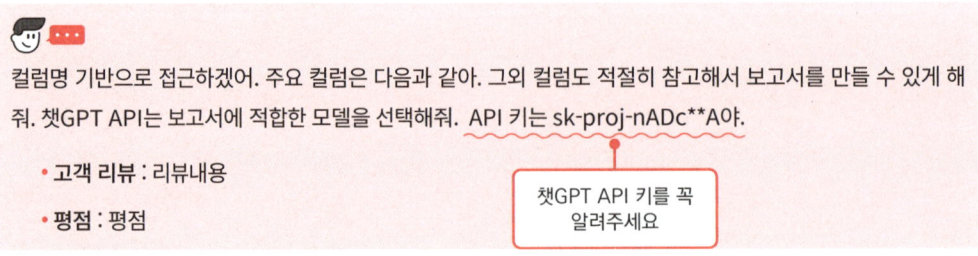

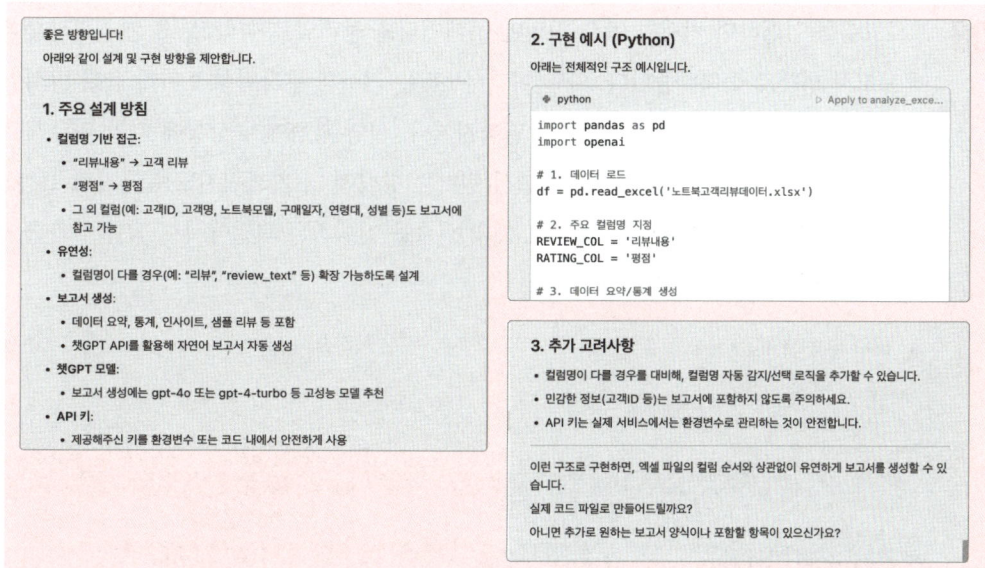

05 그러면 커서는 아직 계획 단계라고 생각하여 코드를 바로 작성하지 않고 전체적인 설계와 실행 흐름에 대한 안내부터 해줍니다. 이때 그 내용을 읽어보고 커서가 설계해준 방향이 여러분이 계획한 프로그램과 일치한다고 판단되면 실행하라고 요청하면 됩니다.

> **NOTE** 커서가 따로 계획에 대한 설명 없이 바로 프로그램을 제작하는 경우도 있지만 문제가 되진 않습니다.

그렇게 해서 프로그램을 작성해줘.

---

generate_report.py 파일을 생성했습니다. 이 프로그램은 다음과 같이 동작합니다:

1. 엑셀 파일에서 컬럼명(리뷰내용, 평점 등) 기반으로 데이터를 읽어 요약 정보를 만듭니다.
2. 샘플 리뷰 5개를 추출합니다.
3. 요약 정보와 샘플 리뷰를 프롬프트로 만들어 ChatGPT(gpt-4o) API에 보고서 생성을 요청합니다.
4. 생성된 보고서를 출력합니다.

이제 python generate_report.py 명령어로 실행하면 자동으로 보고서가 생성됩니다. 추가로 원하는 보고서 양식이나, 컬럼명 자동 감지 등 더 필요한 기능이 있으면 말씀해 주세요!

[챕터 11] 업무에 유용한 6가지 프로그램 만들기

06 프로그램을 실행하면 커서가 엑셀 파일에서 데이터를 불러와 분석하고, 요약한 결과를 터미널에 보고서 형태로 출력해줍니다. 다만 여기서부터는 커서의 무작위성에 따라 응답 방식이나 요약 스타일 등이 책에서 안내한 내용과 달라지거나, 실행 과정에서 상황에 따라 다르게 진행될 수 있습니다. 따라서 결과를 확인해가면서 원하는 방식에 더 가까워지도록 추가로 프롬프트를 조정하며 보완해나가면 됩니다. 실제로 책의 실습을 진행하는 과정에서도 샘플 결과를 확인하며 추가 프롬프팅을 진행했습니다.

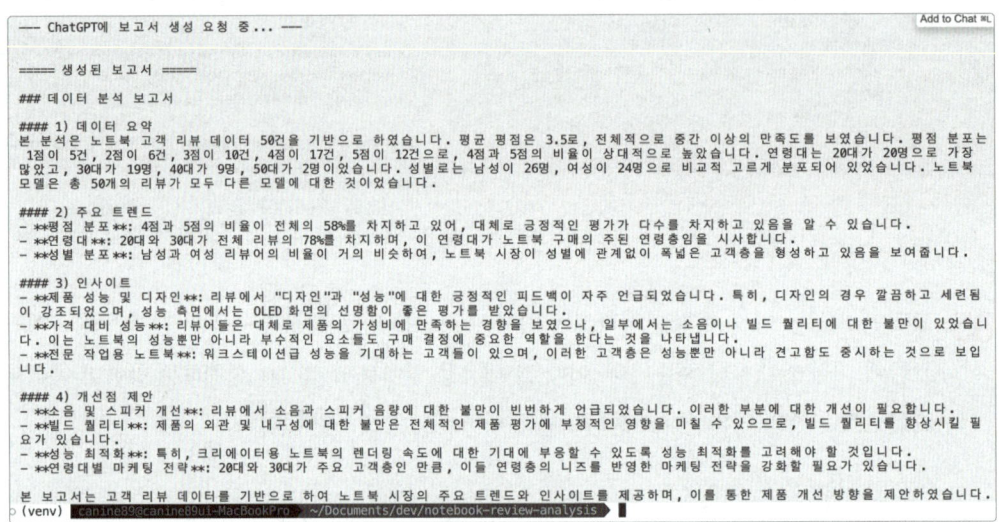

07 생성된 보고서의 형태가 기대보다 만족스럽지 못하네요. 글이 너무 짧고, 구성이 단순합니다. 커서에게 보고서 요청 방식 자체를 보완하도록 프롬프팅을 개선하라고 요청하겠습니다.

보고서가 너무 짧은 것 같은데? 높은 사람에게 보고할 내용이므로 이렇게 줄글이어도 안 돼. 데이터를 일목요연하게 요약하도록 표, 목록 형식 등 다양한 구성으로 잘 써야 해.

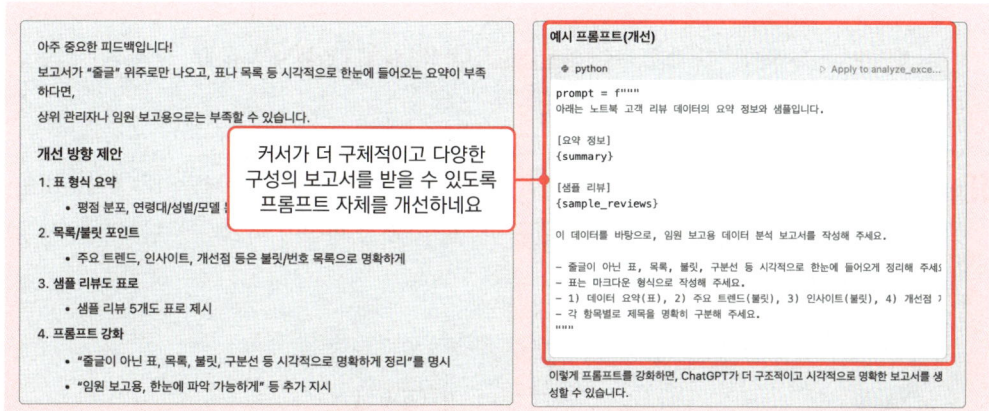

08 그러면 커서가 기존 프롬프트를 분석하여 다양한 구성과 구체적인 내용을 포함하도록 프롬프트를 수정해줍니다. 이후 프로그램을 다시 실행해보면 훨씬 나은 구성과 품질의 보고서가 생성된 것을 확인할 수 있습니다.

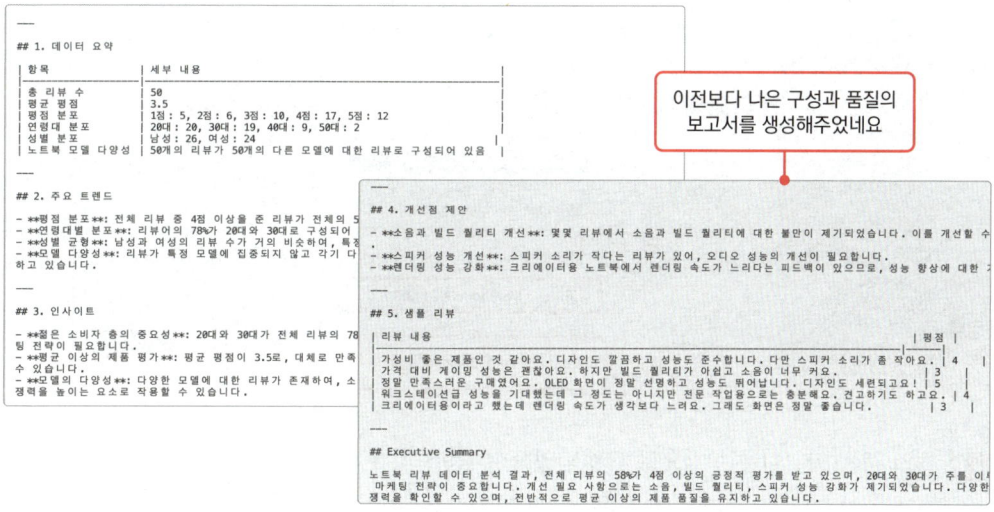

09 지금까지는 터미널상에서만 보고서를 확인했지만, 이제는 보고서를 마크다운 파일로 저장할 수 있도록 프로그램을 개선해보겠습니다. 또한, GUI 형태로 만들어 엑셀 파일을 첨부하면 보고서를 생성하는 방식으로 바꿔보겠습니다.

이제 GUI 형태로 엑셀 파일을 첨부하면 보고서를 생성하게 해주고, 보고서는 마크다운 파일로 저장하도록 해줘.

> **NOTE** 마크다운에 대한 설명은 `바이브 코딩 29` ▶ **나만의 블로그 만들기**에 자세히 설명되어 있습니다. 지금은 깊게 이해하지 않고 넘어가도 좋습니다.

10 프로그램을 실행하면 GUI 형태로 잘 만들어진 것을 확인할 수 있습니다. [파일 선택]에서 파일 첨부 후 [보고서 생성 및 저장]을 눌렀을 때, 파일 저장 형식이 마크다운 형식으로 생성되었으며, [Save]를 눌러 저장합니다.

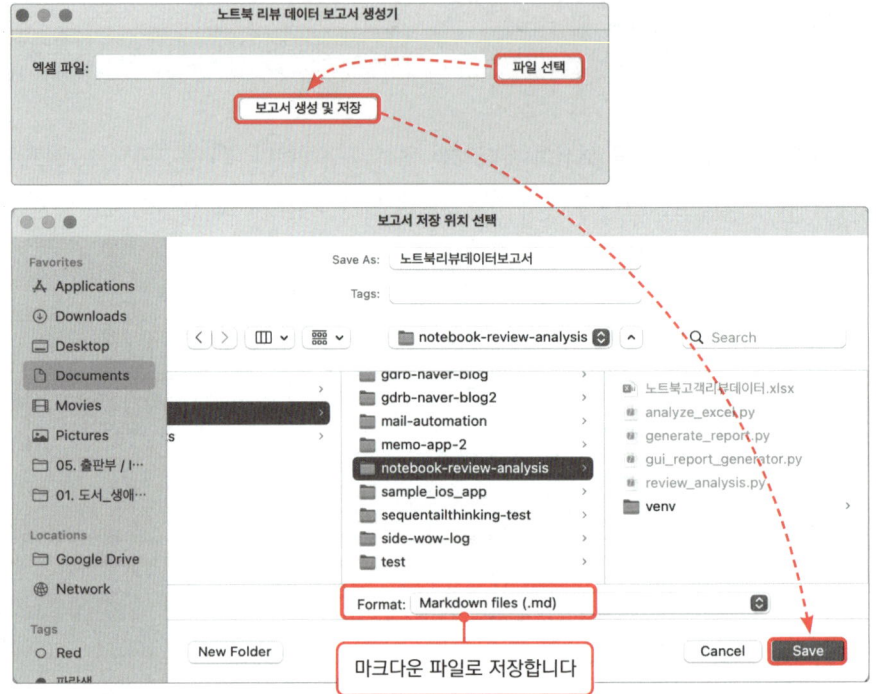

11 보고서는 마크다운 형식으로 작성되었으며, 전용 리뷰 사이트를 통해 열람하면 더욱 멋지고 체계적으로 구성된 모습을 확인할 수 있습니다. 여기서 추천하는 마크다운 미리보기 사이트는 Dillinger입니다. 이 사이트를 활용하면 마크다운으로 구성된 보고서를 미리보기로 확인하고 PDF 파일로도 다운로드할 수 있습니다.

- **Dillinger 홈페이지** : dillinger.io

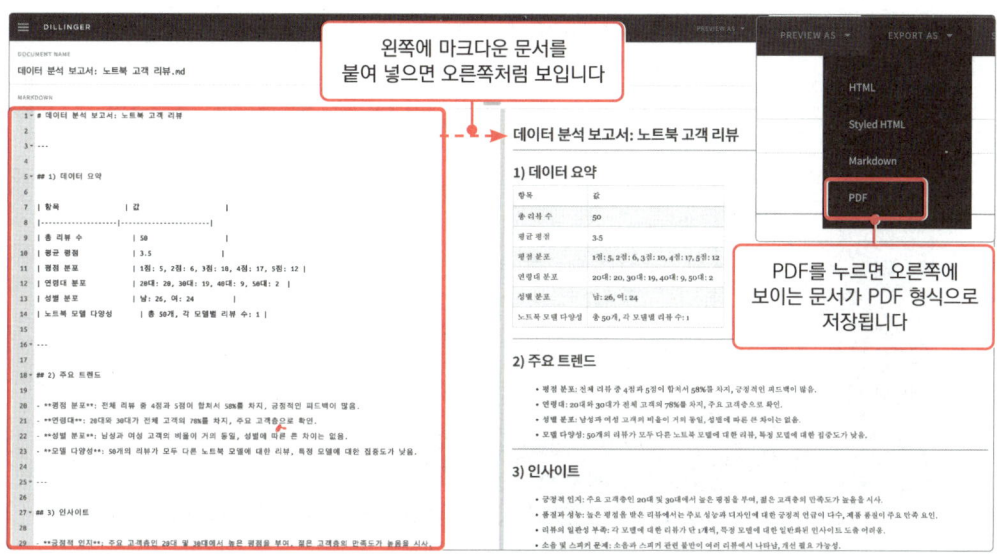

이처럼 커서로 고객 리뷰 데이터를 기반으로 보고서를 작성하는 프로그램도 만들어보았습니다. 물론 엑셀 데이터를 챗GPT나 클로드와 같은 LLM 서비스에 직접 넣어 요약해도 되지만, 특별히 내가 원하는 형식과 구조를 가진 보고서를 만들고 싶다면 이 방법이 매우 유용할 것입니다.

바이브 코딩 25 ▸ 유튜브 자막 추출 후 맞춤법 검사하는 프로그램 만들기

이번에는 유튜브 링크를 입력하면 자막을 추출해서 정리해주는 프로그램을 만들어보겠습니다. **이 프로그램의 핵심은 단순 자막 추출이 아니라, 추출한 자막의 맞춤법까지 개선하여 더 완성도 높은 결과물을 만드는 것입니다.** 유튜브에도 이미 자체적인 자막(CC) 기능이 있어서 자막 추출은 어렵지 않지만, 추출한 자막의 맞춤법 등 품질이 썩 좋지 않은 것을 알 수 있을 것입니다. 다음은 유튜브 영상에서 자막 기능을 켠 상태에서 재생한 화면입니다. 자막을 주목하여 살펴보세요.

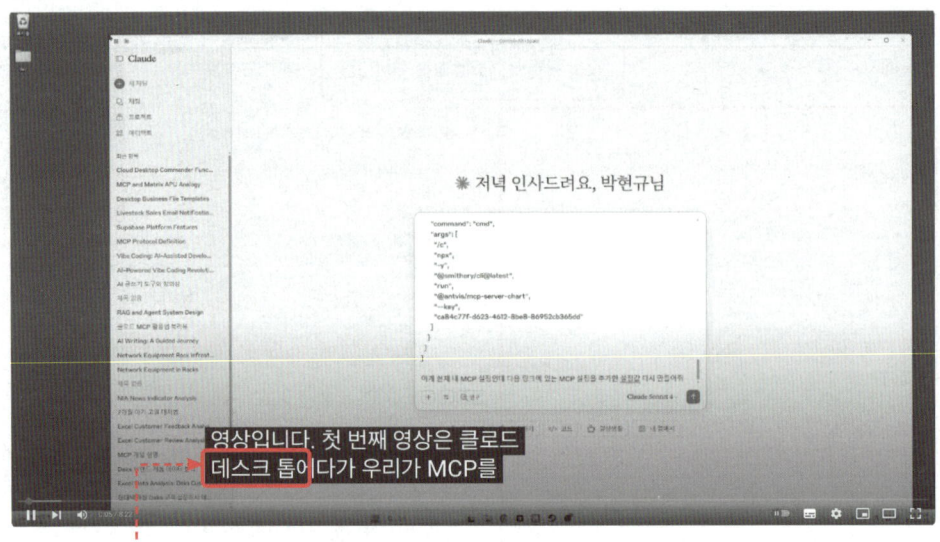

자막을 보면 '데스크 톱'이라고 부적절하게 띄어 쓰고 있습니다. 이처럼 맞춤법이나 띄어쓰기 오류가 있는 자막을 그대로 사용한다면 콘텐츠의 품질이 떨어짐은 물론이고, 다른 콘텐츠에 화면 캡처 등으로 재사용할 때 거슬릴 수 있습니다. 따라서 이번 실습에서는 유튜브 링크를 입력해 자막을 추출하고, 이를 **GPT API**로 맞춤법을 개선한 뒤 원하는 형식으로 결과물을 만드는 프로그램을 만들어보겠습니다.

실습을 시작하기 전에

유튜브 자막은 다음 조건을 충족해야만 추출할 수 있습니다.

- **자동 생성 자막은 불가** : 유튜브에서 자동으로 생성한 자막은 API를 통해 다운로드할 수 없습니다.
- **업로더가 제공한 자막만 접근 가능** : 영상 업로더가 직접 업로드한 자막 파일만 접근할 수 있습니다.
- **OAuth 인증 필요** : 자막 다운로드에는 OAuth 2.0 인증이 필요한 경우가 많습니다.

하지만 이런 제약을 우회할 수 있는 방법이 있습니다. 바로 **youtube-transcript-api**라는 라이브러리를 사용하는 것입니다. 이 라이브러리를 사용하면 자동 생성 자막까지 쉽게 추출할 수 있습니다. 단, 유튜브 정책상 특정 IP에서의 요청은 차단될 수 있기 때문에 이를 우회하기 위해 중간에 프록시 서버^{Proxy server}라는 것을 활용하겠습니다.

우리가 편지를 발송할 때 직접 보내는 대신, 중간에 '우체국'을 거쳐 전달하는 것처럼, 프록시 서버는 사용자의 요청을 중계하여 유튜브와 직접 통신하지 않도록 도와주는 중간 서버입니다. 즉, 자막 추출 명령을 다른 곳을 통해 내리도록 하는 역할을 하죠.

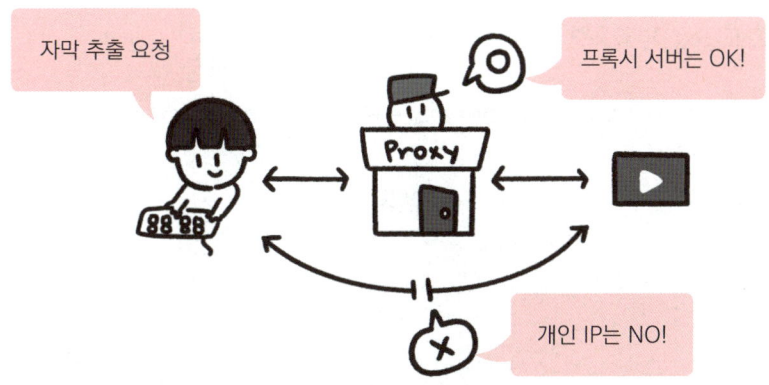

이렇게 하면 유튜브가 차단한 IP가 아닌 다른 IP를 통해 자막을 요청하기 때문에 자막 추출을 보다 확실하게 할 수 있습니다. 단, 중간에 프록시 서버를 거치기 때문에 처리 시간이 조금 더 걸릴 수 있습니다.

01 먼저 프록시 서버 설정을 위해 youtube-transcript-api의 개발자가 추천하는 서비스인 WEBSHARE에 회원가입을 하겠습니다. 다음 사이트에 접속한 후 메인 화면에서 [Sign Up]을 누르고 구글 계정 또는 이메일을 사용해 회원가입하세요.

- **WEBSHERE 홈페이지** : www.webshare.io/proxy-server

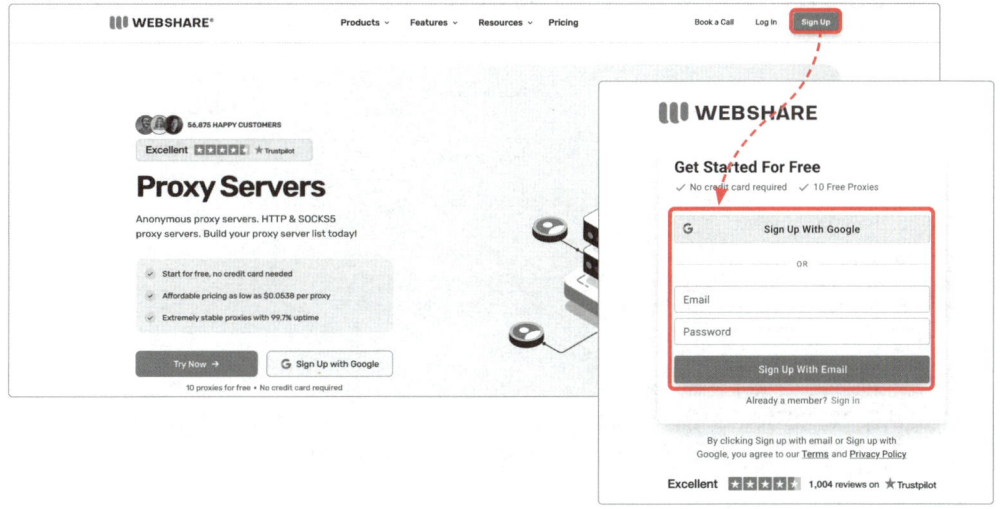

챕터 11 업무에 유용한 6가지 프로그램 만들기 203

회원가입 후 다음 링크에 접속하면, 대시보드의 사용량 항목에 1 GB bandwidth/month라고 표시되어 있습니다. 이 정도 용량이면 웹페이지 기준 약 3,000~4,000 페이지를, 유튜브 동영상 기준으로는 480p 화질로 약 2~3시간 정도 재생할 수 있는 수준입니다. 즉, 전문적으로 유튜브 자막을 대량으로 추출하는 것이 아니라면 몇백 개 정도의 자막 추출은 문제없이 할 수 있습니다. 무료로도 충분히 활용할 수 있으니 이용해보기 바랍니다.

- **WEBSHARE 대시보드** : dashboard.webshare.io/dashboard

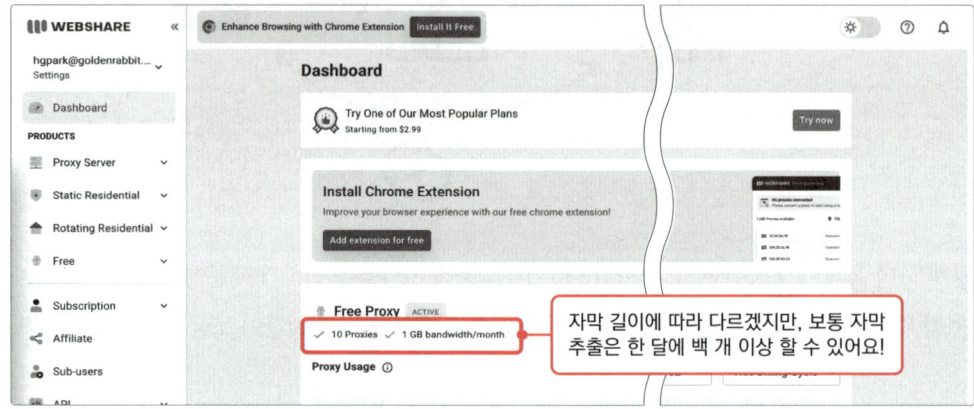

02 대시보드에서 [Free → Proxy Settings]로 이동하면 프록시 서버 사용에 필요한 Username과 Password가 보입니다. 이것을 코드에 포함해야 유튜브 자막을 추출할 수 있습니다. 해당 값을 미리 복사하여 추후 코드에 사용할 수 있도록 저장해두세요.

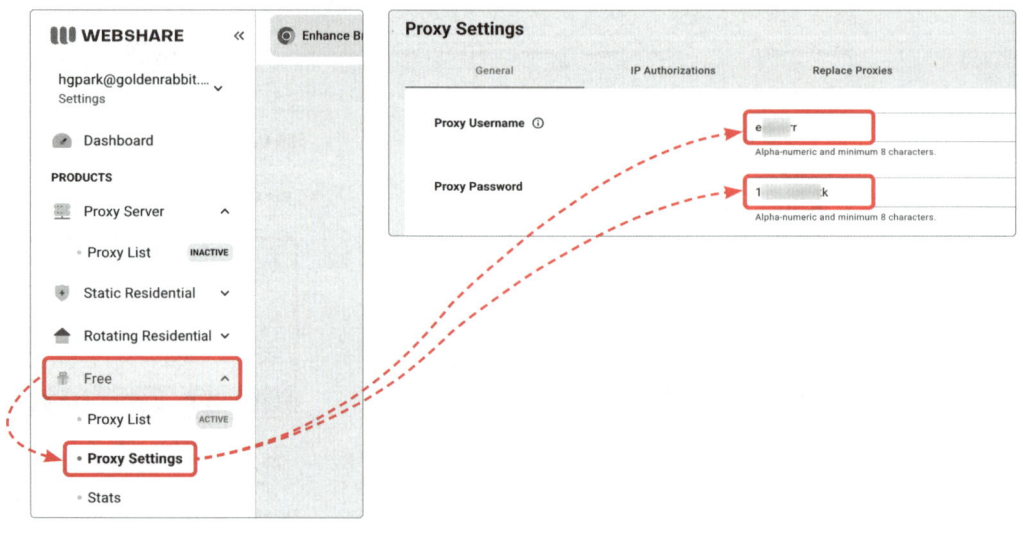

03 이제 커서로 돌아가 유튜브 자막 추출 프로그램을 만들어보겠습니다. 자막을 추출하기 위해 커서에게 다음의 youtube-transcript-api 개발자 안내 문서의 링크와 함께 추천된 코드를 전달해야 합니다.

- **youtube-transcript-api 개발자 안내 문서** : bit.ly/3TQFB1K

개발자 안내 문서에 접속한 뒤, 아래로 스크롤하여 'Working around IP bans (RequestBlocked or IpBlocked exception)' 항목을 찾습니다. ❶ 제목 왼쪽에 있는 링크 아이콘을 눌러 주솟값이 변하면 해당 주소를 복사합니다. ❷ 이어서 **같은 항목에 있는 코드도 복사합니다**. 이제 앞에서 복사해두었던 Username과 Password를 함께 입력하여 커서에게 다음과 같이 요청해보세요. 프롬프트에서 문서에는 ❶ 주솟값을, 코드에는 ❷의 코드를 그대로 붙여 넣으면 됩니다.

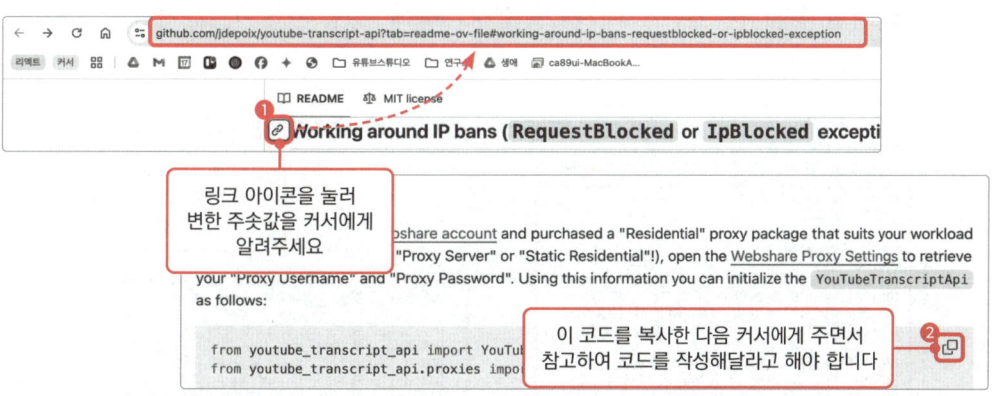

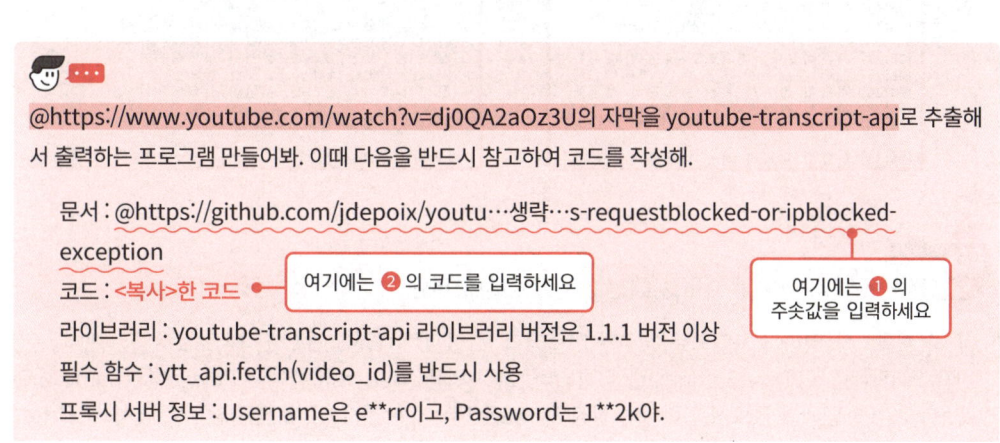

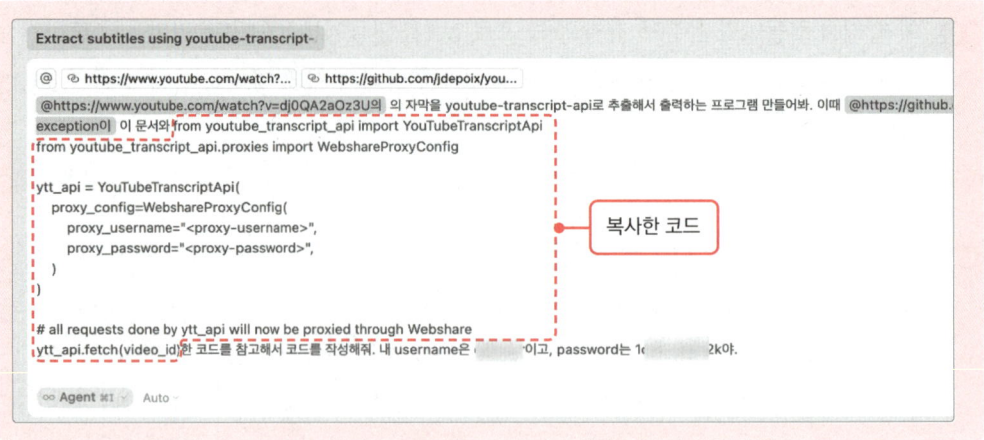

04 코드를 작성을 마친 뒤 실행해보면 원하는 결과가 잘 나옵니다. 프록시 서버를 거치느라 시간이 조금 걸릴 수 있지만 많은 양의 자막도 쉽게 추출해주었습니다. 이로써 자막 추출 과정은 마무리되었습니다.

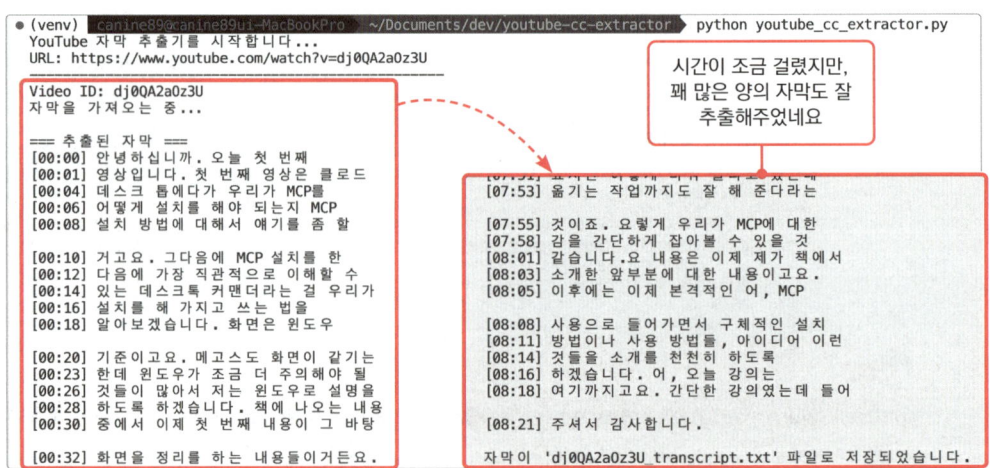

프록시 서버가 차단될 때는 이렇게 해결하세요

간혹 프록시 서버마저 차단되는 경우가 있습니다. 그럴 때는 WEBSHARE 대시보드에 접속한 다음 왼쪽 메뉴의 [Free → Proxy Settings]를 누릅니다. 그런 다음 [General] 탭에서 Proxy Username과 Proxy Password를 임의의 값으로 입력하여 설정 후 [Save Changes]를 누르고 해당 값으로 다시 시도해보세요. 그러면 2~3번의 시도 안에 될 겁니다.

05 이제 남은 작업은 자막 데이터를 우리가 원하는 형태로 바꾸는 것이네요. 현재 자막은 시간 표시와 함께 여러 줄로 나뉘어 있습니다. 이를 시간 표시 없이, 하나의 긴 문장 형태로 만드는 것이

필요합니다. 커서에게 프로그램을 수정하도록 다음과 같이 요청합니다.

앞에 있는 시간 표시를 없애고, 텍스트를 한 덩이로 만들어줘.

06 텍스트가 한 덩이로 정리되었습니다. 이제 GPT API를 이용해서 맞춤법 검사를 진행해보겠습니다. 이때 두 가지 전략을 선택할 수 있습니다.

- **전략 1** : 한 덩이의 전체 텍스트를 한 번에 맞춤법 검사를 시키는 것 → API 한 번만 호출
- **전략 2** : 마침표를 기준으로 문장을 나눠 맞춤법 검사를 시키는 것 → API 여러 번 호출

여기서는 **전략 1**을 선택해서 프로그램을 수정해보겠습니다. API를 여러 번 호출할 경우 호출 횟수만큼 비용이 더 나올 수도 있기 때문입니다. 또한 요즘 영상은 대부분 짧기 때문에 웬만하면 한 번의 호출로 전체 텍스트 맞춤법을 검사할 수 있습니다.

한 덩이로 만든 텍스트를 적절한 GPT 모델을 사용해서 맞춤법 검사를 해줄래? 맞춤법 프롬프트는 네가 적당히 알아서 작성하면 되고, 내 **GPT API** 키는 sk-proj-nAD**A야.

그냥 추출해서 한 덩이로 만든 텍스트	맞춤법 검사를 한 텍스트
안녕하십니까. 오늘 첫 번째 영상입니다. 첫 번째 영상은 클로드 데스크 톱에다가 우리가 MCP를 어떻게 설치를 해야 되는지 MCP 설치 방법에 대해서 얘기를 좀 할 거고요. 그 다음에 MCP 설치를 한 다음에 가장 직관적으로 이해할 수 있는 데스크톡 커맨더라는 걸 우리가 설치를 해 가지고 쓰는 법을 알아보겠습니다. 화면은 윈도우 기준이고요. 메고스도 화면이 같기는 한…생략…	안녕하세요. 오늘 첫 번째 영상입니다. 첫 번째 영상은 클로드 데스크톱에다가 우리가 MCP를 어떻게 설치해야 하는지 MCP 설치 방법에 대해서 얘기를 좀 할 거고요. 그다음에 MCP 설치를 한 다음에 가장 직관적으로 이해할 수 있는 데스크톱 커맨더라는 걸 우리가 설치해서 사용하는 법을 알아보겠습니다. 화면은 윈도우 기준이고요. 메고스도 화면이 같기는 한…생략…

결과는 꽤 괜찮습니다. '데스크 톱'은 올바른 표현인 '데스크톱'으로, '설치를 해야'는 '설치해야'로 수정해주었습니다. 물론 'macOS'를 '메고스'로 잘못 처리한 점은 아쉽지만 대부분의 자잘한 오타나 띄어쓰기 오류는 잘 잡아낸 상태입니다.

07 이러한 맞춤법 검사 방식은 실제로 코드 내의 GPT API에 전달한 프롬프트에 따라 결정됩니다. 지금까지는 실제 코드를 따로 확인하지 않고 진행했지만, 어떤 방식으로 지시가 이루어졌고 어떻게 수정되었는지 확인하기 위해 코드를 한 번 살펴봅시다.

```
7   try:
8       transcript = YouTubeTranscriptApi.get_transcript(video_id, languages=['ko', 'en'])
9       all_text = " ".join([entry['text'] for entry in transcript])
10
11      prompt = f"""
12      아래의 한국어 텍스트의 맞춤법, 띄어쓰기, 문장부호를 자연스럽게 교정해 주세요. 의미가 바뀌지 않도록 주의해 주세요.
```

맞춤법 검사를 위해 사용한 프롬프트는 단순히 **'아래의 한국어 텍스트의 맞춤법, 띄어쓰기, 문장부호를 자연스럽게 교정해 주세요. 의미가 바뀌지 않도록 주의해 주세요.'**였네요. 만약 맞춤법 규칙을 더 세밀하게 수정하고 싶다면 커서에게 구체적으로 어떤 부분을 어떻게 고쳐달라고 요청하면 됩니다.

08 예를 들어 '메고스', '맥오스'와 같은 표현은 'macOS'를 뜻한다고 명시하면서 프롬프트를 수정해달라고 해보세요.

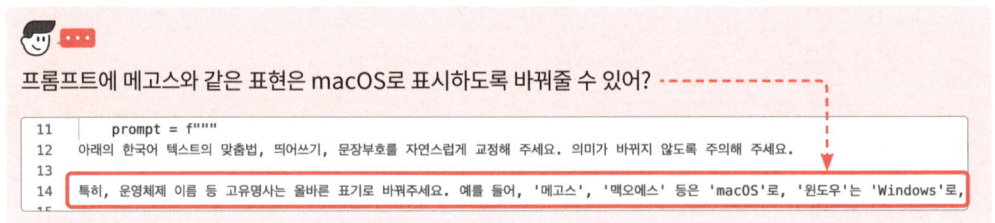

그러면 코드의 프롬프트를 수정해준 것을 확인할 수 있습니다. 이렇게 프롬프트를 수정한 상태에서 다시 맞춤법 검사를 포함한 유튜브 자막 추출기를 실행하면 어떻게 될까요?

09 실행 결과를 보면 맞춤법이 훨씬 더 정확하게 수정된 것을 확인할 수 있습니다. 이번에는 문장 단위로 줄바꿈도 적용해주었네요.

그냥 추출해서 한 덩이로 만든 텍스트	맞춤법 검사를 한 텍스트	프롬프트 수정을 해서 맞춤법 검사를 한 텍스트
안녕하십니까. 오늘 첫 번째 영상입니다. 첫 번째 영상은 클로드 데스크톱에다가 우리가 MCP를 어떻게 설치를 해야 되는지 MCP 설치 방법에 대해서 얘기를 좀 할 거고요. 그다음에 MCP 설치를 한 다음에 가장 직관적으로 이해할 수 있는 데스크톡 커맨더라는 걸 우리가 설치를 해 가지고 쓰는 법을 알아보겠습니다. 화면은 윈도우 기준이고요. 메고스도 화면이 같기는 한…생략…	안녕하세요. 오늘 첫 번째 영상입니다. 첫 번째 영상은 클로드 데스크톱에다가 우리가 MCP를 어떻게 설치해야 하는지 MCP 설치 방법에 대해서 얘기를 좀 할 거고요. 그다음에 MCP 설치를 한 다음에 가장 직관적으로 이해할 수 있는 데스크톱 커맨더라는 걸 우리가 설치해서 사용하는 법을 알아보겠습니다. 화면은 윈도우 기준이고요. 메고스도 화면이 같기는 한…생략…	안녕하세요. 오늘 첫 번째 영상입니다. 첫 번째 영상은 클로드 데스크톱에 우리가 MCP를 어떻게 설치해야 하는지 MCP 설치 방법에 대해 얘기하겠고요. 그다음에 MCP 설치를 한 후 가장 직관적으로 이해할 수 있는 데스크톱 커맨더를 설치하고 사용하는 방법을 알아보겠습니다. 화면은 윈도우 기준이고, macOS도 화면은 같지…생략…

이처럼 유튜브 자막 추출기를 그냥 사용하는 것보다 나만의 맞춤법 기준에 따라 결과를 받을 수 있도록 프로그램으로 만들면 훨씬 더 유용할 거라 생각합니다. 요즘은 워낙 좋은 학습 내용을 담고 있는 유튜브 영상이 많기 때문에 텍스트로 추출해서 공부하는 것도 좋은 방법이겠네요.

바이브 코딩 26 ▶ 가계부 대시보드 만들기

난이도 중!

이번에는 스프레드시트를 데이터베이스로 사용하는 프로그램을 만들어보겠습니다. 스프레드시트를 데이터베이스 삼아 작업하면 데이터를 직관적으로 관리할 수 있고, 다른 구글 서비스와 연동하기도 편해 실무에서 유용하게 활용할 수 있습니다. 예를 들어, 고객 설문 조사를 구글 폼으로 받으면 자동으로 스프레드시트가 생기는데, 이것을 가지고 고객 설문 조사 신청 현황을 정리하거나, 주소와 연락처 등 필요한 정보만 복사/붙여넣기 하기 쉽도록 정리해주는 프로그램을 만들 수도 있습니다. 이번 실습에서는 구글 개발자 사이트를 이용해 스프레드시트를 데이터베이스로 활용하고, 가계부 데이터를 바탕으로 대시보드를 만들어보겠습니다.

01 먼저 대시보드를 만들기 위해서는 데이터가 있는 가상의 가계부가 필요하겠죠? 다음 링크에서 가계부 실습을 위한 스프레드시트를 복사하겠습니다. ❶ [파일 → 사본 만들기]를 누르고 어디에 저장할 것인지 ❷ 폴더를 선택한 후 ❸ [사본 만들기]를 눌러 준비하세요.

- **가계부 실습 데이터** : bit.ly/40BGMWK

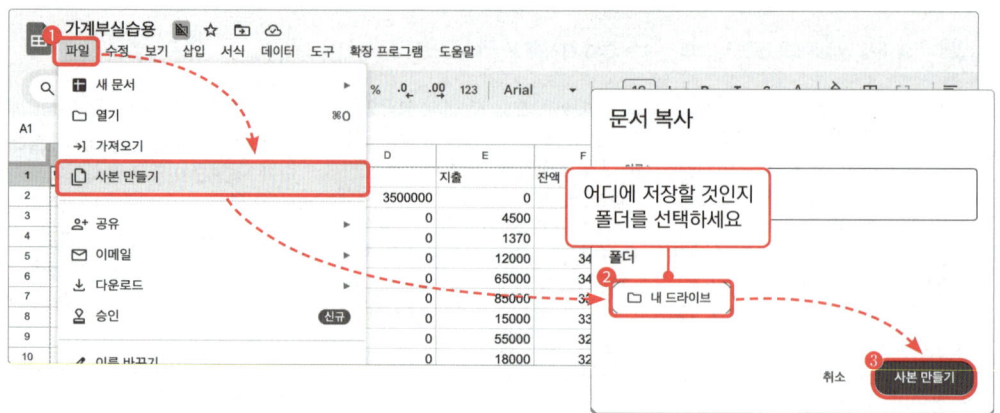

파일을 열어보면 날짜, 항목, 분류, 수입, 지출, 잔액 등의 정보가 잘 정리되어 있습니다. 이 파일을 데이터베이스 삼아서 대시보드 형태로 만들어 현황을 파악할 수 있다면 자산 관리에 정말 유용하겠죠.

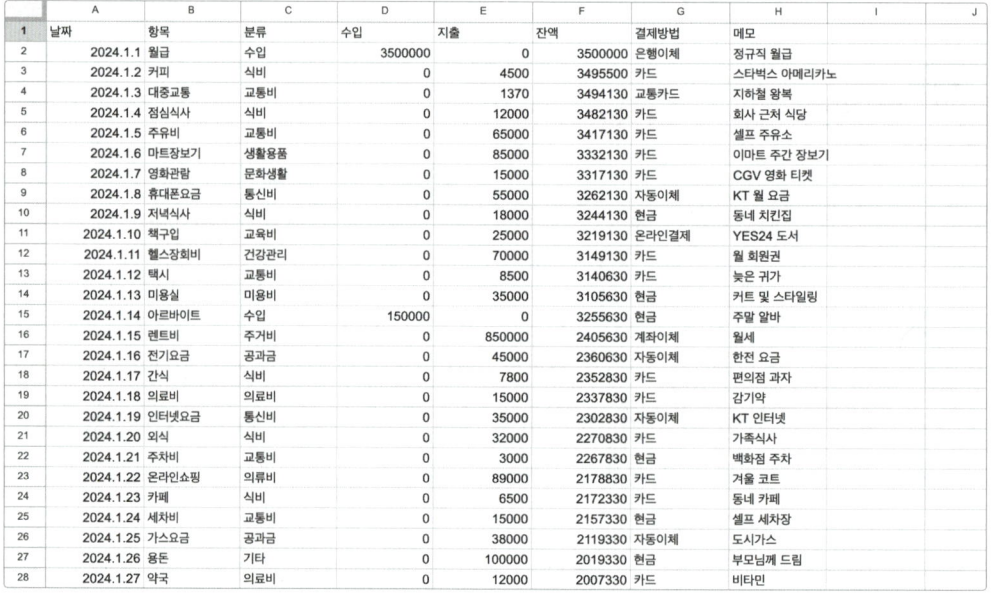

02 그러면 커서에게 어떻게 질문해야 원하는 프로그램을 만들 수 있을까요? 여러 방법이 있겠지만 여기서는 핵심인 데이터를 중심으로 개발 계획부터 물어보며 시작하겠습니다. 커서로 빈 폴더를 열고, 복사한 스프레드시트 파일의 링크를 알려주며 다음과 같이 질문하세요.

스프레드시트 @https://docs.google.com/spreadsheets/d/1Edf**dit?gid=0#gid=0에 있는 가계부 데이터를 읽어서 대시보드 형태로 보여주는 앱을 만든다고 할 때 가장 쉽고 빠르게 개발할 수 있는 방법은 뭐야?

빈 프로젝트네요! 가장 쉽고 빠르게 개발할 수 있는 방법은 Streamlit을 사용하는 것입니다. Streamlit은 Python 기반의 웹 앱 프레임워크로, 데이터 시각화와 대시보드 개발에 최적화되어 있습니다.

추천 개발 방법: Streamlit + Google Sheets API

장점:

1. 빠른 개발: 몇 줄의 코드로 대시보드 완성
2. 실시간 데이터: 스프레드시트 변경사항 실시간 반영
3. 풍부한 차트: Plotly, Matplotlib 등 다양한 시각화 라이브러리 지원
4. 반응형 UI: 자동으로 모바일 친화적 인터페이스 생성

필요한 기술 스택:

- Python + Streamlit (웹 앱)
- gspread (구글 스프레드시트 API)
- pandas (데이터 처리)
- plotly (인터랙티브 차트)

지금 바로 프로젝트를 설정해드릴까요? 다음과 같은 기능을 포함한 대시보드를 만들 수 있습니다:

…생략…

결과를 보면 커서가 스트림릿이라는 파이썬 라이브러리와 구글 스프레드시트 API를 사용해야 한다고 알려줍니다. 여러분에게는 다른 방식을 추천했을 수도 있습니다. 만약 커서가 다른 라이브러리나 방식으로 안내했다면, **이후 진행하는 실습의 편의를 위해 프롬프트에 '스트림릿으로 만들어줘'라고 덧붙여주세요.** 그러면 스트림릿을 기반으로 똑같이 실습을 진행할 수 있습니다.

03 스트림릿으로 대시보드를 만들기 전에 먼저 스프레드시트의 API 사용 방법부터 알아야 합니다. 그래야 여러분이 만들 대시보드에 스프레드시트의 값을 불러와서 보여줄 수 있으니까요. 물론 커서에 물어보고 진행해도 되지만 이번에는 직접 순서대로 안내하겠습니다. 구글 스프레드시트와 같은 파일의 데이터를 다른 곳에서 사용하려면 구글 API를 신청하고, 이 API에 접근하기 위한 서비스 계정과 인증 키 파일을 받아야 합니다. 과정 설명이 길게 느껴지겠지만, 그렇게 어려운 과정은 아니므로 차근차근 따라 하면 쉽게 할 수 있을 겁니다.

우선 구글 클라우드에 접속하여 화면 위쪽의 [+ 프로젝트 만들기]를 누르세요. 프로젝트 이름을 적절히 정한 다음 [만들기]를 눌러 프로젝트를 만드세요.

- **구글 클라우드 홈페이지** : console.cloud.google.com

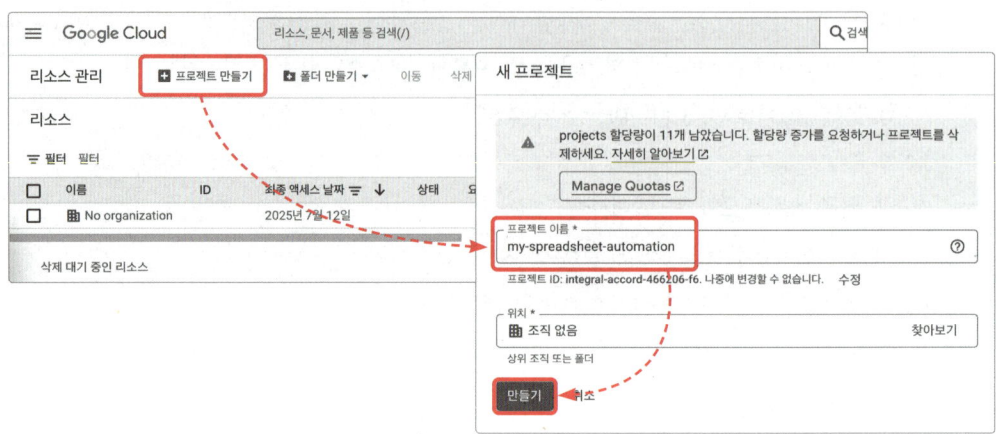

04 이렇게 만든 프로젝트 내에서 구글 스프레드시트에 대한 API 권한을 추가하고, 스프레드시트에 접근할 때 필요한 서비스 계정을 만들면 됩니다. **서비스 계정이란 구글 스프레드시트에 접근할 수 있는 봇 계정이라고 생각하면 됩니다.** 프로젝트를 생성한 뒤 다음 화면이 보입니다. 여기서 왼쪽 위에 있는 [≡ 메뉴] 버튼을 누르고 [API 및 서비스]를 선택하세요.

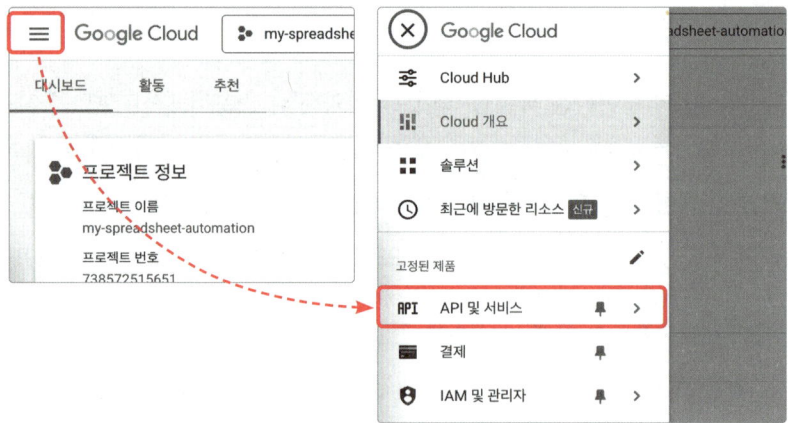

05 이제 API를 추가해보겠습니다. ❶ [+ API 및 서비스 사용 설정]을 누르고 ❷ spreadsheet를 검색하면 API 항목이 나타납니다. ❸ 목록에 나오는 [Google Sheets API]를 선택한 다음 ❹ [사용]을 누르면 해당 프로젝트에 스프레드시트에 대한 접근 권한이 생깁니다.

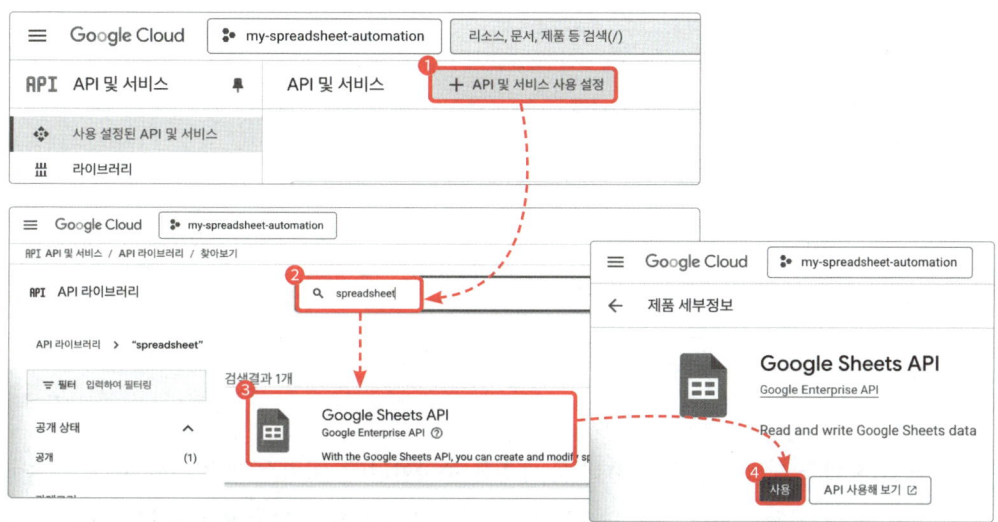

06 그런 다음 다시 ❶ [사용자 인증 정보]로 돌아옵니다. ❷ 위쪽에 [동의 화면 구성] 버튼이 나타나면 버튼을 눌러 이동하세요. 이 과정을 처음 진행한다면 'Google 인증 플랫폼이 아직 구성되지 않음'이라는 화면이 나타납니다. ❸ [시작하기]를 누른 다음 화면에 나오는 항목에 값을 적절히 입력하고 ❹ [만들기]를 누르세요.

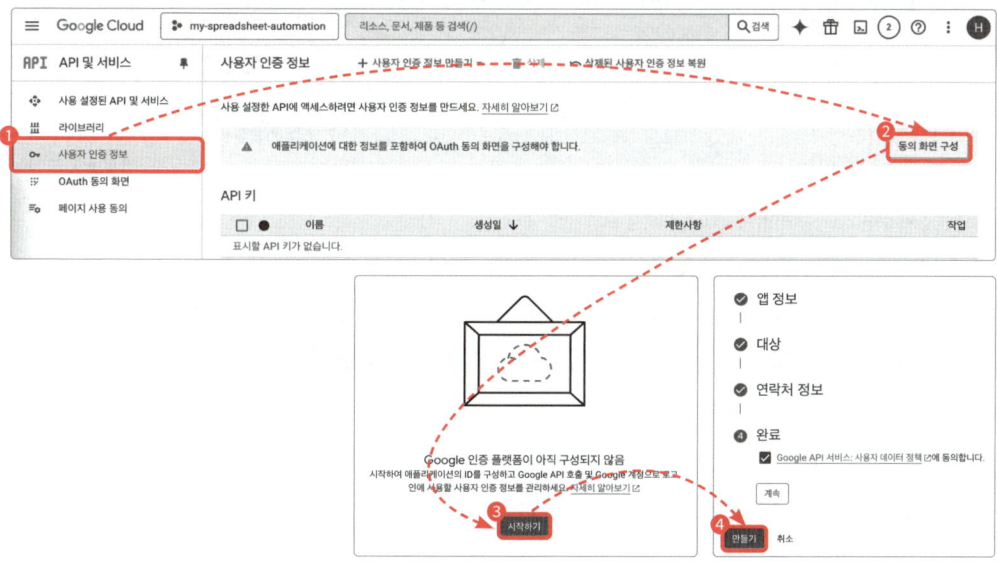

07 다시 [사용자 인증 정보]로 돌아와서 '서비스 계정' 항목의 [서비스 계정 관리]를 눌러 서비스 계정을 추가합니다. 이제 이 서비스 계정을 통해 여러분의 가계부 데이터에 접근할 수 있도록 권한을 주면 됩니다.

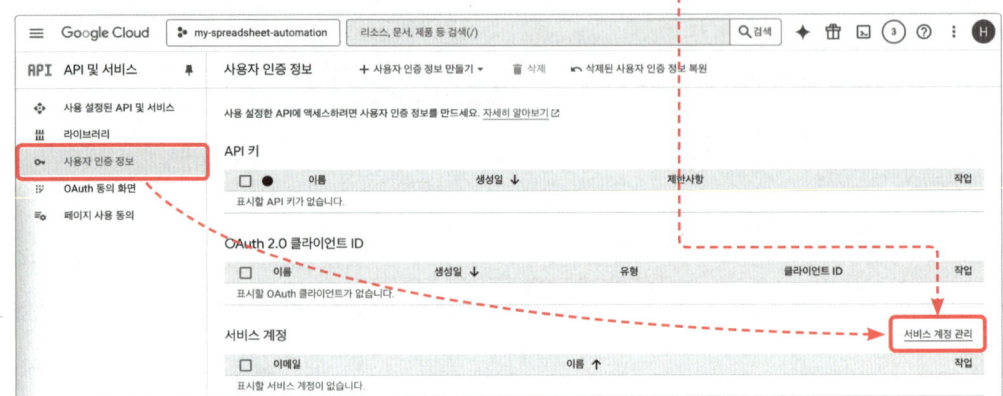

08 ❶ [+ 서비스 계정 만들기]를 눌러 봇 계정을 추가합니다. 서비스 계정 이름, ID를 적절히 입력하고 ❷ [만들고 계속하기]를 누르세요. 이때 권한에서 ❸ 역할을 반드시 [소유자]로 설정해야 합니다. 나머지는 기본값으로 두고 ❹ [완료]를 누르세요.

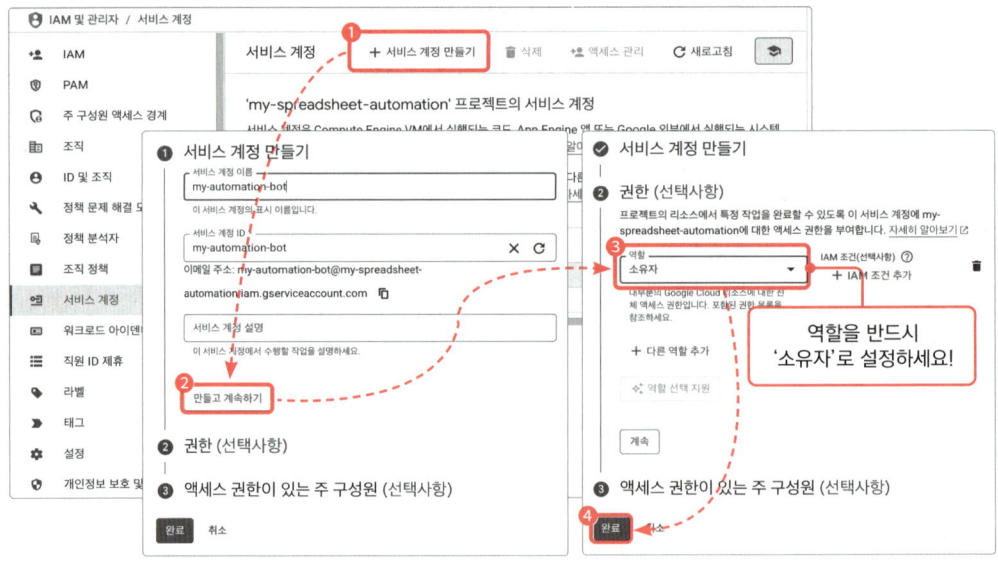

서비스 계정이 추가된 것을 확인했다면, 이제 이 계정의 이메일을 복사하세요. 이 이메일은 봇이 스프레드시트에 접근할 수 있도록 권한을 부여할 때 사용됩니다.

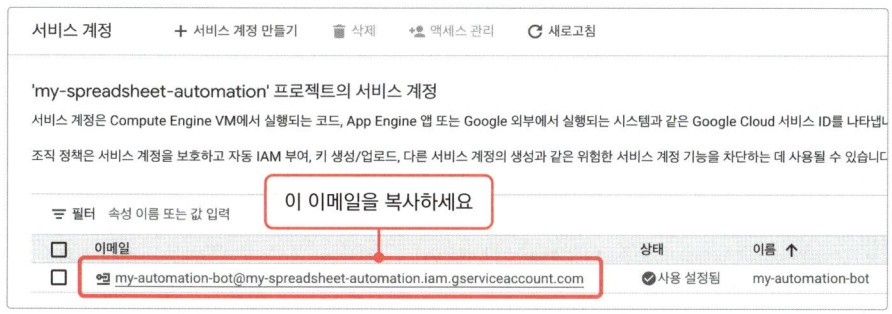

09 이제 다시 가계부로 사용할 구글 스프레드시트로 돌아갑니다. 오른쪽 위의 ❶ [공유]를 누르면 작은 창이 뜹니다. 여기서 위쪽 네모 칸에 ❷ 서비스 계정 이메일 값을 붙여 넣으세요. 권한은 반드시 ❸ [편집자]로 설정하며, ❹ [전송]을 누릅니다. 그래야 이 계정을 통해 스프레드시트의 데이터를 읽고 쓸 수 있습니다. 이렇게 설정해두면 직접 만든 프로그램에서 이 스프레드시트를 데이터베이스처럼 자유롭게 사용할 수 있습니다.

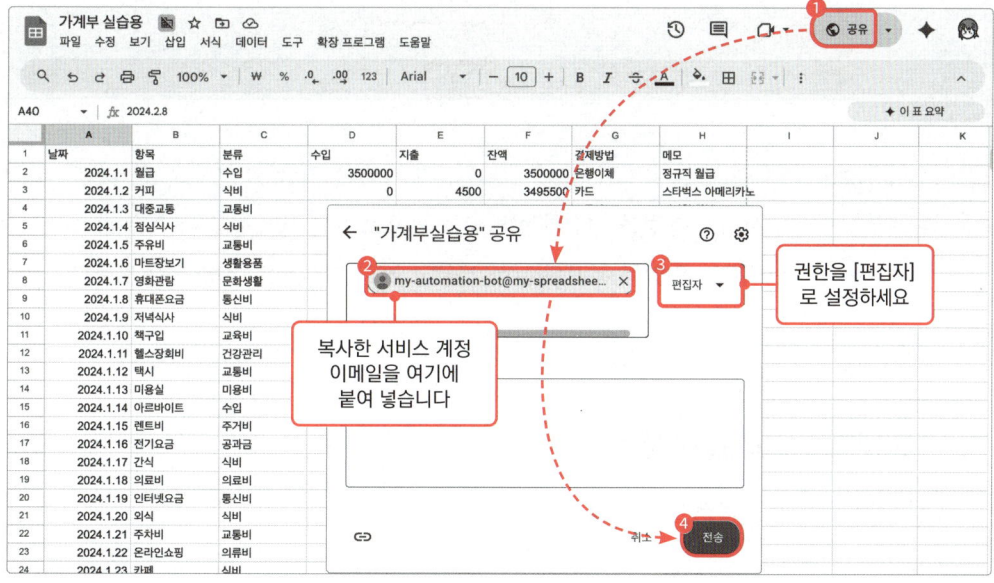

10 마지막으로 방금 만든 ① 서비스 계정의 이메일을 눌러서 ② [키] 항목으로 이동한 다음 ③ [키 추가 → 새 키 만들기]를 누릅니다. 그러면 생성한 서비스 계정을 파일 형태로 인증할 수 있는 인증 파일을 다운로드할 수 있습니다. 이 파일이 있어야 추가한 서비스 계정을 이용해서 스프레드시트 내용에 접근할 수 있는 것입니다. 키는 ④ JSON 형식으로 옵션을 선택한 다음 ⑤ [만들기]를 누릅니다.

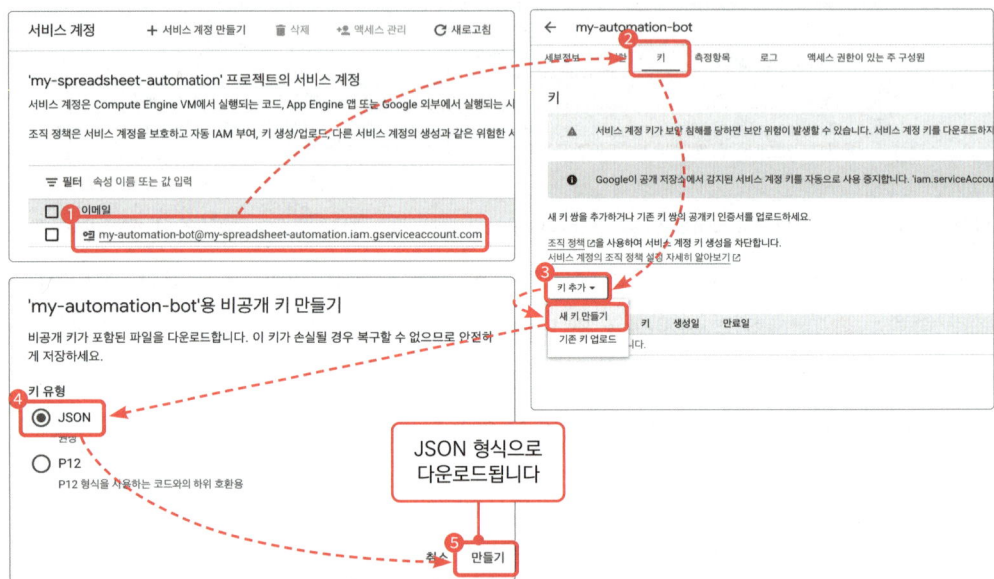

11 그러면 json 파일이 생성되며 다운로드됩니다. 이 파일은 지금 한 번만 다운로드할 수 있습니다. 파일 자체가 서비스 계정을 대신하는 역할을 함으로 보안에도 유의해야 합니다. 다운로드가 완료되면, 파일 이름 뒤에 있는 무작위 값을 지우고 커서 프로젝트 폴더에 잘 보관하세요.

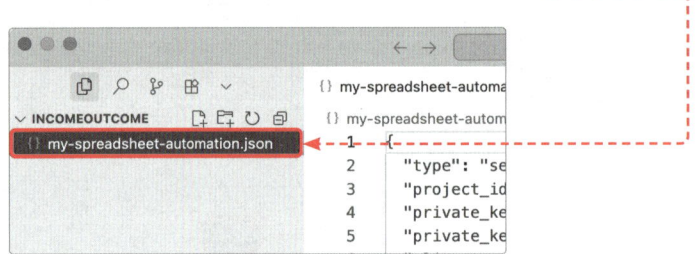

12 이제 남은 일은 과정 **02**에서 계획한 작업을 커서에게 이어서 시키는 것입니다. 앞서 계획한 설계에서는 스트림릿으로 대시보드를 만들기로 했으니, 커서에게 인증 파일이 현재 폴더에 있다고 알려주기만 하면 됩니다. 일단 스프레드시트에 있는 값을 읽을 수 있는지 확인해보겠습니다.

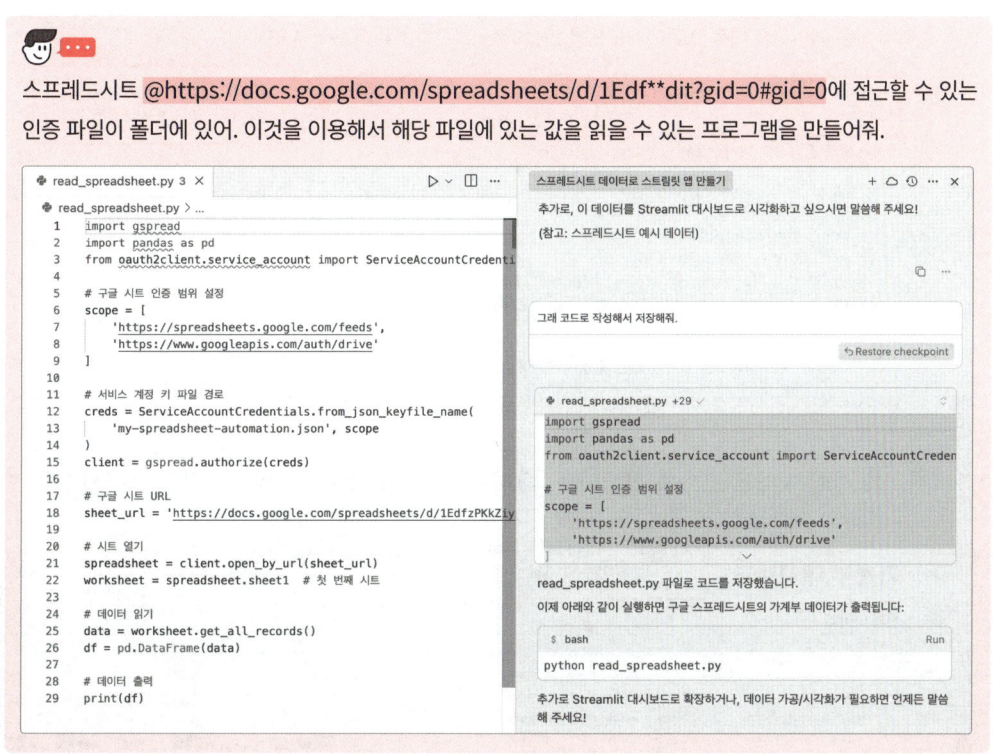

그러면 커서가 다음과 같이 간단한 코드를 작성해줍니다. 코드를 실행하면 스프레드시트의 데이터가 잘 보일 것입니다.

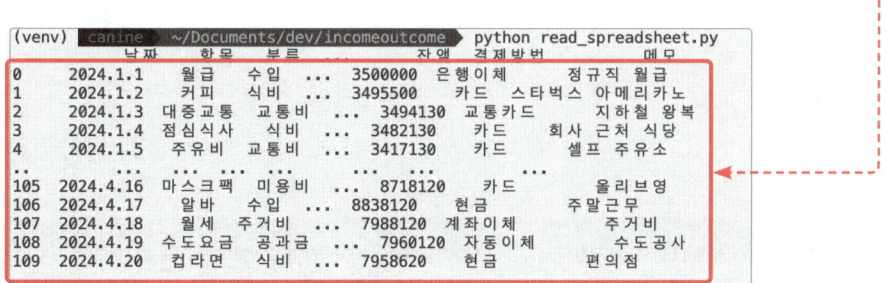

[챕터 11] 업무에 유용한 6가지 프로그램 만들기

13 이제 이 코드를 기반으로 대시보드를 만들면 됩니다. 커서에게 스트림릿을 사용하여 실행하라고 하면 그에 맞게 코드를 완성해줄 겁니다.

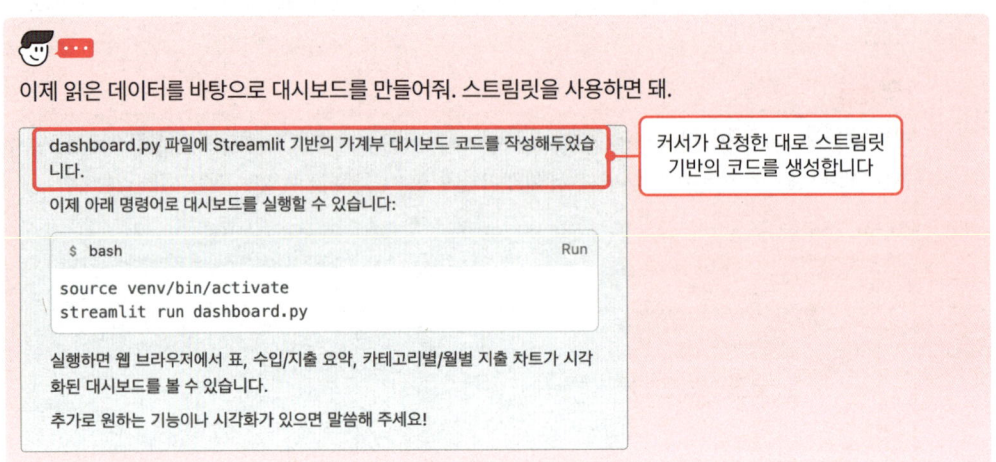

14 커서가 시키는 대로 코드를 실행하니, 대시보드가 눈앞에 펼쳐집니다. 정말 놀랍지 않나요?

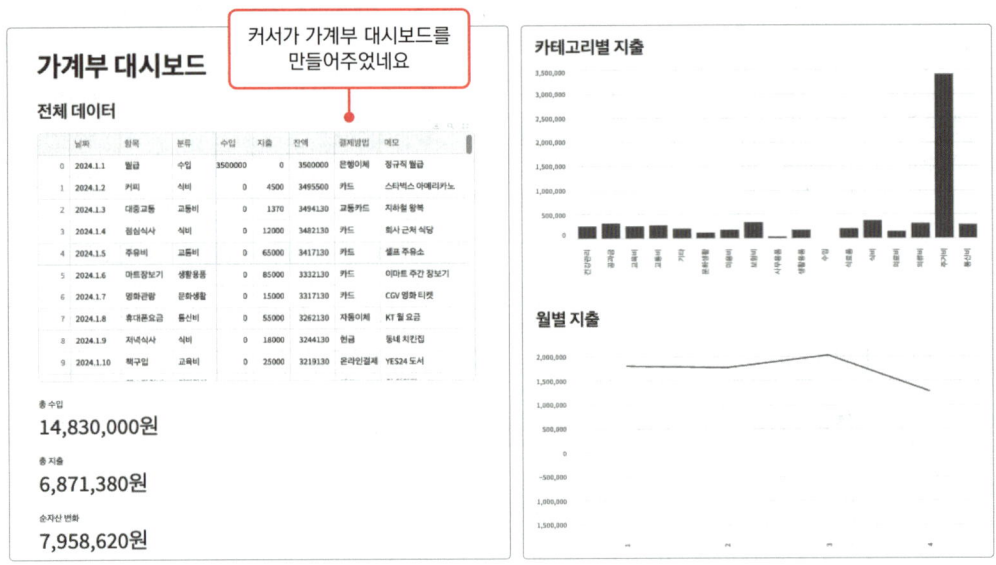

> **NOTE** 커서가 시키는 대로 실행했는데, 'zsh: command not found: streamlit'라는 오류 메시지가 나타나면 어떻게 해야 할까요? 바로 오류 메시지를 복사해서 커서에게 붙여넣기 한 다음 '고쳐 줘'라고 요청하면 됩니다.

15 그러나 살펴보니, 월별 지출도 보이지 않고 대시보드 화면이 좁아서 답답한 느낌이 드는 등 조금 아쉬운 점이 있습니다. 필요한 점은 추가하고 개선할 점을 찾아 좀 더 고쳐보죠. 커서에게 이렇게 부탁해보겠습니다.

> 대시보드 화면이 너무 좁아, 그리고 월별 지출도 보이지 않고, 좀 더 제대로 개선할 수 없어? 가계부가 일목요연하게 잘 보이도록 하는 것이 중요해.

코드를 수정한 뒤 다시 실행해보면 이전보다 훨씬 보기 좋은 가계부 대시보드가 나타납니다. 연도, 월, 분류, 결제 수단 등을 따로 설정할 수도 있네요.

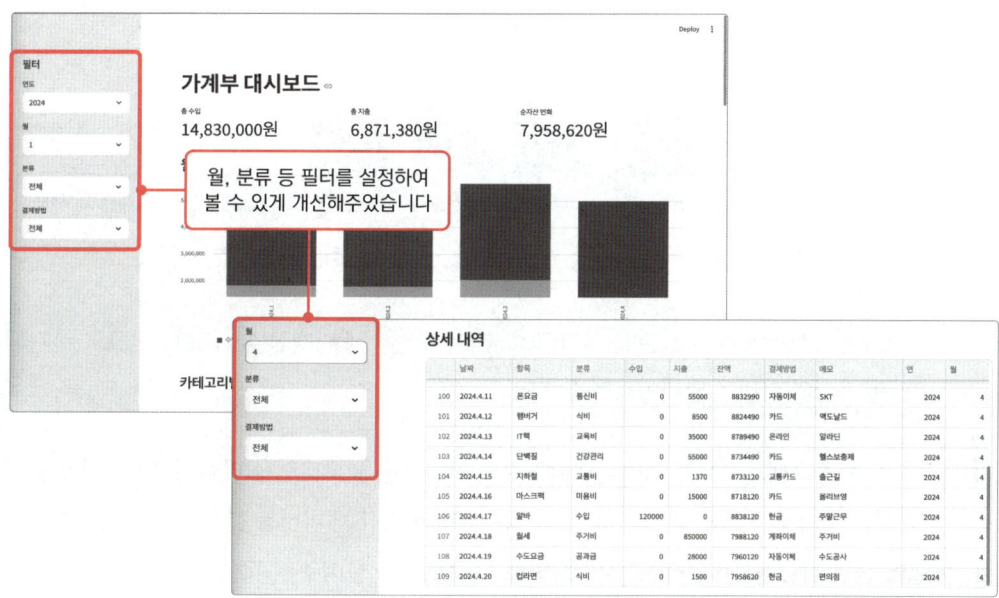

월, 분류 등 필터를 설정하여 볼 수 있게 개선해주었습니다

 이제 마지막으로 하나만 더 추가해봅시다. 스프레드시트에 새로운 값이 추가되었을 때, 화면을 껐다 켜지 않아도 바로 반영될 수 있다면 좋겠죠? [갱신] 버튼을 추가하여 이 버튼을 누르면 최신 데이터를 불러와 화면을 업데이트하도록 커서에게 요청합니다.

> 스프레드시트에 새 값이 추가되면 대시보드에 [갱신] 버튼을 눌러서 반영할 수 있게 해줘.

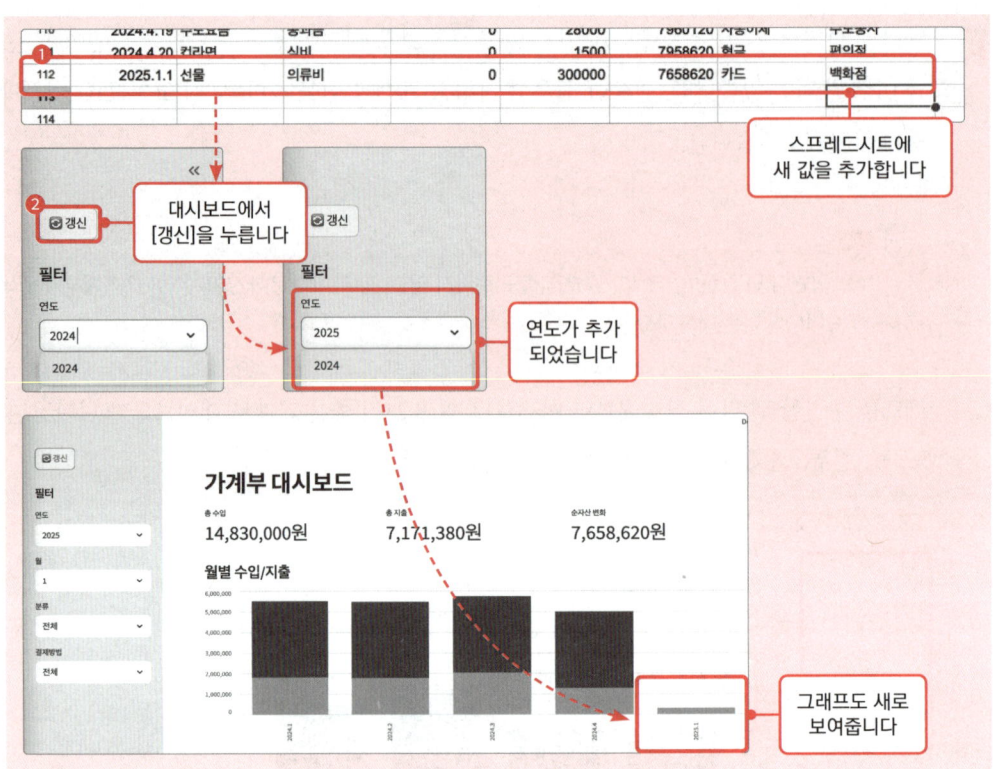

❶ 스프레드시트에 새로운 값을 추가하고 대시보드에서 ❷ [갱신]을 누르니 연도도 추가되며 데이터를 불러와 화면을 업데이트해줍니다.

이 과정을 통해 스프레드시트를 데이터베이스처럼 활용하는 프로그램을 만들 수 있게 되었습니다. 이번 실습에서는 가계부를 예로 들었지만 실제로는 고객의 리뷰 데이터를 분석하여 대시보드를 만들거나, 이벤트 신청 현황을 실시간으로 시각화하여 대시보드로 보여주는 등 실무에서도 훨씬 다양한 방식으로 응용할 수 있습니다. **핵심은 스프레드시트의 데이터를 불러와 활용할 수 있다는 점입니다.** 여러분도 이 원리를 바탕으로 자신만의 기발한 아이디어가 담긴 프로그램을 만들어보기 바랍니다.

[챕터 12]

MCP로 더 수준 높은 프로그램 만들기

유튜브
bit.ly/454XyQz

유튜브 영상으로
더 쉽게 공부하세요!

여기서는 한 걸음 나아가 MCP라는 도구를 커서에 도입해서 더 수준 높은 프로그램을 만들어보겠습니다. 물론 앞서 만든 프로그램들도 충분히 유용하지만, MCP를 적용하면 우리가 직접 설정하지 않아도 되는 다양한 기능을 자동으로 사용할 수 있어서 원하는 기능을 더 빠르고 쉽게 구현할 수 있습니다. 예를 들어 데이터베이스 조작법을 몰라도 Supabase MCP를 사용하여 테이블 생성부터 스키마 작성, 테이블에 반영, 실제 데이터베이스 연동 등의 작업을 직접 설정하는 과정 없이 수행할 수 있습니다.

그래서 MCP가 뭐죠?

위 설명만으로는 MCP가 무엇인지 정확하게 이해하기 어려울 수 있습니다. MCP를 적용하려면 먼저 MCP가 무엇인지 알아야겠죠. 커서나 클로드와 같은 LLM 서비스에 MCP에 대해 질문하면 다음과 같이 답해줍니다.

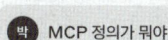 MCP 정의가 뭐야

MCP는 **Model Context Protocol**의 줄임말입니다.

MCP는 AI 모델(예: Claude, GPT 등)이 외부 시스템이나 도구들과 표준화된 방식으로 상호작용할 수 있게 해주는 프로토콜입니다. 쉽게 말해, AI가 다양한 애플리케이션, 데이터베이스, API 등에 일관된 방식으로 접근하고 활용할 수 있도록 하는 통신 규약이라고 볼 수 있습니다.

이런 설명을 보고 '아! MCP가 이런 거였구나!'라고 단번에 이해하는 사람은 많지 않을 것입니다. 외부 시스템, 프로토콜, 통신 규약과 같이 전문적이면서 기술적인 용어로 가득하기 때문이죠. 그래서 여러분의 이해를 돕기 위해 조금 더 쉬운 방법으로 MCP를 설명하려고 합니다.

크롬 웹 브라우저의 확장 프로그램으로 이해하는 MCP

MCP는 크롬 웹 브라우저의 확장 프로그램처럼 생각하면 이해하기 쉽습니다. 크롬 웹 브라우저에는 설치하여 사용할 수 있는 많은 확장 프로그램이 있습니다. 크롬 웹 스토어 사이트에 접속하기만 해도 다양한 확장 프로그램이 있는 것을 알 수 있습니다.

- **크롬 웹 스토어 홈페이지** : chromewebstore.google.com

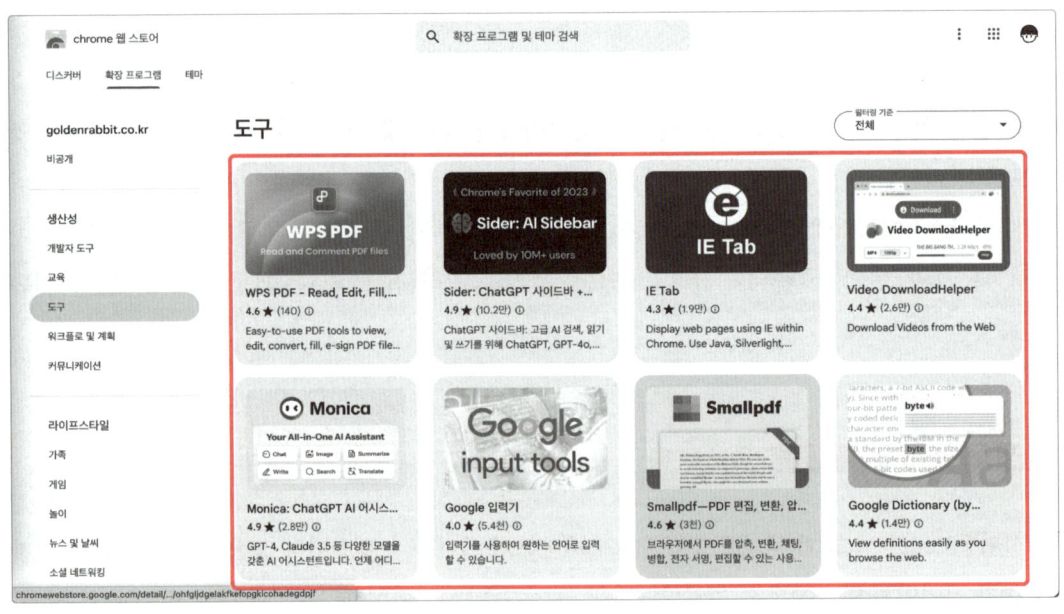

이런 확장 프로그램을 설치하면 평범한 크롬 웹 브라우저에 다양한 기능을 추가할 수 있습니다. 예를 들어 기존에는 할 수 없었던 PDF 편집이나 변환, 스크린 숏 촬영 등의 기능을 사용할 수 있게 됩니다. 대표적으로 ColorZilla라는 확장 프로그램이 있는데 이 프로그램을 설치하면 크롬 브라우저에 색상 추출 기능이 추가됩니다.

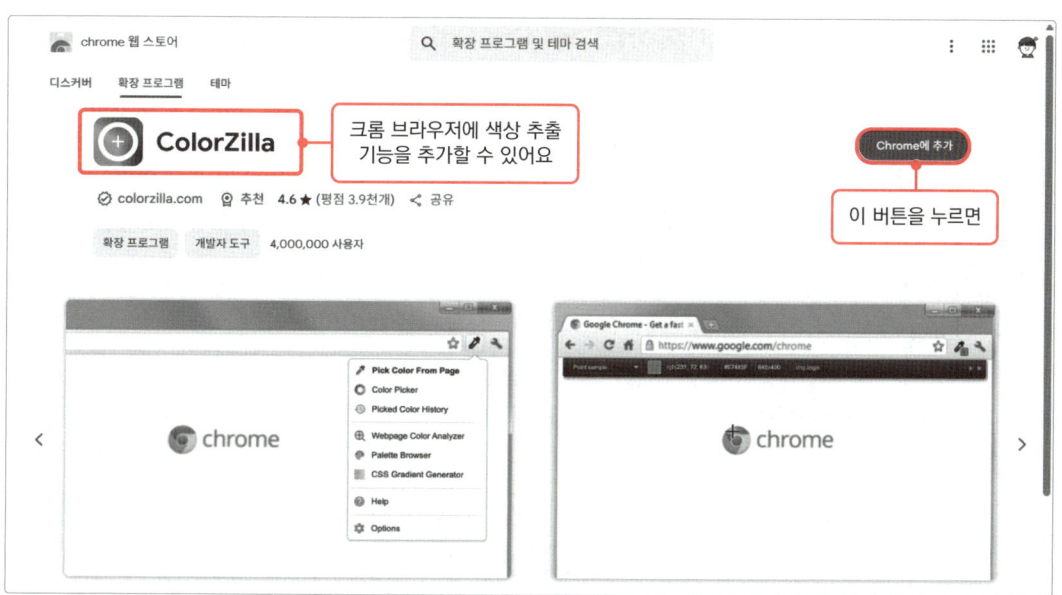

웹 디자이너는 사이트의 색상을 참고해야 할 일이 많은데, 브라우저에 이런 기능이 있다면 디자인 작업을 할 때 유용하게 사용할 수 있겠죠. 이처럼 크롬 확장 프로그램은 기본으로 사용하는 크롬 브라우저에 유용한 기능을 덧붙여 사용성을 한층 더 높여줍니다. **MCP도 이와 비슷합니다. 클로드나 커서와 같은 LLM 기반 서비스에 추가로 장착할 수 있는 모듈과 같은 역할을 함으로써, 기존 기능을 확장하고 보완해줍니다.**

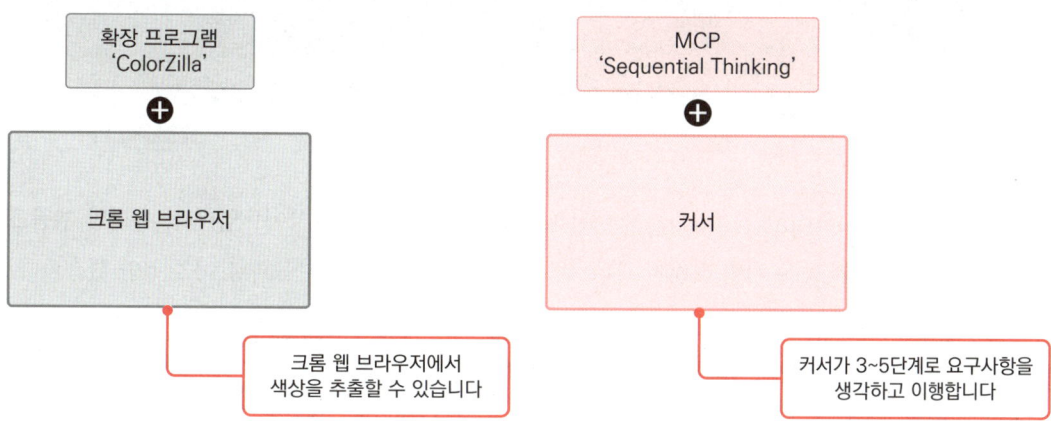

크롬 브라우저에 확장 프로그램을 설치하면 다양한 기능을 추가해 사용할 수 있듯이, MCP를 이용하면 커서에도 새로운 기능을 붙여 사용할 수 있는 것이죠.

[챕터 12] MCP로 더 수준 높은 프로그램 만들기

단계별로 계획을 세우고 이행하는 Sequential Thinking MCP

예를 들어 커서에 Sequential Thinking이라는 MCP를 장착하면 커서는 사용자가 지시한 내용을 3~5단계로 나누어 차분하게 생각한 다음 이행하게 됩니다. 다음은 커서에 Sequential Thinking MCP를 장착한 상태에서 지시했을 때의 모습입니다. 내용을 보면 기존에 커서에게 지시했을 때와 완전히 다른 양상을 보입니다. 유사 프로젝트를 먼저 살펴보거나 실제 주식 거래소 사이트의 필수 기능과 요구사항을 조사하려는 등 훨씬 체계적으로 접근하는 모습을 보입니다.

다음 사이트는 Sequential Thinking을 이용해 만든 주식 거래 데모 사이트입니다. 특별한 프롬프트를 사용하거나 숨겨 놓은 비밀 레시피 같은 것도 없습니다. 커서에게 다음과 같이 요청만 했습니다.

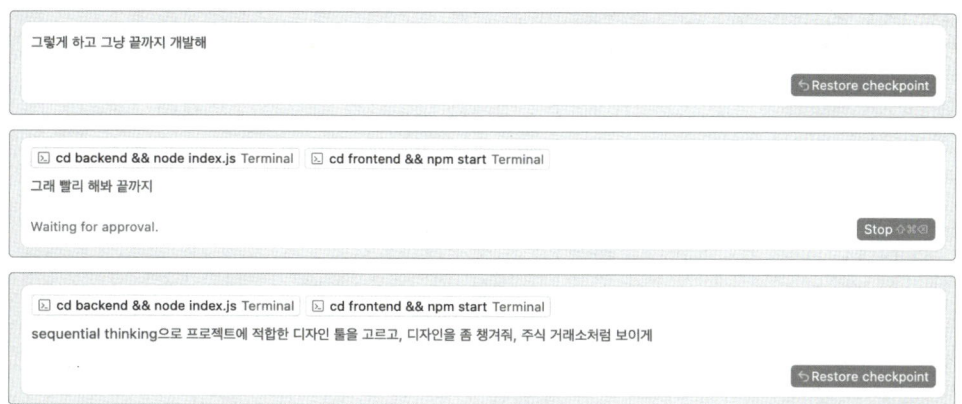

그렇게 해서 만든 프로그램은 다음과 같습니다. 회원가입과 로그인 기능은 물론이고 실제 거래를 해볼 수 있도록 가상 현금 백만 원이 있고, 주식을 선택하여 매수, 매도와 같은 거래 기능이 동작하는 것을 확인할 수 있습니다.

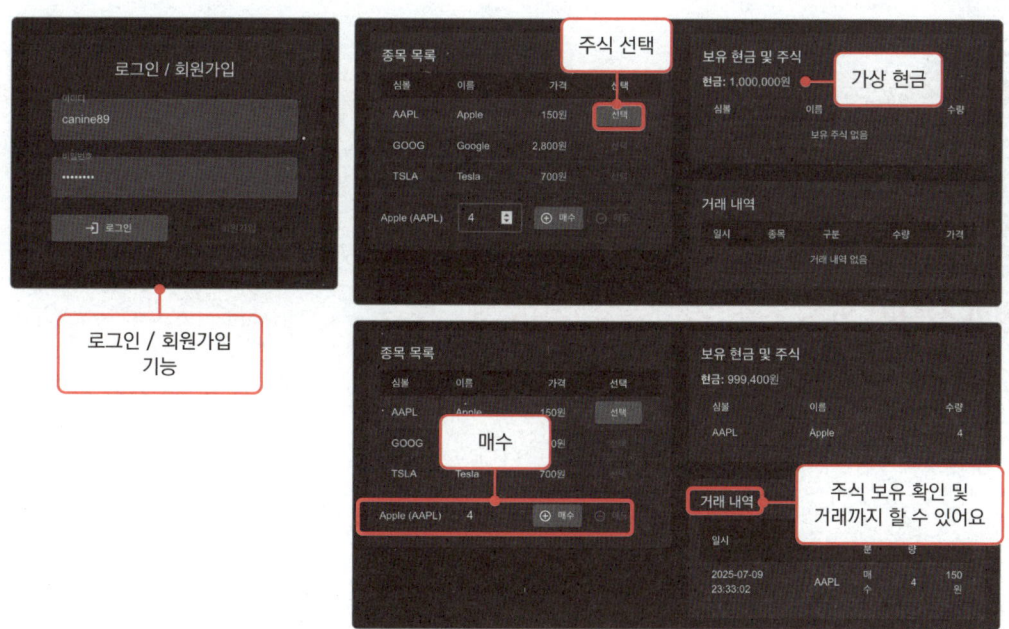

게다가 화면의 다크/라이트 모드 전환 기능도 있습니다. 이 기능을 만드는데 10분도 걸리지 않았습니다.

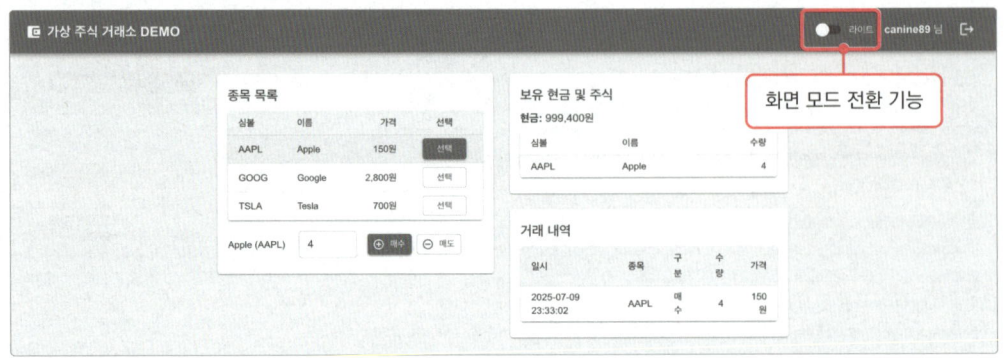

물론 이 프로그램을 실제 서비스를 할 수 있는 수준으로 만들기 위해서는 전문가의 손길이 필요할 것입니다. 특히 이런 거래소 같은 시스템은 보안이 정말 중요하겠죠. 그래서 이 책에서는 실제 운영하는 고수준의 프로그램을 다루지는 않을 것입니다. 대신 우리의 실질적인 고민이나 어려움을 쉽게 해결해주는 유용한 프로그램을 다양한 MCP와 함께 만들어보겠습니다.

> **중요** MCP가 아니라 MCP 서버라고 해야 맞아요
>
> 이 책에서는 MCP 서버를 편의상 MCP라고 부릅니다. 사실 MCP는 Model Context Protocol의 약자로, LLM 서비스에 데이터베이스나 애플리케이션을 제어할 수 있도록 해주는 일종의 연결 표준 같은 것입니다.

MCP 설치를 위한 스미더리 회원가입하기

MCP는 스미더리라는 사이트에서 설치할 수 있습니다. 스미더리를 잘 이용하면 유용한 MCP를 쉽게 찾을 수 있을 뿐만 아니라 설치도 쉽게 할 수 있습니다.

01 스미더리에 접속하면 다음 화면이 보입니다. 오른쪽 위에 있는 [Login]을 누르세요. 그러면 깃허브와 구글로 로그인하라는 안내창이 뜹니다. [Continue with Github]를 눌러 깃허브 계정을 이용하여 로그인을 진행하겠습니다. 만약 깃허브 계정이 없다면 회원가입 후 여기로 돌아오세요.

- 스미더리 홈페이지 : smithery.ai

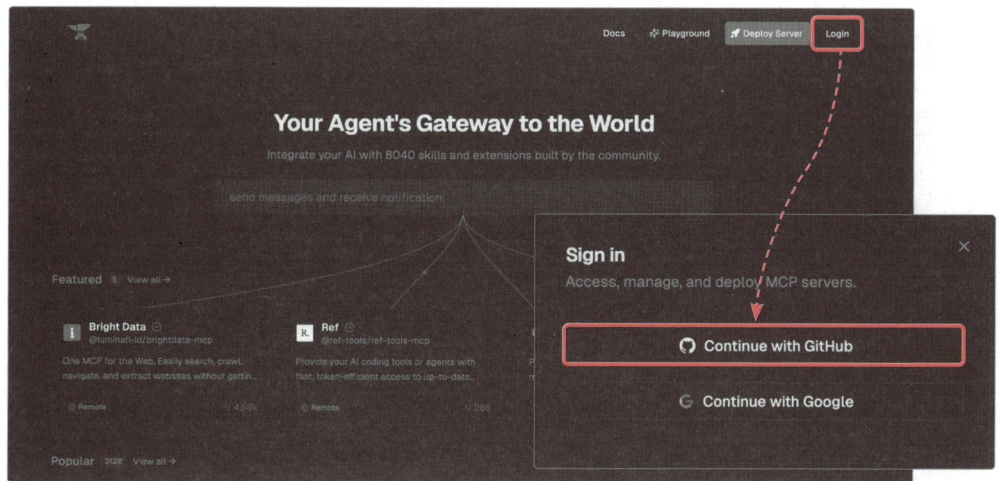

02 깃허브로 로그인을 한 후에 가장 먼저 할 일은 자신의 ❶ 계정 아이콘을 누르고 [Profiles & API Keys]에서 스미더리 API 키를 생성하는 것입니다. 여기서 사용할 API 키는 코드에 사용할 것이 아니므로 그냥 생성만 하면 끝입니다. ❷ [Profiles & API Keys]을 눌러 Account 화면으로 이동했다면 위쪽의 ❸ [API Keys] 탭에서 ❹ [+ Create API Key]를 눌러 API 키를 생성하세요.

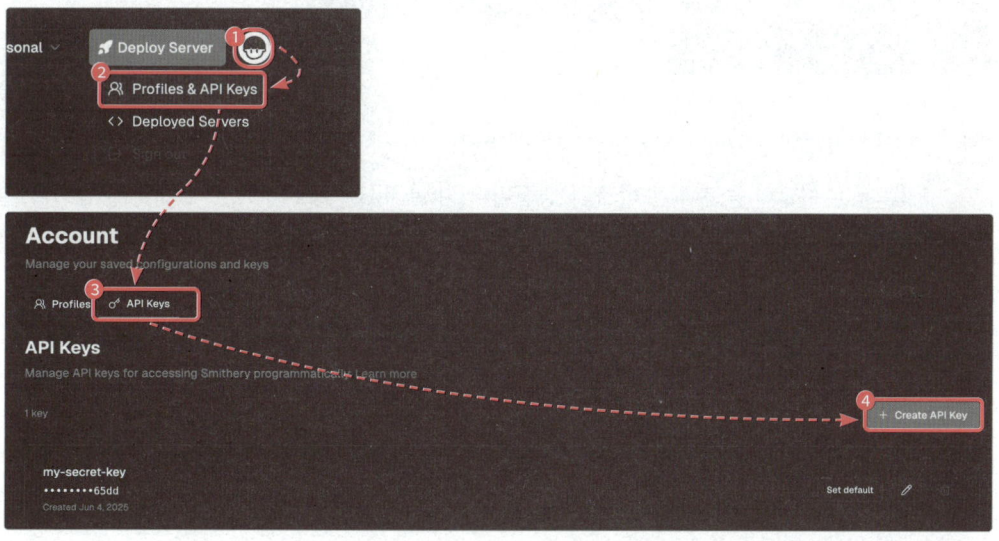

03 이제 스미더리에서 유용한 MCP를 찾아 커서에 설치하면 됩니다. 설치하는 방법을 안내할 겸 앞으로 자주 사용할 MCP인 Sequential Thinking Tools를 설치하겠습니다. 스미더리 검색창에 Sequential Thinking Tools를 검색하여 목록에 나온 [Sequential Thinking Tools]를 선택합니다.

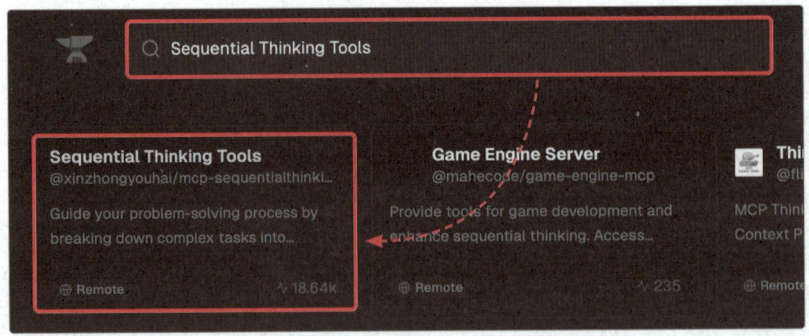

04 그런 다음 화면 오른쪽에서 [Cursor]를 선택한 다음 [One-Click Install →]을 클릭하여 [Cursor 열기]를 누릅니다.

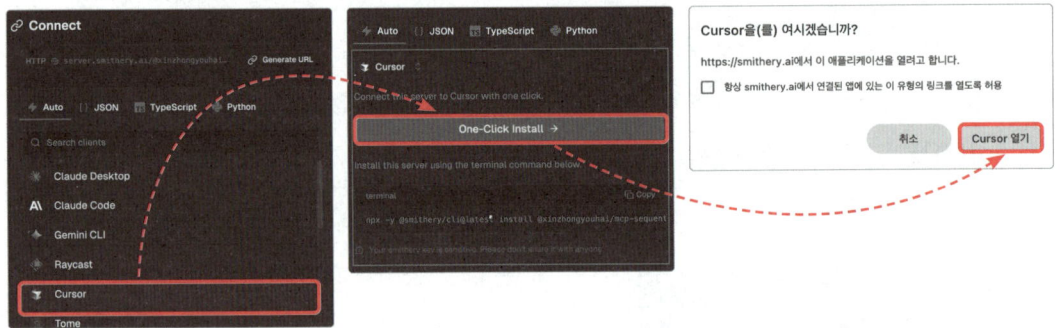

05 그러면 커서의 [Cursor Settings] 탭이 열리고 Tool & Integrations의 MCP Tools에 해당 MCP를 설치할지 묻는 작은 박스가 생깁니다. [Install]을 누르면 MCP 설치가 끝납니다. 설치가 제대로 되면 초록불로 MCP가 사용 가능한 enabled 상태임을 알려줍니다.

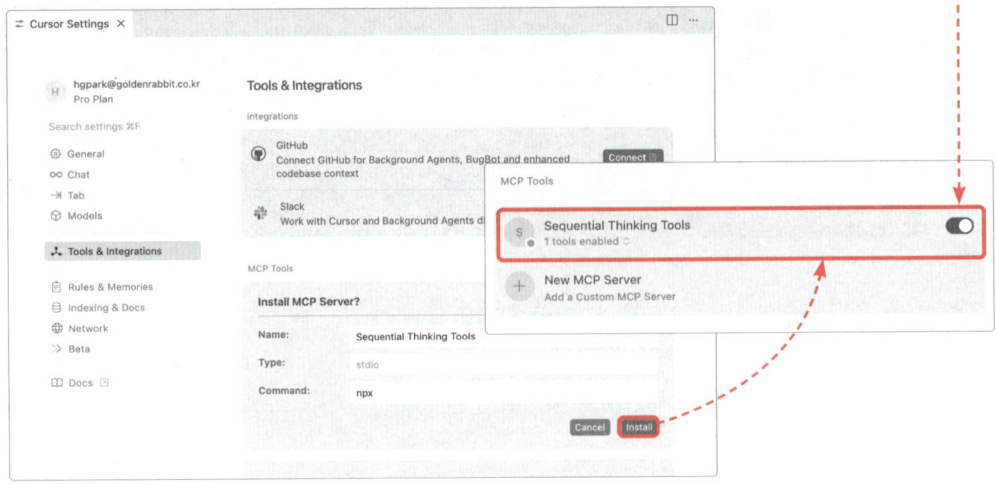

06 이렇게 설치한 MCP는 자연스럽게 커서 채팅창에서 사용할 수 있습니다. 새 채팅창을 열고 다음과 같이 부탁해보세요.

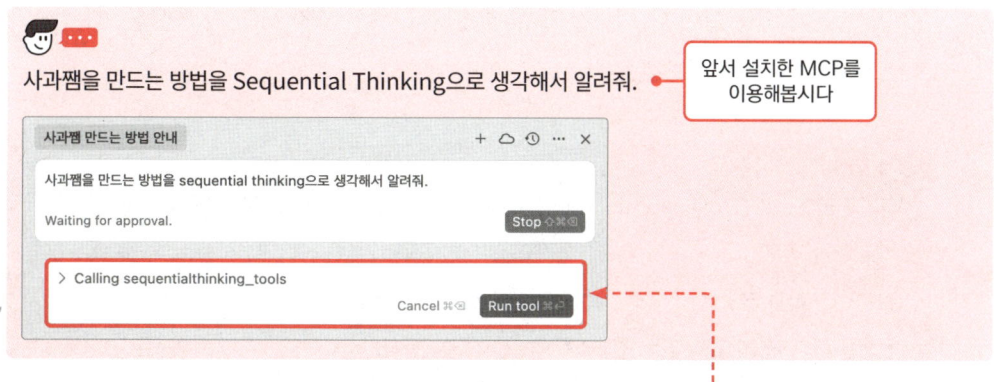

이전 같으면 바로 답변을 했겠지만 이제는 'Calling sequentialthinking_tools'라는 창이 뜨고 [Run tool] 버튼이 나타납니다.

> **NOTE** 'Calling sequentialthinking_tools' 창이 뜨지 않으면 제대로 작동하고 있지 않는 것입니다. 이전과 마찬가지로 커서에게 'MCP가 추가되어 있는데 작동하지 않아'와 같이 오류를 해결하기 위해 요청해봅시다.

07 MCP는 실행하기 전에 [Run tool] 버튼을 띄워서 사용자에게 MCP를 사용할지 묻습니다. [Run tool] 버튼을 누르기 전에 [>]를 펼쳐서 어떤 기능이 동작할지 미리 살펴볼 수 있습니다.

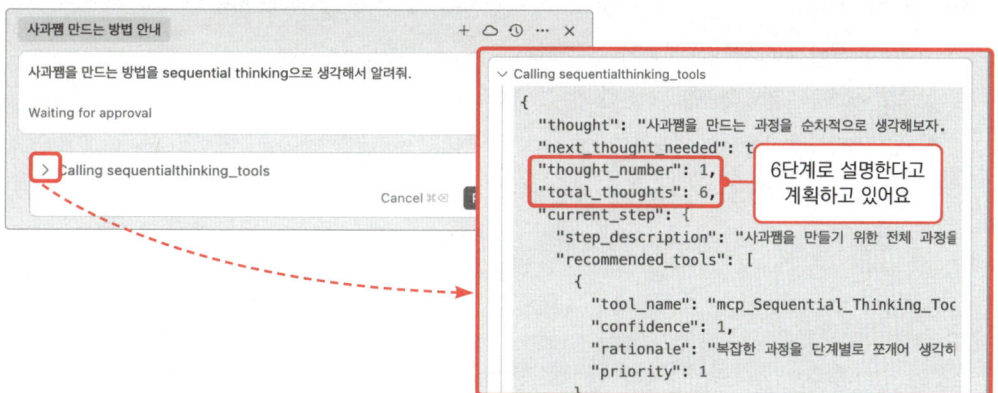

여기서 핵심으로 볼 값은 thought_number와 total_thoughts입니다. 이름에서 느껴지듯 몇 번째 생각인지, 총 몇 단계로 생각할지를 볼 수 있습니다. 이 값은 프롬프팅을 할 때 직접 언급

챕터 12 MCP로 더 수준 높은 프로그램 만들기 **229**

해서 조절할 수도 있습니다. 아무튼 사과잼 만드는 과정을 6단계로 설명할 계획인 것 같습니다.

08 [Run tool]을 누른 다음 사과잼 만들기에 대한 설명을 보면 그냥 질문하는 것보다 꽤 수준 높고, 고민의 농도가 있는 답이 나오는 걸 알 수 있습니다. 이처럼 각 MCP의 특성을 이용해서 개발할 프로그램의 수준을 높여보겠습니다.

사과잼을 만드는 방법을 sequential thinking(순차적 사고)으로 단계별로 정리하면 다음과 같습니다.

1. 재료 준비
   - 사과(3~4개), 설탕(사과 무게의 40~50%), 레몬즙(1~2스푼), 병(유리병, 뚜껑 포함)
   - 병은 미리 깨끗이 씻어 끓는 물에 소독 후 완전히 말려둔다.

2. 사과 손질
   - 사과를 깨끗이 씻는다.
   - 껍질을 벗기고, 씨를 제거한 뒤 잘게 썬다.
   - 갈변 방지를 위해 썬 사과에 레몬즙을 뿌려 섞는다.

…생략…

6. 보관 및 팁
   - 병 소독을 철저히 해야 장기간 보관 가능.
   - 설탕 양을 줄이면 빨리 먹는 것이 좋음(보존성↓).

…생략…

요약

1. 재료와 도구를 준비하고 병을 소독한다.
2. 사과를 손질해 레몬즙과 섞는다.
3. 설탕과 함께 재워둔 뒤 끓인다.
4. 농도가 맞으면 소독한 병에 담아 보관한다.

이렇게 하면 실패 없이 맛있는 사과잼을 만들 수 있습니다!

```
∨ Called sequentialthinking_tools
  Parameters:
  {
    "thought": "사과잼을 만드는 과정을 순차적으로 생각해보자.",
    "next_thought_needed": true,
    "thought_number": 1,
    "total_thoughts": 6,
    "current_step": {
      "step_description": "사과잼을 만들기 위한 전체 단계",
      "recommended_tools": [
```

```
∨ Called sequentialthinking_tools
  Parameters:
  {
    "thought": "이제 모든 과정을 최종적으로 정리하고 요약해서,
    "next_thought_needed": false,
    "thought_number": 6,
    "total_thoughts": 6,
    "current_step": {
      "step_description": "최종 정리 및 요약을 한다.",
      "recommended_tools": [
```

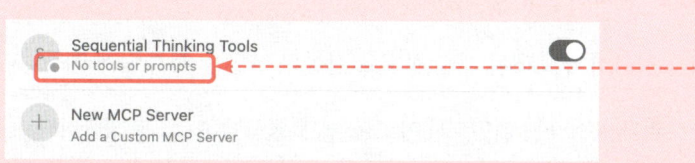

3초 꿀팁 MCP 서버가 제대로 작동하지 않는 것 같아요!

책에서 안내하는 MCP를 설치하고 설정에서 초록색 불이 들어와 활성화된 것처럼 보일 수 있습니다. 하지만 프롬프트를 입력했을 때 제대로 실행되지 않거나 해당 MCP에 'No tools or prompts'와 같은 문구가 나타날 수 있습니다. 이럴 때는 어떻게 해야 할까요?

스미더리의 해당 MCP 설치 화면에서 [One-Click Install →] 버튼 아래를 보면 터미널 창과 함께 명령어가 표시됩니다. ❶ [Copy]를 눌러 명령어를 복사한 다음 ❷ 커서의 터미널에 붙여 넣고 실행하세요. 그러면 비슷한 이름을 가진 또 다른 MCP가 설치됩니다. ❸ 'Loading tools'가 ❹ '1 tools enabled'로 바뀔 때까지 기다리면 됩니다.

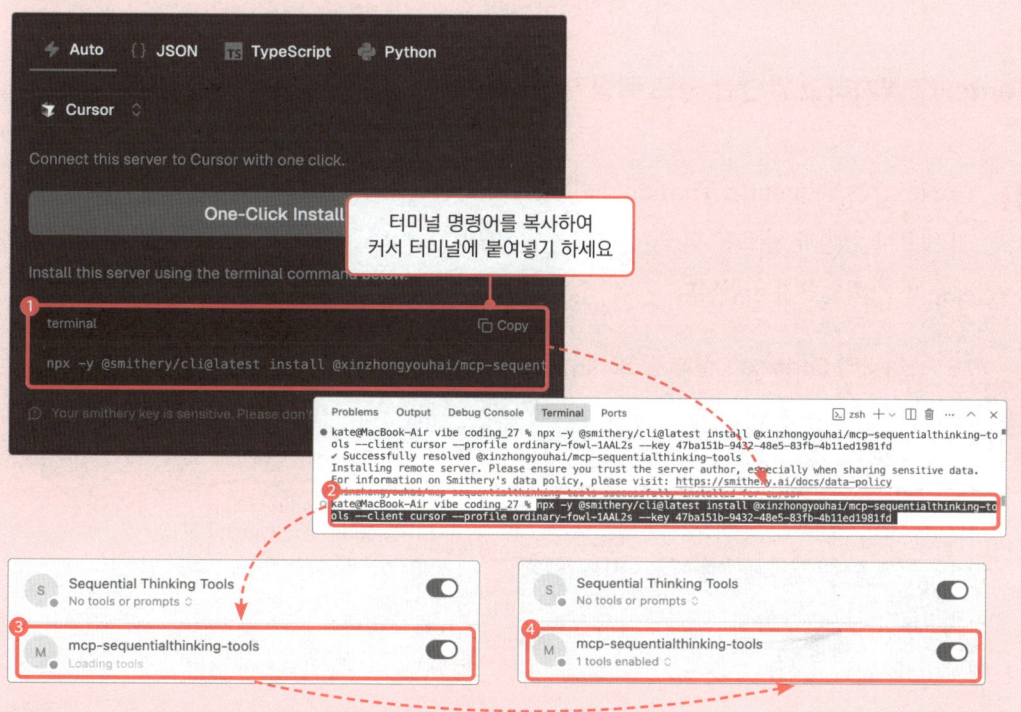

그런 다음 다시 동일한 프롬프트를 입력하여 실행해보세요. 잘 실행될 겁니다.

이러한 문제가 발생하는 이유는 다양하지만 대표적으로 MCP 설치 방식인 원격 서버형 문제, 버전 호환성, 권한이나 경로 문제, 네트워크 문제일 가능성이 있습니다. 대부분 커서를 종료하고 재시작하면 잘 실행되는 경우도 있지만, 만약 안 된다면 위와 같이 터미널에서 MCP를 직접 설치하는 방법으로도 실행해보세요.

[챕터 12] MCP로 더 수준 높은 프로그램 만들기

자주 사용할 MCP들 미리 설치하기

[챕터 12] MCP로 더 수준 높은 프로그램 만들기에서 주로 사용할 MCP는 다음과 같습니다.

- **Sequential Thinking Tools** : 순차적으로 계획을 세워줍니다.
- **Context7** : 최신 개발 문서를 참조하여 오래된 개발 정보로 잘못된 코딩을 하지 않게 해줍니다.
- **Supabase MCP Server** : 수파베이스라는 데이터베이스를 쉽게 활용할 수 있게 해줍니다.

아마도 이 정도면 여러분이 직접 유용한 프로그램을 만들어보기에는 충분할 것 같네요. Sequential Thinking은 이미 설치했으므로 이번에는 Context7과 Supabase MCP Server를 설치하고 실행해보겠습니다.

Context7 설치하고 간단한 카드 뒤집기 게임 만들어보기

01 Context7은 Sequential Thinking과 마찬가지로 동일한 방식으로 설치하면 됩니다. 별 어려움이 없으니 설치가 완료된 후 커서 설정에서 MCP Tools의 해당 MCP에 초록불이 제대로 들어오는지 꼭 확인하기 바랍니다.

- 스미더리 Context7 설치 링크 : smithery.ai/server/@upstash/context7-mcp

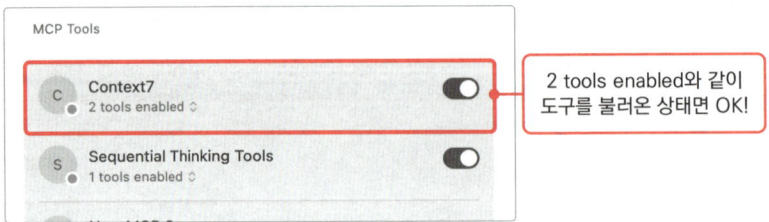

02 프롬프트에 'use Context7' 또는 'Context7을 사용해서~'라는 내용을 넣으면 Context7을 사용할 수 있습니다. 이렇게 하면 LLM 특유의 기존에 학습한 데이터로만 답변하거나 코딩하는 것이 아니라, 최신 문서를 기반으로 코드를 작성하므로 오류가 크게 줄어듭니다. 그럼 커서에게 최신 문서만 참고해서 간단한 카드 뒤집기 게임을 만들어보라고 하겠습니다. 우선 어떤 개발 도구와 궁합이 좋은지 알 수 없으므로 Sequential Thinking에게 물어본 다음 Context7을 사용해 개발하겠습니다. 빈 폴더를 만들고 해당 폴더를 커서로 열고 다음과 같이 질문합니다.

간단한 카드 뒤집기 게임을 만들고 싶은데, 뭘로 개발하면 좋을까?

…생략…

4. Canvas API + JavaScript
- 장점: 커스텀 그래픽과 애니메이션에 강점
- 적합한 경우: 특별한 시각적 효과나 애니메이션을 원할 때

제 추천:

HTML/CSS/JavaScript로 시작하는 것을 추천합니다! 이유는:
- 빠르게 시작 가능
- 카드 뒤집기 게임에 필요한 모든 기능 구현 가능
- 나중에 React나 다른 프레임워크로 마이그레이션도 쉬움

어떤 기술 스택으로 시작하고 싶으신가요? 선택해주시면 바로 프로젝트를 설정해드릴게요!

03 커서는 HTML, CSS, 자바스크립트를 추천해줬지만, 여기서는 Canvas API와 자바스크립트를 써보라고 요청하겠습니다. 처음 써보는 기술이므로 최신 문서로 개발할 수 있도록 'use Context7'을 붙여 입력하겠습니다.

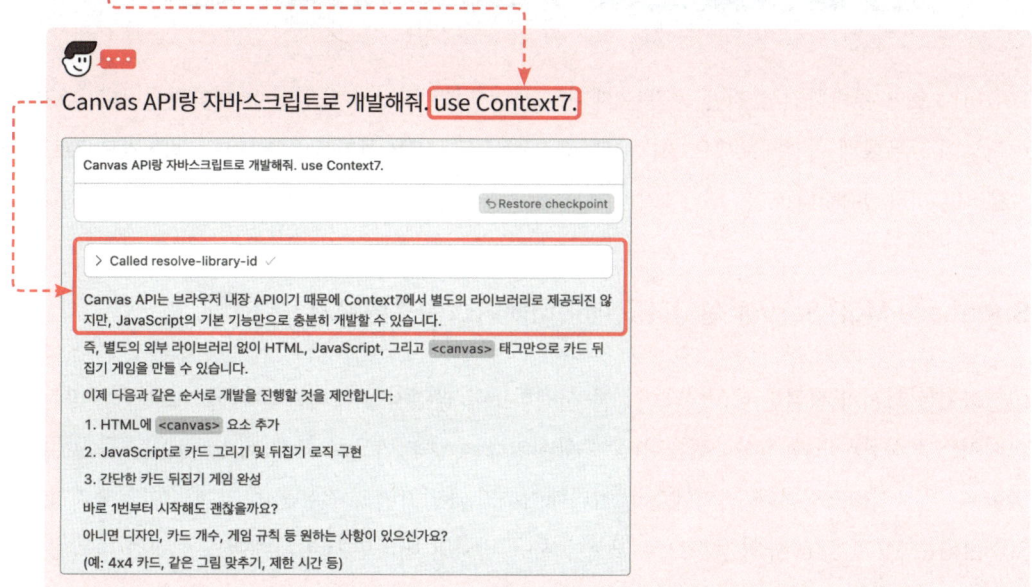

챕터 12 · MCP로 더 수준 높은 프로그램 만들기

그러면 'Called resolve-library-id'라는 메시지가 뜨면서 Context7이 동작합니다. 최신 문서를 보려고 하는 것이죠. 그런데 커서가 알려준 내용에 의하면 별도로 참고할 최신 문서가 따로 있지는 않다고 하네요. 이처럼 'use Context7'을 습관적으로 붙이는 것만으로도 커서가 최신 정보를 가지고 코딩할 수 있도록 합니다.

04 이제 커서에게 다음과 같이 개발 후 실행까지 해보라고 하겠습니다. 커서는 개발을 완료한 다음 웹 브라우저상에서 게임을 실행해줍니다.

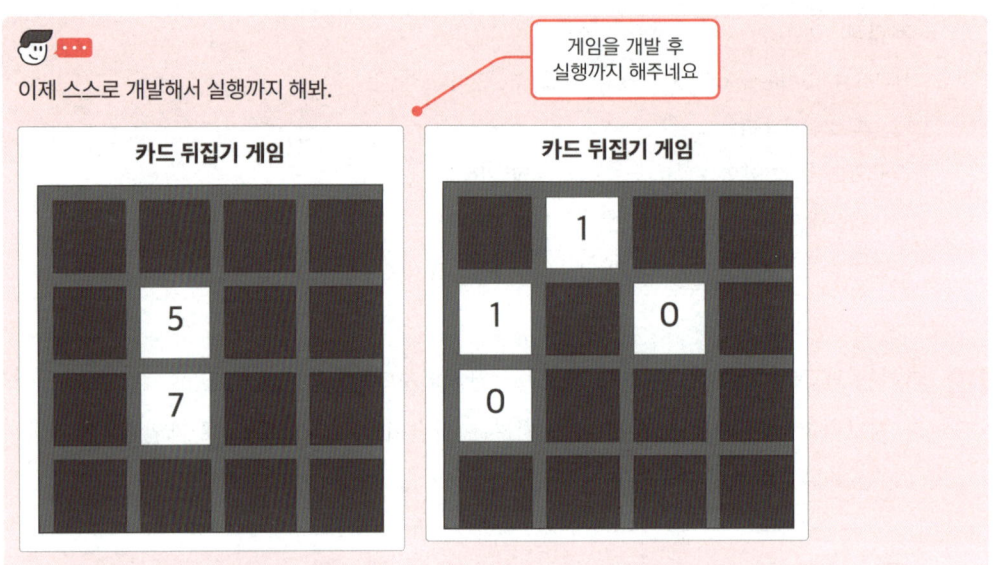

그랬더니 조금 투박하긴 하지만 동작은 제대로 하는 카드 뒤집기 게임이 완성되었습니다. 디자인은 여러분이 자유롭게 변경해보세요. 여기서는 Context7 MCP 설치를 하는 것이 목표였으므로 이 정도로 마무리하겠습니다.

Supabase MCP Server 설치하고 데이터베이스 사용해보기

이전까지는 커서가 적절한 데이터베이스를 선택하도록 맡겼지만 이제는 수파베이스Supabase라는 데이터베이스를 사용하도록 지시하겠습니다. 수파베이스는 웹 기반으로 쉽게 데이터베이스를 만들고 운영할 수 있는 서비스입니다. 과거에는 데이터베이스가 개발자만의 전유물인 것처럼 여겨졌지만, 이제 Supabase MCP Server의 등장으로 커서에 사용 명령만 내리면 데이터베이스를 직접 다룰 수 있게 되었습니다. 수파베이스 사용 경험이 많지 않지만, 이번에 책을 준비하면서 수파베이스로 데이터베이스를 운용해보고 참 유용하다는 경험이 바탕이 되어 여러분에게 소개하려고 합니다.

01 수파베이스 MCP를 사용하려면 먼저 수파베이스 홈페이지에서 회원가입 후 액세스 토큰access token을 발급받아야 합니다. 커서는 이 액세스 토큰을 이용해 웹에 있는 수파베이스에 접근하고, 데이터를 읽거나 쓰는 등 다양한 조작을 할 수 있습니다. 다음의 수파베이스 홈페이지에 들어가 회원가입 후 로그인을 한 다음 프로필 아이콘에서 [Account preferences]를 누르세요.

- **수파베이스 홈페이지** : supabase.com

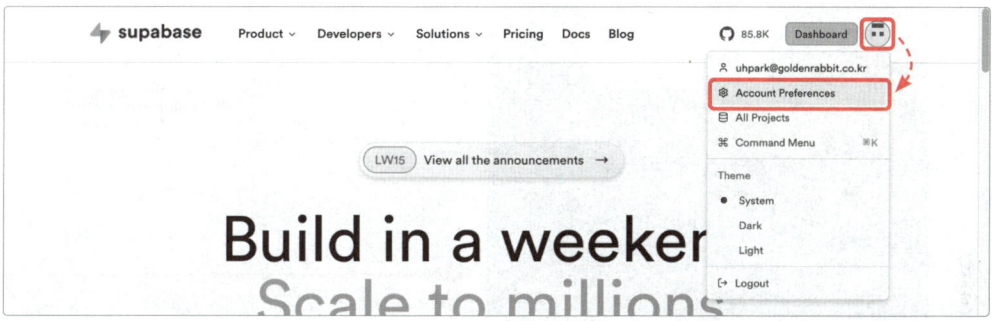

02 왼쪽에 있는 ❶ [Access Tokens] 항목에서 ❷ [Generate new token]을 누릅니다. 그런 다음 토큰 이름을 지어 ❸ [Generate token]을 눌러 토큰을 만듭니다. 여기서 주의할 점은 토큰은 생성 직후에만 볼 수 있고 이후에는 볼 수 없습니다. 과정 **01**에서 언급했듯 액세스 토큰은 데이터베이스 자체에 접근하는 키의 역할을 하므로 보안이 중요하기 때문에 토큰을 만든 사람에게도 한 번만 보여주는 겁니다. 성공적으로 토큰이 생성되었다면 ❹ [Copy]를 눌러 토큰을 복사합니다.

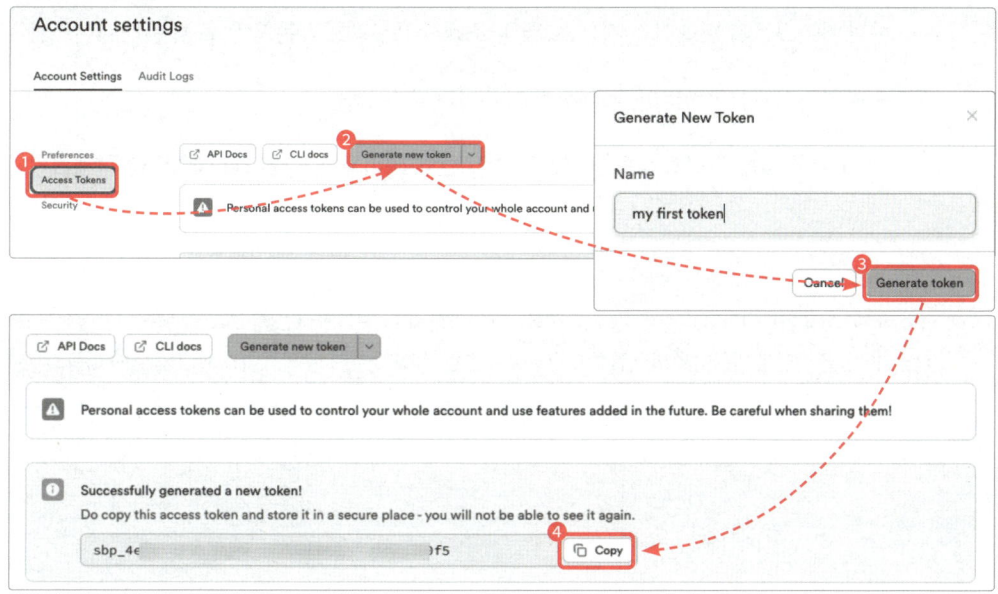

03 이제 스미더리에서 Supabase MCP Server를 검색하여 커서에 설치하려고 하면 액세스 토큰을 입력하라고 합니다. ❶ 앞서 복사한 값을 액세스 토큰 입력창에 입력하고 ❷ [Connect]를 누른 다음 뜨는 창에서 ❸ [Cursor로 열기]를 클릭하면 설치가 진행됩니다. 커서 설정 화면으로 넘어가 확인하면 ❹ Tools에서 문제없이 잘 설치된 것을 확인할 수 있습니다.

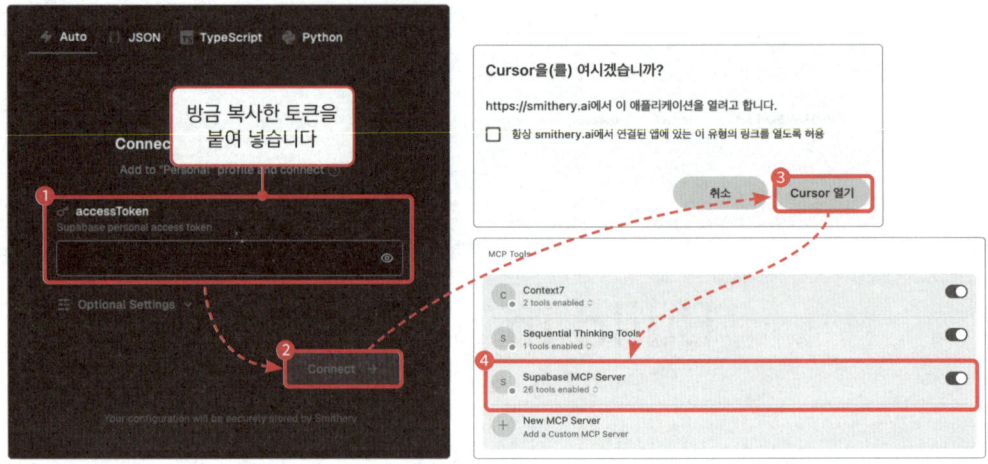

04 설치가 완료되면 수파베이스를 이용해서 데이터베이스를 구축하고 임시 데이터를 입력해 실제로 어떻게 동작하는지 확인해보겠습니다. 여기부터는 커서에 지시만 하면 되므로 크게 어렵지 않습니다. 다만 다음과 같이 수파베이스의 구조를 이해한 상태에서 작동 방식에 따라 지시해야 합니다.

- 수파베이스는 수파베이스 사이트 내의 조직 – 프로젝트라는 단위로 데이터베이스를 관리
- 수파베이스에서 데이터베이스를 테이블이라고 부름
- **즉, 조직을 정한 후 프로젝트를 생성하고 그 안에 테이블을 만들어야 데이터를 적재할 수 있음**

수파베이스에 카드뒤집기 점수를 기록할 데이터베이스를 하나 구축하려는데, 프로젝트를 하나 생성하고 그 안에 테이블을 적당히 만들어서 카드뒤집기 점수를 기록할 수 있게 해줘. 수파베이스 MCP를 활용해줘.

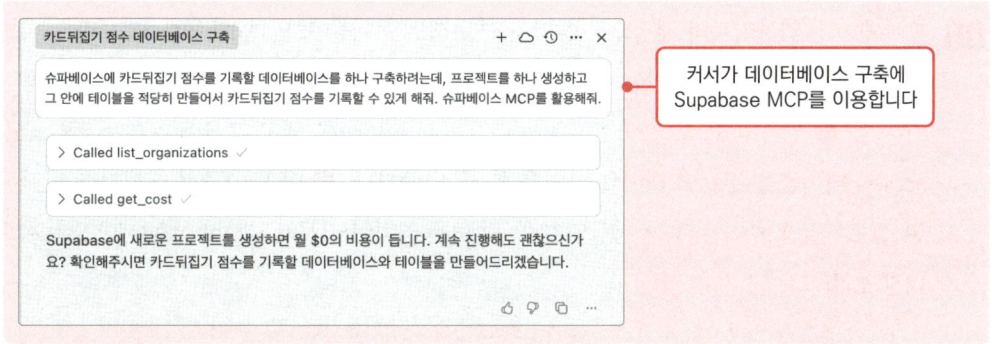

커서가 데이터베이스 구축에 Supabase MCP를 이용합니다

NOTE 커서가 Supabase MCP를 확인하고 데이터베이스와 테이블 생성 등 과정을 수행하는데 시간이 소요될 수 있습니다. [Run]과 [Keep]을 눌러 실행을 차근차근 진행하세요

05 그러면 놀랍게도 커서가 방금 여러분이 입력한 액세스 토큰을 바탕으로 수파베이스 계정의 상태를 확인하고 프로젝트를 생성한 뒤 데이터베이스와 테이블을 만들겠다고 합니다. 그렇게 하라고 해봅시다.

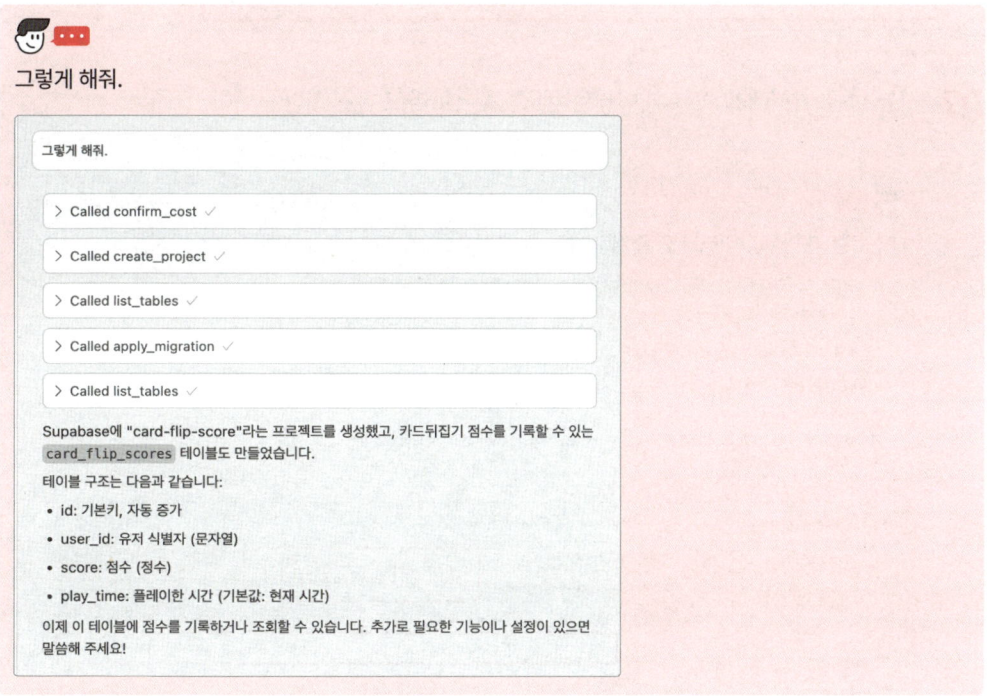

잠시 후 커서가 프로젝트를 생성하고 테이블을 만들었다고 알려줍니다. 정말일까요?

[챕터 12] MCP로 더 수준 높은 프로그램 만들기 237

06 수파베이스 웹사이트의 계정으로 돌아가 프로젝트 목록을 보면 **card-flip-score**라는 이름의 프로젝트가 생성된 것을 확인할 수 있습니다. 정말로 만들었네요. ❶ 해당 프로젝트를 눌러 들어간 다음 ❷ 왼쪽의 표 모양 아이콘을 눌러 Table Editor를 열고 목록에 보이는 ❸ card_flip_scores 테이블을 누르면 테이블 상태를 볼 수 있습니다. ❹ 아직 아무런 데이터를 입력한 적이 없으므로 열만 보이는 것이 정상입니다. 이 모든 작업이 커서와 Supabase MCP Server로 이루어진 것입니다.

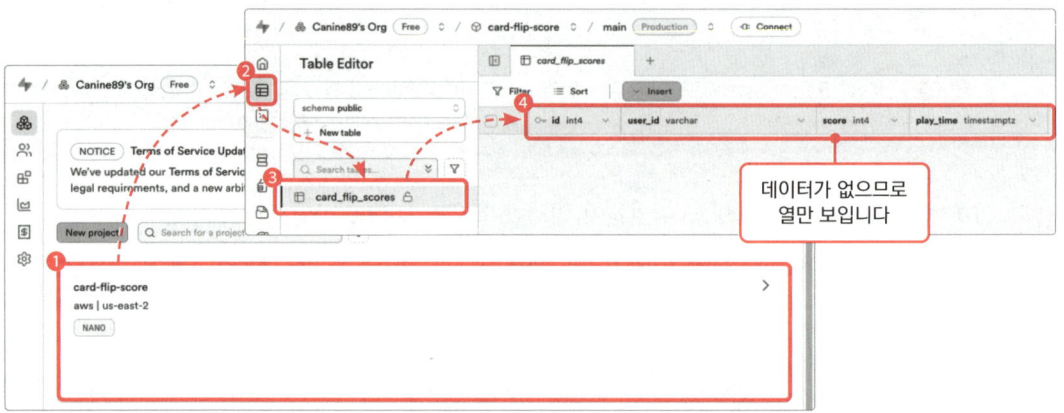

07 시험 삼아 커서에게 아무 데이터나 한 줄 넣어보라고 해봅시다.

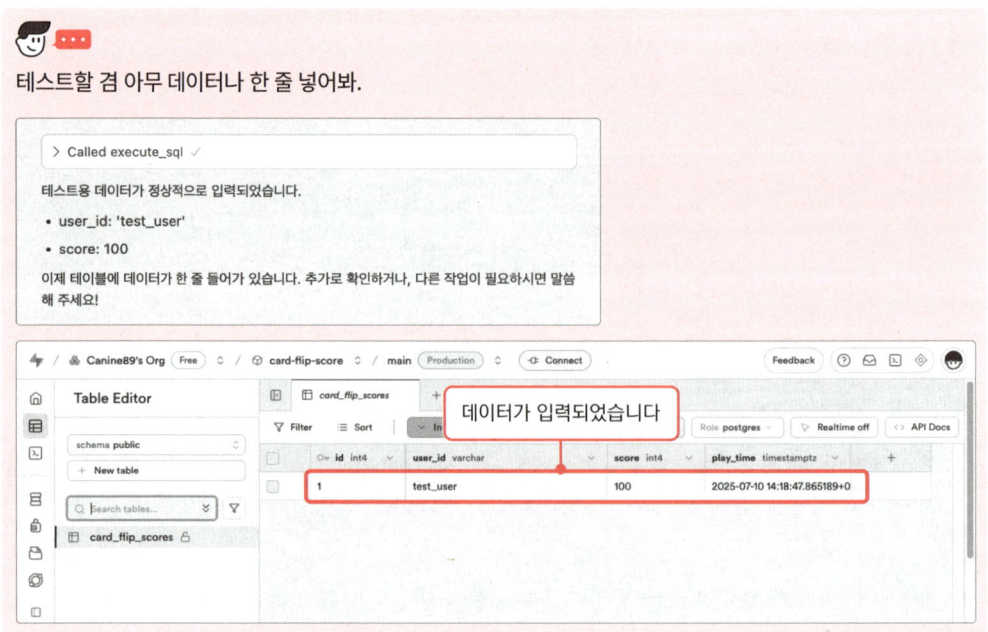

그랬더니 여러분이 만든 수파베이스 테이블에 데이터가 한 줄 입력됩니다. 이게 그렇게 대단한 일인가 싶을 수 있습니다. 하지만 예전에는 이렇게 데이터베이스를 구축해서 데이터 한 줄을 입력하기까지 정말 많은 시간이 걸렸습니다. 능숙하게 한다 해도 30분은 걸렸을 일입니다. 그런데 지금은 5분이면 되네요. 이 모든 걸 커서와 Supabase MCP Server가 대신 해줬으니까요.

바이브 코딩 27 ▶ 리더보드가 있는 카드 뒤집기 게임 만들기

이제 지금까지 배운 모든 내용을 활용해서 리더보드가 있는 카드 뒤집기 게임을 만들어볼 차례입니다. 우리 손에 쥐어진 무기는 다음과 같습니다. 이 무기를 모두 활용해서 리더보드가 있는 카드 뒤집기 게임을 만들어보겠습니다.

- **Supabase MCP Server** : 데이터베이스 구축 및 프로젝트 연결, 관리
- **Context7** : 최신 개발 문서 참조
- **Sequential Thinking Tools** : 순서대로 생각해주기

01 먼저 빈 폴더를 커서로 연 다음, 간단한 계획을 세우며 시작해봅시다. 커서에게 Sequential Thinking Tools를 활용하여 개발 계획을 세워보라고 하겠습니다.

> **NOTE** **MCP는 로딩할 때까지 시간이 필요합니다.** 커서를 열자마자 채팅을 입력하면 MCP가 준비되지 않아 동작하지 않을 수도 있으니 잠시 기다렸다가 활성화가 된 것을 확인한 다음 시작하세요.

가장 간단한 웹 기술로 카드 뒤집기 게임을 만들 거야. Sequential Thinking으로 잘 생각해서 개발 계획을 세워봐. 데이터베이스는 Supabase를 사용할 생각이야.

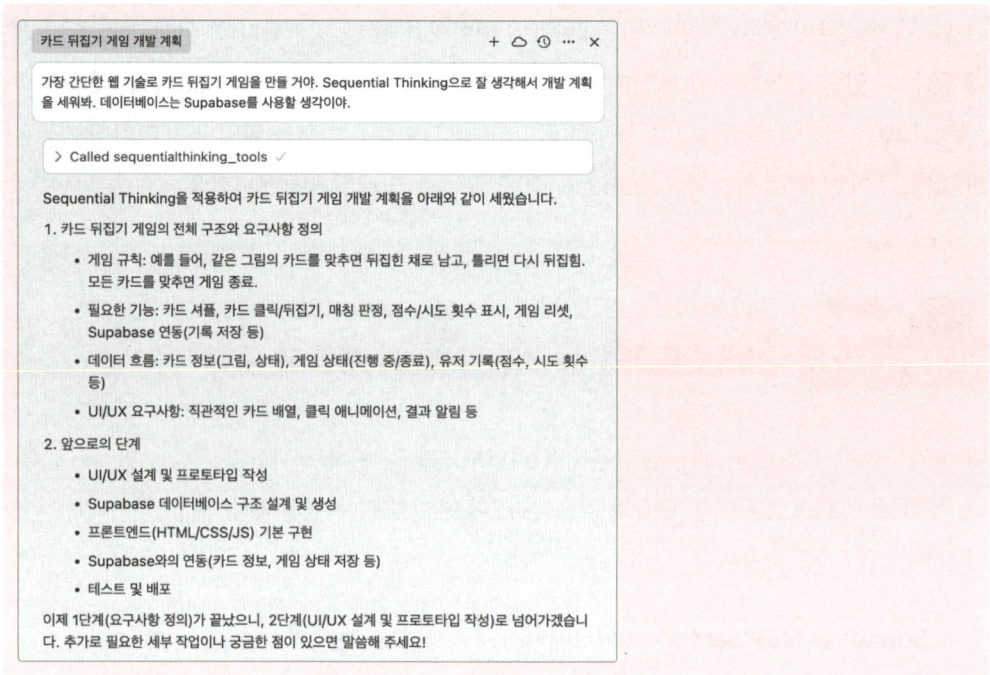

02 이후 작업은 커서의 안내를 따라 설계부터 프로토타입 작성까지 진행하면 됩니다. 여기서는 커서에게 구현까지 쭉 진행하라고 지시했습니다.

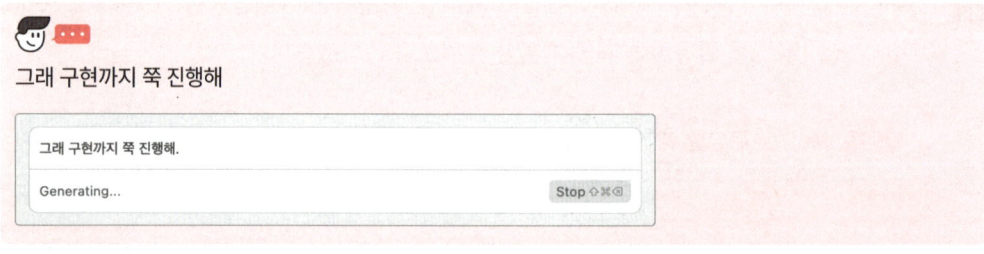

…생략…

카드 뒤집기 게임의 기본 프론트엔드(HTML, CSS, JS) 구현이 완료되었습니다.

- **index.html**: 카드 그리드, 점수판, 리셋 버튼, 결과 메시지 영역 포함
- **style.css**: 카드와 레이아웃의 기본 스타일 적용
- **script.js**: 카드 셔플, 뒤집기, 매칭 판정, 점수/시도 횟수, 리셋 등 게임의 핵심 동작 구현

이제 브라우저에서 바로 실행하면 카드 뒤집기 게임이 동작합니다. 다음 단계는 **Supabase 데이터베이스 구조 설계 및 연동**입니다. 진행을 원하시면 말씀해 주세요!

03 중간 프로토타입 구현이 끝나면 게임을 한 번 실행해보라고 하세요. 실제로 실행했을 때 이상이 없는지 확인합니다.

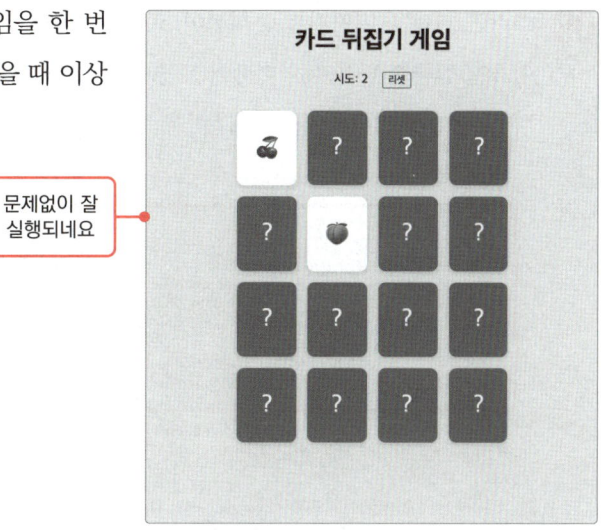

문제없이 잘 실행되네요

04 문제가 없다면 앞서 과정 **02**에서 커서가 말한 것처럼 수파베이스의 데이터베이스 구조를 설계하고 연동까지 마무리하면 됩니다. 다만 여기서는 이전에 만든 프로젝트의 데이터베이스를 재활용하라고 하겠습니다. 조금 색다르게 수파베이스 사이트 화면 이미지를 커서에게 주고 알아서 하라고 해보겠습니다. 단 **여러분의 프로젝트와 테이블의 상태가 보이도록 화면을 캡처하고 그 이미지를 커서 채팅창에 붙여넣기를 한 다음 부탁하세요. 다음과 같이 @Image가 콘텍스트에 있어야 합니다.**

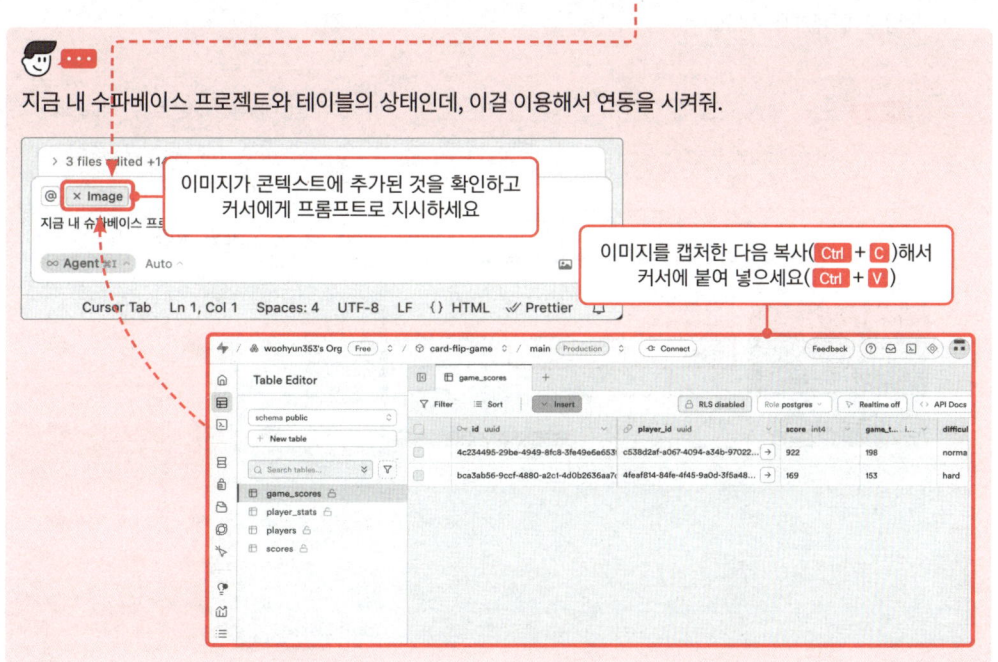

지금 내 수파베이스 프로젝트와 테이블의 상태인데, 이걸 이용해서 연동을 시켜줘.

이미지가 콘텍스트에 추가된 것을 확인하고 커서에게 프롬프트로 지시하세요

이미지를 캡처한 다음 복사(Ctrl + C)해서 커서에 붙여 넣으세요(Ctrl + V)

05 그러면 커서가 이미지를 분석하여 프로젝트 이름과 테이블 이름을 참고하여 여러분의 수파베이스에 접근한 다음 데이터베이스 연동 작업을 합니다. 이제 더 이상 '프로젝트 이름이 무엇이니?', '테이블 이름이 무엇이니?'라고 텍스트를 입력할 필요가 없습니다.

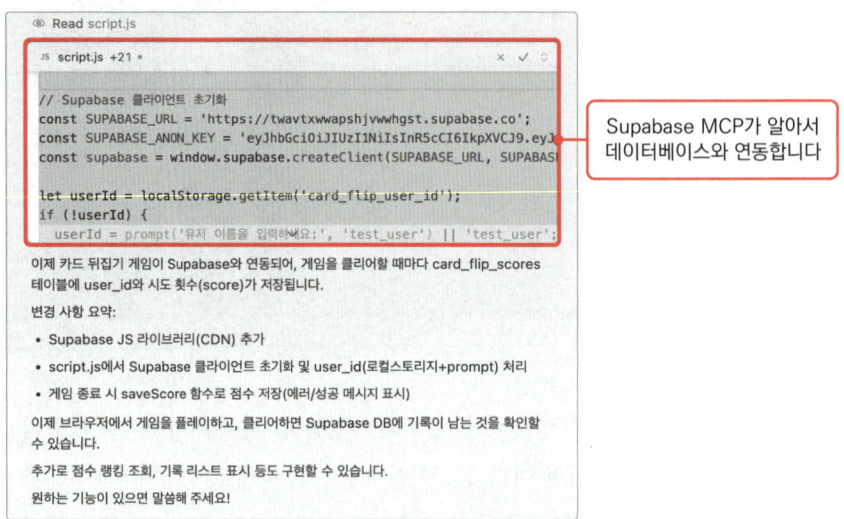

06 결과를 보면 게임을 클리어할 때마다 유저 ID와 시도 횟수가 테이블에 저장된다고 합니다. 게임을 한 번 끝까지 진행해봅시다. 게임을 시작하면 먼저 유저 이름을 입력하라고 합니다. 입력 후 게임을 실행해보세요.

> **NOTE** 만약 게임 실행 중 오류가 발생하면 커서에게 수파베이스 CDN을 UMD로 변경해달라고 요청해보세요.

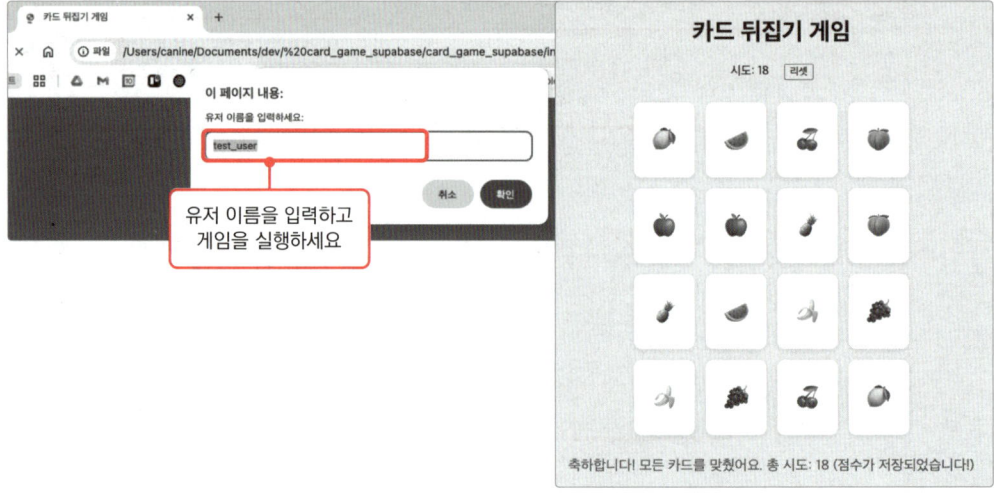

07 게임이 끝나면 점수가 저장되었다고 합니다. 정말 점수가 저장되었는지 확인하기 위해 수파베이스로 다시 돌아가봅니다. 새로고침을 해보면 테이블에 여러분의 기록이 저장된 것을 확인할 수 있습니다.

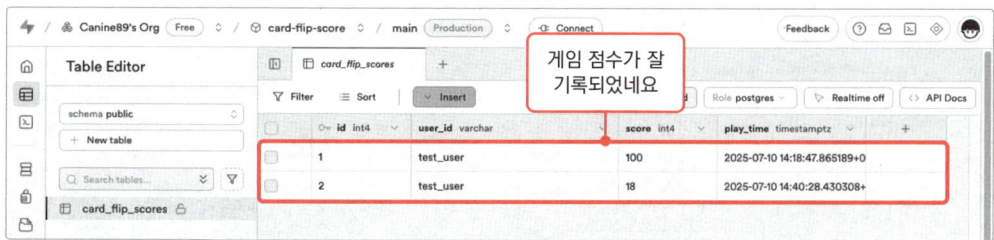

08 이제 남은 건 게임 화면에 리더보드를 띄우는 일입니다. 남은 개발을 계속해봅니다.

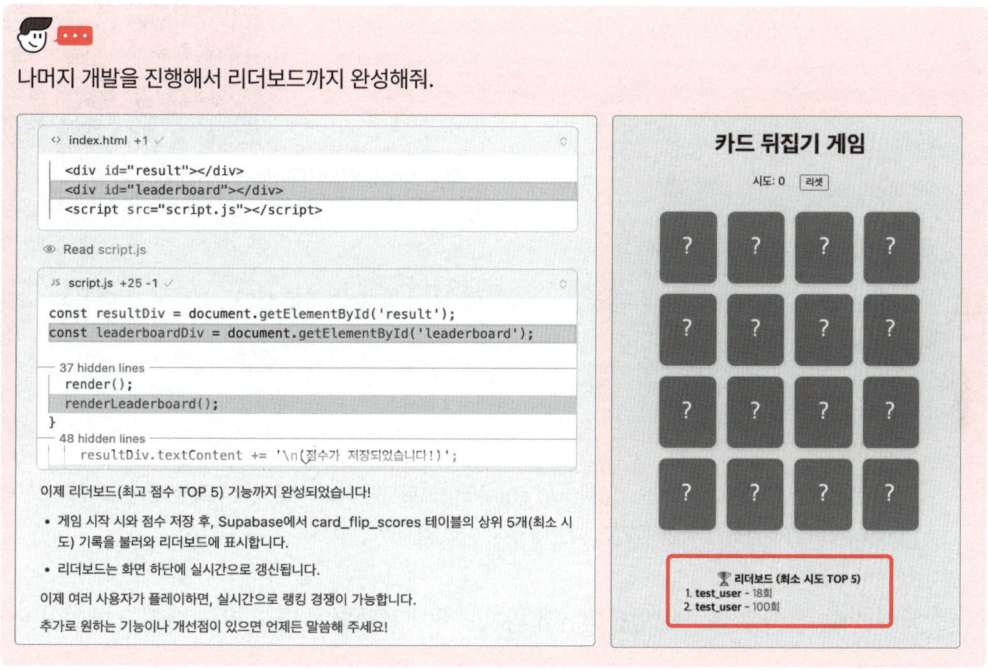

결과를 보면 리더보드에 방금 저장된 여러분의 기록이 표시됩니다. 수파베이스 데이터베이스와 여러분의 앱이 잘 연동된 것이죠.

09 이제 한 가지 재미있는 테스트를 해볼까요? 수파베이스의 테이블 에디터에서 데이터를 삭제해 보세요. 그러면 리더보드에서도 여러분 기록이 사라질 겁니다. 이를 통해 데이터가 실제로 연결되어 있다는 걸 눈으로 확인할 수 있습니다.

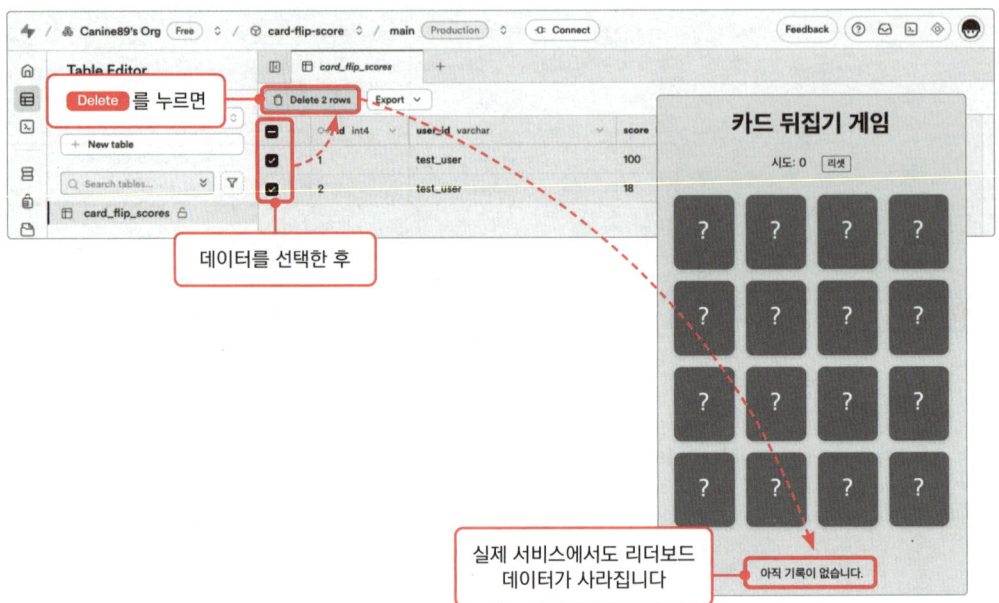

10 이제 디자인을 다듬어 좀 더 괜찮은 게임처럼 보이게 만들어봅시다. 커서에게 다음과 같이 요청합니다.

> 디자인을 좀 게임답게 만들어. Sequential Thinking으로 생각해서 신중하게 디자인해봐. 그리고 카드를 뒤집는 애니메이션 효과도 넣어줘. 중간에 나한테 묻지 말고 끝까지 진행해.

데이터베이스가 완벽하게 연동되면서 디자인까지 세련되게 바뀐 카드 뒤집기 게임이 완성되었습니다.

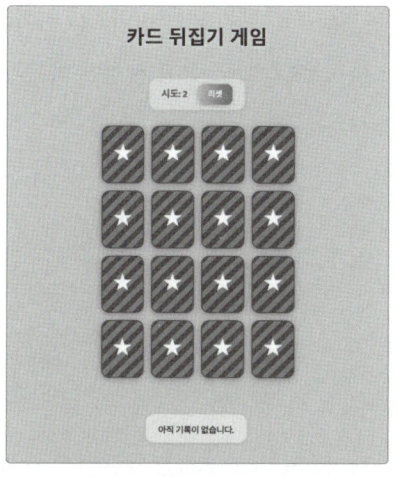
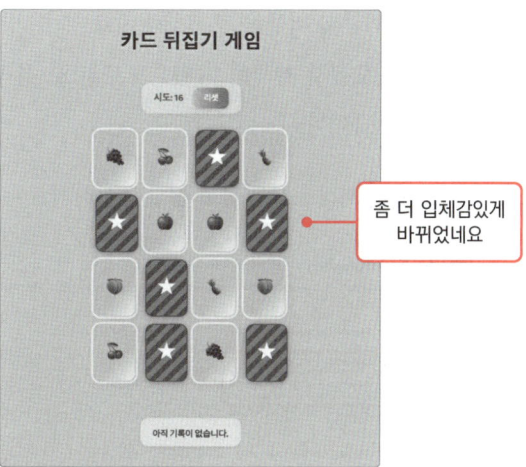

좀 더 입체감있게 바뀌었네요

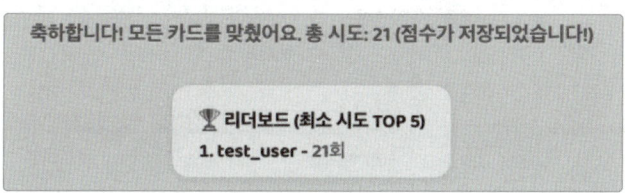

11 마지막 단계는 배포입니다. 배포 역시 커서에게 어떤 도구가 적합할지 물어보고 실제 배포를 진행해보겠습니다.

완성한 프로젝트는 어디에 배포하면 좋을까?

1. Vercel
- 장점: GitHub 연동, 자동 배포, 빠른 속도, custom 도메인 지원, 무료 플랜
- 추천 이유: 정적 사이트 배포에 최적화, Supabase와도 잘 호환됨
- 배포 방법:

  a. GitHub에 프로젝트 업로드

  b. Vercel 가입 → New Project → GitHub 저장소 선택

  c. 빌드 설정 없이 바로 배포 (index.html이 루트에 있으면 자동 인식)

…생략…

12 예상대로 가장 먼저 버셀을 추천해주네요. 배포 방식은 챕터 06 내가 만든 사이트를 서비스하는 방법 : 서버, 배포에서 자세히 다뤘으므로 따로 설명은 하지 않고 배포 진행 과정만 목록과 이미지로 소개하겠습니다.

1. **깃허브에 새 저장소를 만들고 링크 복사하기**

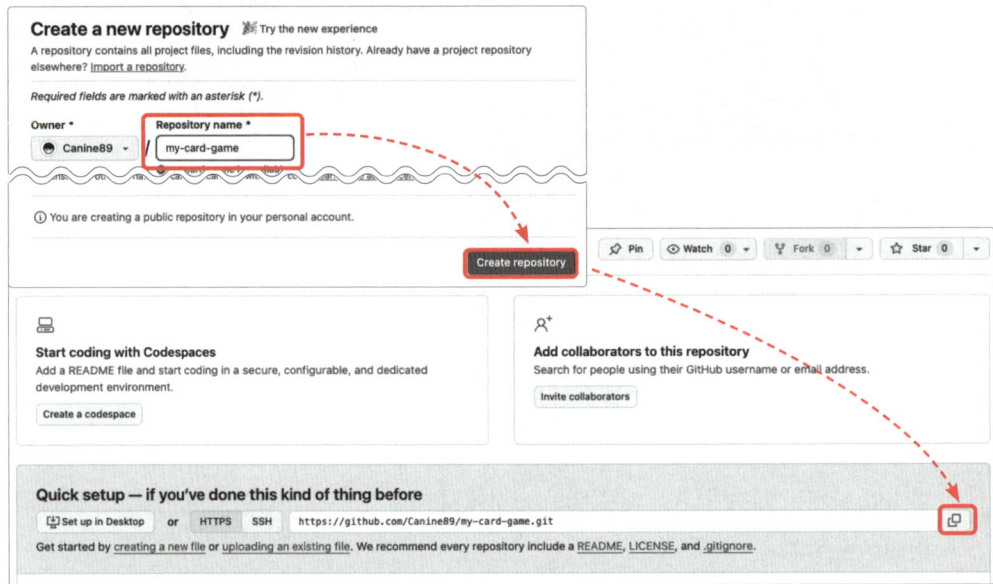

2. **커서에 링크를 알려주면서 해당 저장소에 add, commit, push를 해달라고 부탁하기**

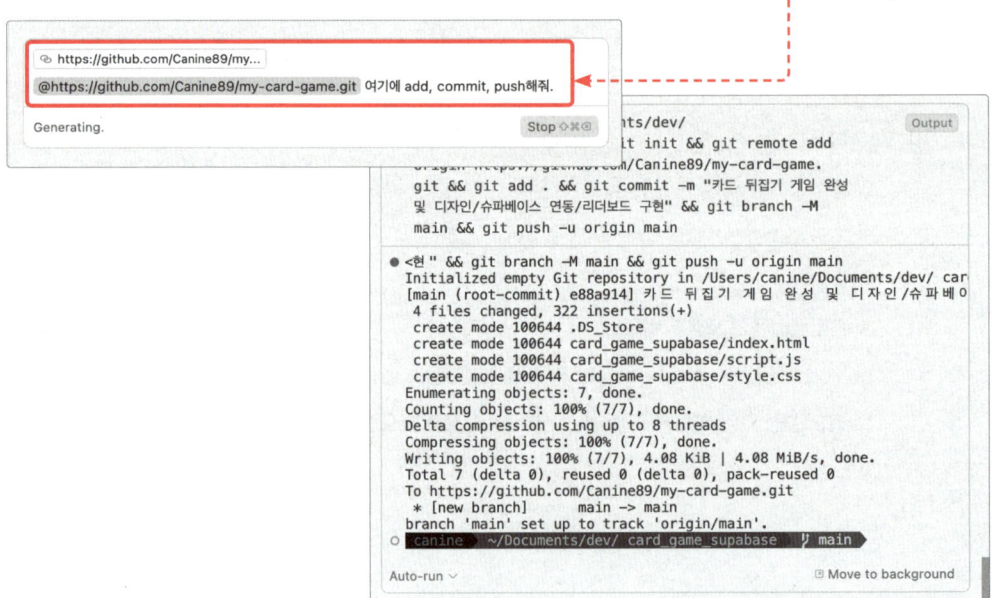

3. 새 저장소에 코드가 업로드된 것을 확인하고 버셀에 깃허브 이용하여 배포하기

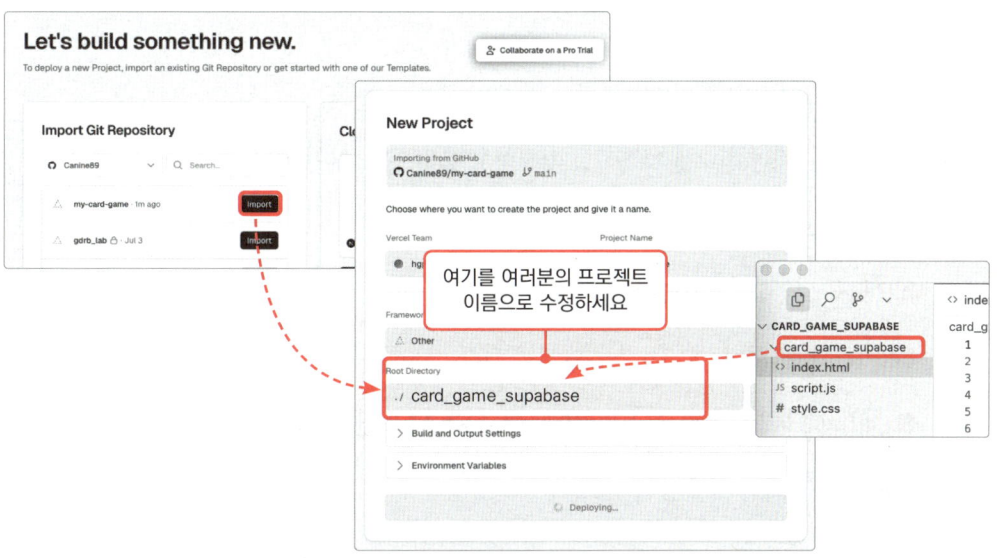

13 배포가 완료되면 여러분이 배포한 사이트에 접속하여 실제로 카드 뒤집기 게임을 해볼 수 있습니다. 친구에게 공유해 함께 게임을 즐겨보세요!

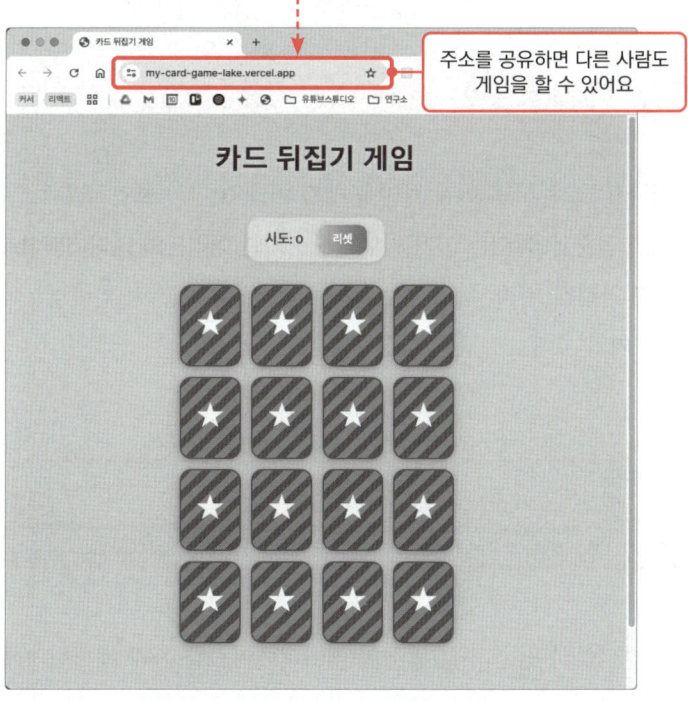

마무리하기 전에 이번에 만든 카드 뒤집기 게임의 구조를 다시 생각해보면서 공부한 내용을 정리해보겠습니다. 여기서 사용한 기술은 다음과 같습니다.

- **웹 기술** : HTML, CSS, 자바스크립트 → 게임 화면 구성
- **수파베이스** : 게임 점수를 기록하고 저장하고 불러오는 데이터베이스 역할
- **버셀** : 깃허브와 연동해 손쉽게 프로젝트를 배포
- **MCP 도구** : 커서와 개발 편의를 위해 사용
  - **Sequential Thinking Tools** : 단계별 생각
  - **Supabase MCP Server** : 데이터베이스 구축 및 연결, 조작
  - **Context7** : 최신 개발 문서 참고

이번 실습에서 새롭게 접한 기술은 하나도 없습니다. 지금까지 진행하며 배운 내용만으로 여러분도 충분히 웹 게임을 만들 수 있습니다.

바이브 코딩 28 ▶ 카드 뒤집기 게임에 보안 챙기기

카드 뒤집기 게임, 재미있게 즐겼나요? 그렇다면 이제 보안을 챙길 차례입니다. 보안이라니, 무슨 의미일까요? **데이터베이스를 관리하고 접근할 수 있는 키가 외부에 노출되면 여러분의 데이터베이스를 누군가 마음대로 접근하고 조작할 수도 있겠죠.** 따라서 코드에 노출되면 안됩니다. 그런데 여러분의 프로젝트 코드를 보면 수파베이스 접근 키가 그대로 노출되어 있습니다.

```
11  let tries = 0;
12
13  // Supabase 클라이언트 초기화
14  const SUPABASE_URL = 'https://twavtxwwapshjvwwhgst.supabase.co';
15  const SUPABASE_ANON_KEY = '                                              zdXBhYmFz
16  const supabase = window.supabase.createClient(SUPABASE_URL, SUPABASE_ANON_KEY);
17
```

이 키가 그대로 노출되면 누군가 여러분의 접근 키를 탈취해 데이터베이스를 자기 것처럼 마음대로 조작할 수 있습니다. 문제는 이미 이 수파베이스 접근 키가 깃허브에 올라간 상태라는 것입니다. 그래서 이 내용을 여기서 수정해보려 합니다.

01 커서에게 다음과 같이 요청합니다. 그러면 커서도 관련 내용을 인지하고 중요한 설정 정보를 환경변수라는 것으로 분리하겠다고 할 겁니다. 이렇게 환경변수로 분리하면 중요한 정보는 로컬에만 남고, 깃허브와 같은 온라인 저장소에는 업로드하지 않게 됩니다.

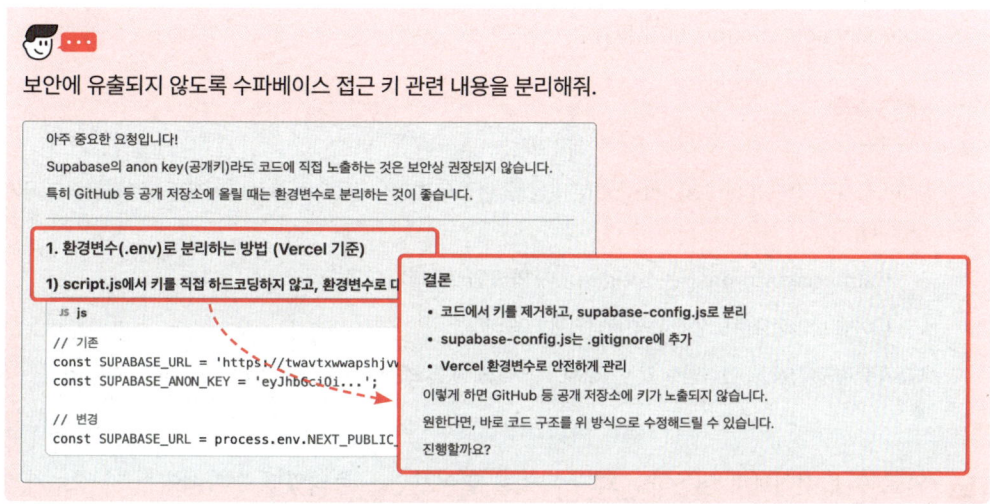

프로젝트 폴더에서 다음과 같이 파일이 분리된 것을 확인했다면 보안을 챙긴 카드 뒤집기 게임 프로젝트가 거의 완성된 것입니다.

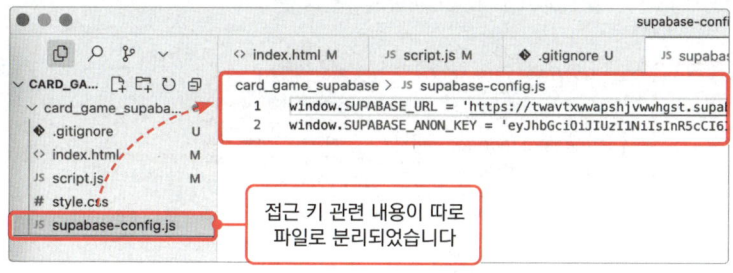

02 이제 분리된 상태로 깃허브에 올려 이력을 덮으면 됩니다. 현재 폴더의 파일 목록을 보면 **.gitignore**라는 파일이 있습니다. 이 파일은 깃허브에 올리면 안 되는 파일을 기록해두는 곳입니다. 그렇다면 과정 **01**에서 분리한 **supabase-config.js** 파일도 여기에 기록되어 있겠죠? 예외 파일이 제대로 등록되어 있는지 확인해봅시다.

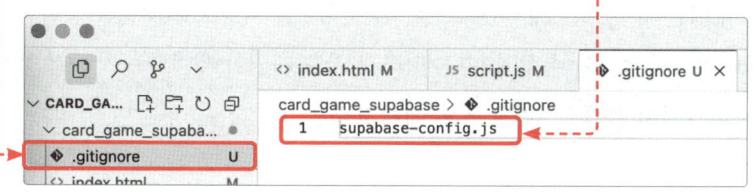

03 확인을 완료했다면 이제 깃허브에도 반영해야겠죠? 커서에게 변경된 내용을 깃허브에 add, commit, push를 해달라고 합니다.

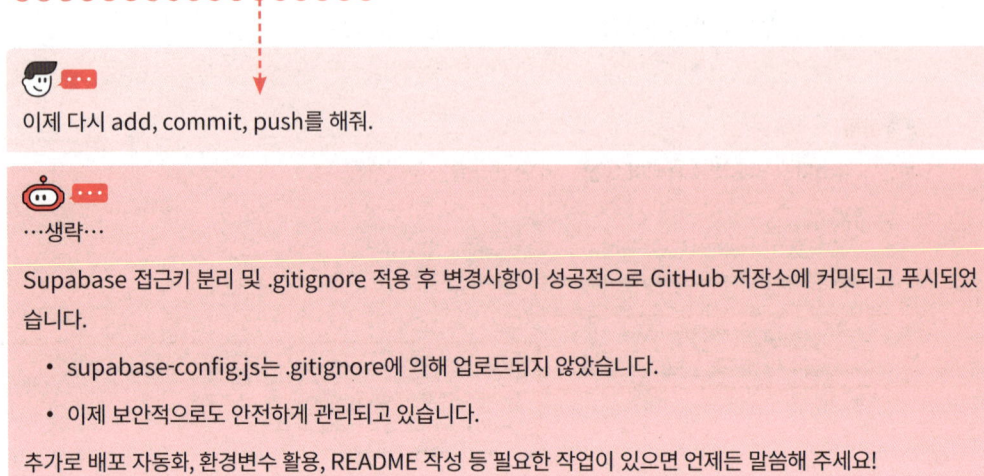

04 완료 후에 깃허브로 이동하여 해당 파일을 열어보면 노출되었던 수파베이스 키 정보가 없어진 것을 확인할 수 있습니다.

05 마지막으로 보완을 강화한 프로젝트로 다시 배포하기 위해 버셀에 적용한 깃허브 이력도 수정해야 합니다. 깃허브에서 접근 키 정보를 제거했으므로, 이 깃허브를 바탕으로 배포하는 버셀 입장에서는 더 이상 수파베이스에 접근할 수 없습니다. 따라서 카드 게임이 제대로 동작하지 않을 것입니다. 배포된 웹사이트에서 F12 를 눌러 오류 메시지를 보면 'Supabase 연결 실패' 또는

supabaseUrl이 없다고 할 것입니다.

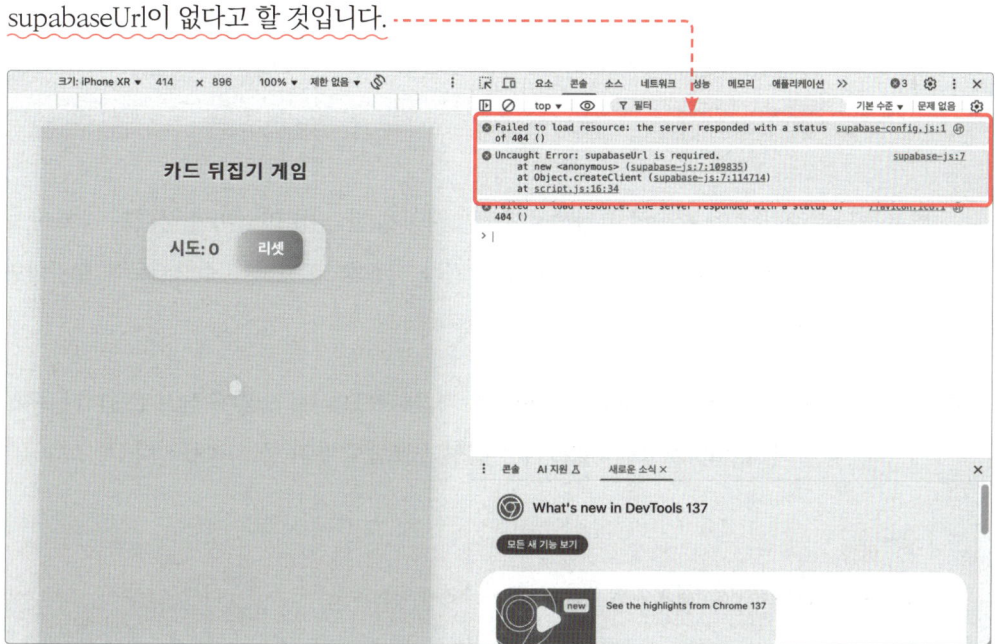

06 이제 이것을 바로 잡아봅시다. 보안상 깃허브에 올릴 수 없었던 키 값을 입력하려면 어떻게 해야 할까요? 커서에 물어보면 친절히 알려줄 겁니다.

보안 관련 값을 깃허브에 업로드하지 않으니까 vercel에서 오류가 발생했는데 어떻게 해야 이 값을 추가할 수 있어?

아주 좋은 질문입니다! 정적 웹 프로젝트에서 supabase-config.js를 GitHub에 올리지 않으면, Vercel 배포 시 해당 파일이 없어서 Supabase 연동이 안 되는 문제가 발생합니다.

해결 방법: Vercel에서 환경변수로 Supabase 키 관리 & 배포 시 supabase-config.js 자동 생성

1. Vercel 환경변수 등록

    a. Vercel 대시보드 → 프로젝트 선택 → Settings → Environment Variables

    b. 아래 두 개의 환경변수를 추가:

    - SUPABASE_URL : (예시) https://twavtx**********hgst.supabase.co
    - SUPABASE_ANON_KEY : (Supabase에서 발급받은 anon key)

2. 빌드 시 supabase-config.js 자동 생성 스크립트 추가

    a. 정적 사이트라면, 빌드 전에 환경변수로 supabase-config.js 파일을 만들어야 합니다.

[챕터 12] MCP로 더 수준 높은 프로그램 만들기

> b. 방법 A: Vercel Build Command에 Node 스크립트 추가
> - card_game_supabase 폴더에 아래와 같은 generate-supabase-config.js 파일을 만듭니다:
>
> …생략…

커서가 알려준 방법이 굉장히 복잡해보이지만 사실은 간단합니다. 버셀 사이트 자체에 보안 관련하여 빠졌던 키를 입력하고, 배포 시에 이 키를 적용할 수 있도록 스크립트를 추가하여 적용하라는 것입니다.

07 배포 시에 키를 적용할 수 있도록 스크립트를 추가하라고 하니 그렇게 해보겠습니다. 우선은 커서에게 '빌드 시 **supabase-config.js** 자동 생성 스크립트 추가'를 시켜봅시다.

>
> 빌드 시 supabase-config.js 자동 생성 스크립트 추가를 해줘.
>
>
> …생략…
>
> **Vercel에서 적용 방법**
>   1. Vercel 환경변수 등록
>   a. SUPABASE_URL, SUPABASE_ANON_KEY 추가
>   2. Build Command 설정
>   a. Vercel 프로젝트 Settings → Build & Development Settings
>   b. Build Command: npm run vercel-build
>   c. Output Directory: card_game_supabase
>   3. 재배포
>   a. 이제 배포 시마다 supabase-config.js가 자동 생성되어 보안도 지키고, 서비스도 정상 동작합니다.

08 커서가 코드를 생성해주고 적용 방법을 알려줍니다. 이대로 실행해봅시다. 버셀에 등록한 카드 뒤집기 게임 프로젝트에 들어가면 [Settings → Environments Variables]가 있습니다. 여기에서 환경변수를 등록할 수 있습니다. **supabase-config.js**에 있는 값의 이름과 따옴표 사이에 있는 값을 복사해서 넣으세요. **절대로 따옴표까지 입력하면 안 됩니다.** 작성한 다음 [Save]를 누르면 환경변수로 보안 관련 값이 등록됩니다.

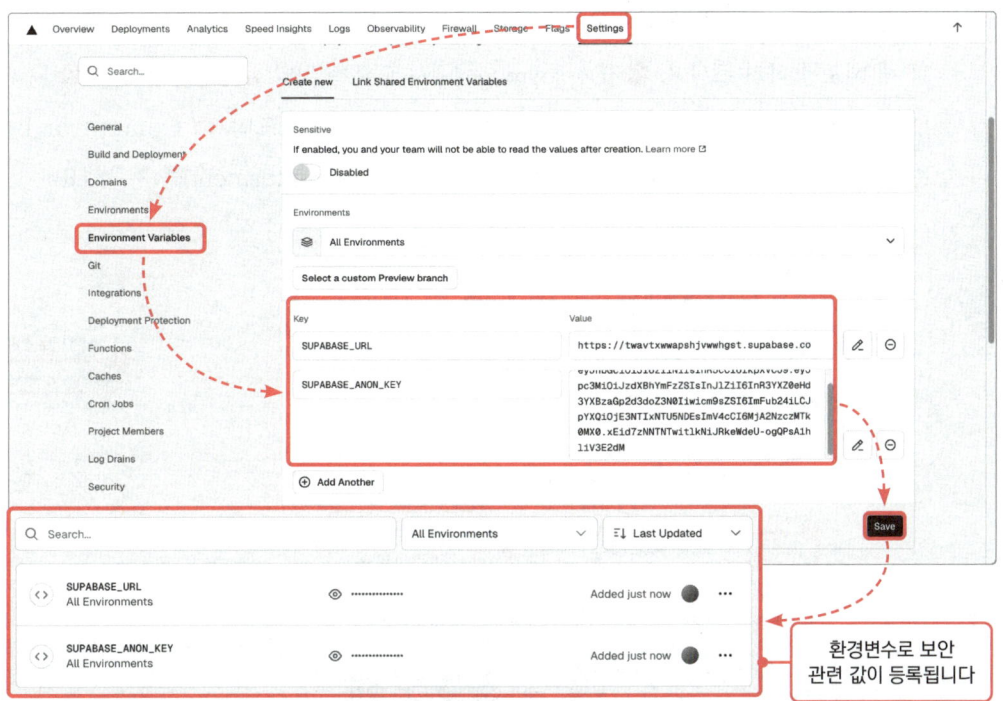

환경변수로 보안 관련 값이 등록됩니다

09 그다음 이 환경변수 값을 버셀에서 배포해서 게임으로 제공할 때 내부적으로 입력하게 해야 합니다. 커서에서 안내한 대로 [Settings → Build and Development]에 Build Command를 **npm run vercel-build**로 등록하고 Output Directory를 **card_game_supabase**로 적용해봅시다. 값을 입력할 때는 [Override] 옵션을 켠 상태로 입력해야 합니다.

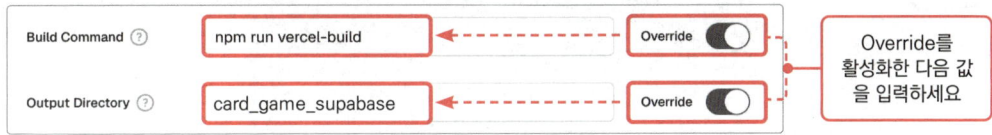

Override를 활성화한 다음 값을 입력하세요

10 이제 이 설정이 적용되도록 배포를 다시 해야 합니다. 먼저 과정 **07**에서 생성한 내용을 깃허브에 적용해야 합니다. 커서로 돌아가서 깃허브에 업데이트한 내용을 적용하도록 다음과 같이 요청하세요.

깃허브에 add, commit, push해줘.

[챕터 12] MCP로 더 수준 높은 프로그램 만들기 253

11 깃허브 업로드 과정이 끝나면 이제 버셀에 업데이트한 깃허브 이력을 가져와 배포할 수 있도록 새 배포를 하면 됩니다. ❶ [Deployments]에서 오른쪽 위의 ❷ [...]을 누르고 ❸ [+ Create Deployment]를 선택하세요. Create Deployment 창이 뜨면 ❹ Commit or Branch Reference에 깃허브 주소를 그대로 입력하고 ❺ [Create Deployment]를 누르세요.

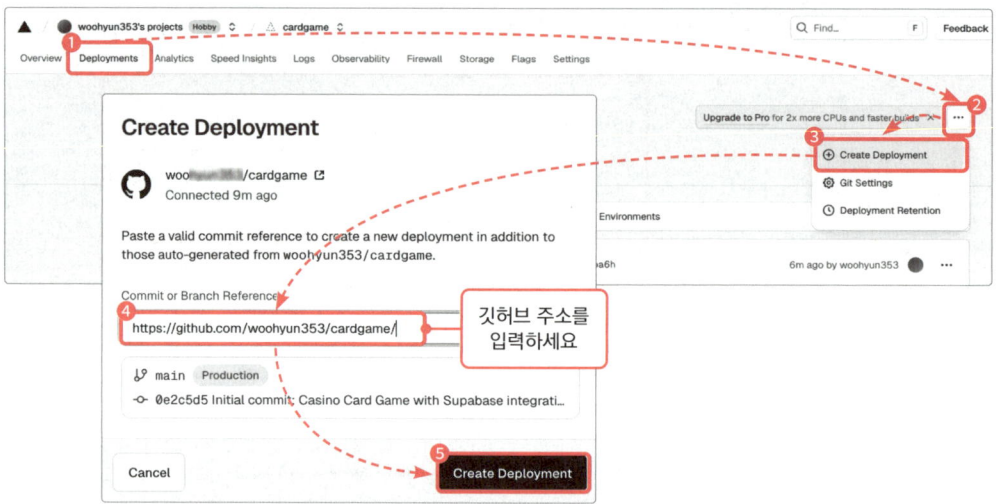

12 설정값을 바꾸는 건 코드를 작성하는 것과는 별개로 어려운 일입니다. 하지만 파일을 별도로 분리하여 관리함으로써 보안까지 챙긴 완성도 높은 카드 뒤집기 게임을 만들었습니다.

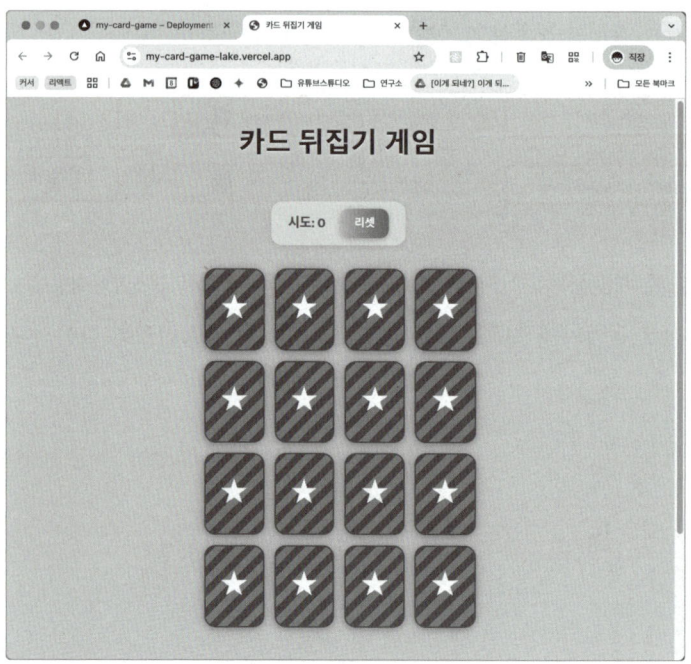

바이브 코딩 29 ▶ 나만의 블로그 만들기
난이도 상!

네이버나 티스토리처럼 많은 사람이 사용하는 블로그 플랫폼이 있습니다. 하지만 정해진 틀에 따라야 하고, 내가 원하는 콘텐츠 구성이나 디자인을 마음대로 바꾸기 어렵다는 한계도 있죠. 이런 아쉬움을 느꼈다면, 이제는 직접 나만의 블로그를 만들어 배포할 차례입니다. 자유롭게 커스터마이징하고, 오롯이 나만의 색깔을 담을 수 있는 블로그, 생각보다 어렵지 않게 시작할 수 있습니다.

앞서 **바이브 코딩 05 ▶ 자기소개 페이지를 다른 사람에게 공유하고 싶다면?** 에서 깃허브 페이지를 이용하여 공유하는 방법을 공부했죠? 그 기능을 활용해서 블로그 만들기를 해보겠습니다. 보통 온라인상에서 나만의 블로그 만들기를 검색하면 깃허브 페이지와 지킬^{Jekyll}, 휴고^{Hugo}, 헥소^{Hexo}와 같은 블로그 생성기를 함께 쓰라는 정보를 많이 접할 겁니다. 하지만 바이브 코딩이 가능해진 지금은 그런 도구 없이도 이 정도 블로그는 누구나 만들 수 있게 되었습니다. 게다가 MCP의 도움까지 받는다면 더 쉽게 만들 수 있죠.

나만의 블로그를 만들면 다양한 기능을 추가할 수 있습니다. 다음과 같은 기능을 가진 블로그를 목표로 커서에게 개발을 요청하겠습니다.

1. 정적 페이지 빌드가 되어야 함
2. 깃허브 페이지에 문제없이 배포할 수 있어야 함(무료이므로 필수)
3. 마크다운 기반으로 글을 작성할 수 있어야 함
    a. 마크다운 문법으로 작성한 내용이 멋지게 보여야 함
4. Home, About, Blog 3가지 메뉴는 꼭 있어야 함
    a. **Home - 메인 페이지** : 최신 글을 최대 10개까지 목록으로 보기, 글을 누르면 상세 페이지로 넘어감
    b. **About - 블로그 소개 페이지** : 간단한 블로그 주인 소개
    c. **Blog - 전체 글 보기** : 전체 글을 페이지네이션으로 최대 10개씩 목록으로 보기, 글을 누르면 상세 페이지로 넘어감
5. 파일을 월별로 보관할 수 있어야 함
6. 파일에 태그, 카테고리를 분류하면 이를 사이트에서 분류하여 볼 수 있어야 함

목표로 한 기능이 꽤 많아 보이지만 블로그 기능을 생각해보면 당연히 있어야 할 것들입니다. 여기서 궁금한 점이 생긴다면 정적 페이지 빌드와 마크다운이라는 용어가 비교적 생소하기 때문일 수 있습니다. 본격적으로 개발을 하기 전에 두 용어에 대한 이해와 깃허브 페이지를 사용하는 장점에 대해서도 알아보고 넘어가겠습니다.

깃허브 페이지의 장점?

깃허브 페이지에 블로그를 배포하는 것은 세 가지 장점이 있습니다. 첫 번째는 다음과 같이 **깃허브 페이지의 주소가 여러분의 아이디로 구성되어 있어 다른 사람에게 알리기 좋다는 것입니다.**

- 내 블로그 주소는 canine89.github.io 야!

두 번째는 **깃허브 페이지가 완전 무료라는 것**입니다. 따로 서버를 임대하거나 호스팅 요금을 지불하지 않아도, 누구나 깃허브 계정만 있으면 블로그를 인터넷에 배포할 수 있습니다. 이처럼 비용 부담 없이 운영할 수 있다는 점은 개인 프로젝트나 기술 블로그를 시작하려는 분들에게 큰 매력입니다. 이건 정말 강력한 장점입니다. 세 번째는 블로그를 완전히 **내 마음대로, 자신만의 개성과 스타일을 블로그에 그대로 녹여낼 수 있다는 점**에서, 진짜 '나만의 공간'을 만들고 싶은 분들에게 강력히 추천합니다. 만약 다른 사람과 똑같이 생긴 블로그가 지겨웠다면 깃허브 페이지는 여러분에게 정말 유용할 겁니다.

정적 페이지 빌드?

정적 페이지 빌드는 웹사이트를 미리 완성한 HTML 파일로 만드는 것을 말합니다. 보통 블로그를 생각하면 웹사이트에 접속해서 글을 쓰고 저장하는 과정을 떠올리는데, 이런 방식은 서버가 있어야 가능하고, **글이 추가될 때마다 실시간으로 반영해주는 동적 환경이 필요합니다.** 물론 이런 환경을 운영하려면 비용도 발생하죠.

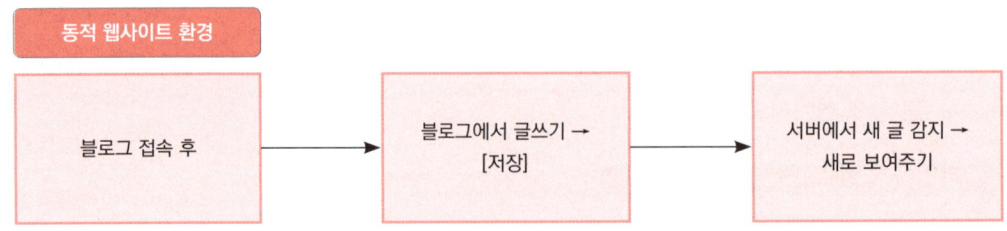

반면 깃허브 페이지는 무료인 대신 이런 동적인 작업을 하는 서버를 제공하지 않습니다. 그 대신 **미리 완성된 HTML 파일을 보여주는 정적 웹사이트 방식으로 운영합니다.**

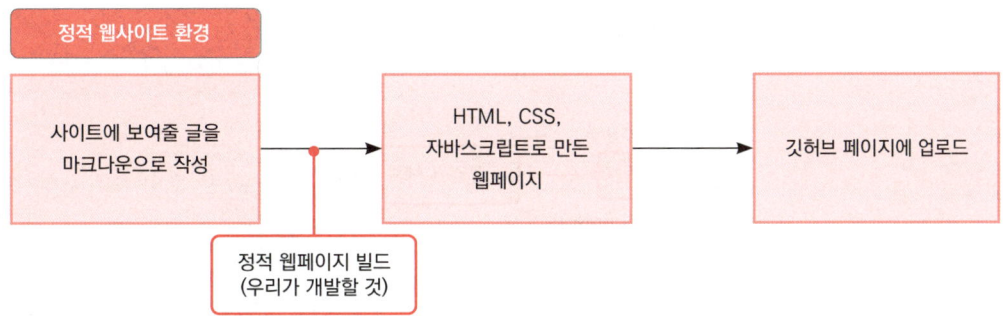

정리하자면 정적 페이지 빌드는 앞서 소개한 무료 사용과 자유로운 커스터마이징과 같은 여러 장점을 누릴 수 있는 대신, 웹사이트에서 직접 글을 작성하거나 수정할 수 없습니다. 즉, 매번 블로그 사이트를 HTML 파일로 빌드해서 업로드해야 한다는 뜻입니다. 우리는 이 과정을 정적 웹페이지를 빌드하는 프로그램을 만든다고 생각하면 됩니다.

마크다운?

마크다운은 텍스트만으로 서식이 있는 글을 손쉽게 작성할 수 있도록 도와주는 간단한 문법입니다. 인터넷을 검색하면 마크다운 문법을 정리하거나 설명하는 자료를 쉽게 찾을 수 있습니다. 다음은 마크다운으로 작성한 문서를 실제로 커서에서 렌더링한 모습입니다.

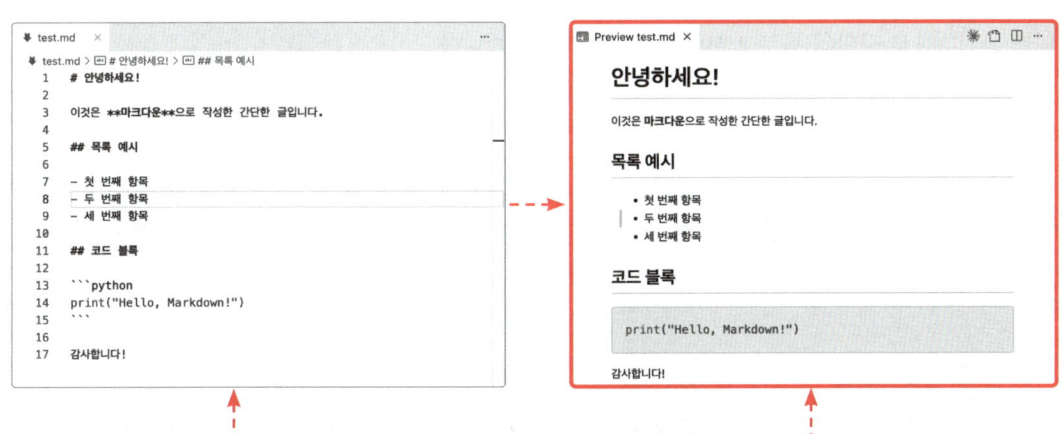

왼쪽은 마크다운으로 작성한 문서이고 오른쪽은 커서가 이 문서를 보기 좋게 렌더링한 것입니다.

처음 접한다면 다소 생소하게 느껴질 수 있지만 사실 마크다운 문법은 우리가 쓰고 있는 다양한 서비스에 이미 널리 사용되고 있습니다. 예를 들어 구글 채팅에서도 일부 마크다운 문법이 적용됩니다. 텍스트를 강조하기 위해 굵게 하려면 *로 감싸면 되고, 이탤릭체로 표시하려면 _로 감싸면 됩니다. 이런 식으로 마크다운 문법이 적용되고 있죠.

이처럼 마크다운은 단순한 문법으로도 글의 의미와 구조를 부여하여 서식을 표현할 수 있어, 개발자뿐 아니라 일반 사용자에게도 유용합니다. 자세한 문법은 인터넷에 '마크다운 문법'을 검색하거나 챗GPT와 같은 AI 서비스에 마크다운 문법을 알려 달라고 하면 쉽게 확인할 수 있습니다.

이제 다시 프로젝트로 돌아가 봅시다. 나만의 블로그 사이트를 만들기 위해 우리의 바이브 코딩을 도와줄 MCP와 그 도구의 역할은 다음과 같습니다.

- **Sequential Thinking Tools** : 게시판 사이트를 만들기 전에 단계별로 계획 구상하기
- **Context7** : 최신 개발 문서 참조하여 오류율 낮추기

이제 본격적으로 나만의 블로그 사이트를 개발해보겠습니다.

01 개발을 시작하기 전에는 먼저 계획을 세웁시다. 앞에서 이야기한 내용을 커서에게 설명한 다음 Sequential Thinking을 활성화하여 생각하게 만들어보겠습니다. 새 폴더를 열고 준비하세요. **만약 Sequential Thinking이 제대로 동작하지 않으면 다시 요청하거나 커서 설정을 확인해보는 것도 좋습니다.**

정적 페이지 빌드가 되는 프로그램을 만들어서 깃허브 페이지에 블로그를 호스팅하려고 해. 내가 원하는 필수 기능은 다음과 같아.

1. 정적 페이지로 빌드를 할 수 있어야 해. 빌드한 결과물을 깃허브 페이지에 호스팅할 거야.

2. 마크다운으로 글을 작성할 수 있어야 하고, 마크다운으로 작성한 파일을 멋지게 렌더링해야 해.

3. 메뉴는 Home, About, Blog가 있고, 파일은 월별로 관리할 수 있어야 해.

4. 마크다운 파일에 태그와 카테고리를 분류하면 이를 사이트에서 분류하여 볼 수 있어야 해.

5. 블로그가 아름답게 보이도록 디자인도 해줘.

이것을 sequential thinking으로 5단계만 고민해줘.

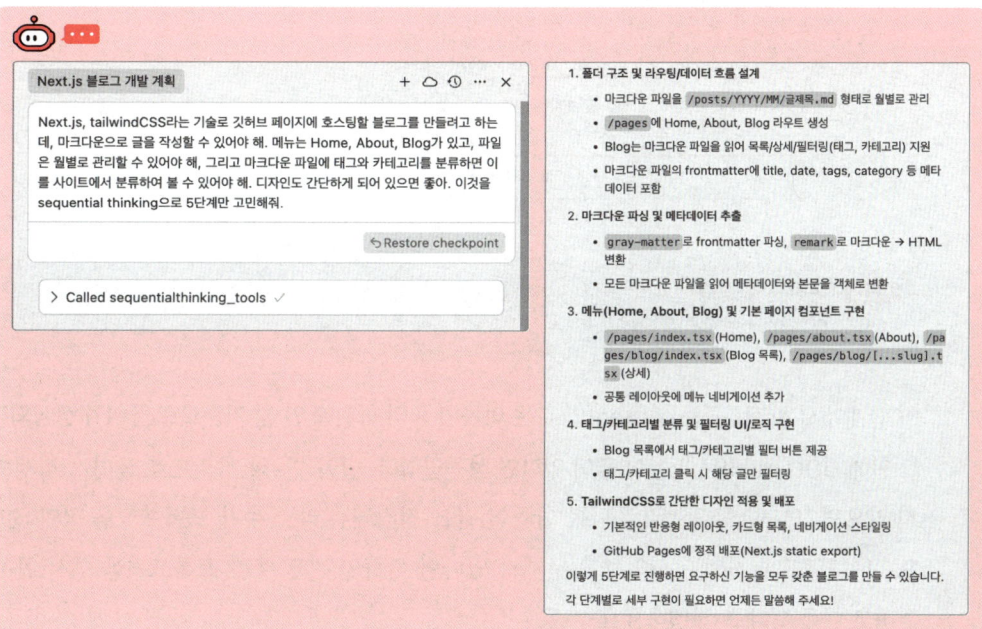

02 커서가 단계별로 보여준 계획을 살펴보면 요청한 사항을 잘 들어준 것을 알 수 있습니다. 이제 커서에게 바로 단계별로 개발을 진행해달라고 합니다. 이때 터미널에서 'Would you like to use App Router?'와 같은 질문이 나올 때까지 Enter 를 계속 누르면서 진행하세요.

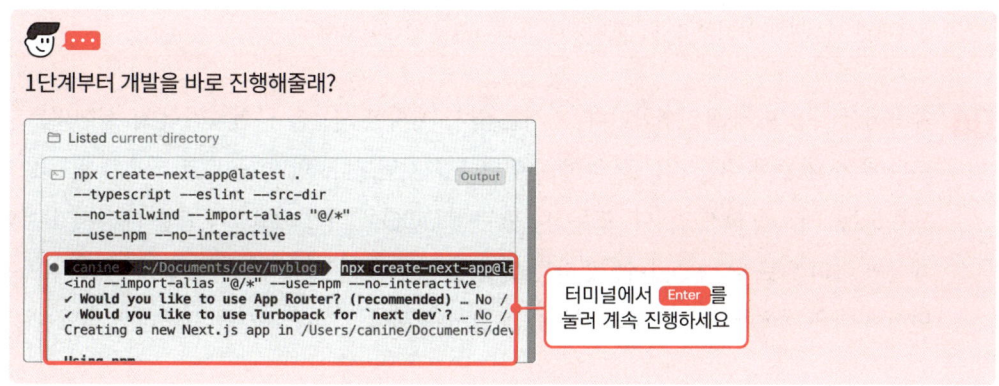

챕터 12 MCP로 더 수준 높은 프로그램 만들기

03 어느 정도 기본적인 개발을 진행한 후, 커서는 자동으로 마크다운 폴더 구조 및 월별로 파일을 관리하는 방식을 제안할 것입니다. 커서가 그렇게 하자고 하면 그대로 개발을 이어서 진행합니다.

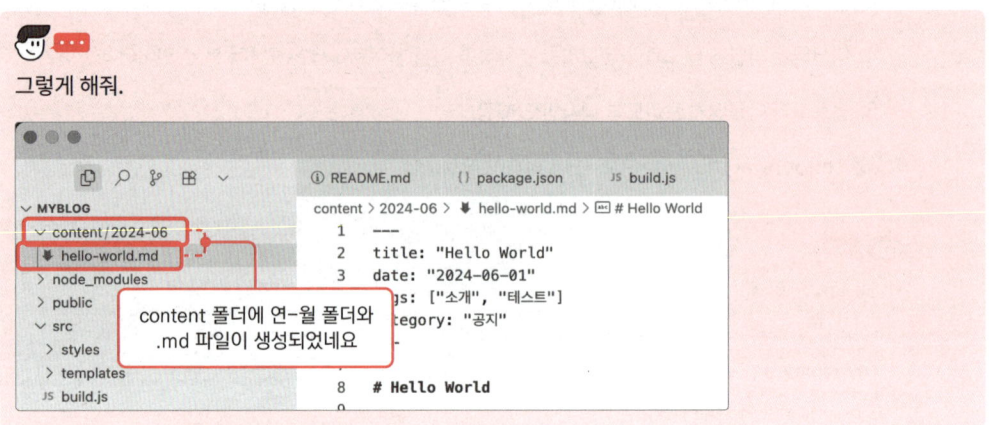

NOTE 여러분의 상황에 따라 순서가 다를 수는 있지만 목표는 로컬에 서버를 실행해서 확인해보는 단계까지 진행하는 것입니다.

이 단계에서 **posts 또는 content와 같은 이름의 폴더 하위에 연-월 기준으로 폴더가 생성되어 있고 그 안에 OOO.md라는 파일이 들어 있다면 성공입니다.** 만약 연-월 기준으로 폴더가 생성되어 있지 않으면 '연-월 형식으로 폴더를 만들어 글을 정리해줘'라고 추가 프롬프팅을 하여 진행하세요. 또 블로그 디자인도 살펴보고 문제가 있다면 디자인 관련 추가 프롬프팅을 해서 문제를 해결하고 다음 단계를 진행하세요.

 **오류가 나면 커서에게 물어보며 해결하세요**

커서로 프로그램을 만들 때는 책에 나온 방법과 완전히 동일하게 실행되지 않거나, 파일이 그대로 생성되지 않을 수도 있습니다. 이럴 경우 커서가 안내하는 방법에 따라 실행하면서 원하는 기능을 추가하거나, 오류가 발생하면 커서에게 질문하여 해결해나가며 프로그램을 완성해보세요.

04 계속해서 다음 단계를 진행합니다. 커서는 앞서 계획한 기능을 구현하면서 잘 실행되는지 테스트나 추가 기능에 대한 질문을 하며 수행해나갈 것입니다. 만약 '블로그 테스트를 해보시겠어요?' 또는 '배포를 하겠습니다' 또는 '다 했는데 OOO을 더 할까요?'와 같은 메시지가 보인다면 개발이 거의 완료 단계에 접어들었다는 뜻입니다. 이때는 '그래' 또는 '그렇게 해줘'라고 지시하면서 진행을 계속합니다. 커서의 반응을 보면서 구체적인 실행 지시를 요구하면 해당 내용을 읽

어보고 그대로 수행하라고 하면 됩니다. 여기서는 실습하는 과정 중간에 태그, 카테고리 기능을 추가할 것인지를 물어볼 때 '그렇게 해'라고만 답했습니다. **다만 커서가 배포에 대한 이야기를 할 때 잠시 멈추세요. 그 시점은 블로그 완성 이후의 중요한 전환점이기 때문에, 다음 단계로 넘어가기 전에 확인이 필요합니다.**

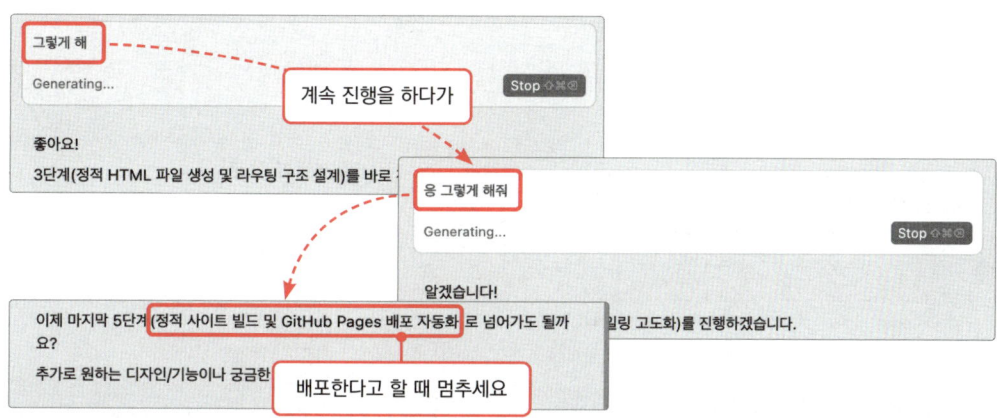

05 이 단계에서 블로그가 제대로 작동하는지 확인해야 합니다. 커서에게 간단한 블로그 글을 2025년 7월 16일 날짜로 생성해달라고 요청해봅시다. 지금은 **OOO.md** 파일이 무엇인지, 어떻게 작성하는지는 중요하지 않습니다. 이 문서 형식은 마지막에 설명하겠습니다.

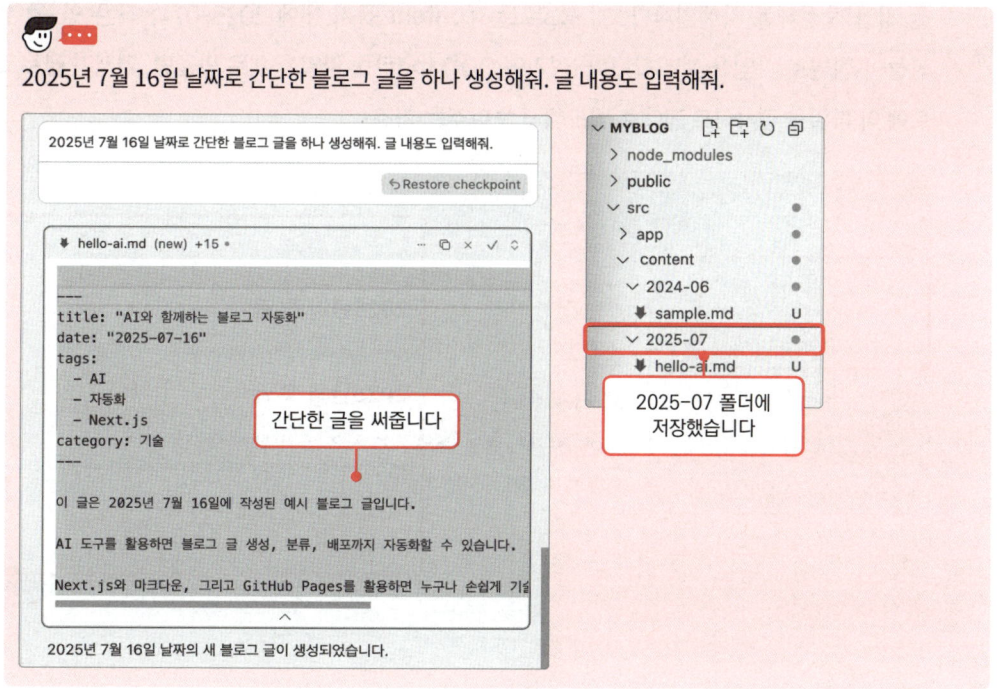

챕터 12 MCP로 더 수준 높은 프로그램 만들기

06 글이 추가된 것을 확인했으면 이제 커서에게 서버를 실행해서 확인해보고 싶다고 요청하세요. 커서는 서버를 실행한 뒤, 실제 블로그 화면이 어떻게 나타나는지 보여줄 겁니다. 이때 화면이 잘 열리고 블로그 기능이 잘 동작하는지 확인해봅니다.

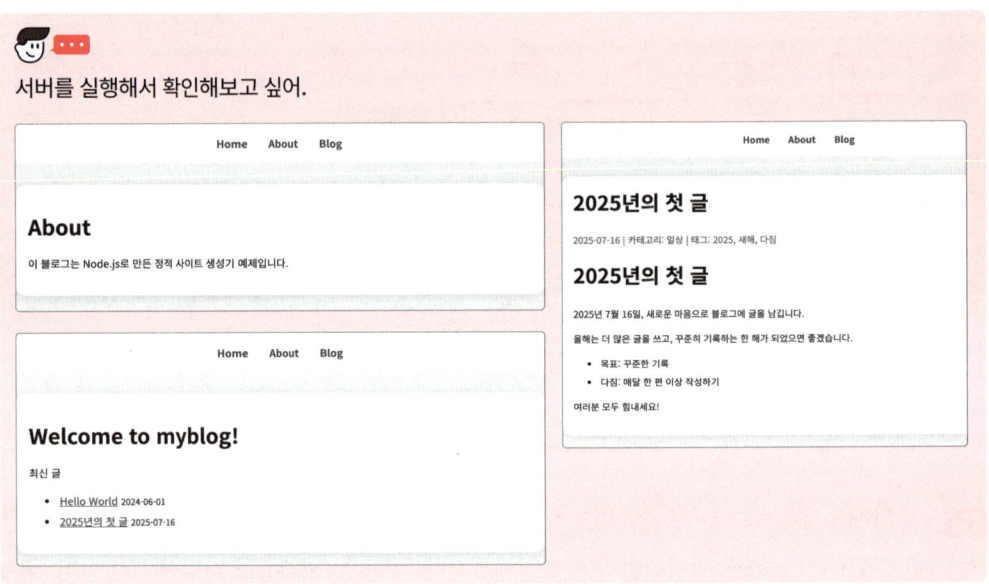

07 블로그가 동작하는 것을 확인했다면 이제 이 블로그의 동작 방식을 이해하면서 마크다운 문서를 직접 작성해볼 차례입니다. 이 블로그는 **content** 폴더 내에 2025-07과 같은 연-월 폴더를 만들어 월별로 파일을 관리합니다. 여기에 **OOO.md라는 파일을 새로 만들면, 커서가 블로그 사이트에 이 파일을 웹사이트 형태로 빌드해서 보여주는 거죠.**

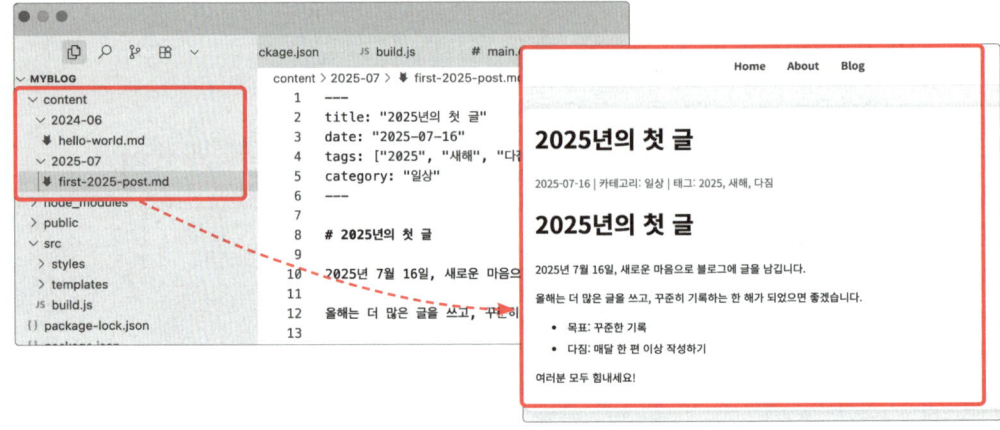

08 정말 그런지 직접 확인해봅시다. 2025-07 폴더 아래에 **today-think.md** 파일을 하나 만듭니다.

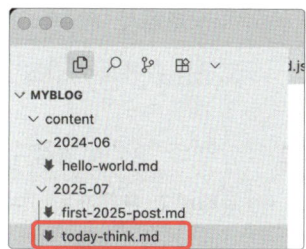

09 파일을 만들었다면 빈 화면에서 마우스 오른쪽 클릭을 한 다음 [Add Symbol to New Chat]을 누릅니다. 그러면 커서 채팅창에 **today-think.md**가 @Active Tab이라는 이름으로 @콘텍스트에 추가됩니다. 이제 커서가 이 문서를 인식하고 그 내용을 기반으로 작업을 도와줄 겁니다.

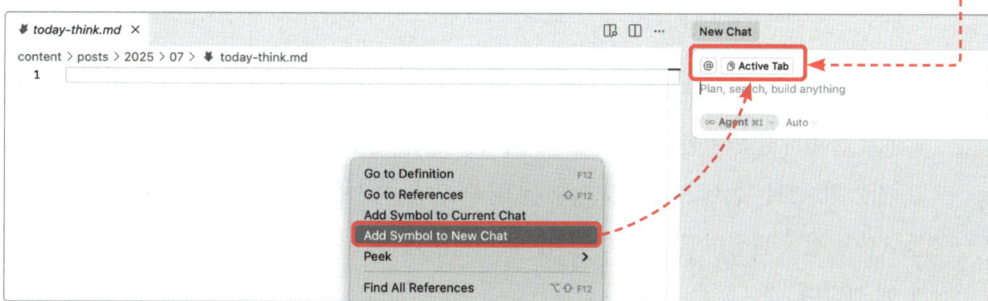

10 이 상태에서 커서에게 오늘의 일기 내용을 하나 작성해달라고 요청해봅시다. 이때 마크다운 프런트매터를 추가해달라고 하세요. 마크다운 프런트매터는 글의 제목, 날짜, 카테고리, 태그와 같은 정보를 담는 역할을 합니다. 블로그에 글을 자동으로 분류해주는 프런트매터의 기능을 활용하기 위해 추가하겠습니다.

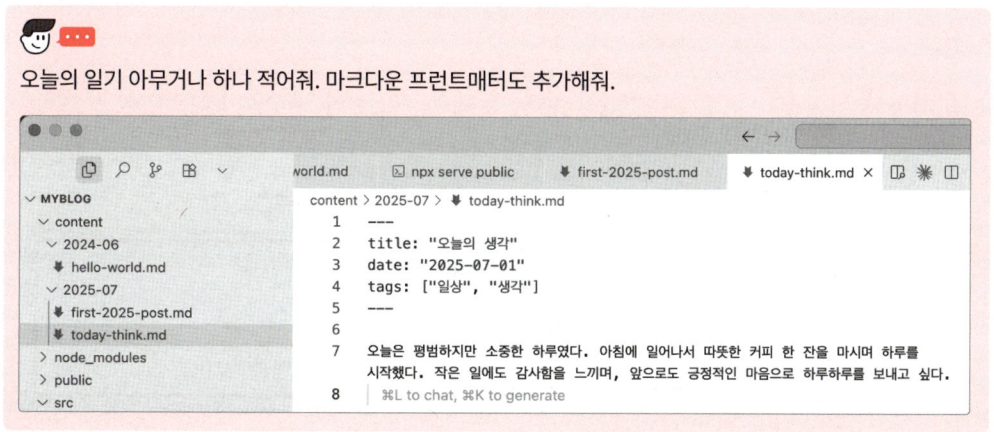

챕터 12 MCP로 더 수준 높은 프로그램 만들기

이 상태에서 마음껏 글을 작성하면 됩니다. 참고로 마크다운 기초 문법을 모른다면 챗GPT 등 도구를 활용해서 참고한 다음 형식에 맞게 글을 써보세요.

11 만약 글 수정이 귀찮다면 해당 줄을 드래그하고 마우스 오른쪽 클릭을 한 다음 [Quick Edit]을 선택하고 프롬프팅하여 문장을 수정해도 됩니다.

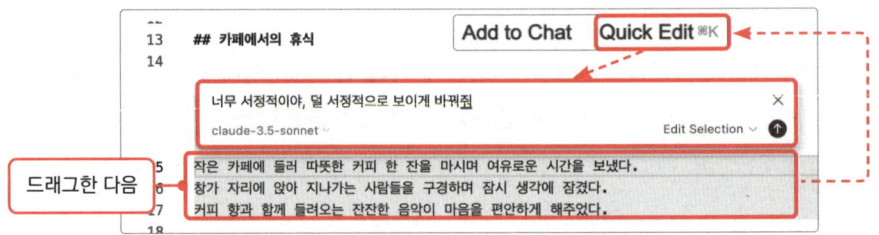

지금까지의 과정으로 블로그 사이트를 개발해보면 처음에는 사이트를 직접 만드는 일이 다소 낯설고 불편하게 느껴질 수 있습니다. 하지만 글을 작성한 후에는 수정과 관리가 훨씬 편해지고, 장기적으로는 콘텐츠의 질을 높이는 데 더 많은 시간을 할애할 수 있어 더 효율적일 겁니다. 블로깅에 정말 관심이 많다면 이런 방식이 훨씬 만족스러우면서 편리한 방법이라는 것을 느끼게 될 겁니다.

12 글을 다 작성하고 나서 커서에 새 글을 만들었으니 새로 빌드해달라고 합니다. 그런 다음 사이트를 확인하면 새롭게 작성한 블로그 글 내용이 적용되어 있을 것입니다.

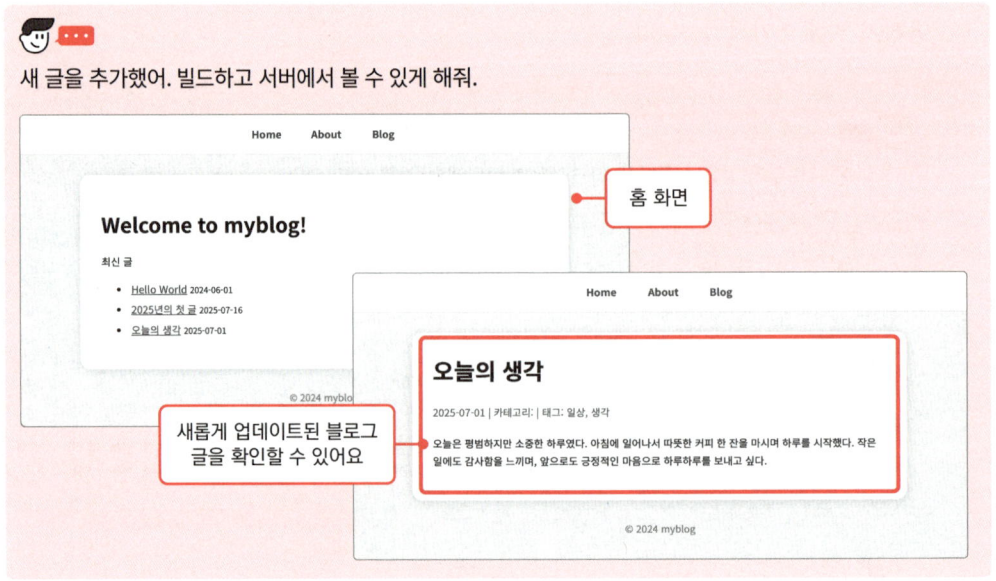

13 이제 이 상태에서 블로그의 스타일을 다듬어봅시다. 블로그 특유의 깔끔한 스타일을 선호하는 사람도 있겠지만 나만의 블로그 만들기라면 아이콘 하나 정도는 추가하여 개성을 살리는 것도 좋을 것 같습니다. 이번에는 프로젝트 폴더 안에 이미지를 하나 넣고, 커서에 이미지를 @콘텍스트로 추가하면서 아이콘으로 넣어 달라고 해봅시다.

- **블로그 아이콘 이미지 파일** : bit.ly/3UvTRxf

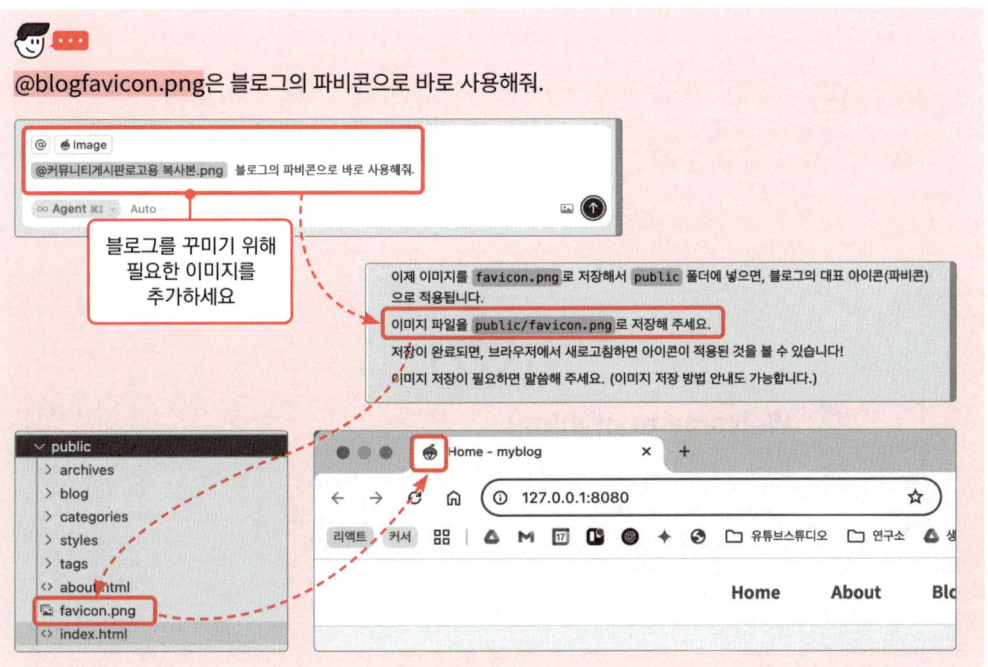

커서가 아이콘을 브라우저 탭의 파비콘으로 등록해주었네요.

14 동일한 아이콘이 블로그 메인 페이지에도 보인다면 같은 블로그라는 느낌을 주어 좋겠죠? 커서에게 메인 페이지에도 아이콘을 추가하라고 한 번 더 수정을 요청합니다.

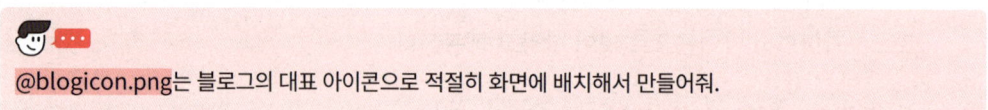
@blogicon.png는 블로그의 대표 아이콘으로 적절히 화면에 배치해서 만들어줘.

화면을 다시 실행해보면 블로그 메인 페이지 가운데에 대표 아이콘이 자리 잡은 것을 확인할 수 있습니다.

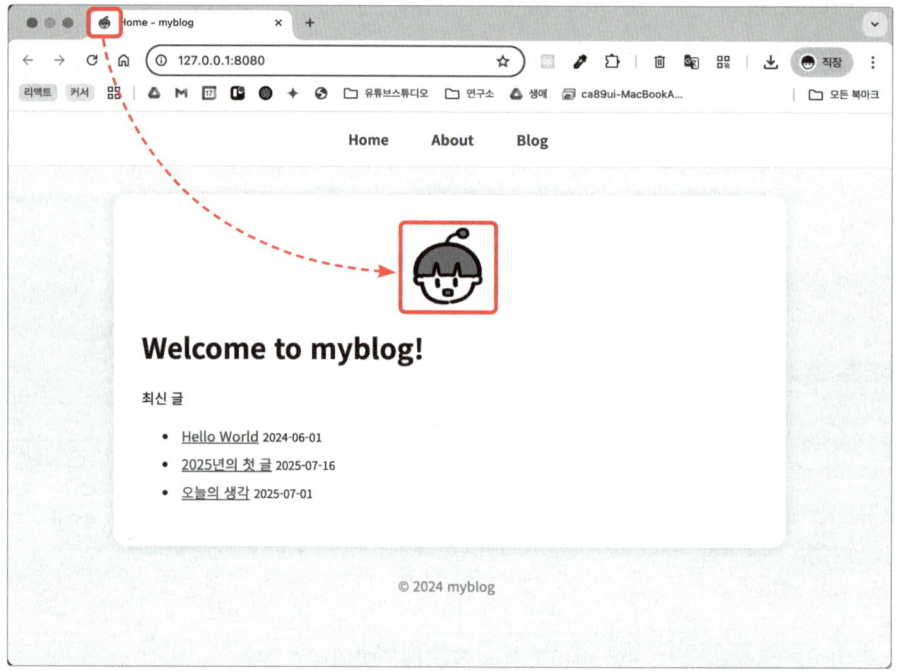

대표 아이콘을 추가해줌으로써 조금 더 완성도 있는 블로그로 바뀐 것 같습니다. 여러분도 만족하는 스타일이 나올 때까지 다양한 수정을 해보기 바랍니다. 다음과 같은 수정을 추천합니다.

- 블로그에 대표 아이콘 추가하기
- 가장 큰 제목은 포인트 컬러로 색을 표시해달라고 하기
- 메뉴의 버튼 모양을 좀 더 예쁘게 해달라고 하기

15 이제 남은 것은 배포입니다. 블로그를 개설해도 아무도 볼 수 없다면 쓸모가 없겠죠. 배포를 위해 이전에 만들었던 깃허브 저장소를 초기화하러 가봅시다. 깃허브에서 오른쪽 위 ❶ 프로필 아이콘의 ❷ [Your repositories]를 눌러 Repositories 목록에서 ❸ canine89.github.io와 같은 이름의 저장소를 찾아봅니다.

> **NOTE** 각자 실습에서는 본인이 만든 저장소의 이름으로 찾으세요.

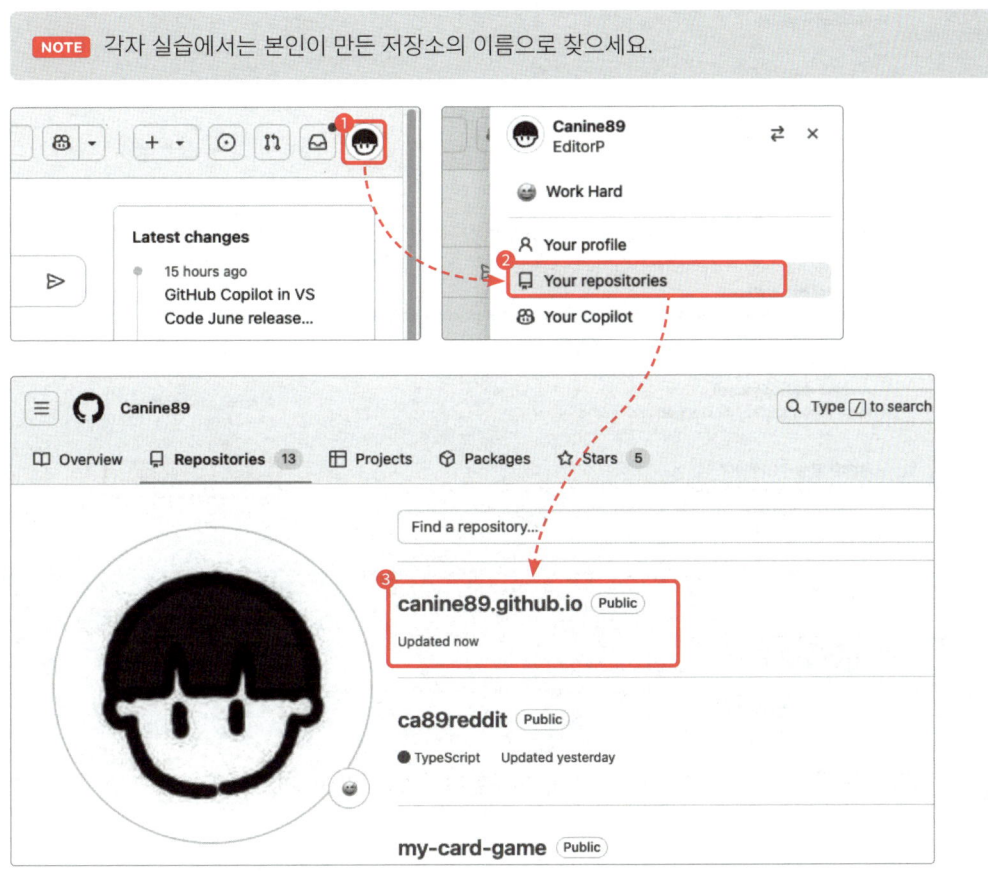

16 기존의 내용이 들어 있는 저장소를 지우고 새로운 내용을 업데이트하기 위해 만들어야 하므로 저장소에 들어간 다음 ❶ [Settings]를 누르고 스크롤바를 내려 ❷ [Delete this repository]를 누른 다음 삭제하기 위한 과정을 실행하세요. 그리고 같은 이름으로 다시 저장소를 만들기 위해 ❸ [New]를 누릅니다.

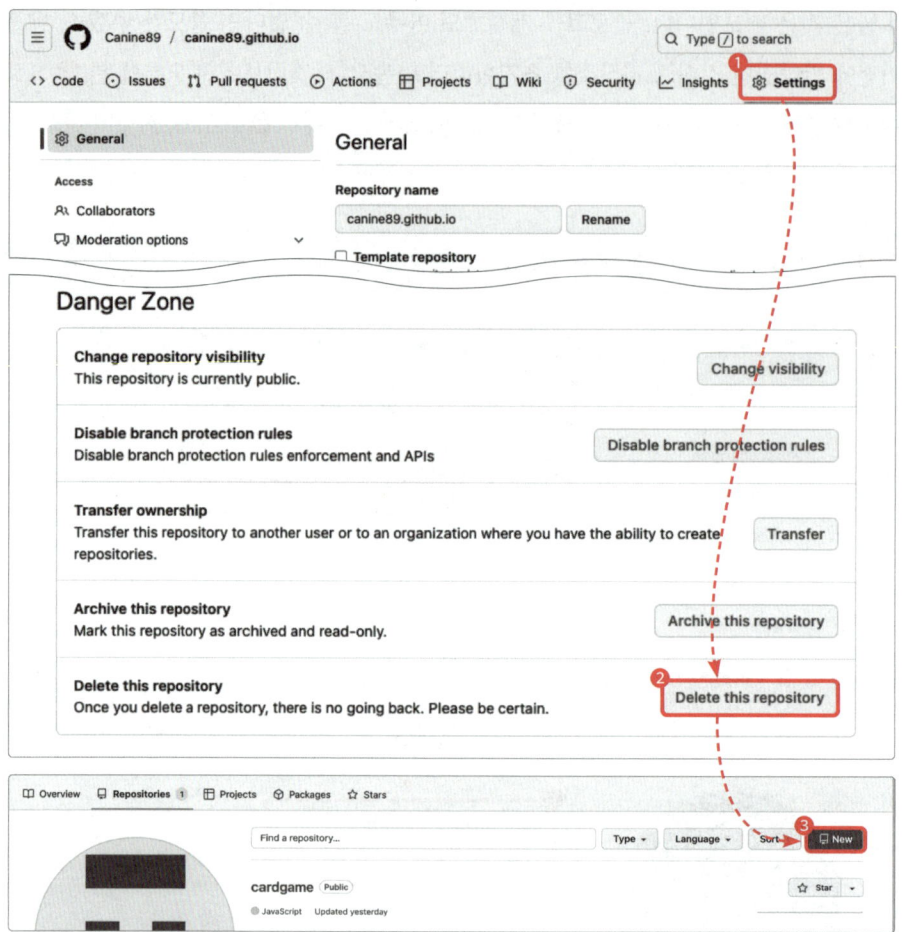

17 저장소를 새로 만들었다면 이제 주소를 복사합니다. 그런 다음 커서에게 다음과 같이 부탁합니다.

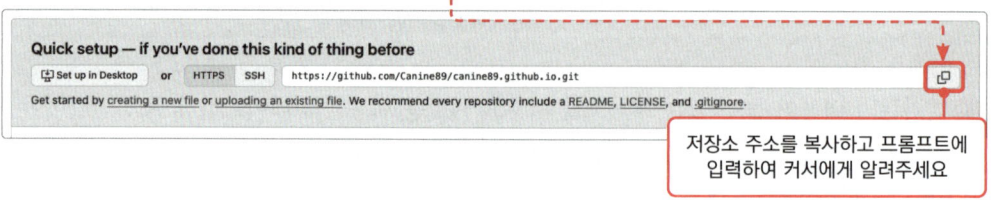

> 저장소 주소를 복사하고 프롬프트에
> 입력하여 커서에게 알려주세요

이제 정적 페이지로 빌드한 블로그를 @https://github.com/Canine89/canine89.github.io.git 에 깃허 브 페이지로 배포해줘.

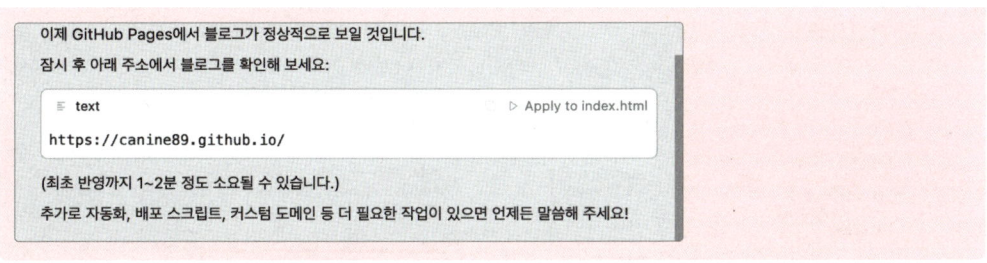

18 배포까지 완료되었습니다. 실습에서 여러분이 설정한 canine89.github.io와 같이 커서가 안내한 페이지에 접속해보면 여러분의 블로그가 보일 겁니다.

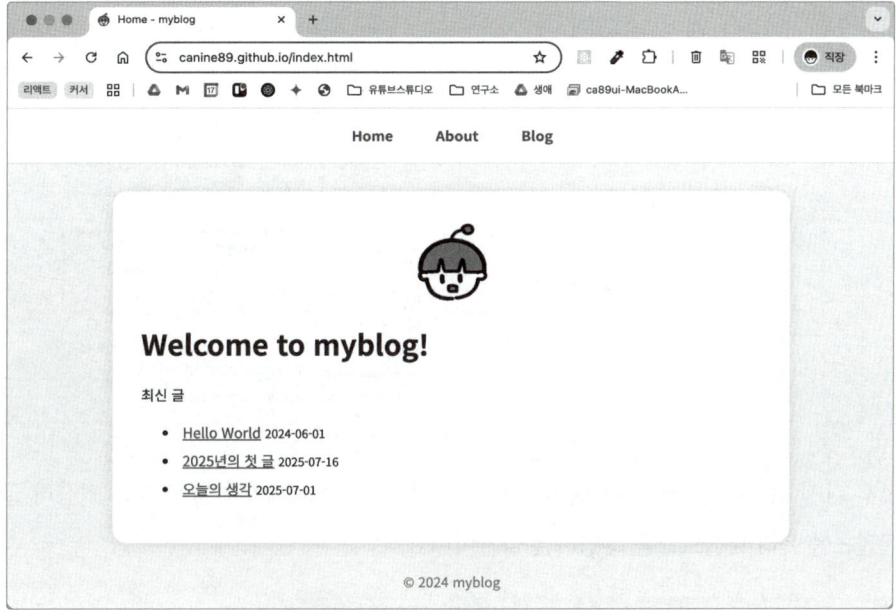

> **NOTE** 깃허브 배포 주소는 실습과 동일하게 하지 말고, 여러분이 정하면 됩니다.

19 만약 새로운 글을 작성해서 블로그 사이트에 추가로 적용하고 싶다면 다음과 같이 진행하면 됩니다.

1. 커서에서 content 폴더 하위의 2025-07 폴더에 md 파일 생성 후 마크다운 글 작성
2. 커서에게 빌드해달라고 하기
3. 커서에게 빌드한 정적 페이지를 깃허브 페이지에 배포해달라고 하기

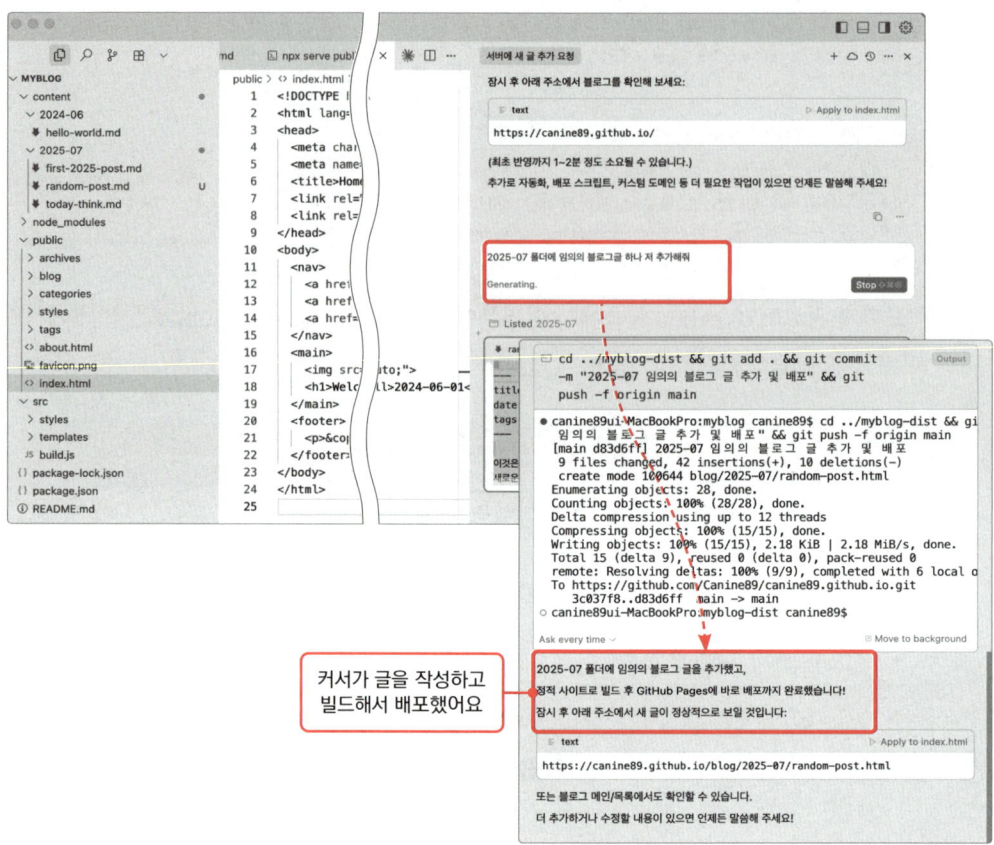

커서가 글을 작성하고
빌드해서 배포했어요

20 배포 후 다시 접속하면 블로그에 글이 추가되어 있을 것입니다. 이제 남은 일은 열심히 글을 쓰고 콘텐츠를 올리며 블로그를 운영하는 일뿐이네요!

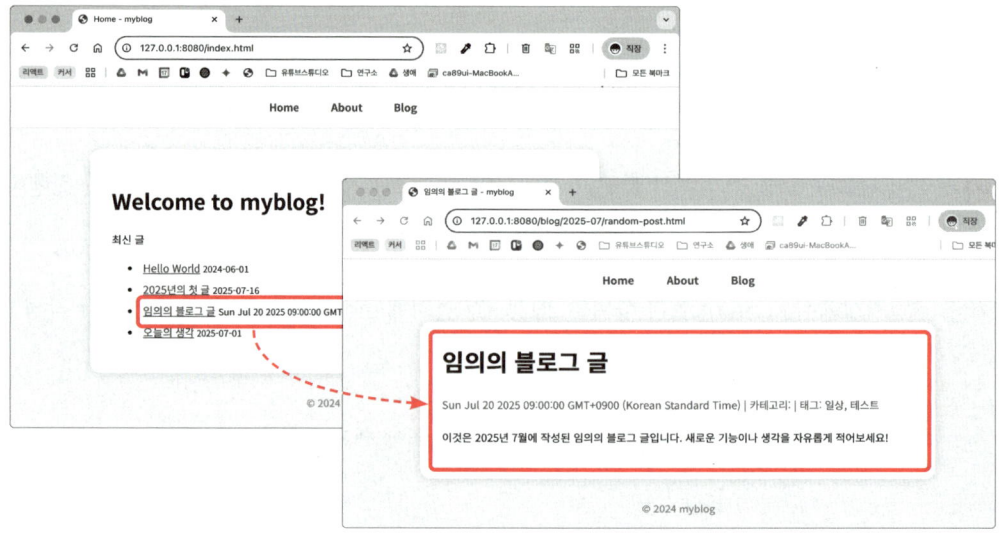

바이브 코딩 30 — 나만의 커뮤니티 게시판 만들기

이번에는 나만의 커뮤니티 게시판을 만들어보겠습니다. 목표는 단순한 기능만 있는 게시판이 아니라 아주 그럴듯한, 다른 사람들도 따라 만들고 싶어질 만큼 완성도 높은 커뮤니티 게시판을 만드는 것입니다. 여기서는 미국의 대형 소셜 커뮤니티 웹사이트인 레딧과 유사한 구조의 커뮤니티 게시판을 만드는 것을 목표로 삼겠습니다.

레딧 / 바이브 코딩으로 만들 레딧과 비슷한 커뮤니티 게시판

다만 기능은 레딧과 완전히 같게 할 수는 없으므로 다음의 기능만 완성하는 것을 목표로 삼겠습니다.

- 회원가입, 로그인, 로그아웃
    - 구글 로그인과 같은 OAuth는 추가하지 않음
- 글쓰기, 글 수정, 글 삭제, 댓글, 좋아요, 싫어요
- 글 검색 기능
- 내 정보 페이지 기능
    - 프로필 사진
    - 프로필 소개

이 정도만 해도 꽤 훌륭한 커뮤니티 게시판 사이트가 만들어질 것입니다. 여기서 사용할 MCP와 각각의

역할은 다음과 같습니다.

- **Sequential Thinking Tools** : 게시판 사이트를 만들기 전에 단계별로 계획 구상하기
- **Context7** : 최신 개발 문서 참조하여 오류율 낮추기
- **Supabase MCP Server** : 데이터베이스 연동, 관리 쉽게 해주기

그러면 이제 바이브 코딩으로 나만의 커뮤니티 게시판 사이트를 만들어보겠습니다.

01 먼저 개발에 필요한 커뮤니티 로고를 하나 준비합니다. 여러분이 준비한 로고여도 상관없고 실습용으로 준비한 로고를 사용해도 좋습니다. 링크에 접속해서 다운로드하세요. 커서에는 아직 추가하지 마세요.

- **커뮤니티 로고 링크** : bit.ly/3ITvMxS

02 이 상태에서 커서에게 Sequential Thinking을 이용하여 커뮤니티 게시판 설계를 부탁합니다. 이때 커서가 참고할 수 있도록 레딧의 화면을 캡처하여 이미지 파일로 프롬프트에 포함시켜 줍니다. 이미지 파일을 채팅창에 `Ctrl`+`C` 하여 `Ctrl`+`V` 하면 대화 세션에 추가될 것입니다. 그리고 커서에게 만들고자 하는 커뮤니티 게시판의 사용 기술과 기능을 구체적으로 나열해줍니다. 이번에 요청할 채팅이 가장 중요한 단계이므로 집중해서 실행해보세요.

> **NOTE** 참고할 웹사이트가 꼭 레딧이 아니어도 좋습니다. 여기서 중요한 것은 **커서가 첨부해준 이미지를 분석해서 개발한다는 점입니다.**

sequential thinking으로 이런 디자인의 커뮤니티 게시판을 하나 개발하려는데 같이 고민해줘. 고민 단계는 5단계까지만 해. 기술은 next.js, tailwindcss와 supabase를 이용하려고 해. 이때 supabase는 supabase MCP로 모두 세팅하고 연결할 거야. 게시판의 기능은 회원가입, 로그인, 로그아웃(구글 로그인과 같은 OAuth는 추가하지 않음), 글쓰기, 글 수정, 글 삭제, 댓글, 좋아요, 싫어요, 글 검색 기능, 내 정보 페이지 기능이 있으면 좋겠어. 그 외의 기능은 필요하지 않아.

커서가 요청에 따라 Sequential Thinking으로 게시판 개발 설계를 시작합니다. 커서는 이 작업을 보통 5단계 그 이상으로 나누어서 진행하려고 하지만, 그러면 실습 시간이 너무 오래 걸리므로 여기서는 5단계로 제한했습니다. 각 단계를 따라가며 상세한 내용이 궁금하다면 열어서 참고할 수 있습니다. 다만, 여기서는 커서가 설계만 하고 코드 생성은 하지 않으니, 단계를 살펴보면서 [Run tool]을 눌러서 설계를 끝까지 진행하기 바랍니다.

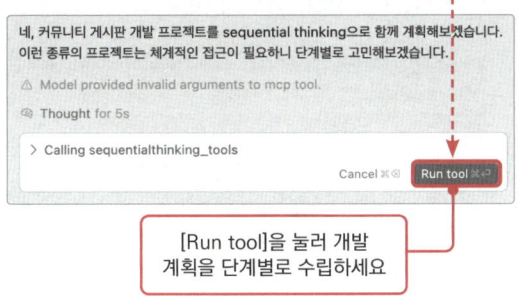

챕터 12 MCP로 더 수준 높은 프로그램 만들기 273

03 설계가 끝나면 커서에게 개발을 하라고 지시하면 됩니다. 몇 차례 커서가 '이대로 할까요?'라는 질문을 한 다음 대기할 수 있습니다. 그럴 때마다 '그렇게 해'라고 하며 실행하게 합니다.

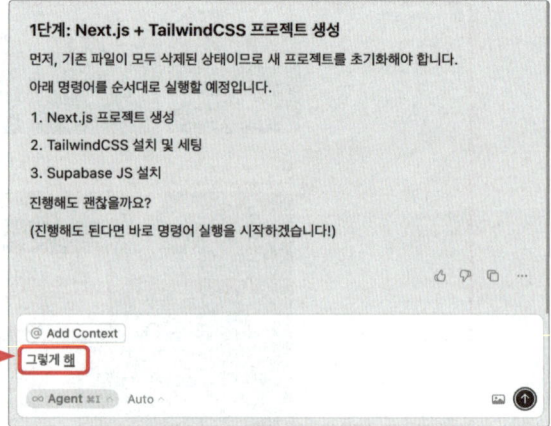

04 터미널에 'Would you like to use Turbopack…'이라는 질문이 나올 때마다 Enter 를 눌러 진행하세요.

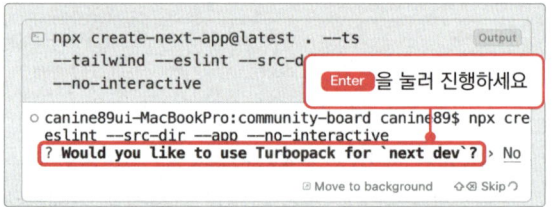

05 다음으로 나오는 실행에 대해서는 모두 [Run]이나 [Keep]을 눌러 진행하면 됩니다. 개발 끝까지 이 기조를 유지하면서 진행하세요.

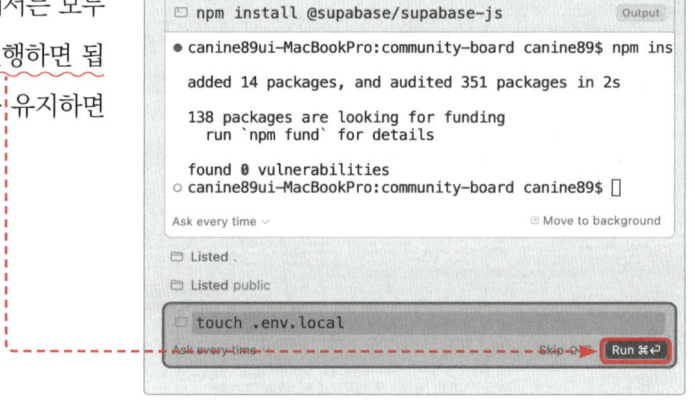

06 개발 과정 중간에 커서가 수파베이스 세팅에 대해 물어볼 때가 있을 겁니다. 이때 새 프로젝트를 만들어 진행해달라고 하면 됩니다. 이 과정을 진행한 다음에는 수파베이스에 접속해서 실제로 프로젝트가 생성되었는지 확인하기 바랍니다.

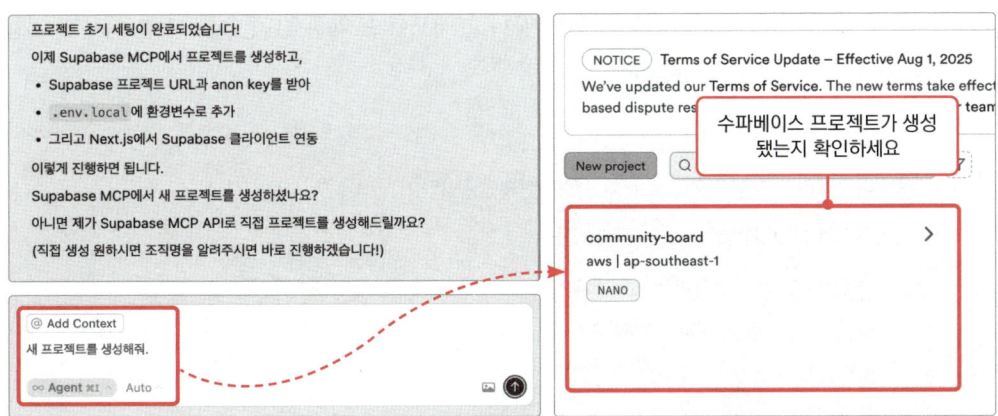

07 수파베이스에 프로젝트가 잘 생성된 것을 확인했다면 다음으로 테이블을 생성할 겁니다. 테이블이 생성된 이후에는 수파베이스에 접속해서 실제로 잘 생성되었는지 확인하세요. ❶ 프로젝트를 누르고 왼쪽 메뉴에서 ❷ [Table Editor]를 누른 다음 게시판 서비스에 필요한 테이블이 생성되었는지 확인하세요. 여기에서는 ❸ 댓글(comments), 좋아요(likes), 포스트(posts)와 프로필(profiles) 테이블이 생성되었습니다.

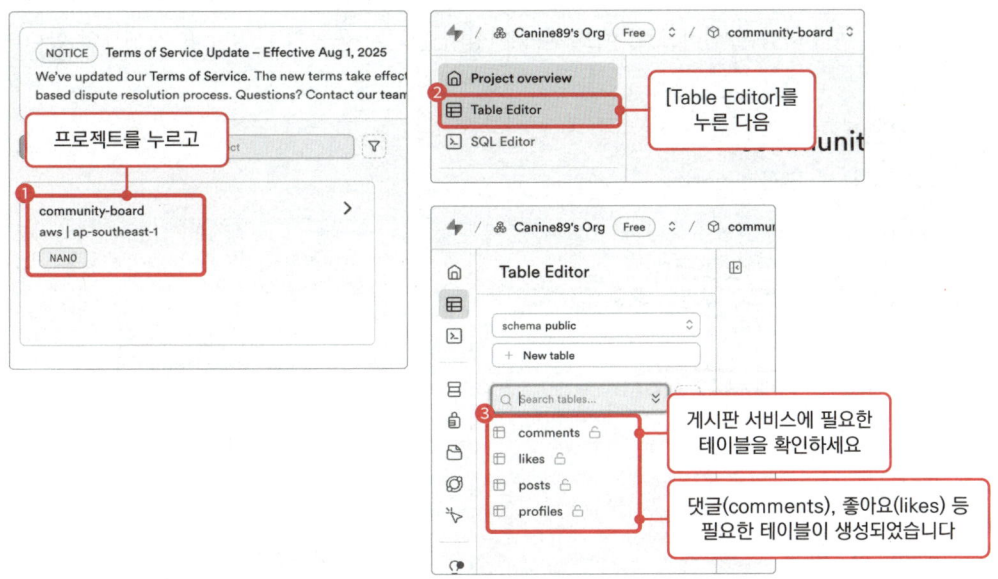

08 다음과 같이 커서가 필수 기능 구현이 끝나고 배포를 도와주겠다는 메시지를 띄우면 기능이 잘 구축되어 개발은 끝난 상태입니다.

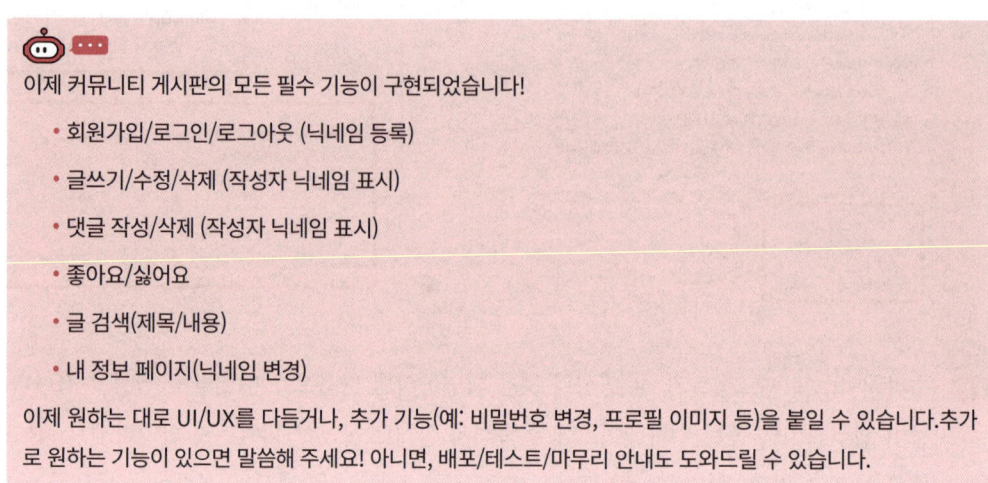

이제 커뮤니티 게시판의 모든 필수 기능이 구현되었습니다!

- 회원가입/로그인/로그아웃 (닉네임 등록)
- 글쓰기/수정/삭제 (작성자 닉네임 표시)
- 댓글 작성/삭제 (작성자 닉네임 표시)
- 좋아요/싫어요
- 글 검색(제목/내용)
- 내 정보 페이지(닉네임 변경)

이제 원하는 대로 UI/UX를 다듬거나, 추가 기능(예: 비밀번호 변경, 프로필 이미지 등)을 붙일 수 있습니다. 추가로 원하는 기능이 있으면 말씀해 주세요! 아니면, 배포/테스트/마무리 안내도 도와드릴 수 있습니다.

09 실제로 배포하기 전에 개발이 잘 되었는지 확인하기 위해 로컬 환경에서 게시판을 실행해보라고 하겠습니다. 실습 과정에서 테스트를 위해 실행해봤더니 실제로 엉뚱한 화면이 나왔습니다. 이런 경우가 종종 발생하므로, 배포 전에 이상이 없는지 꼼꼼히 확인한 후 진행해야 합니다.

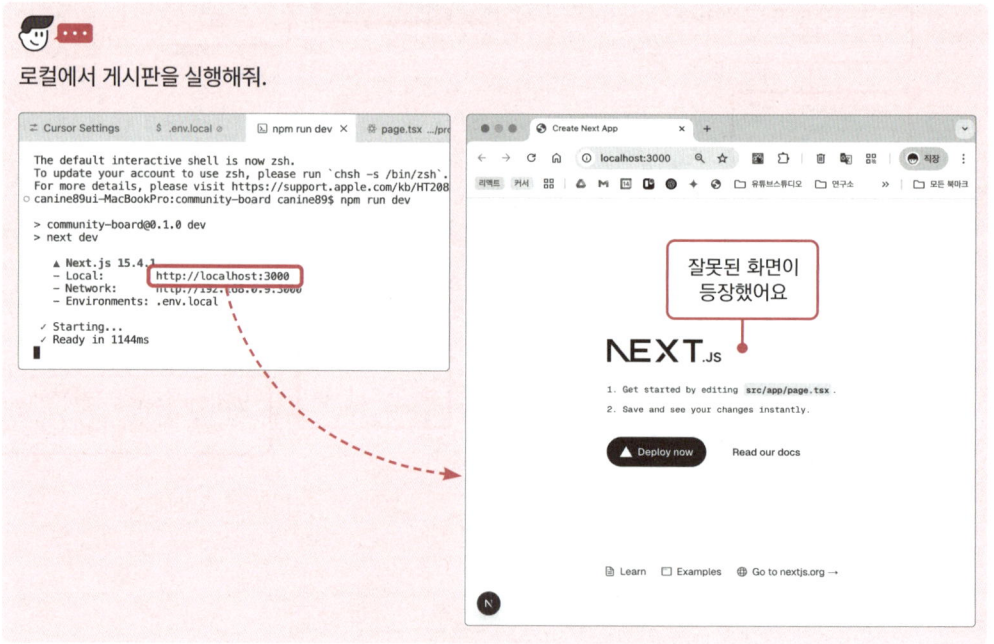

10 예상과 다른 화면이 나타날 경우, 그 화면을 캡처해서 커서에 첨부하세요. 여기서는 게시판이 안 보이고 Next.js 화면이 보이는 것을 커서에게 나온다고 했더니 제대로 화면이 보이게 수정해 주었습니다. 하지만 화면을 살펴보니 한 가지 문제가 발생한 것을 확인할 수 있습니다.

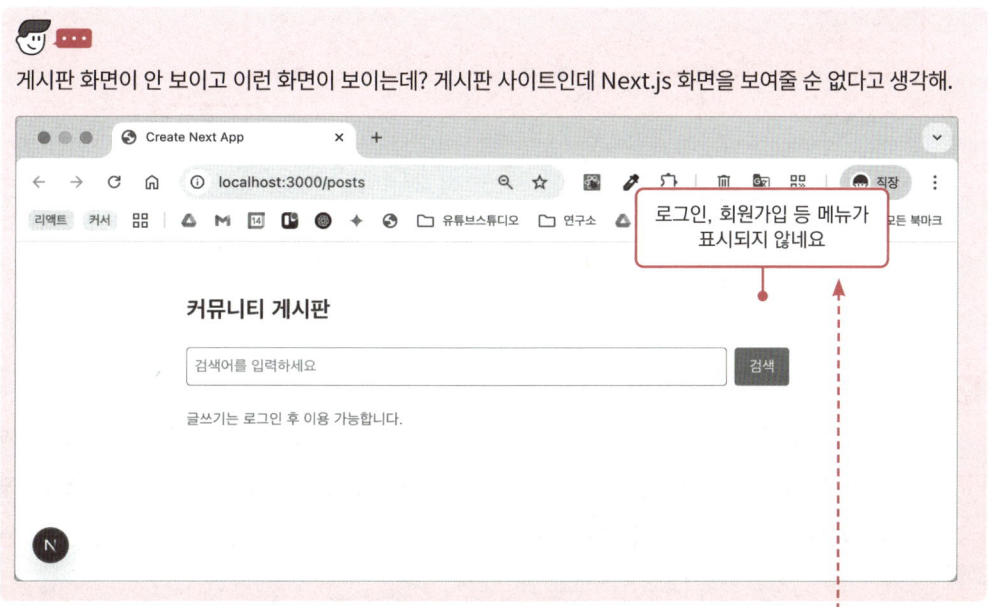

11 과정 **08**에서 구현했다고 한 기능 중에서 화면에 로그인, 회원가입 등 메뉴가 전혀 표시되지 않았습니다. 배포를 하지 않고 로컬에서 테스트를 한 이유도 바로 이러한 문제 때문입니다. 이제부터가 진정한 바이브 코딩의 시작입니다. 화면을 캡처한 다음 커서에게 필요한 기능을 보이게 해달라고 하면 됩니다.

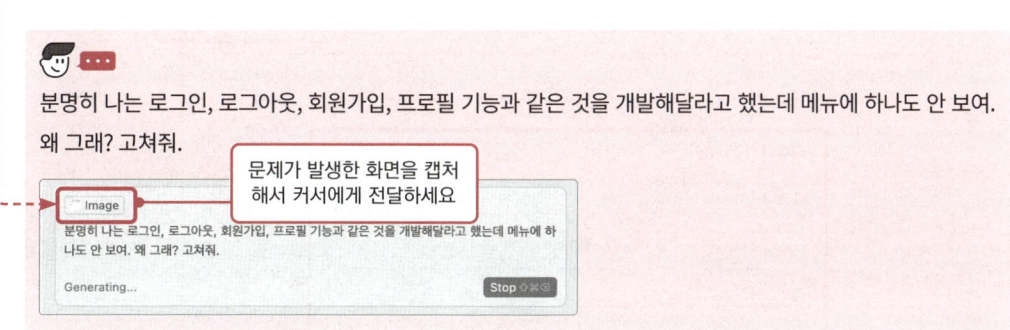

12 개발 중 오류가 발생하면, 배운대로 오류 메시지를 복사해서 커서에 전달해줍시다. 그러면 커서가 오류 원인을 분석해서 해결해줄 것입니다. 이 과정을 반복하면서 원하는 기능이 잘 동작하는

상태까지 나아가세요.

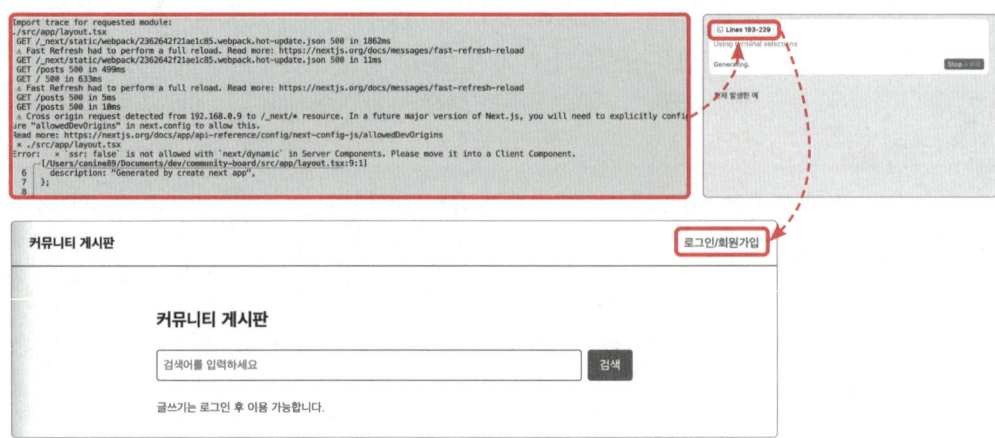

13 완성된 커뮤니티 게시판의 기본 기능을 먼저 점검해보세요. 디자인은 그다음입니다. 로그인, 회원가입, 로그아웃부터 글쓰기, 댓글 달기 등의 기능이 잘 동작하는지 확인했습니다. **참고로 수파베이스의 회원가입 기능은 반드시 이메일 인증을 하도록 설정되어 있습니다. 따라서 회원가입은 실제로 가지고 있는 이메일로 진행해야 합니다.**

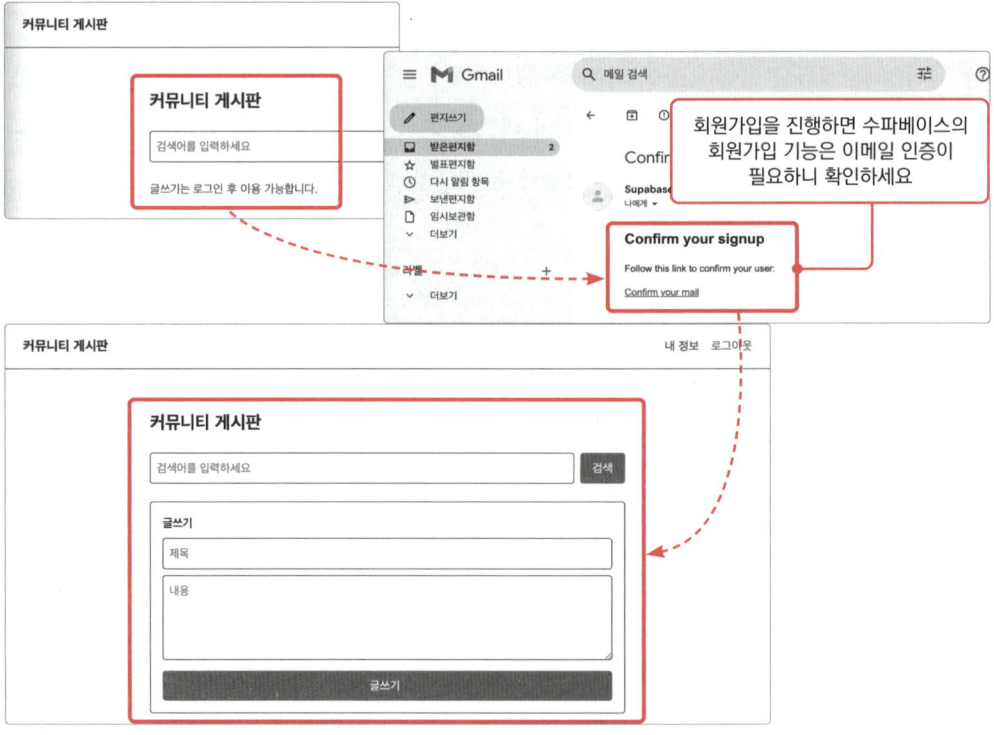

14 이후 기능 완성은 바이브 코딩 방식으로 커서와 티키타카하면서 완성해나가야 합니다. 완성까지 여러 번 티키타카를 주고받으며 다듬어가는 것이 핵심입니다. 다음은 실제로 실습에서 요청한 내용들입니다. 특별한 기술 없이도 할 수 있습니다.

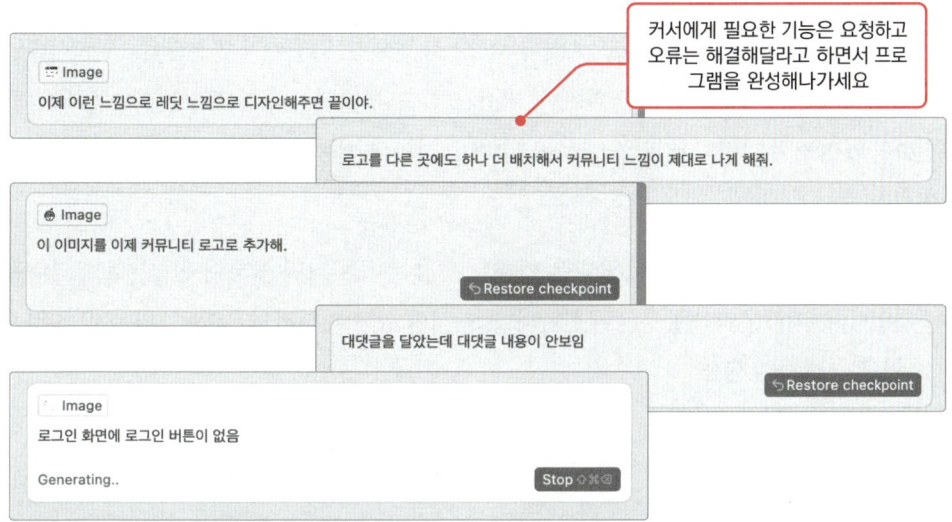

15 약 100회 정도의 티키타카를 통해 다음과 같이 레딧처럼 구성된 커뮤니티 사이트를 만들었습니다. 단순해보이지만 꽤 완성도 있게 잘 만들어졌습니다.

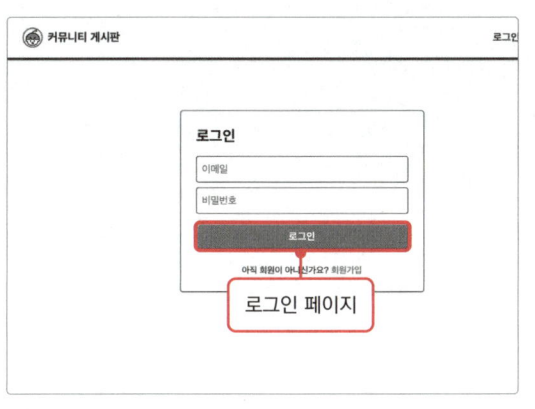

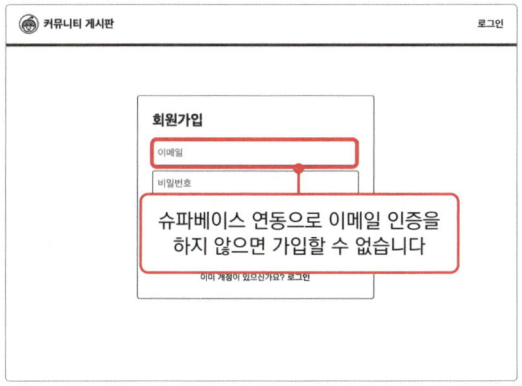
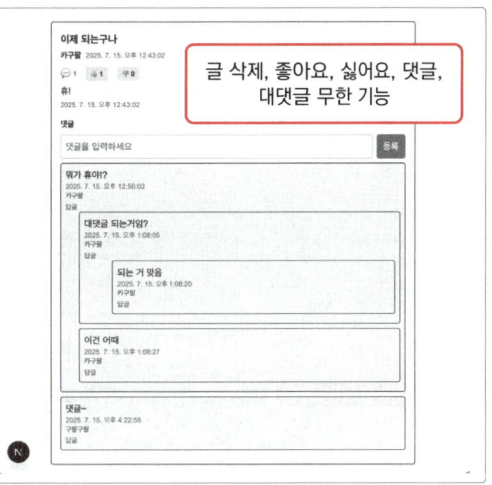

이 책을 통해 독자 여러분은 개발 지식이 없더라도, 바이브 코딩만으로 웹사이트를 만들 수 있다는 사실을 확인했을 겁니다. 단순한 웹페이지부터 메모 앱, 블로그, 게시판, 크롤링 기능까지 다양한 서비스를 직접 만들어보며 '나도 할 수 있다'는 자신감을 얻게 되었길 바랍니다.

이제는 데이터베이스 연동은 물론이고, API나 MCP 같은 외부 도구까지 연결할 수 있는 시대입니다. 그리고 그 중심에는 여러분의 든든한 파트너, 커서가 있습니다. 커서와 함께라면 더 이상 막막하게 혼자 고민하지 않아도 됩니다. 티키타카로 묻고 답하며, 하나씩 기능을 쌓아가는 그 과정이 바로 바이브 코딩입니다.

이 책이 여러분의 첫 시작이라면, 이제 다음 단계는 직접 바이브 코딩을 통해 원하는 프로그램을 만들어보는 것입니다. 여러분의 가능성은 무한합니다. 커서와 함께 어디까지 만들 수 있을지, 직접 여러분만의 서비스를 만들어보세요.

> 요즘 바이브 코딩

특별
부록

커서 + MCP 활용 꿀팁 5가지

- [꿀팁 01] Firecrawl MCP로 데이터 수집하고 웹페이지 만들기
- [꿀팁 02] 피그마 MCP로 손쉽게 유튜브 섬네일 만들기
- [꿀팁 03] 네이버 서치 MCP로 인기 블로그 분석해 블로그하기
- [꿀팁 04] Sequential Thinking MCP로 테트리스 게임 만들기
- [꿀팁 05] 카카오맵 MCP로 점심 메뉴 추천 앱 만들기

[꿀팁 01]

Firecrawl MCP로 데이터 수집하고 웹페이지 만들기

개발을 하다 보면 데이터를 급하게 수집해야 하는 일이 자주 발생하곤 합니다. 물론 크롤링 코드를 작성해서 데이터를 수집할 수도 있지만 Firecrawl MCP를 활용하면 더욱 쉽게 할 수 있습니다. 여기서는 Firecrawl MCP를 커서에 설치하고, 블로그 내용이나 주식 데이터를 쉽게 크롤링하고 이를 재활용하는 방법을 소개합니다.

MCP 연결 오류, 로컬·원격 서버형의 차이를 확인하세요

MCP에는 로컬 설치형과 원격 서버형 두 가지 방식이 있는데, 프로그램 개발 시 발생하는 연결 오류나 API 접근 문제는 대부분 원격 서버형에서 나타납니다. 원격 서버에 문제가 생기면 MCP 연결이 불안정해져서 오류가 발생할 수 있습니다. MCP를 연결할 때 이런 점들을 미리 고려해두는 게 좋습니다.

01 먼저 스미더리에 접속해서 Firecrawl을 검색하면 다양한 MCP 서버 목록이 보입니다. **아직 MCP 서버가 완전히 안정화된 상태는 아니기 때문에 간혹 접속이 원활하지 않거나 동작이 불안정하면 다른 MCP 서버로 교체해가며 사용하는 것을 추천합니다.** 데이터 수집에 호출 수가 가장 많은 Firecrawl Web Scraping Server MCP 서버를 선택하여 진행하겠습니다.

- **스미더리 홈페이지** : smithery.ai

02 Connect에서 [Cursor]를 선택하면 API 키를 입력하라고 합니다. 실습을 위해 API 키를 미리 입력해두었지만, 여러분은 처음이라 빈칸일 것입니다. 이 경우, Firecrawl 사이트에서 API 키를 발급받아야 합니다.

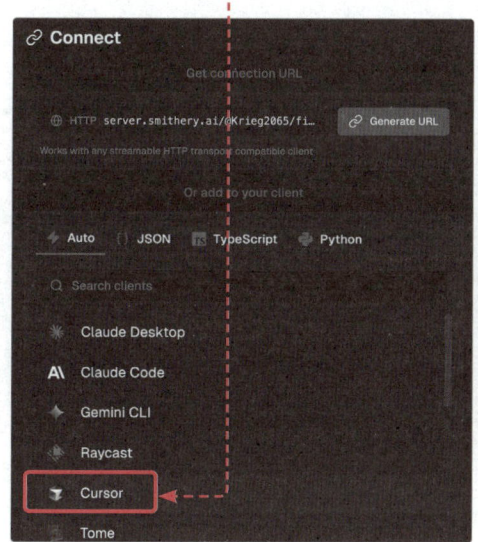
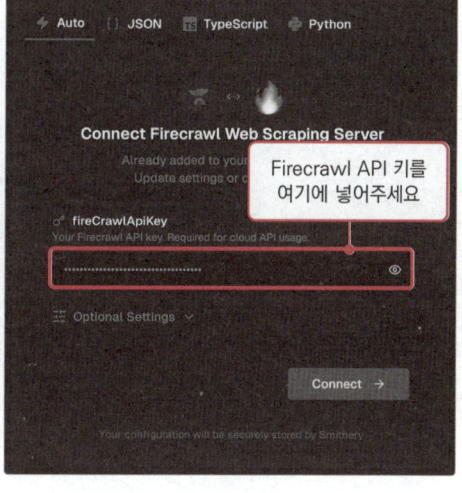

03 Firecrawl에 접속하여 무료로 회원가입하면 500번 크롤링 명령을 내릴 수 있는 크레딧과 함께 API 키를 줍니다. Firecrawl은 소셜 로그인 연동으로 회원가입할 수 있으며, 방법은 간단하므로 생략하겠습니다. 로그인한 다음 Overview 화면으로 이동하여 오른쪽을 보면 API 키가 발급되어 있을 겁니다.

- **Firecrawl 홈페이지** : www.firecrawl.dev

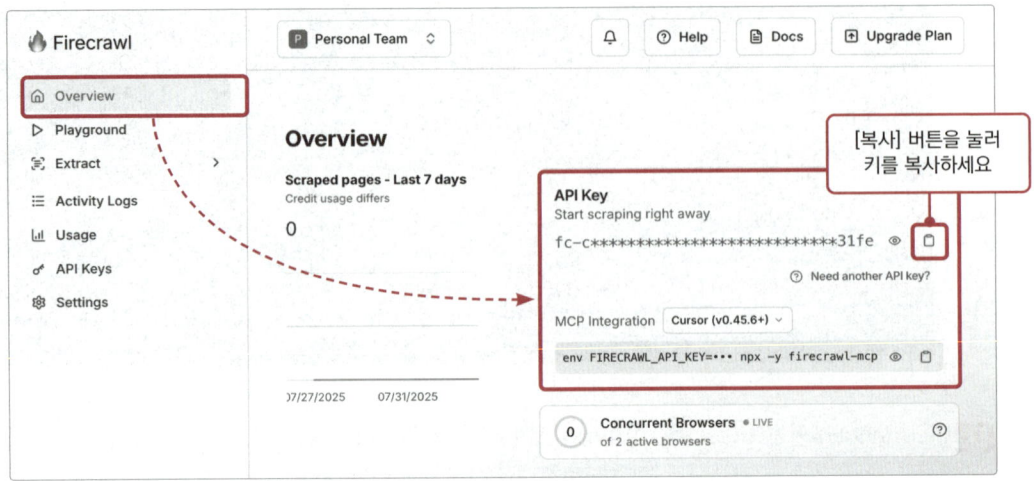

04 Firecrawl 화면에서 왼쪽에 있는 [Usage]로 이동하면 사용량이 보입니다. 처음 회원가입하면 기본적으로 500 크레딧을 주며, 현재는 쿠폰까지 25 크레딧을 추가로 주고 있네요.

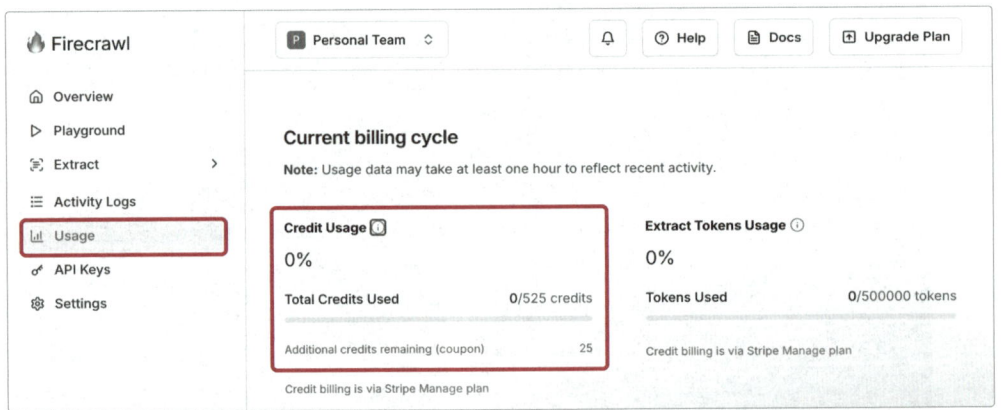

05 다시 Overview 화면으로 돌아가 발급된 ❶ API 키를 복사합니다. 그런 다음 이 값을 과정 **02**의 ❷ 'fireCrawlApiKey' 입력칸에 넣고 ❸ [Connect]를 눌러 ❹ [Cursor 열기]로 커서 화면으로 이동합니다.

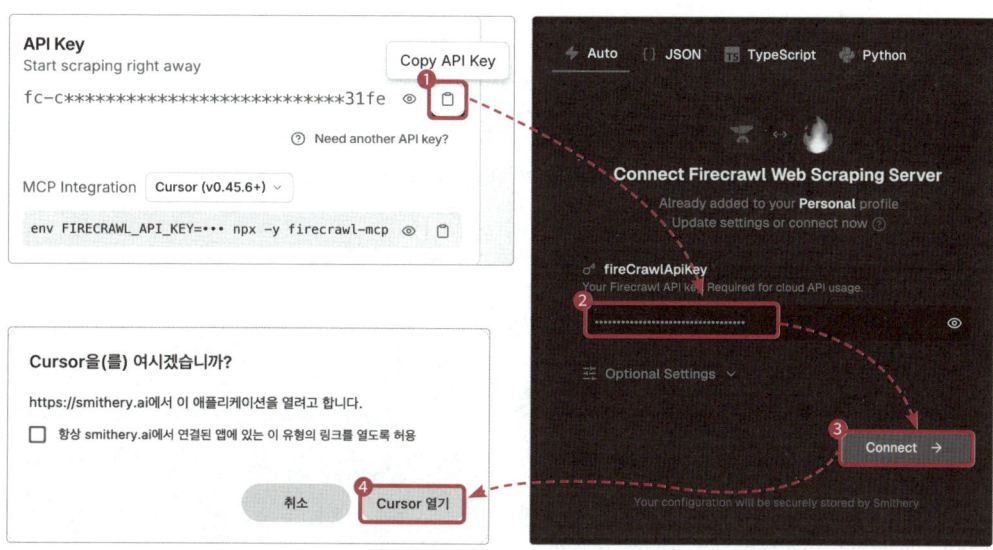

06 이동한 커서 화면에서 ❶ [Install]을 누르면 설치가 끝납니다. 바로 아래에 보이는 MCP 서버 목록에 ❷ Firecrawl Web Scraping Server MCP가 추가되고 노란불이 초록불로 바뀌면서 ❸ 'tools enabled' 메시지가 나타나면 연결이 완료됩니다.

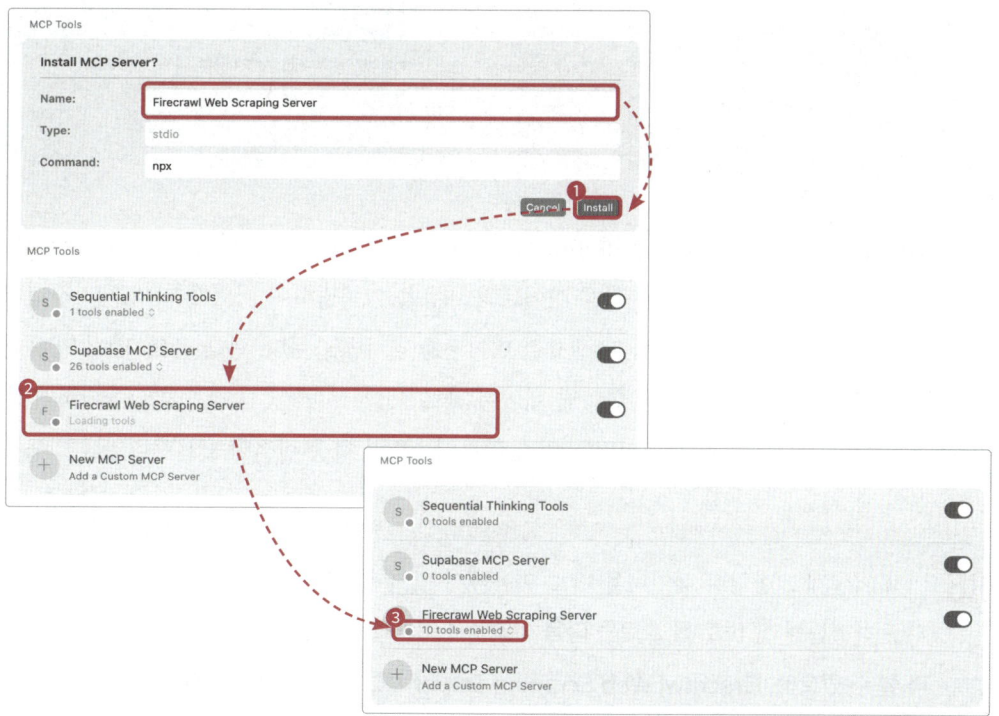

[꿀팁 01] Firecrawl MCP로 데이터 수집하고 웹페이지 만들기

07 이제 테스트 삼아 네이버 블로그를 크롤링해보겠습니다. 참고로 네이버 블로그 크롤링은 사이트에 처음 접속했을 때 볼 수 있는 정적 데이터만 크롤링할 수 있습니다. 예를 들어 [댓글 펼치기], [더 보기]와 같이 버튼을 눌러야 볼 수 있는 데이터는 크롤링할 수 없으니 참고하기 바랍니다. 커서에게 @콘텍스트로 블로그 주소를 주고 내용 요약을 요청하겠습니다.

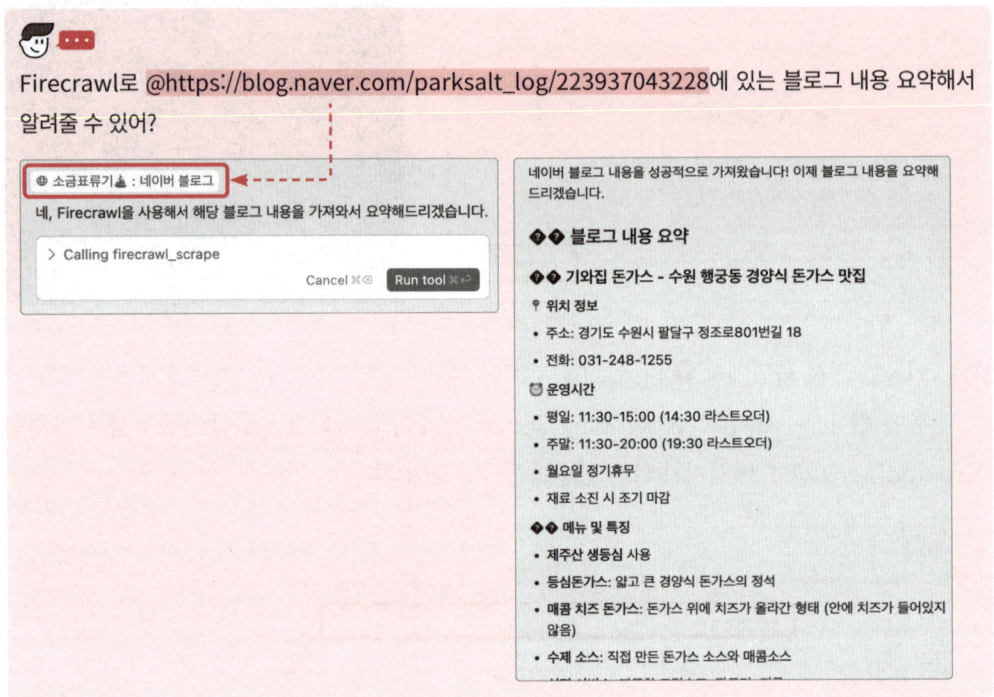

커서가 크롤링한 결과를 실제 네이버 블로그의 내용과 비교해보면 거의 일치하는 것을 알 수 있습니다. 이처럼 Firecrawl은 실제 사이트의 내용을 크롤링하여 빠르게 가져오는 장점이 있으므로 초기 프로토타입을 만들 때 필요한 데이터를 얻기 좋습니다. 예를 들어 '맛집 안내' 앱이나 사이트를 기획하여 만든다고 한다면 네이버 블로그에서 지역 맛집 정보를 크롤링하여 앱 화면을 구성하는 식으로 실제 데이터를 미리 확보해놓으면 더 현실적인 프로토타입을 만드는 데 도움이 되겠죠.

08 이제 이렇게 크롤링한 데이터를 바로 이용해서 커서에게 맛집 안내 사이트의 화면을 만들어보라고 하겠습니다. **바로 물 흐르듯 다음 작업으로 이어가는 이런 흐름이 바이브 코딩의 핵심 방식이라 할 수 있으며, Firecrawl Web Scraping Server MCP를 커서에 붙였을 때의 장점이 바로 이 지점입니다.** 사이트에 어떤 내용을 넣어야 할지, 사용자가 무엇을 입력하라고 할지를 별도로 고민할 필요가 없습니다.

> 수집한 내용을 가지고 맛집 안내 사이트의 화면을 멋지게 만들어줘. HTML, CSS, 자바스크립트로 만들면 돼.

09 Firecrawl을 이용하면 텍스트뿐만 아니라 이미지도 크롤링할 수 있습니다. 다음과 같이 블로그에 있는 돈까스 음식 이미지를 캡처해서 가져오라고 하겠습니다.

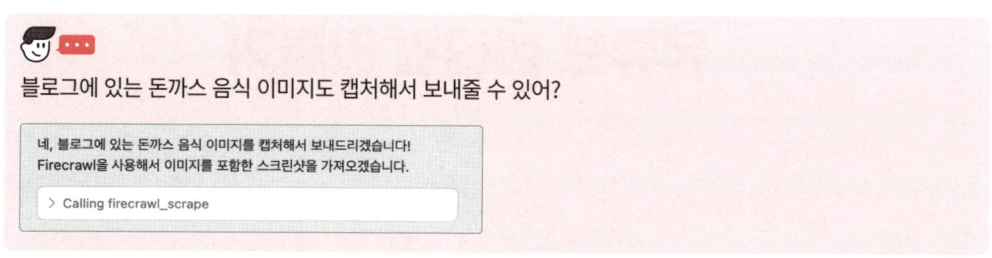

> NOTE 커서가 때에 따라 이미지 링크만 가져온 뒤 '캡처를 했다'라고 할 수 있습니다. 그럴 때는 이미지 파일로 저장해달라고 한 번 더 요청하세요.

10 커서가 가져온 이미지를 확인했으면 이제 그것을 사이트에 반영해달라고 하겠습니다. 그러면 이미지를 적용한 코드를 알아서 작성해줍니다.

커서가 가져온 이미지를 사이트에 잘 적용해주었습니다. 이처럼 Firecrawl Web Scraping Server MCP는 단순히 텍스트만 수집하지 않고 이미지도 수집할 수 있습니다. 수집한 결과를 웹사이트 제작은 물론, 프레젠테이션이나 콘텐츠 제작 등 다양한 작업에 활용할 수 있으니 여러분의 아이디어로 확장해보세요!

[꿀팁 02]

피그마 MCP로 손쉽게 유튜브 섬네일 만들기

이번에는 디자인 도구인 피그마 MCP를 사용해보겠습니다. 여기서는 커서에서 피그마 MCP를 설정하고 유튜브 섬네일을 만드는 과정까지 요청하는 실습해보겠습니다. 바로 시작해볼까요? 실습을 위해 먼저 피그마 데스크톱 앱을 설치해주세요.

- **Figma 데스크톱 앱 설치** : figma.com/ko-kr/downloads

01 피그마 데스크톱 앱 설치가 완료되었다면 프로그램을 실행한 다음 왼쪽 위의 🏠 아이콘을 눌러 메인 화면으로 이동하세요. 그런 다음 오른쪽 위의 [Design]을 눌러 빈 디자인 파일을 만듭니다.

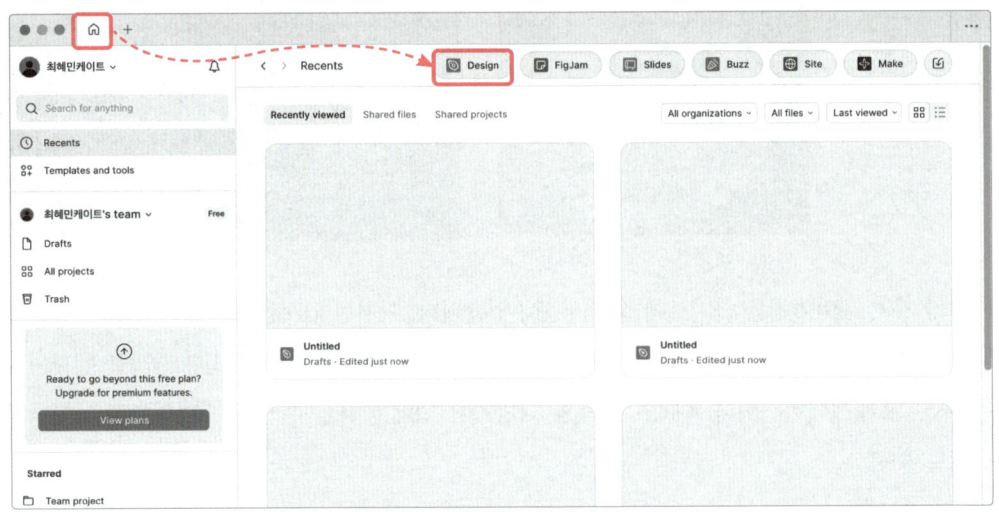

02 빈 디자인 파일에서 페이지 빈 공간에 마우스 오른쪽 클릭을 하고 [Plugins → Manage plugins...]를 누릅니다.

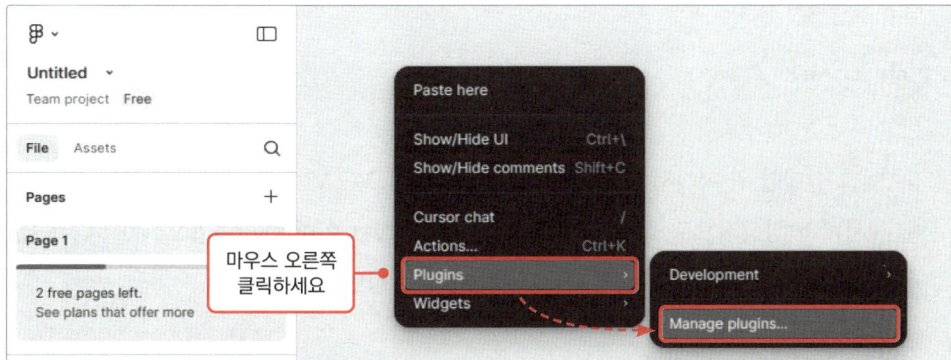

검색창이 나오면 'talk to figma'를 검색하고 가장 위에 검색되는 Cursor Talk To Figma MCP Plugin의 [Run] 버튼을 눌러 실행합니다.

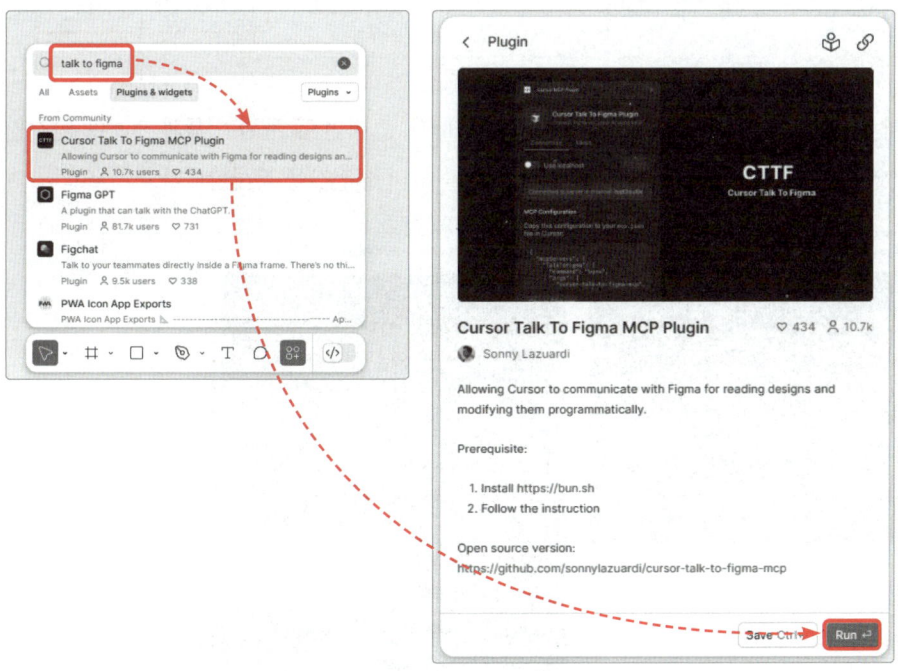

03 그러면 MCP 설치 가이드 화면이 나옵니다. 가이드 화면에 있는 **bunx** 명령어를 터미널에서 실행해야 피그마 MCP와 커서를 연결할 수 있습니다. **bunx**를 설치하기 위해 다음 명령어를 터미널에서 실행합니다.

```
npm install -g bun
```

04 명령어를 실행한 뒤 이어서 다음 명령어를 입력해 피그마 MCP와 커서를 연결할 서버를 구동합니다. 서버가 정상적으로 실행되면 **WebSocket server running on port 3055**라는 메시지가 나타납니다. 서버 실행 후에는 절대로 터미널을 종료하면 안 됩니다.

```
bunx cursor-talk-to-figma-socket
```

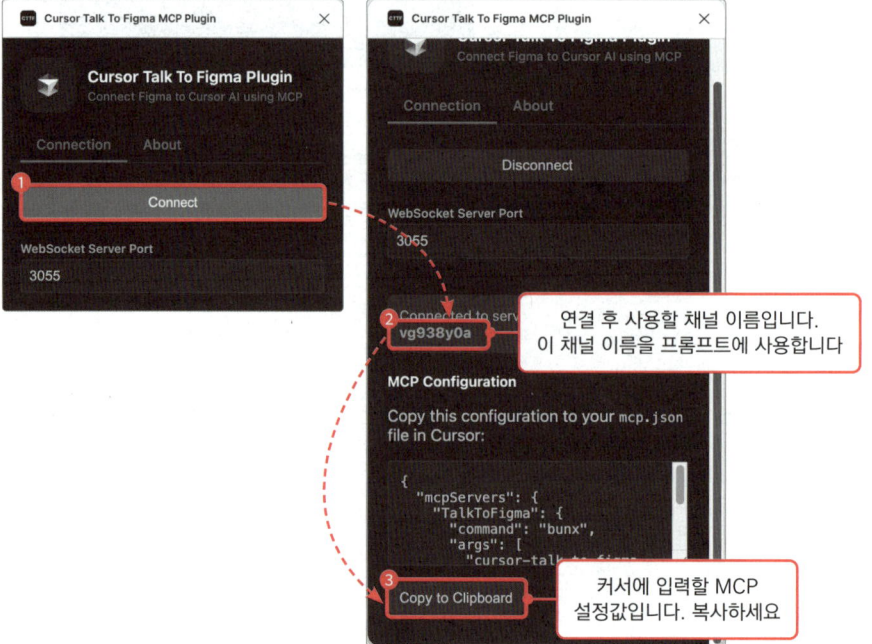

05 이제 피그마로 돌아가서 ❶ [Connect]를 누릅니다. 그러면 ❷ 채널 이름과 커서에 연결할 MCP 설정값이 나옵니다. ❸ [Copy to Clipboard]를 눌러 설정값을 복사합니다.

06 이제 MCP 설정값을 추가할 차례입니다. 커서 화면에서 오른쪽 위의 톱니바퀴 버튼을 누르고 ❶ [Tools & Integrations]를 누릅니다. 그런 다음 ❷ [+ New MCP Server]를 누릅니다. 그러면 MCP 설정값 수정 화면이 보입니다.

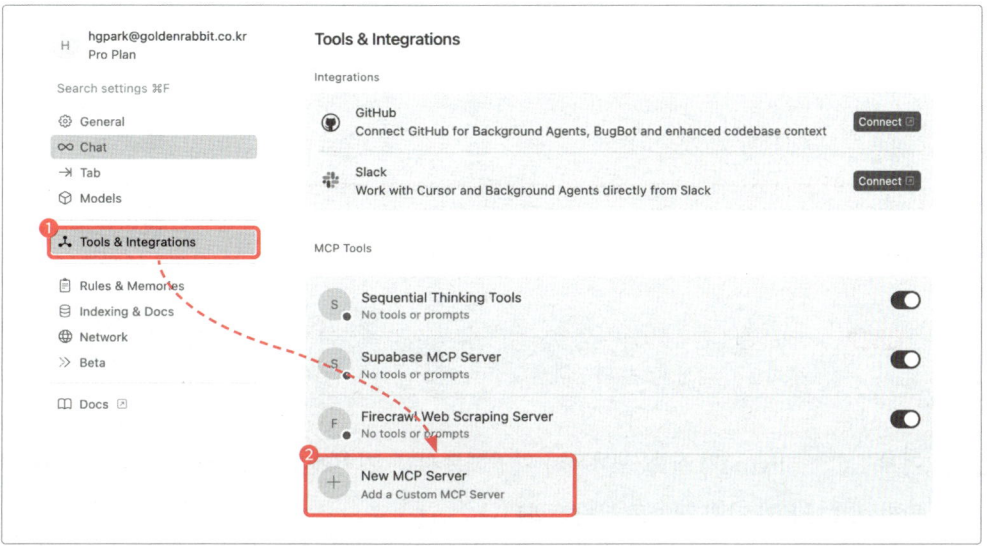

07 여기서 ❶ 커서 채팅창에 이 파일을 @콘텍스트로 추가해서 ❷ 복사한 설정값을 추가해달라고 부탁해봅시다. 그러면 알아서 ❸ 설정값을 추가해줄 것입니다.

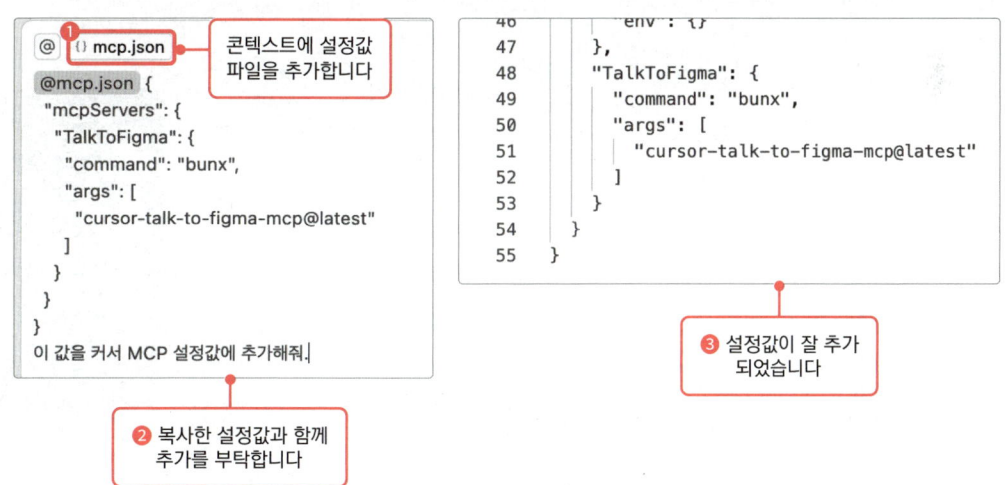

[꿀팁 02] 피그마 MCP로 손쉽게 유튜브 섬네일 만들기

08 커서를 종료했다가 켜면 TalkToFigma가 제대로 추가된 것을 볼 수 있습니다. 도구도 잘 로딩했네요. 이제 커서에서 피그마 MCP를 사용할 수 있습니다.

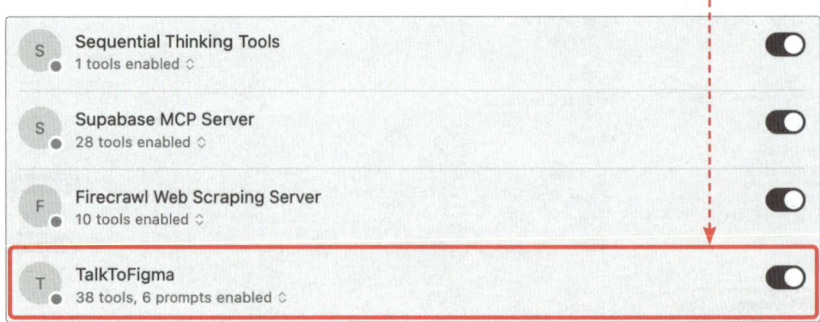

> **NOTE** bunx로 실행한 터미널이 종료되지는 않았는지, 피그마 화면에서 실행한 플러그인이 꺼진 상태가 아닌지 다시 한 번 확인하세요.

09 이제 Talk to figma가 잘 동작하는지 확인해봅시다. 커서에게 과정 **05**에서 얻은 피그마 채널을 알려주고 다음과 같이 작업을 부탁해봅니다.

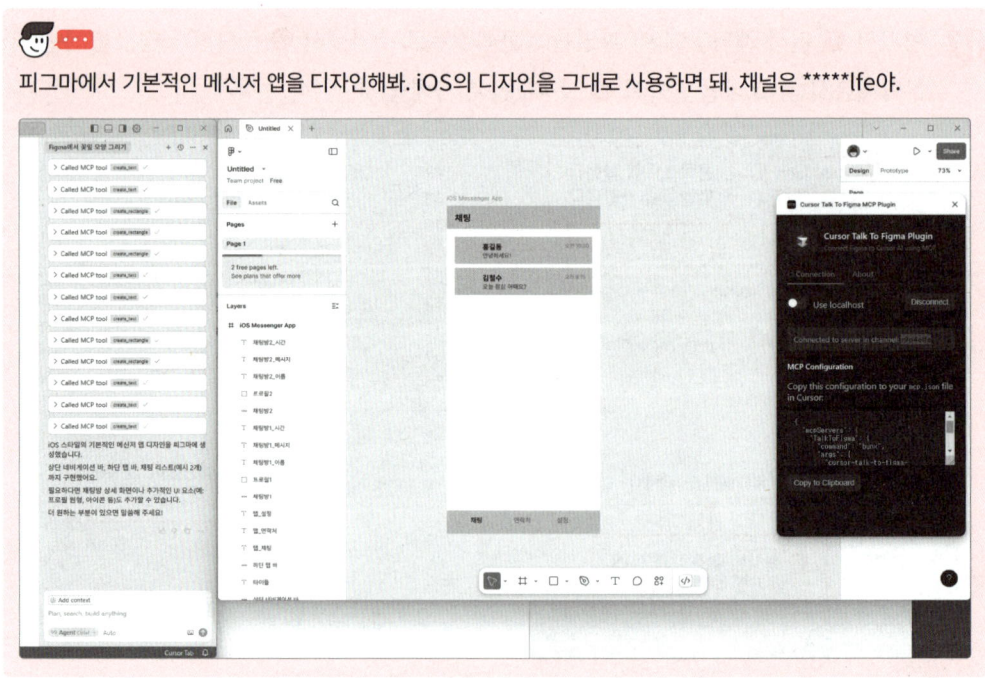

그러면 커서에서 MCP를 여러 번 호출하면서 피그마에서 메신저 UI 디자인을 해줍니다. 기본적

인 텍스트 입력과 정렬, 박스 디자인까지 해주므로, 조금만 더 손을 봐서 완성도를 올리면 초기 애플리케이션 화면을 디자인하기 좋습니다.

 이번엔 같은 방식으로 유튜브 섬네일도 만들어보겠습니다. 우선 유튜브에 적합한 섬네일 사이즈 정보를 수집하여 확인한 다음 작업을 시작하겠습니다.

> NOTE 실행 과정에서 웹 검색을 위한 확인 요청이 뜨면 [Continue] 버튼을 눌러 계속 진행하세요.

> 유튜브 섬네일 최적의 사이즈는?

> 유튜브 섬네일의 최적 사이즈는 다음과 같습니다:
> 1. 권장 크기: 1280 x 720 픽셀
> 2. 최소 너비: 640 픽셀
> 3. 비율: 16:9
> 4. 파일 크기: 2MB 이하
> 5. 파일 형식: JPG, GIF, BMP, PNG
>
> 이 기준을 따르면 모든 기기에서 섬네일이 선명하게 보이고, 유튜브에서 권장하는 품질을 유지할 수 있습니다.

 섬네일 최적의 사이즈를 확인했습니다. 그러면 이 정보를 바탕으로 섬네일에 들어갈 텍스트를 만들어보겠습니다. 커서에게 섬네일 주제를 주고 텍스트 생성을 요청합니다.

> 요리 유튜브 콘텐츠를 표현할 섬네일 작업을 하기 위한 '최고의 한식 10가지 소개'라는 텍스트를 주제로 섬네일에 필요한 텍스트를 만들어줄래?

> 네, '최고의 한식 10가지 소개'라는 주제로 요리 유튜브 섬네일에 어울리는 임팩트 있는 텍스트 예시를 아래와 같이 제안드립니다.
>
> **섬네일용 추천 텍스트** ← 커서가 섬네일 10가지를 추천해주었네요
> 1. 한식 TOP 10
> 2. 한국인이 사랑한 한식 BEST 10

3. 꼭 먹어봐야 할 한식 10가지

4. 한식의 끝판왕 10선

5. 한식 마스터! 이 10가지는 꼭!

6. 한국 대표 음식 10가지

7. 한식 덕후라면 놓치지 마세요!

8. 한식 요리 베스트 10

9. 한식 초보도 반하는 10가지

10. 한식의 자존심, TOP 10

섬네일에는 보통 1~2줄, 3~7단어 정도의 짧고 강렬한 문구가 효과적입니다.

원하는 분위기(전통/트렌디/유쾌 등)에 따라 위 문구 중에서 선택하거나 조합해 사용하시면 좋겠습니다!

추가로 강조하고 싶은 단어나 스타일이 있다면 말씀해 주세요.

12 결과로 받은 섬네일용 추천 텍스트를 가지고 이제 커서에게 피그마를 이용해 섬네일 작업을 하도록 요청합니다.

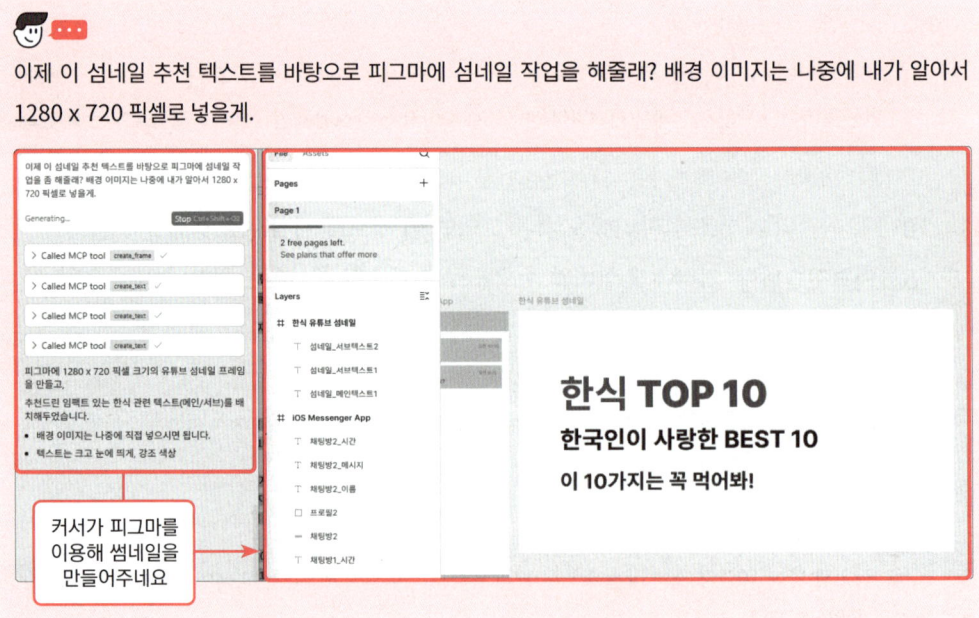

13 커서가 1280 × 720 픽셀 크기의 프레임과 텍스트를 만들어주었습니다. 여기에 배경 이미지를 추가하면 섬네일 배경화면이 완성됩니다. 이제 배경화면은 피그마의 Pixabay라는 플러그인을 활용하겠습니다. ❶ 피그마 바탕화면에서 마우스 오른쪽 버튼을 누른 다음 ❷ [plugin →

manage plugins...]를 누르고 ❸ Pixabay를 검색하여 ❹ [Run]을 눌러 실행합니다.

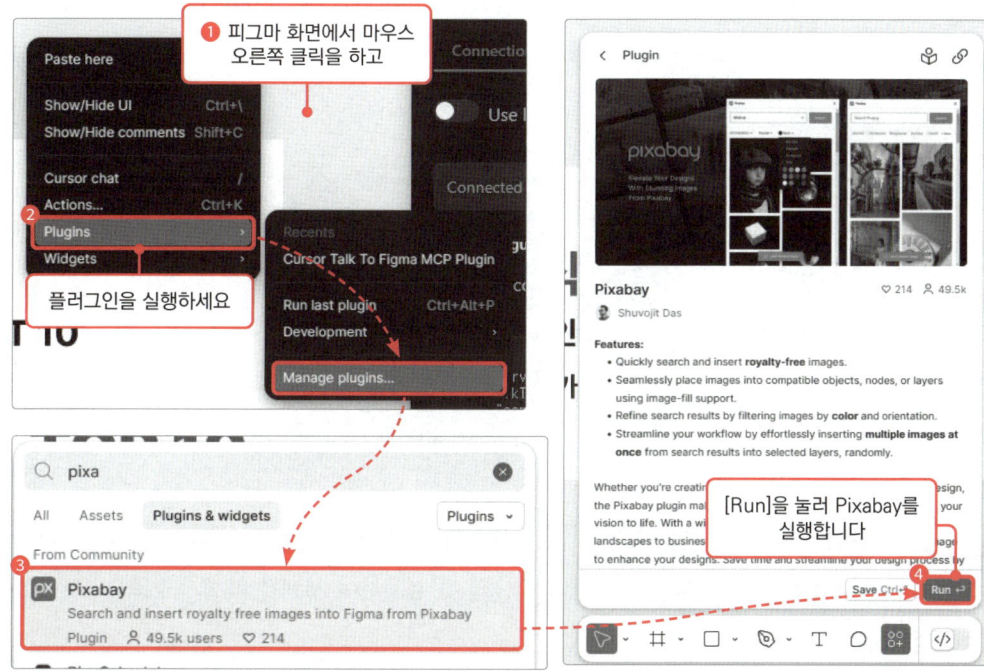

14 Pixabay 플러그인이 실행되면 ❶ Korean food를 검색해보세요. 다양한 한식 이미지가 나옵니다. ❷ 방금 만든 프레임을 클릭하면 파란색 테두리가 생기는데, 이 상태에서 ❸ 적절한 이미지를 찾아 더블클릭하면 자동으로 프레임 배경에 이미지가 들어갑니다.

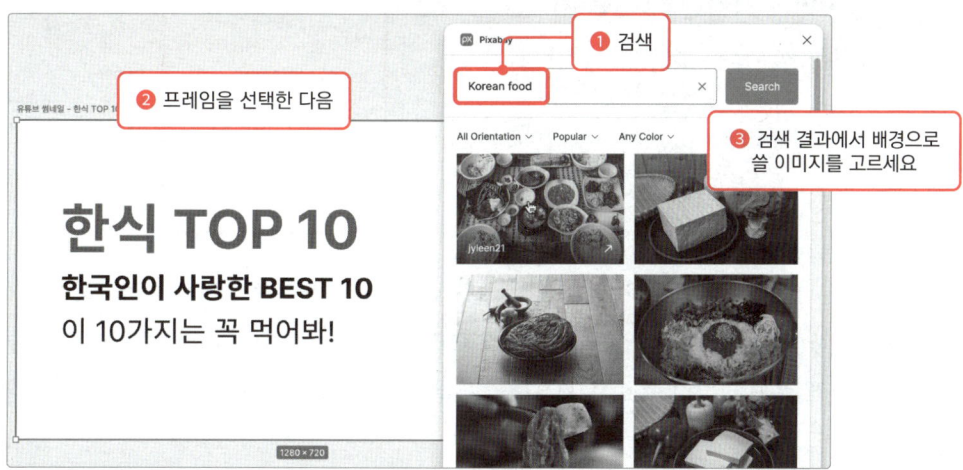

15 배경 이미지가 프레임 크기에 맞게 잘 들어간 것을 확인할 수 있습니다. 그런 다음 ❶ 왼쪽 Layers에서 '한식 유튜브 섬네일'을 클릭하고 ❷ 오른쪽 Fill 메뉴에서 이미지 투명도 값을 조절하여 적절하게 배경으로 만들어보세요.

16 만약 텍스트의 서체가 마음에 들지 않는다면 텍스트를 클릭하여 원하는 서체로 변경하세요. 여기서는 상업용 무료 서체인 '여기어때 잘난체'를 설치하여 서체를 바꿔서 조금 더 눈에 띄는 느낌이 들도록 했습니다.

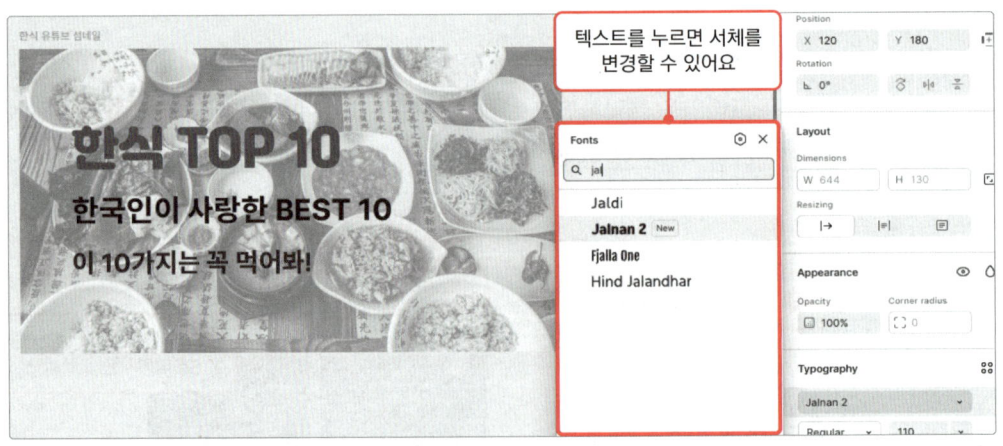

이 책에서는 피그마 자체를 깊이 다루지는 않으므로, 기본적인 사용법만 간단히 설명하고 마치겠습니다. 만약 피그마와 같은 새로운 도구를 배우기 어렵다면, Talk to me figma와 같은 MCP 도구를 활용해 기초적인 작업을 빨리 마치고 이후 세부적인 부분만 수정하는 방식으로도 멋진 결과물을 완성할 수 있습니다.

[꿀팁 03]

네이버 서치 MCP로 인기 블로그 분석해 블로그하기

많은 블로거들이 관심 있는 주제의 기존 글을 파악하고, 그중 어떤 것을 벤치마킹해 글을 써야 할지 고민합니다. 블로그의 조회수가 결국 블로그의 성공의 중요한 지표로 이어지기 때문이죠. 이번 실습에서는 총 3가지 MCP를 활용하여 네이버에서 특정 키워드로 인기 있는 글을 찾아내고, 해당 글을 분석해서 마크다운 형식으로 초안을 만들어 네이버 블로그에 올리는 방법을 알아보겠습니다.

이 실습이 가치 있는 이유는 오늘 날짜를 기준으로 인기 있는 글을 손쉽게 수집하고 분석할 수 있다는 점 때문입니다. 사용할 MCP는 Firecrawl Web Scraping Server, Naver Search, Unsplash입니다. 각 MCP의 역할은 다음과 같습니다.

1. **Naver Search** : 네이버 블로그에서 키워드로 검색해 오늘 날짜의 상위 글 링크를 추출 (25,000건 검색 가능)

2. **Firecrawl Web Scraping Server** : 해당 글의 키워드 추출, 핵심 내용 요약(Naver Search에는 없는 기능, 500 크레딧 사용 가능)

3. **Unsplash Server** : 블로그에 삽입할 고품질 이미지 사용(시간당 50장의 이미지 사용 가능)

01 가장 먼저 Naver Search의 API를 신청합니다. 네이버 개발자 센터에 접속하여 로그인합니다. 로그인할 때는 네이버 계정으로 로그인하면 됩니다. 로그인 후에 [Application → 애플리케이션 등록]으로 이동합니다.

- **네이버 개발자 센터** : developers.naver.com/main

02 다음 화면을 참고해서 설정값을 입력하거나 선택하고 [등록하기]를 눌러 등록을 마칩니다. 이때 웹 서비스 URL에는 https://localhost가 아닌 **http://localhost라고 입력해야 합니다. s를 제외한 http로 입력하세요.**

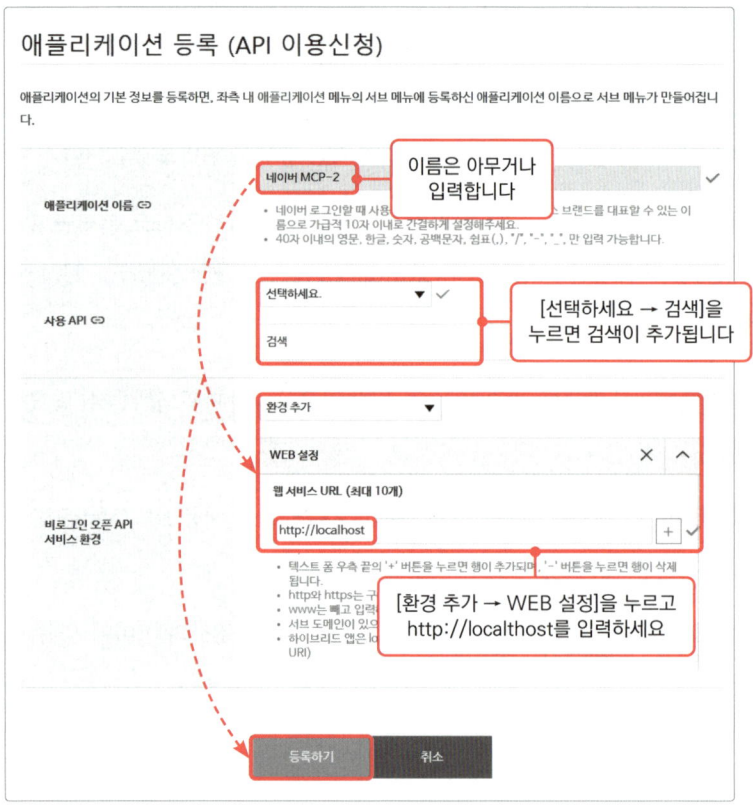

03 그럼 애플리케이션 등록 후 검색 API를 스미더리에 등록할 때 필요한 Client ID와 Client Secret이 나타납니다. 두 값을 복사해두세요. 그리고 그 아래에는 검색 API를 쓸 수 있는 한도를 확인할 수 있습니다. 총 25,000번 사용할 수 있으니 넉넉한 편입니다.

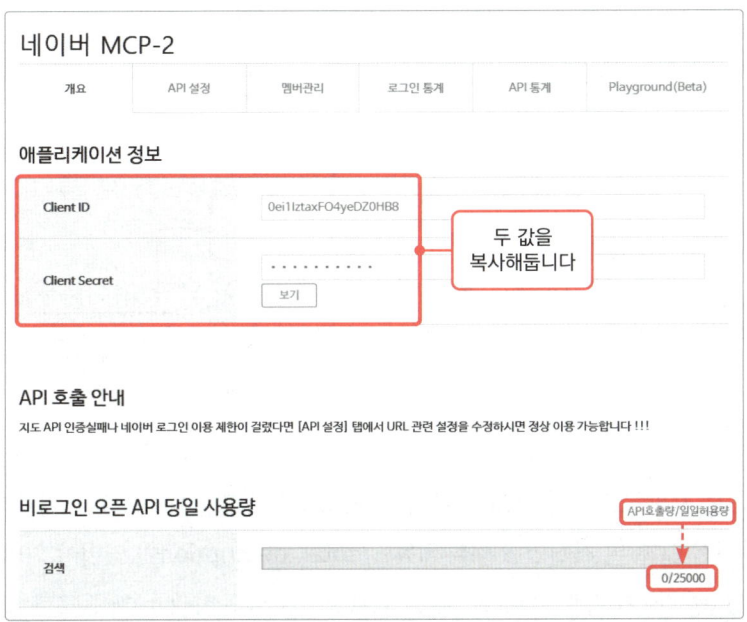

04 스미더리로 이동해서 Naver Search를 검색한 다음 사용량이 많은 MCP를 선택합니다. 그런 다음 [Cursor]를 누르고 복사했던 Client ID와 Client Secret을 붙여 넣고 [Connect]를 누른 다음 [Cursor로 열기]로 커서와 연결합니다.

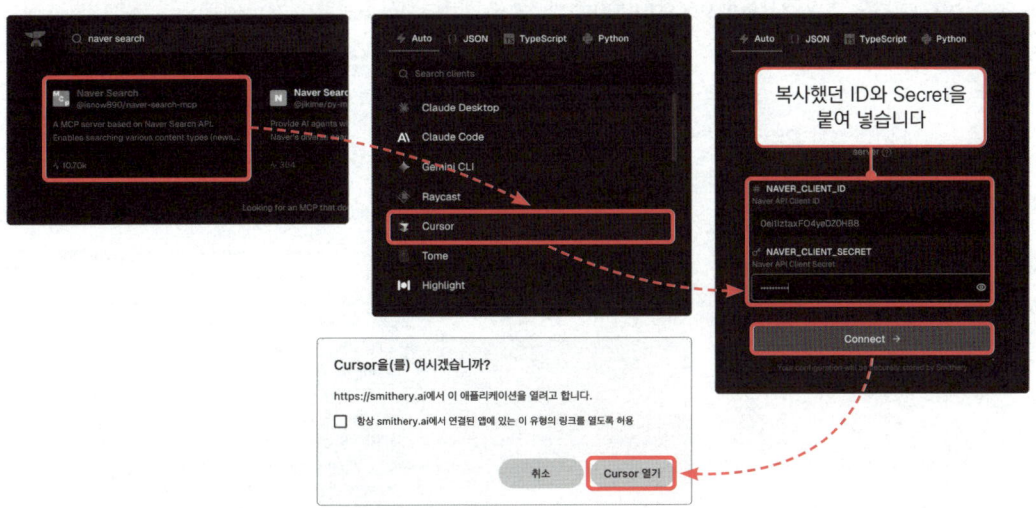

05 커서의 설정에서 [Tools & Integrations]의 MCP Tools 부분의 커서에 필요한 MCP가 모두 잘 설치되었는지 그리고 잘 동작하는지 확인하기 바랍니다. 하나라도 노란불이거나 빨간불이면 안 됩니다.

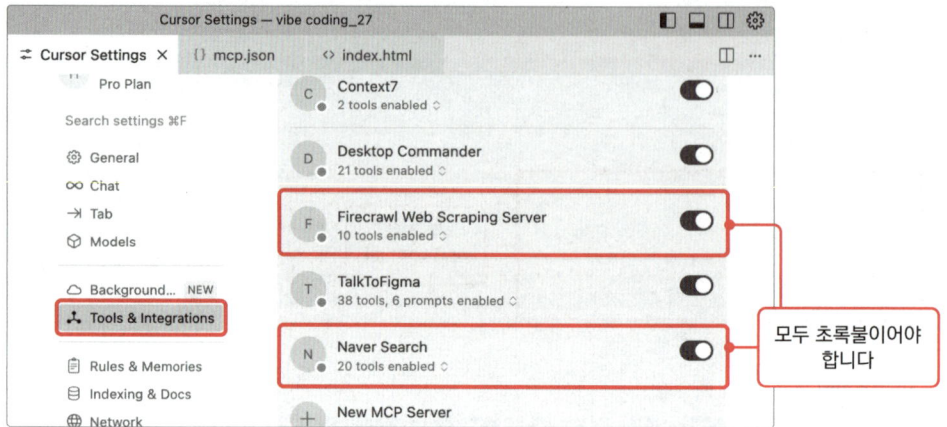

06 이제 네이버에서 특정 키워드로 어떤 블로그 글이 가장 조회수가 많았는지를 확인해보겠습니다. 몇 차례 질문하면서 알게 된 사실인데 **핵심 키워드**, **total**, **description**이 있어야 의미 있는 정보를 뽑아낼 수 있습니다. 커서에게 **Naver Search MCP**로 조회수 상위 10개 블로그 글을 가져오라고 요청합니다.

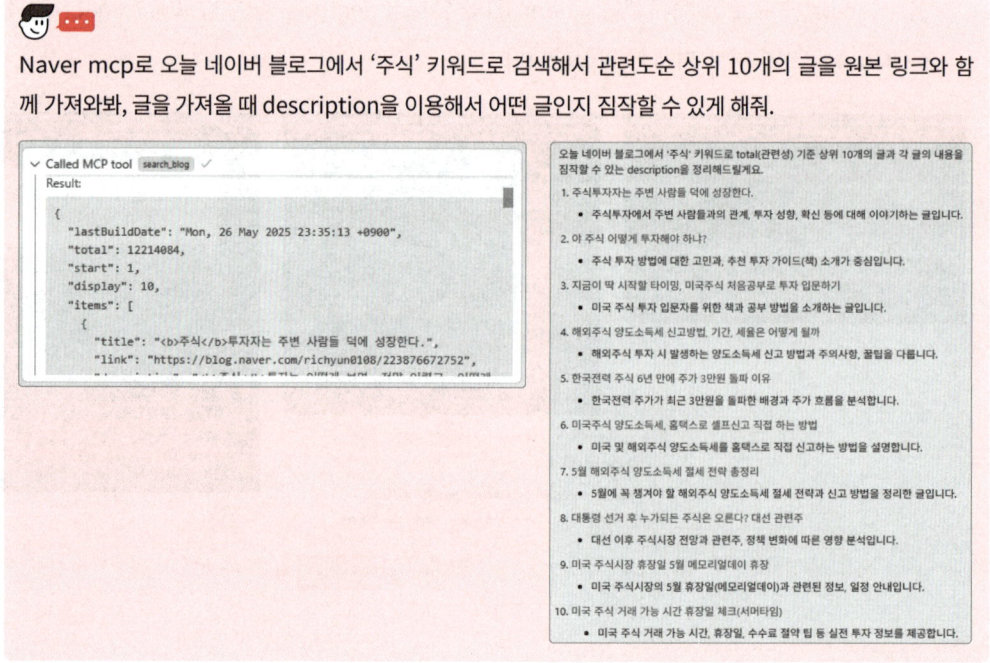

아마 커서에 연결된 Naver Search MCP가 동작하면서 search_blog를 실행할 것입니다. 상태를 열어서 확인해보면 실제로 글을 가져오는 것처럼 보입니다. 결과를 보면 10개의 글을 가져왔고, 링크와 함께 description 내용으로 블로그 요약까지 가져옵니다. 그런데 이 정보만으로는 각 글의 핵심 키워드가 무엇인지 파악하기 어렵습니다. 또한 해당 블로그 글들이 검색 결과 상위에 노출되는지도 확실하지 않습니다.

07 먼저 네이버 블로그에 접속해 '주식'이라는 키워드로 검색해봅니다. 그러면 검색 결과에 따라 글들이 최신 순서로 정렬되어 나타납니다. 예를 들어, 1시간 전에 업로드된 블로그 글은 글을 쓰던 시점에는 존재하지 않아 MCP가 처음 실행되었을 때는 수집되지 않았던 것입니다. 하지만 Naver Search MCP를 다시 실행하면, 그 글 역시 함께 수집되어 목록에 포함될 것입니다.

- **네이버 블로그 홈페이지** : blog.naver.com

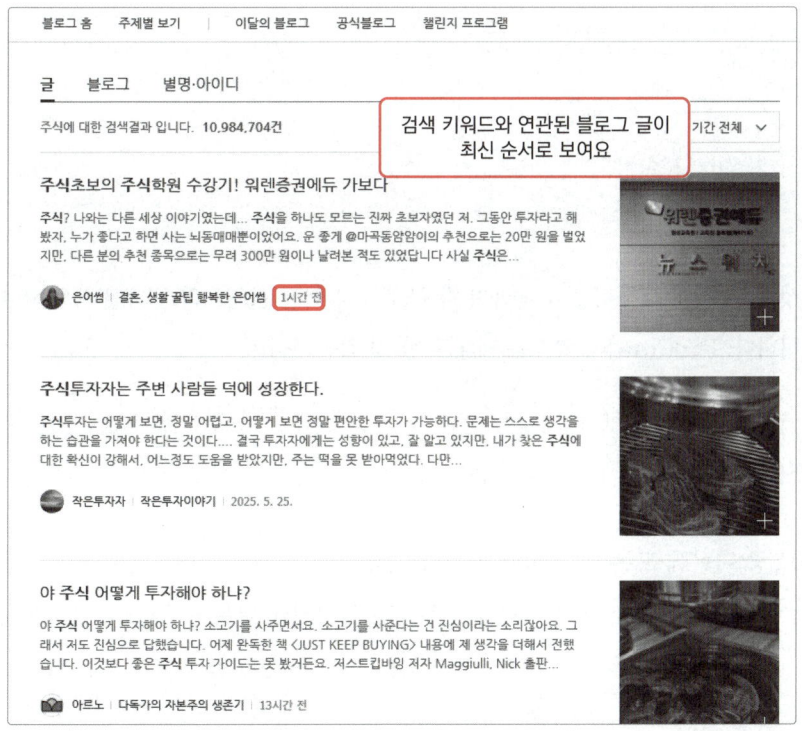

블로그의 유입은 검색 시 상위에 노출되는 것이 중요합니다. 따라서 검색 시 상위에 노출되는 5개의 블로그 글을 분석해서 벤치마킹하여 그 패턴을 블로그 글에 적용해보겠습니다. Naver Search MCP는 검색 키워드로 네이버 블로그 글을 가져오는 역할을 다 했으므로 이제 여기서 마칩니다.

08 5개의 블로그 글 내용 자체를 들여다보려면 크롤링하는 과정이 필요합니다. FireCrawl Web Scraping Server MCP를 활용하여 해당 블로그 글의 키워드, 핵심 내용 요약을 부탁해봅니다.

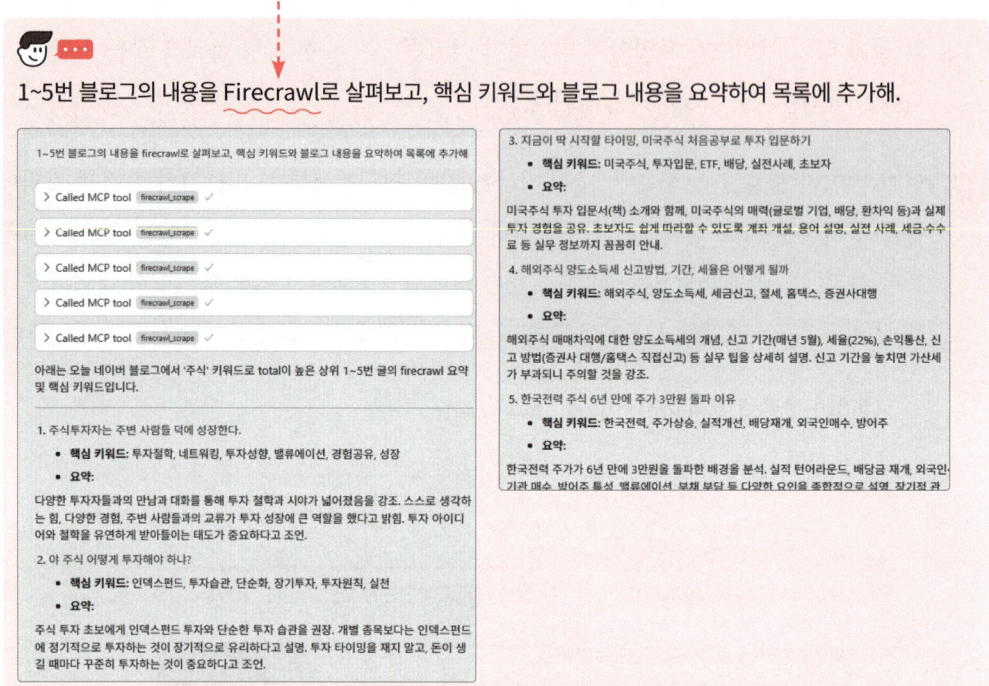

그러면 총 다섯 번에 걸쳐 크롤링을 수행하며 각 블로그의 핵심 키워드와 내용을 요약해서 목록에 추가할 것입니다. FireCrawl이 역할을 제대로 한 것 같습니다.

> **NOTE** 만약 글이 너무 길어서 '스레드가 멈췄다'는 메시지가 나오거나 MCP 요청이 계속 반복된다면 요약할 글을 3개로 줄여서 다시 시도해보세요.

09 이제 이 키워드 중 마음에 드는 것을 하나 골라서 해당 글을 벤치마킹하여 블로그 포스트 형식으로 작성해달라고 요청합니다. 이때 중간중간 적절한 이미지를 넣을 수 있는 공간도 마련해달라고 합니다.

> 5개의 블로그의 핵심 키워드와 요약을 벤치마킹해서 검색 시 이목을 끌만한 창의적인 블로그 글을 작성해줘. 5개의 글을 요약하는 것이 아닌 완전히 새로운 글이어야 해. 블로그 전체 글에는 2개의 이미지를 삽입할 예정이므로 이미지 위치를 적절히 잡아 비워둬, 그리고 작성한 블로그를 바탕화면에 마크다운 파일로 저장해.

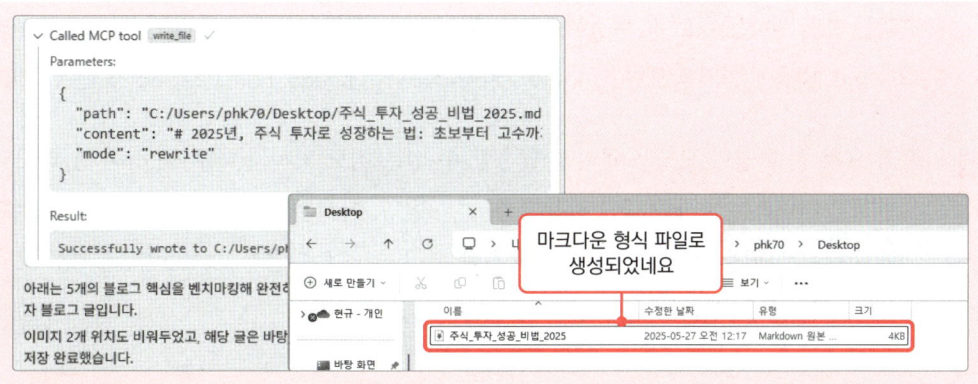

그러면 블로그의 내용이 담긴 마크다운 파일이 생성됩니다.

> **NOTE** 물론 지금은 파일을 생성한 위치가 진짜 바탕화면의 위치는 아니지만 다시 요청하면 실제 바탕화면에 파일을 만들어줄겁니다.

10 이제 생성한 마크다운 형식의 파일을 커서로 열어 내용을 수정해보겠습니다. 글의 내용을 더욱 풍부하게 만들고 싶다면 커서에서 원하는 줄을 ❶ 드래그한 다음 나타나는 ❷ [Add to Chat]을 눌러 커서의 ❸ 채팅에 내용을 추가해보세요. 선택한 영역에 대해서만 ❹ 커서가 수정해주기 때문에 아주 효율적일 겁니다.

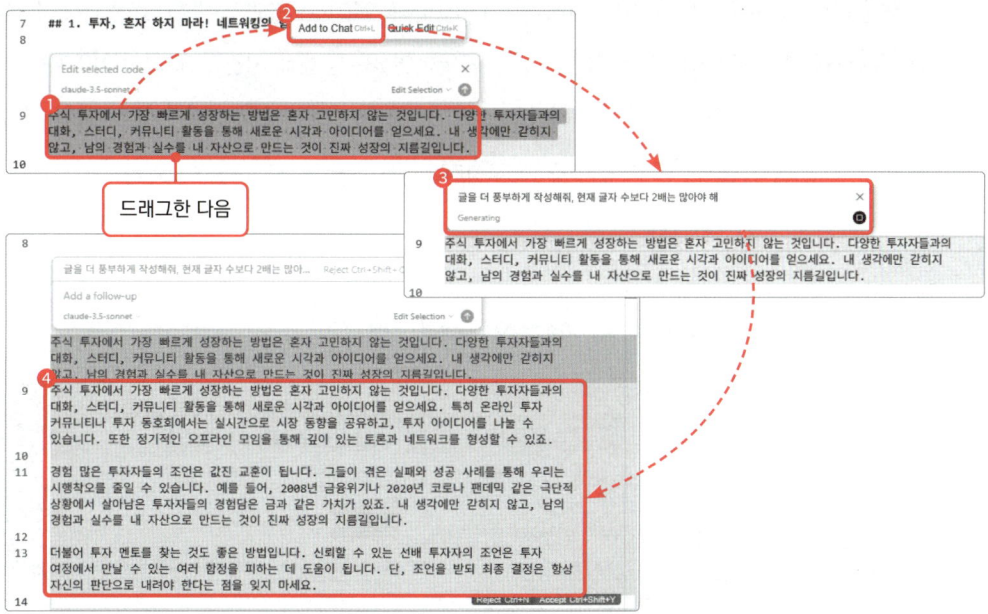

꿀팁 03 네이버 서치 MCP로 인기 블로그 분석해 블로그하기

결과를 보면 원하는 대로 잘 수정해준 것을 확인할 수 있습니다. 마음에 들면 [Keep]을 눌러 글을 저장하고, 마음에 들지 않으면 [Undo]를 누른 다음 다시 [Quick Edit]으로 수정을 진행하세요.

11 수정 요청 시 다양한 모델을 골라서 활용할 수 있는 점도 커서의 아주 큰 장점 중 하나입니다. 일반적인 서비스는 자사 모델만 사용할 수 있는 반면, 커서는 기본적으로 사용하는 클로드 모델 외에도 다른 모델을 선택해서 수정을 요청할 수 있습니다. 다음은 Gemini-2.5-pro 모델을 사용해 수정한 글의 예입니다.

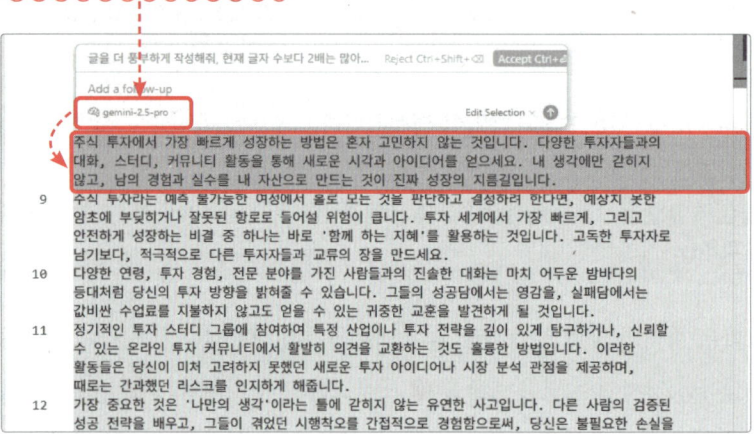

12 원하는 대로 글 수정을 모두 마쳤다면 블로그의 초안이 거의 완성된 셈입니다. 이제 적절한 이미지만 찾아 넣으면 됩니다. 여기서부터는 Unsplash MCP가 활약해야 합니다. **Unsplash**는 고급 이미지를 제공하는 사이트로, 회원가입 후 등록하면 API를 통해 시간당 50장의 이미지를 받을 수 있습니다. 먼저 회원가입 후 ❶ [Click here to confirm your account]를 눌러 메일 인증을 완료한 다음 홈페이지에서 ❷ [Your apps]를 누릅니다.

- **Unsplash 개발자 사이트** : unsplash.com/developers

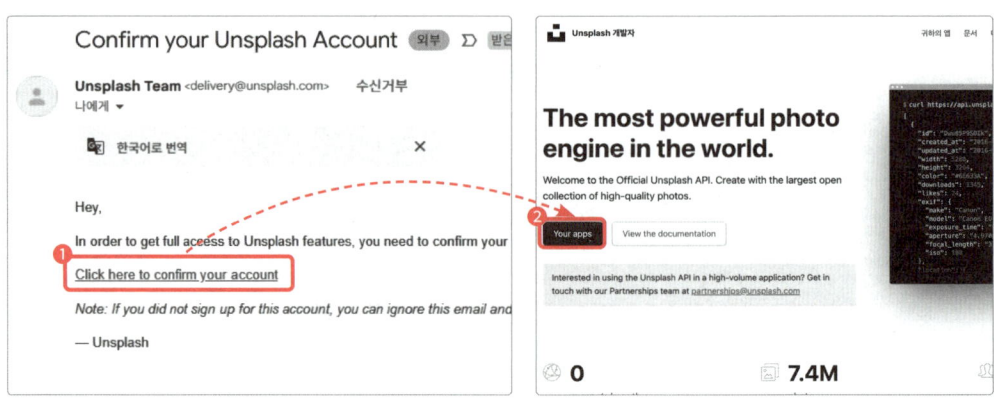

13 메뉴를 보면 API를 위한 애플리케이션을 생성할 수 있는 버튼이 보입니다. ❶ [New Application]을 눌러 ❷ API의 설명에 대한 내용을 체크하고 ❸ [Accept terms]를 누릅니다. 그러면 보이는 Application information 창에서 적당한 ❹ 애플리케이션 정보를 입력한 다음 ❺ [Create Application]을 눌러 애플리케이션을 생성합니다.

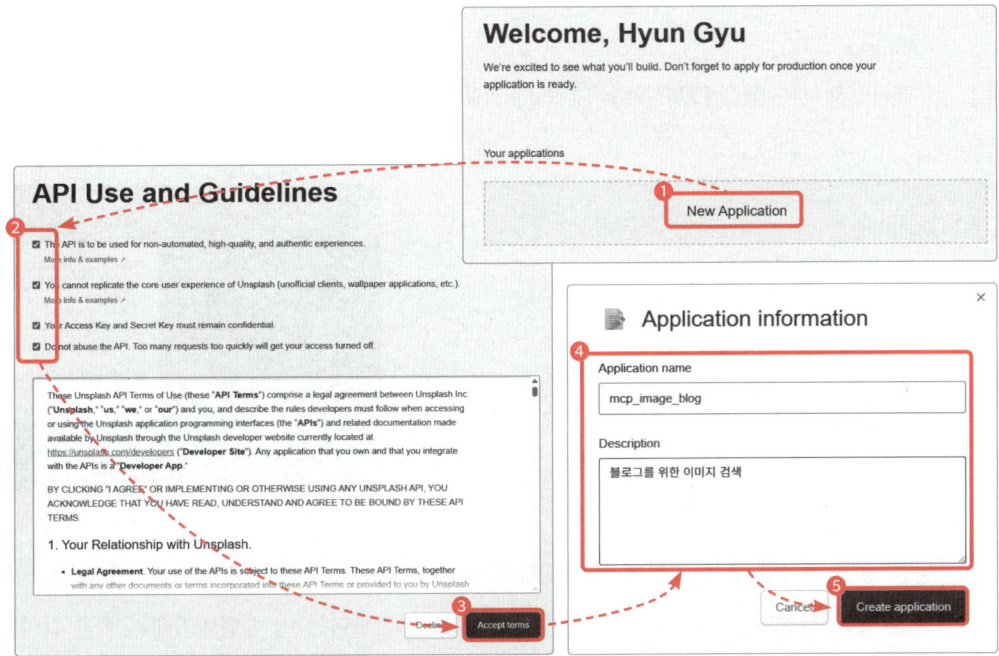

14 스크롤을 내리면 API 키 2가지를 제공하는데 우리에게 필요한 것은 Access Key입니다. ❶ 이 값을 복사한 다음 스미더리에서 Unsplash Server MCP를 찾아 ❷ unsplashAccessKey에 값을 넣어준 다음 ❸ [Connect]를 눌러 연결합니다.

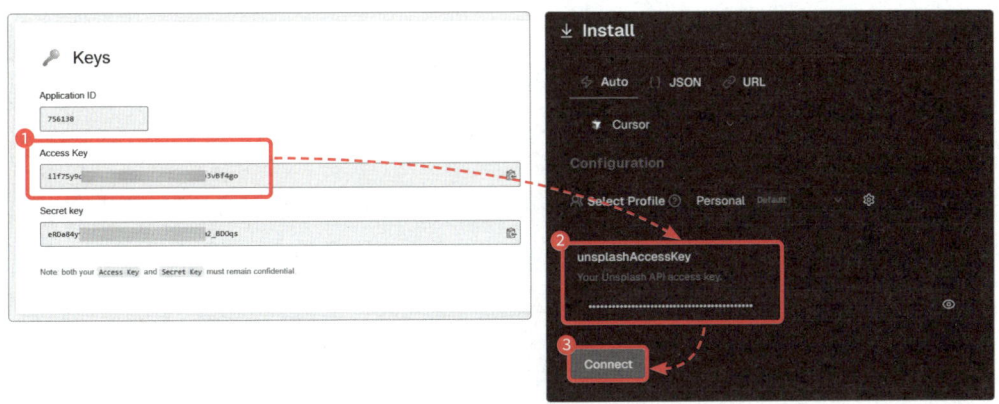

15 이제 블로그에 사용할 이미지를 따로 찾을 필요 없이 커서에 설치한 Unsplash MCP를 활용하겠습니다. 앞서 생성한 마크다운 초안 파일을 커서에서 열고 해당 파일을 참고해서 적절한 이미지를 찾아달라고 질문하세요. 원하는 이미지가 있다면 간단하게 [이미지를 다른 이름으로 저장…]을 눌러 필요한 이미지를 저장하세요.

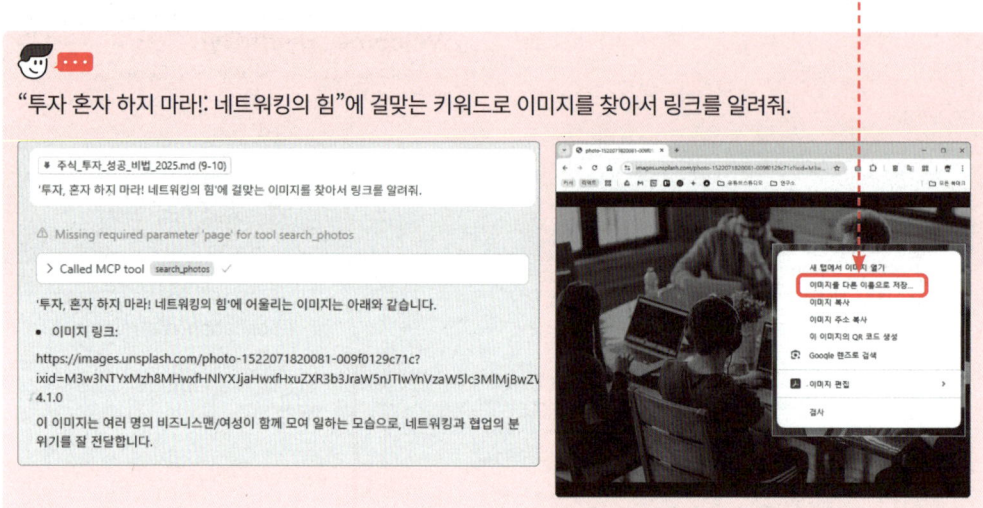

16 남은 것은 복사한 글을 네이버 블로그에 붙여 넣고 서식을 다듬는 것입니다. 아쉽게도 이 기능은 MCP로 자동화할 수 없습니다. 하지만 그냥 쓰는 것보다는 이 방법이 5배는 빠를 겁니다.

> **NOTE** 블로그 상위 노출의 비법은 블로그 관련 공부를 따로 하는 것이 좋습니다. 하지만 이 방식을 한 번 구축해두면 이후에는 새로운 방법으로 글을 쓰더라도 금방 글을 작성하고 수정할 수 있을 것입니다.

네이버 블로그에 복사한 글을 넣고 이미지와 함께 다듬어서 완성했습니다

> **NOTE** 물론 이 모든 과정을 코드로 한 번에 해결할 수도 있습니다. 다만 커서의 장점인 글 부분 수정과 마크다운, 이미지 탐색을 통합한 것 자체로도 이미 상당히 유용하다 생각하여 이 정도 수준에서 마칩니다.

꿀팁 04

Sequential Thinking MCP로 테트리스 게임 만들기

만약 아무런 개발 지식이 없는 상태에서 테트리스 게임을 만들어야 한다면 어디서부터 시작해야 할까요? 아무리 커서가 코딩을 잘한다고 해도 처음부터 한 번에 완성된 프로그램을 만들어내지는 못합니다. 이번에는 개발 지식이 0인 상태라고 가정하고 오직 커서와 MCP만으로 테트리스 게임을 만들어보겠습니다.

01 우선 커서에게 아무런 설명 없이 테트리스 게임을 만들어보라고 하겠습니다. 커서를 실행해서 오른쪽 위의 [+]를 눌러 새 채팅을 열고 다음과 같이 부탁해봅니다.

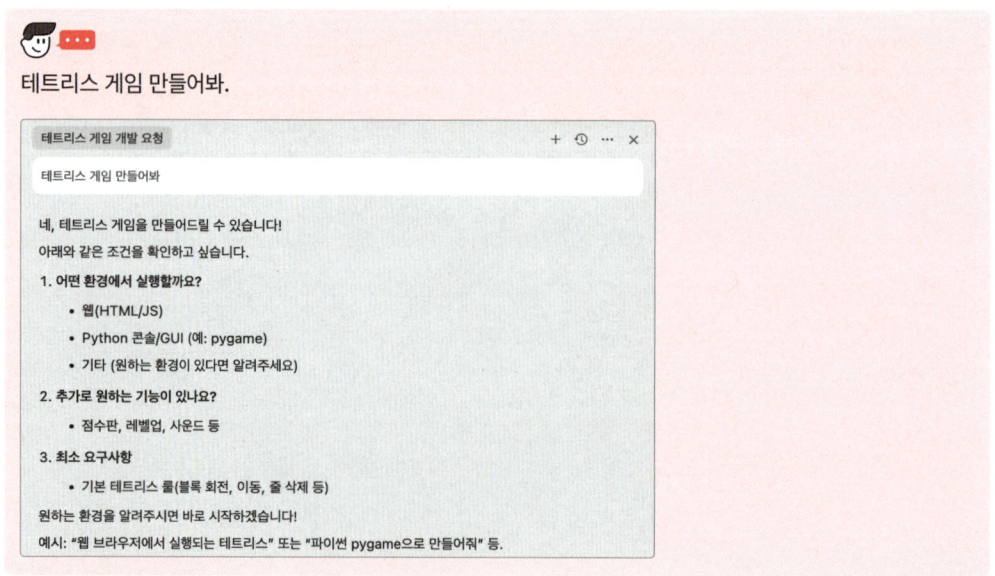

게임을 만들 때는 어떤 게임인지, 규칙은 무엇인지, 어떤 환경에서 실행할지 하나하나 코드로 구현해야 합니다. 이렇게 복잡한 프로그램을 만들 때는 커서에게 지시할 질문 내용도 점점 복잡해집니다. 이럴 때 [챕터 12] MCP로 더 수준 높은 프로그램 만들기에서 배운 Sequential Thinking MCP를 활용하면 좋습니다.

02 커서에 Sequential Thinking MCP를 설치하겠습니다. 이미 설치한 분은 이 부분을 건너뛰어도 됩니다. 스미더리에서 'Sequential Thinking'을 검색한 다음 가장 사용자 수가 많은 Sequential Thinking을 찾은 뒤 화면 오른쪽에서 [Cursor → Connect]을 누르고 [Cursor 열기]를 누릅니다.

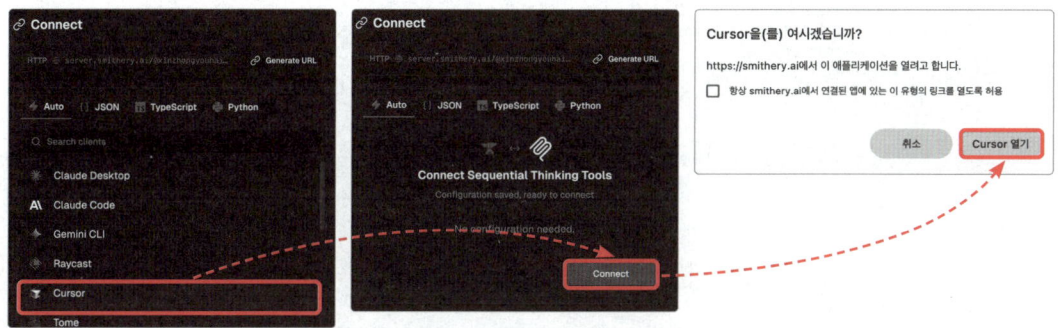

그러면 커서의 [Cursor Settings] 탭이 열리고 MCP Tools에 해당 MCP를 설치할지 묻는 작은 박스가 생깁니다. [Install]을 누르면 MCP 설치가 끝납니다. 설치가 제대로 되면 초록불로 MCP가 사용 가능한 enabled 상태임을 알려줍니다.

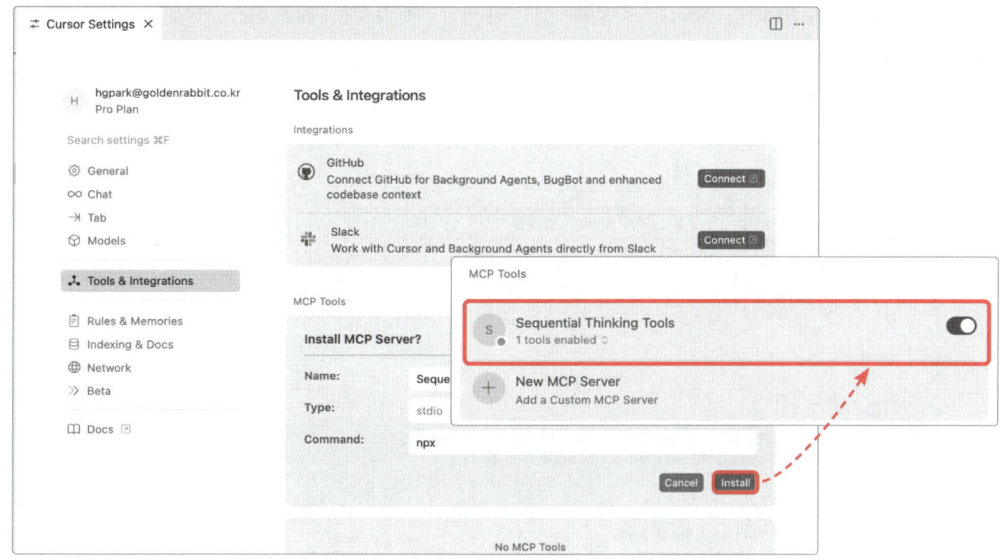

03 설치 후 다음과 같이 커서에게 다시 질문해보겠습니다.

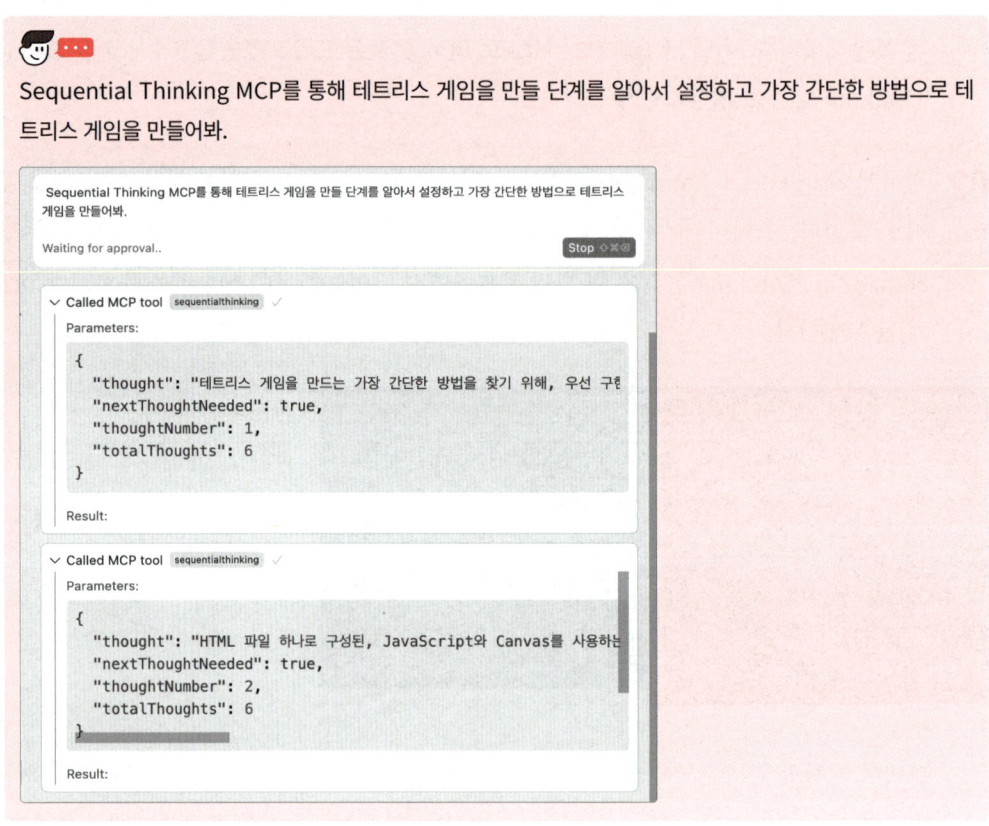

그러면 커서가 Sequential Thinking MCP를 몇 차례 호출하면서 작업 계획을 세웁니다. 각 단계마다 [Run tool]을 눌러서 작업을 실행하세요. 여기서는 테트리스 게임을 만드는데 HTML, Javascript, Canvas라는 기술을 사용하려고 하는 것 같습니다.

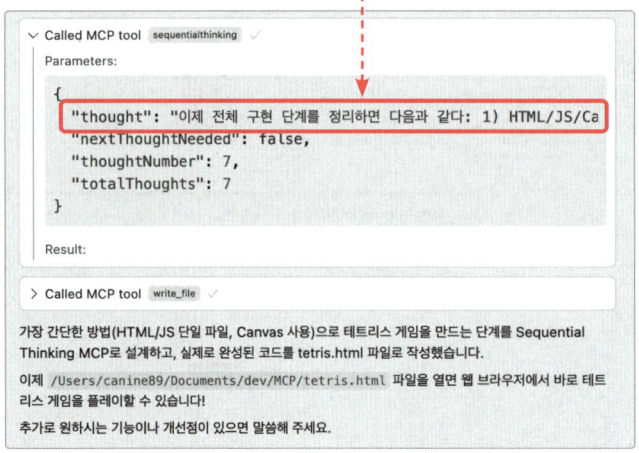

커서의 계획을 따라가다 보면, 마지막 단계에서 파일 생성까지 완료된 다음 어떻게 실행하라는 안내까지 해줍니다. 결과에서 생성된 **tetris.html** 파일을 실행하면 테트리스 게임을 실행할 수 있다고 하네요.

04 왼쪽 커서 폴더 구조에서 ❶ tetris.html을 찾고 마우스 오른쪽 버튼을 클릭한 다음 ❷ [Reveal in Finder] 또는 [Reveal in explorer]를 눌러 탐색기에서 해당 파일을 찾으세요. 파일을 찾았다면 ❸ 해당 파일을 더블클릭하여 게임을 실행해보세요.

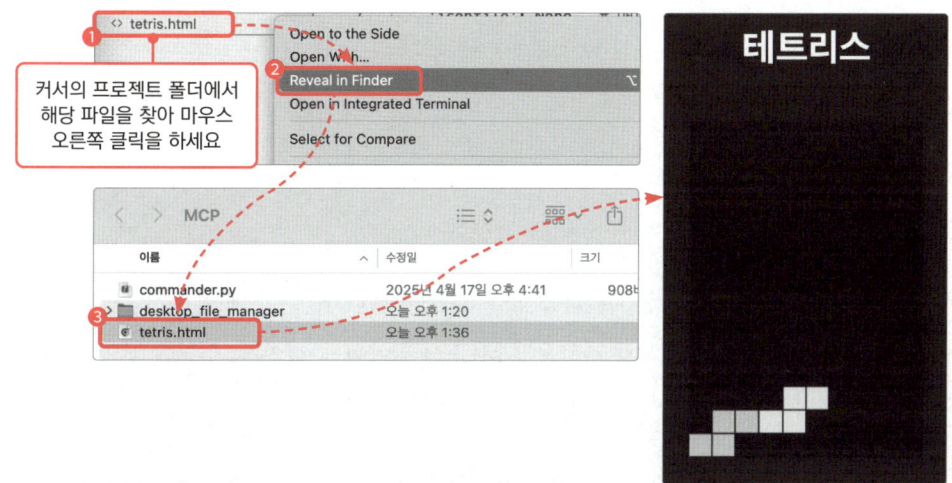

간단한 테트리스 게임을 완성했습니다. 여기서 되짚어야 할 핵심은 단순히 '만들어달라'고 부탁하는 것과 Sequential Thinking MCP를 활용해 순차적으로 계획이나 단계를 세워 요청하는 것과는 결과가 확연히 다르다는 점입니다. 이처럼 잘 모르거나 익숙하지 않은 분야의 작업을 수행할 때는 Sequential Thinking MCP가 큰 도움이 됩니다.

꿀팁 05

카카오맵 MCP로
점심 메뉴 추천 앱 만들기

이번에는 점심 메뉴를 추천해주는 앱을 만들어보겠습니다. 단순히 메뉴 추천에만 그치지 않고, 여러분이 살고 있는 주소를 기반으로 카카오맵 MCP를 활용해 주변 식당 정보를 찾아본 다음, 그 데이터를 이용해 점심 메뉴를 추천하는 앱을 만들어보겠습니다.

01 카카오 API 키를 받아야 카카오맵 MCP를 활용할 수 있습니다. 카카오디벨로퍼스 홈페이지에 접속해서 카카오 계정으로 [로그인]합니다. 그런 다음 [앱 → + 앱 생성]을 누르세요. 카카오 API 키는 앱을 생성해야 받을 수 있습니다.

- **카카오디벨로퍼스 홈페이지** : developers.kakao.com

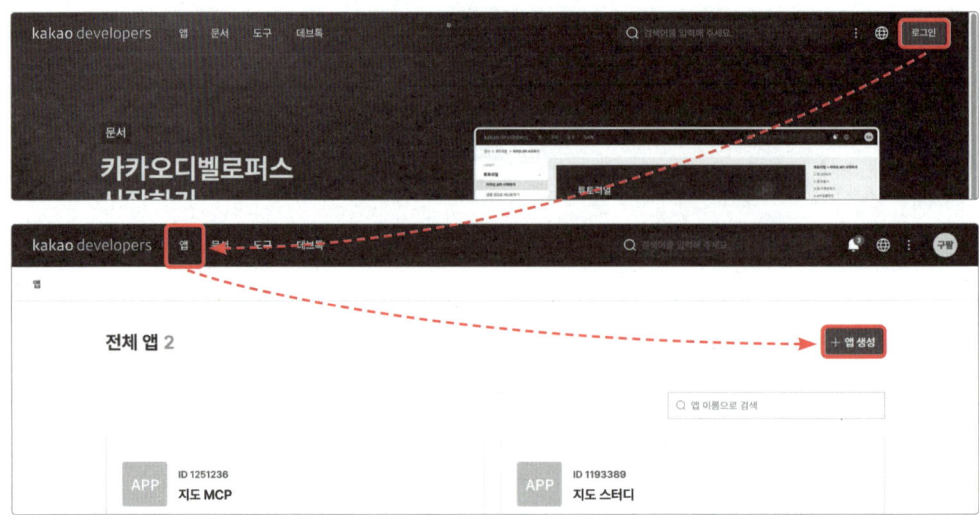

02 필수값을 입력하고 [저장]을 눌러 앱을 생성합니다.

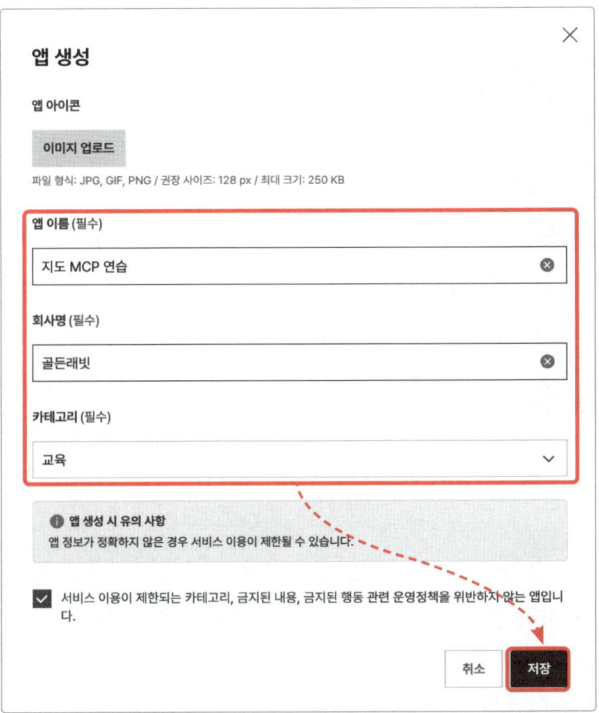

03 앱이 생성되면 [앱 → 일반]에 있는 앱 키를 찾습니다. 그러면 4가지 키가 보이는데 그중에서 REST API 키를 복사하면 됩니다. 이 값을 스미더리 Kakao Map MCP에 입력하고 [Update]를 누르면 됩니다.

- **Kakao Map MCP** : bit.ly/47pCVAg

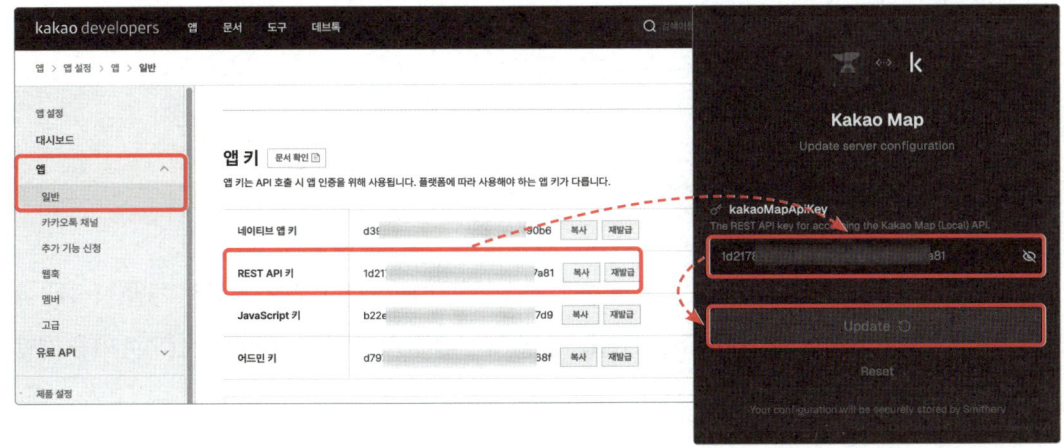

04 입력 후 [One-click Install]을 누르고 [Cursor로 열기]를 클릭하면 커서에 Kakao Map MCP가 설치됩니다. 커서에서 설치한 카카오맵 MCP가 잘 연결되어 있는지 확인하세요.

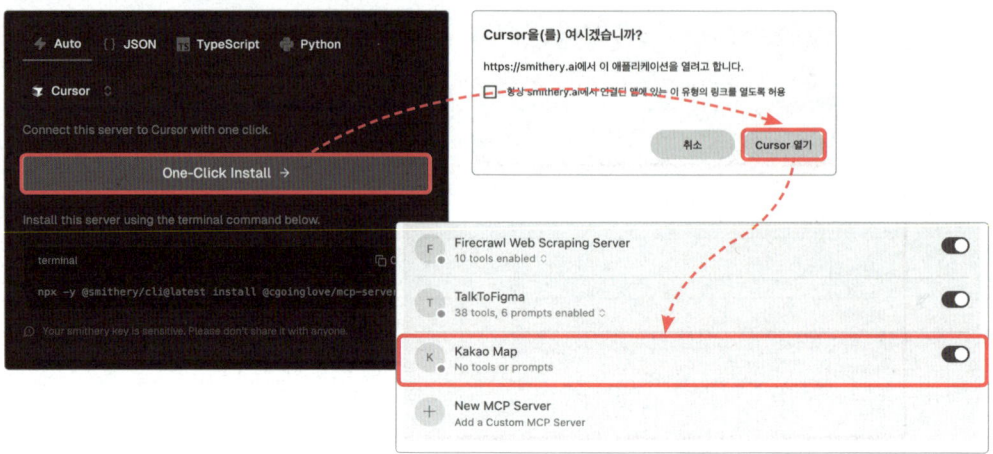

05 이제 새 채팅을 열고 다음과 같이 요청하여 주변 식당을 추천받겠습니다. 카카오맵 MCP는 한 번에 15개의 결과만 가져오므로, 커서에게 15개의 식당 리스트를 부탁하겠습니다.

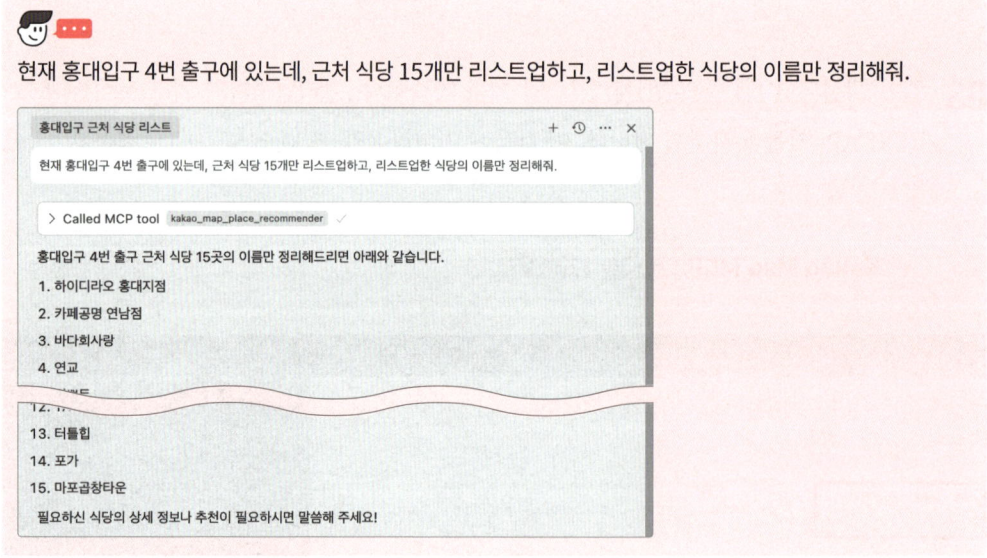

06 받은 식당 정보를 바탕으로 식당 메뉴 룰렛 앱을 만들어볼 겁니다. 다만 우리는 개발 지식이 아예 없으므로 커서에게 Sequential Thinking MCP를 이용하여 가장 간단한 방법으로 앱을 개발하고 실행해달라고 요청하겠습니다.

07 그러면 Sequential Thinking MCP가 가장 쉬운 방법으로 앱을 만드는 계획을 세우기 시작합니다. 잠시 기다리면 HTML 파일을 하나 만들어주는데 [V] 또는 [Keep]을 눌러서 파일을 생성합니다.

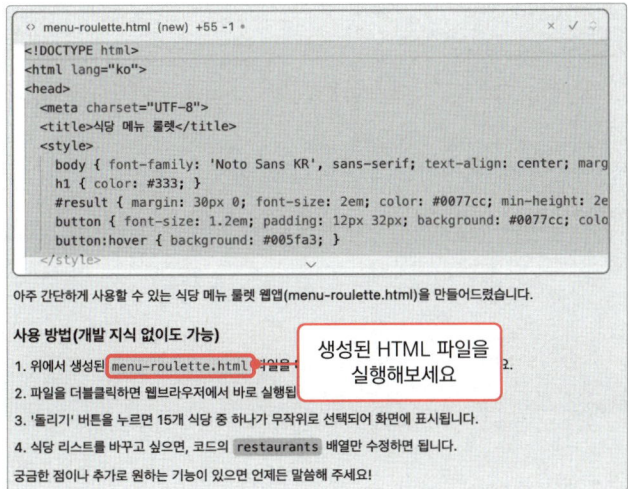

생성된 파일을 실행하면 깔끔한 식당 메뉴 룰렛이 만들어진 것을 확인할 수 있습니다.

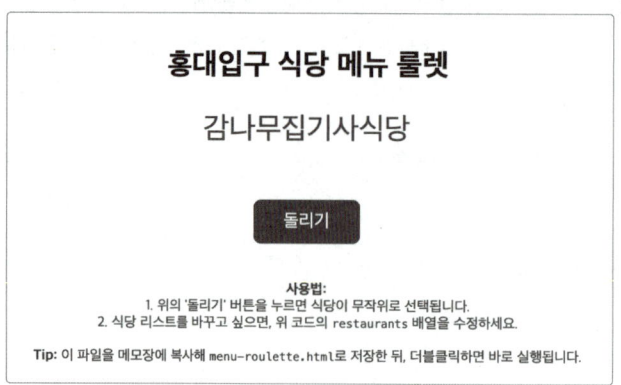

08 하지만 이렇게만 완성하기에는 아쉽습니다. 디자인도 단순하고, 룰렛다운 애니메이션 효과도 없습니다. 그런 기능을 추가해달라고 요청하면 충분히 해줄 것입니다. 커서에게 요청해봅시다.

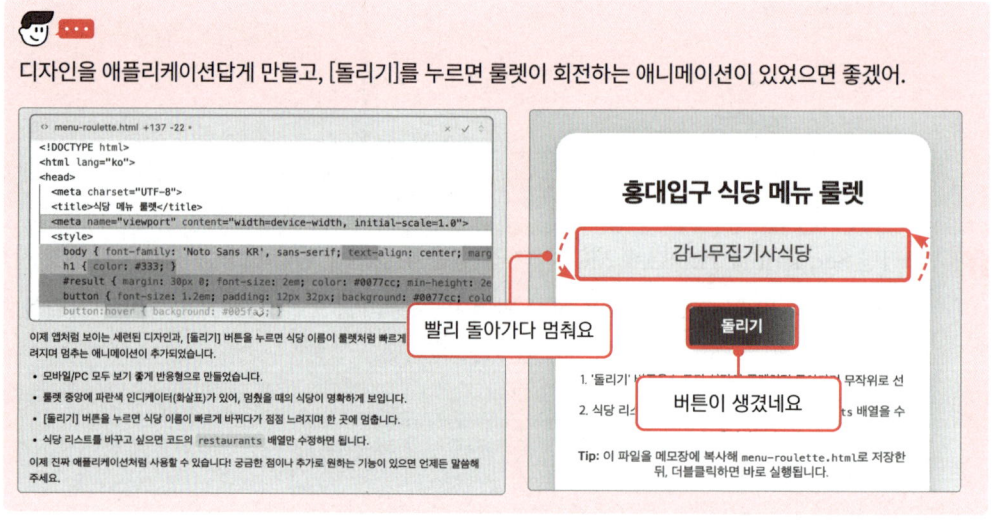

그러면 디자인이 개선된 룰렛이 나옵니다. 책에서는 표현하기 어렵지만, 룰렛처럼 텍스트가 빨리 바뀌다가 점차 천천히 하나의 텍스트로 고정되는 애니메이션도 추가되었습니다.

09 이 외에도 추가적인 아이디어가 있다면 자유롭게 수정해보세요. 예를 들어, 메뉴를 선택한 다음 '이번 점심은 OOO'과 같은 메시지를 출력하면 더 좋겠죠? 그리고 화면 아래의 불필요한 설명은 제거하는 게 좋겠습니다.

메뉴가 선택되면 '이번 점심은 OOO'과 같은 메시지가 보였으면 좋겠고, [돌리기] 버튼 아래에 있는 설명은 지워줘.

커서가 다시 코드를 수정해줍니다. 수정된 코드를 바탕으로 프로그램을 실행해보면 식당 메뉴 선택 후 메시지로 결과를 알려줍니다.

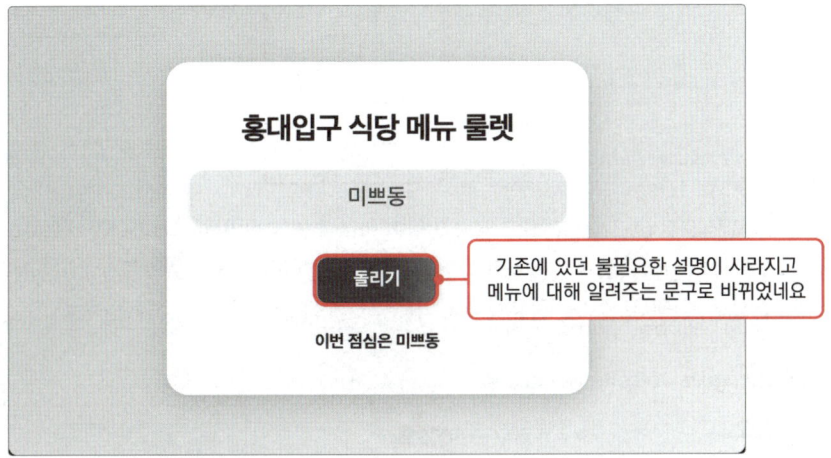

 **3초 꿀팁** 내가 만든 식당 메뉴 룰렛을 친구와 공유하고 싶다면?

만약 여러분이 만든 식당 메뉴 룰렛을 친구와 공유하고 싶다면 v0라는 서비스를 활용하면 됩니다. v0는 커서와 유사한 서비스로, 웹 기반 프로그램을 자연어로 만들고, 만든 앱을 바로 다른 사람들과 공유할 수 있다는 장점이 있습니다. 다만 v0는 아직 MCP를 연결할 수 없으므로 식당 메뉴 리스트는 커서에서 받은 것을 복사하여 사용했습니다.

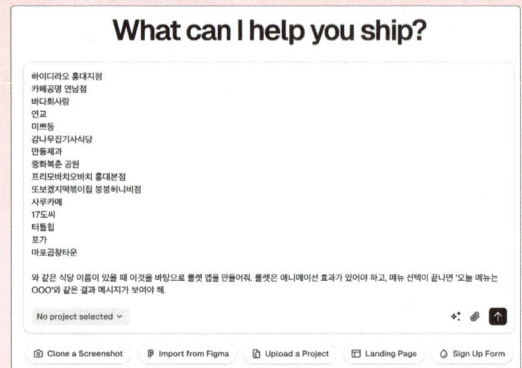
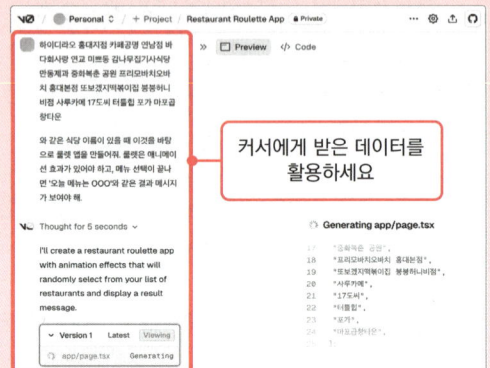

커서에게 받은 데이터를 활용하세요

v0도 역시 커서와 유사한 방식으로 코드를 생성하고 앱을 만들어 바로 화면에 보여줍니다. 게다가 v0는 이러한 작업을 훨씬 잘하는 도구라서 더 완성도 높은 룰렛 형태의 앱을 만들기도 합니다. 오른쪽 위의 [Deploy]를 누르면 누구나 사용할 수 있도록 앱을 배포하고 주소를 공유합니다. 다음 링크에 접속해서 앱을 직접 확인해보세요.

- **룰렛 예제 링크** : hongdae-roulette.vercel.app/

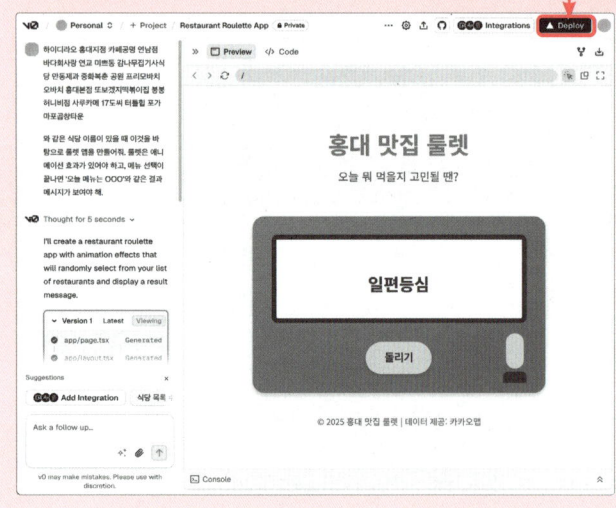

요즘 바이브 코딩
커서 AI 30가지 프로그램 만들기

인공지능 코딩, 랜딩 페이지, 바탕화면 정리 앱, PDF 편집기, 이메일 자동화, 커서 CLI,
주식 크롤링, QR 코드 생성기, GPT 블로그 생성기, npm run dev, 대시보드 만들기,
인스타그램 클론 사이트, 유튜브 자막 추출, vercel, 배포, v0, 블로그 만들기

1판 1쇄 발행 2025년 9월 16일
1판 3쇄 발행 2025년 12월 20일

지은이 박현규
펴낸이 최현우 · **기획** 최혜민 · **편집** 박현규, 김성경, 박우현, 윤신원, 차진우, 최혜민
디자인 복희, 안유경 · **조판** SEMO
마케팅 버즈 · **피플** 최순주

펴낸곳 골든래빗(주)
등록 2020년 7월 7일 제 2020-000183호
주소 서울특별시 마포구 양화로 186 LC타워 4층 449호
전화 0505-398-0505 · **팩스** 0505-537-0505
이메일 ask@goldenrabbit.co.kr
홈페이지 www.goldenrabbit.co.kr
SNS facebook.com/goldenrabbit2020

ISBN 979-11-94383-45-1　93000

* 파본은 구입한 서점에서 바꿔드립니다.

우리는 가치가 성장하는 시간을 만듭니다.

골든래빗은 가치가 성장하는 도서를 함께 만드실 저자님을 찾고 있습니다.
내가 할 수 있을까 망설이는 대신, 용기 내어 골든래빗의 문을 두드려보세요.
apply@goldenrabbit.co.kr

이 책은 대한민국 저작권법의 보호를 받습니다.
일부를 인용 또는 재사용하려면 반드시 저자와 골든래빗(주)의 동의를 구해야 합니다.

골든래빗
바로가기